चिन्तामणि

भाग-1

चिन्तामणि

भाग-1

आचार्य रामचन्द्र शुक्ल

भूमिका

शिवकुमार मिश्र

वाणी प्रकाशन

पहला संस्करण : 2007
दूसरा संस्करण : 2023

वाणी प्रकाशन
4695, 21-ए, दरियागंज, नयी दिल्ली 110 002
फ़ोन : +91 11 23273167 फ़ैक्स : +91 11 23275710
शाखाएँ
अशोक राजपथ, पटना 800 004, बिहार
कॉफ़ी हाउस कैम्पस, महात्मा गांधी मार्ग, इलाहाबाद 211 001, उत्तर प्रदेश
महात्मा गांधी अन्तरराष्ट्रीय हिन्दी विश्वविद्यालय, वर्धा 442 001, महाराष्ट्र
36/ए, शेक्सपीयर सरणी, रानी बिरला गर्ल्स कॉलेज के पास, कोलकाता 700 017, प. बंगाल
www.vaniprakashan.com
marketing@vaniprakashan.in
sales@vaniprakashan.in

Chintamani -1
by Acharya Ramchandra Shukla
ISBN : 978-93-5775-083-7
Essays

मूल्य : ₹ 295

आर. टेक ऑफ़सेट प्रिंटर्स, दिल्ली-110 032 में मुद्रित

वाणी प्रकाशन का लोगो मक़बूल फ़िदा हुसेन की कूची से

विषय सूची

चिन्तामणि के निबन्ध

'चिन्तामणि' का यह भाग-1, सर्वप्रथम आचार्य शुक्ल के जीवन-काल में ही 'विचार-वीथी' के नाम से प्रकाशित हुआ था। परन्तु आचार्य शुक्ल इस नाम से सन्तुष्ट नहीं थे, वे अपेक्षाकृत एक शब्द का, कोई ऐसा छोटा नाम चाहते थे जो पुस्तक की विषय-वस्तु के अनुरूप तो हो ही, अर्थगर्भ भी हो। अन्ततः उन्होंने पुस्तक को 'चिन्तामणि' नाम दिया, जो उन दोनों अपेक्षाओं की पूर्ति करता था, जिनका उल्लेख हमने किया है।

'चिन्तामणि' आचार्य शुक्ल के निबन्धों का पहला, उन्हीं के द्वारा संयोजित-व्यवस्थित संकलन है। निबन्ध—जिसे अंग्रेजी में Essay कहते हैं, इस Essay शब्द की बुनियादी अर्थ-व्यंजना से हटकर, इन निबन्धों के जरिए शुक्ल जी ने निबन्ध को उसका वास्तविक स्वरूप और चरित्र देने की कोशिश की है। निबन्ध अपने इस अर्थ में Essay शब्द द्वारा व्यंजित किसी 'प्रयास' या 'मन की मुक्त भटकन' जैसा अर्थ न देते हुए विचारों की एक तार्किक, सुसम्बद्ध व्यवस्था का अर्थ लिए हमारे सामने आया है। जिस तरह गद्य को कवियों की कसौटी माना गया है, आचार्य शुक्ल निबन्ध को गद्यकारों की कसौटी मानते थे। निबन्ध उनके लिए गद्य की वह विधा थी जिसके अन्तर्गत विचारों और उन्हें व्यक्त करने वाली भाषा का पूर्ण एकात्म हो, अपने स्वरूप में जो एक निहायत कसी हुई विचार-व्यवस्था हो, और बावजूद इस सबके नीरस, रूखी और शुष्क भी न हो, उसमें बुद्धि-वैभव के साथ हृदय की तरलता का भी योग हो। निबन्धों के अपने संकलन को उनके द्वारा दिया गया 'चिन्तामणि' नाम विचार के इसी बिन्दु पर अपनी सार्थकता स्पष्ट करता है।

उनकी यह निबन्ध-पुस्तक उनकी बहुआयामी चिन्ताओं की जीवन, समाज और साहित्य-विषयक चिन्ताओं की मणि मात्र नहीं, वस्तुतः मणिमाला है। मणि या मणिमाला यह अवश्य विचारों की है, बुद्धि-प्रसूत, बौद्धिक अनुशासन में ढली हुई परन्तु विचार-मणियों की प्रभा जहाँ एक ओर बुद्धि को उत्तेजित और उत्प्रेरित करती है, दूसरी ओर मन को आह्लादित और प्रकाशित भी करती है। विचार यहाँ कोरा बुद्धि-व्यवसाय या बुद्धि-प्रसूत ही रही है, हृदय की तरलता और सरसता का योग भी उनमें है। 'चिन्तामणि' में संकलित निबन्धों से होकर गुजरना बुद्धि और

हृदय की संयोजित स्थितियों के बीच से होनेवाली यात्रा का अनुभव है। संकलन की भूमिका में शुक्ल जी ने स्वयं लिखा है—"इसमें मेरी अन्तर्यात्रा में पड़नेवाले कुछ प्रदेश हैं। यात्रा के लिए निकलती रही है बुद्धि, पर हृदय को भी साथ लेकर। अपना रास्ता निकालती हुई वहाँ कहीं मार्मिक या भावाकर्षक स्थलों पर पहुँची है, वहाँ हृदय थोड़ा-बहुत रमता, अपनी प्रवृत्ति के अनुसार कुछ कहता गया है। इस प्रकार यात्रा के श्रम का परिहार होता रहा है। बुद्धि-पथ पर हृदय भी अपने लिए कुछ न कुछ पाता रहा है...इस बात का निर्णय मैं विज्ञ पाठकों पर छोड़ता हूँ कि ये निबन्ध विषय-प्रधान हैं या व्यक्ति-प्रधान।"

निबन्ध पश्चिम में जिस अवधारणा को लेकर विकसित हुआ, उसके विषय में हम कह चुके हैं कि शुक्ल जी उससे पूरी तरह सहमत नहीं रहे। पश्चिम में निबन्ध 'मन की मुक्त भटकन' के तहत लिखे गए, शैली तथा व्यक्तित्व-व्यंजकता जिनमें प्रधान रही। शैली को वहाँ व्यक्ति का प्रतिरूप माना गया। शुक्ल जी शैलीगत वैशिष्ट्य तथा व्यक्तित्व-व्यंजकता को नकारते नहीं, परन्तु निबन्ध में उनके सम्पूर्ण वर्चस्व को भी स्वीकार नहीं करता। निबन्ध में एक सुसम्बद्ध विचार-व्यवस्था तथा बौद्धिक अनुशासन को वे जरूरी मानते हैं। हृदय-पक्ष के महत्त्व की स्वीकृति उनके यहाँ वहीं तक है जहाँ तक बुद्धि-पक्ष से उपजे श्रम का परिहार वह करे। ऐसी स्थिति में विज्ञ पाठकों का निर्णय जो भी हो, आचार्य शुक्ल के निबन्ध बुनियादी तौर पर विषय-प्रधान ही हैं—व्यक्तित्व तथा शैलीगत वैशिष्ट्य के बावजूद। निबन्ध उनके अनुसार एक स्पष्ट बौद्धिक अनुशासन के तहत विचारों की व्यवस्थित शृंखला से जुड़कर ही सार्थक होता है, गद्यकारों की कसौटी बनता है।

आइए, अब इन निबन्धों के तहत की गई आचार्य शुक्ल की अन्तर्यात्रा पर अपने को केन्द्रित करें। 'चिन्तामणि'-भाग 1 में कुल मिलाकर 'भाव और मनोविकार' शीर्षक पहले निबन्ध को मिलाकर भावों और मनोविकारों से सम्बन्धित दस निबन्ध हैं। इन दस निबन्धों के अलावा संकलन में 7 निबन्ध और हैं जो साहित्य की सैद्धान्तिक पक्षों एवं व्यावहारिक विवेचन से सम्बन्धित हैं। इस प्रकार संकलन में कुल मिलाकर छोटे-बड़े 17 निबन्ध हैं, जिनका क्रम इस प्रकार है—

1. भाव और मनोविकार, 2. उत्साह, 3. श्रद्धा-भक्ति, 4. करुणा, 5. लज्जा और ग्लानि, 6. लोभ और प्रीति, 7. घृणा, 8. ईर्ष्या, 9. भय और 10. क्रोध। इसके उपरान्त साहित्य से सम्बन्धित निबन्ध हैं—11. कविता क्या है, 12. भारतेन्दु हरिश्चन्द्र, 13. तुलसी का भक्ति मार्ग, 14. मानस की धर्मभूमि, 15. लोकमंगल की साधनावस्था और सिद्धावस्था, 16. साधारणीकरण और व्यक्ति-वैचित्र्यवाद, 17. रसात्मक बोध के विविध रूप।

स्पष्ट है कि संकलन में प्रधानता भावों और मनोविकारों से सम्बन्धित निबन्धों की है। भावों तथा मनोविकारों से सम्बन्धित निबन्धों की संकलन में यह जो प्रधानता है, उसके पीछे ठोस कारण हैं। आचार्य शुक्ल हिन्दी के पहले व्यक्ति हैं जिनके जरिए

हिन्दी में सिद्धान्त तथा व्यवहार, दोनों आयामों पर हिन्दी समीक्षा की व्यवस्थित शुरुआत होती है। आचार्य शुक्ल के समीक्षा-प्रतिमानों का विरोध करते हुए भी उनके शिष्य आचार्य नन्ददुलारे वाजपेयी ने शुक्ल जी के निधन पर, उन्हें अपने श्रद्धा-सुमन अर्पित करते हुए हिन्दी समीक्षा को उनकी युगान्तरकारी देन का मूल्य इन शब्दों में आँका था–"यदि शुक्ल जी में अपने समय और समाज की सीमाएँ हैं, तो सवाल है इन सीमाओं से बचा कौन है? महत्त्व सीमाओं का नहीं, महत्त्व है सीमाओं के बीच किए गए काम का। शुक्ल जी ने अपने समय की अर्द्ध-जाग्रत साहित्य-चेतना को दिशा-ज्ञान दिया। रास्ता सुझाया ही नहीं, आगे आगे चले और मंजिलें तय कीं। विपर्यस्त लक्षण ग्रन्थों की परम्परा को साहित्यशास्त्र की पदवी पर पहुँचाया, उसे आदर्शात्मक स्वरूप दिया। अपने उच्चकोटि के अध्ययन और व्यक्तित्व की छाप वे साहित्य पर छोड़ गए हैं। प्रांजलता और महाकाव्योचित औदात्य के लिए यह युग शुक्ल जी का स्मरण करेगा। साहित्य-समीक्षक की हैसियत से शुक्ल जी में सबसे बड़ी बात यह नहीं है कि उन्होंने उच्चतर काव्य को निम्नतर काव्य से अलग किया, बल्कि उन्होंने वह ज्ञान दिया कि हम भी उस अन्तर को पहचान सकें। पांडित्य में उनकी अप्रतिहत गति थी, विवेचना की उनमें विलक्षण शक्ति थी। वे आलोचक या समीक्षक मात्र नहीं थे, सच्चे अर्थ में साहित्य के आचार्य थे।"

समीक्षक आचार्य शुक्ल हिन्दी में रसवादी समीक्षक के रूप में ख्यात हैं। 'चिन्तामणि' के इस प्रथम भाग में भावों और मनोविकारों पर लिखे गए निबन्धों की जो प्रधानता है, उसके मूल में रसवादी समीक्षक के रूप में भावों और मनोविकारों पर किया गया उनका वह गूढ़ चिन्तन ही है जिसके अभाव में उनके रसवाद का स्वरूप अपने समूचे उत्कर्ष के साथ सामने न आ पाता। भावों और मनोविकारों से सम्बन्धित उनके निबन्धों के मनोवैज्ञानिक, सामाजिक, समाजशास्त्रीय पहलू पर भी हम बात करेंगे, परन्तु आवश्यक है कि इस तथ्य को रेखांकित किया जाए कि ये निबन्ध ही आचार्य शुक्ल के रसवाद की वह नींव है जिस पर रसवादी समीक्षा की उनकी पुख्ता इमारत खड़ी हुई है। भावों और मनोविकारों पर उनके साहित्यिक और काव्यशास्त्रीय चिन्तन की भूमिका भी उतनी ही अहम है, जितना उनका मनोवैज्ञानिक, सामाजिक या समाजशास्त्रीय पहलू। ये निबन्ध जितने पुष्ट मनोवैज्ञानिक आधार पर खड़े हैं, उतना ही पुष्ट उनका सामाजिक और समाजशास्त्रीय आधार है, और उतना ही पुख्ता उनका साहित्यिक और काव्यशास्त्रीय पहलू। ये निबन्ध आचार्य शुक्ल के काव्यशास्त्रीय या रस शास्त्रीय चिन्तन की रीढ़ हैं। ये इस तथ्य का भी साक्ष्य हैं कि समीक्षा की अपनी रस शास्त्रीय जमीन पर आचार्य शुक्ल कितनी जबरदस्त तैयारी के साथ उतरे थे। ये निबन्ध इस तथ्य के भी साक्ष्य हैं कि उनका शास्त्रीय-चिन्तन परम्परागत रस शास्त्रीय चिन्तन का उन्था या प्रतिरूप नहीं है, उसमें उनकी अपनी मेधा ने नए बिन्दु उकेरे हैं, नई सरणियाँ जोड़ी हैं और यही नहीं, अनेक आयामों पर उसकी बुनियाद पर जाकर परम्परागत व्याख्याओं और मान्यताओं

का प्रतिवाद भी किया है। भावों और मनोविकारों की उनकी व्याख्या में उनके अपने समय की भी छाप है, और उनके उस बुद्धिवाद के भी गहरे निशान हैं जो उनके रसवादी होने के बावजूद उनकी मनोभूमि का अविभाज्य अंग रहा है।

'भाव और मनोविकार' शीर्षक पहला निबन्ध भावों तथा मनोविकारों से सम्बन्धित आगामी निबन्धों की पृष्ठभमि है। भाव और मनोविकार आदमी की मनुष्यता के परिचायक होते हैं। इनका सम्बन्ध मन से होता है। शुक्ल जी लिखते हैं कि "अनुभूति के द्वन्द्व से ही प्राणी जीवन का आरम्भ होता है। उच्च श्रेणी मनुष्य भी केवल एक जोड़ी अनुभूति लेकर इस संसार में आता है"–ये अनुभूतियाँ हैं सुख और दुख। सुख अनुकूल संवेदन है और दुख प्रतिकूल संवेदन। शुक्ल जी स्पष्ट करते हैं–"नाना विषयों के बीच का विधान होने पर ही उनसे सम्बन्ध रखनेवाली इच्छा की अनेकरूपता के अनुसार अनुभूति के वे भिन्न-भिन्न योग संघटित होते हैं, जो भाव या मनोविकार कहलाते हैं।" इन भावों और मनोविकारों में कुछ सम्बन्ध सुख की अनुभूति से होता है और कुछ का दुख की अनुभूति से। बुनियादी रूप में सुख या दुख की अनुभूति और उनसे सम्बन्धित भाव शारीरिक क्रियाओं-प्रतिक्रियाओं के जरिए ही मूर्त्त होते और अपना परिचय देते हैं। उदाहरण के लिए भय की स्थिति में शरीर काँपने लगेगा, क्रोध की स्थिति में आदमी दाँत पीसेगा, परन्तु सभ्य जातियों के बीच अनुभूति या भावों का प्रकाशन शब्दों के जरिए भी होता है। शुक्ल जी उदाहरण देते हैं, क्रोध की स्थिति में आदमी दाँत पीसे या न पीसे, उसका यह कहना ही कि मैं उसे पीस दूँगा, क्रोध की व्यंजना के लिए काफी होता है।

आचार्य शुक्ल के अनुसार, "समस्त मानव-जीवन के प्रवर्त्तक भाव या मनोविकार ही होते हैं।" उनके अनुसार लोक रक्षा तथा लोकरंजन की सारी व्यवस्था का ढाँचा इन्हीं पर ठहराया गया है। समाज का इतिहास साक्षी है कि इनका सदुपयोग भी हुआ है और दुरुपयोग भी। शुक्ल जी लिखते हैं–"चाहे धर्म शासन हो, चाहे राज-शासन या सम्प्रदाय-शासन, मनुष्य जाति के भय और लोभ से पूरा काम लिया गया है। दंड का भय और अनुग्रह का लोभ दिखाते हुए धर्म शासन और मत शासन चलते आ रहे हैं।

भावों के क्षेत्र को आचार्य शुक्ल ने पवित्र क्षेत्र माना है और उसमें किसी भी प्रकार की विकृति का प्रतिवाद किया है। "भावों का क्षेत्र अत्यन्त पवित्र क्षेत्र है। उसे गन्दा करना लोक के प्रति भारी अपराध समझना चाहिए।" भावों तथा मनोविकारों की उनके सर्वोत्तम रूप में अभिव्यक्ति को आचार्य शुक्ल ने कविता में देखा है। कविता को इसी नाते उन्होंने ज्ञान और कर्म योग के समकक्ष भाव-योग कहा है। वे कहते हैं–शासन की पहुँच प्रवृत्ति और निवृत्ति की बाहरी व्यवस्था तक होती है। उनके मूल या मर्म तक उनकी गति नहीं होती। भीतरी या सच्ची प्रवृत्ति-निवृत्ति

को जागरित करनेवाली शक्ति कविता है।...रागात्मिक वृत्ति के प्रसार के बिना विश्व के साथ जीवन का प्रवृत सामंजस्य घटित नहीं हो सकता।" कविता इसी रागात्मिका वृत्ति का समूचे विश्व तक प्रसार है।

'भाव तथा मनोविकार' की बुनियादी समझ को इस निबन्ध में विशद करने के उपरान्त आगे के निबन्धों में—सुख-दुख मूलक कतिपय भावों-मनोविकारों का स्वतन्त्र विवेचन उन्होंने किया है। सबसे पहले सुख या आनन्द की अनुभूति से जुड़े 'उत्साह' के स्वरूप तथा चरित्र की व्याख्या उन्होंने की है।

भावों तथा मनोविकारों के विवेचन में आचार्य शुक्ल की विवेचन-पद्धति प्रायः ऐसी रही है कि आरम्भ में वे विवेच्य भाव या मनोविकार की एक सुसंगत परिभाषा देते हैं, तत्पश्चात् दूसरे भावों-मनोविकारों से उसके सम-विषम सम्बन्धों की व्याख्या करते हैं। इसके उपरान्त विवेच्य भाव का सांगोपांग विश्लेषण करते हुए, जैसा हमने कहा, उसके मनोवैज्ञानिक आधार, उसके सामाजिक स्वरूप तथा उसकी काव्यशास्त्रीय जमीन को विशद करते हैं। रसवादी समीक्षक होने के नाते अपनी रसशास्त्रीय चिन्तना के अनुरूप भावों का ऐसा विवेचन आवश्यक भी था। अस्तु।

उदाहरण के लिए संकलन के भाव व मनोविकार-सम्बन्धी पहले ही निबन्ध को लें, जिसका शीर्षक है—'उत्साह'। काव्यशास्त्रीय व्याख्या में उत्साह वीर रस का स्थायी भाव है, और उसका सम्बन्ध सुख की अनुभूति से है। वह सुखात्मक भाव है। आरम्भ में ही आचार्य शुक्ल ने उसे परिभाषित कर दिया है—"साहसपूर्ण आनन्द की उमंग का नाम उत्साह है। स्पष्ट है कि उत्साह का सम्बन्ध हर स्तर की आनन्दानुभूति या सुखानुभूति से नहीं है।" वे कहते हैं कि 'उत्साह' में कष्ट या हानि सहने की दृढ़ता के साथ-साथ कर्म में प्रवृत्त होने के आनन्द का योग होता है। साहसपूर्ण कर्म में प्रवृत्ति उत्साह के लिए आवश्यक है। इसीलिए "कर्म सौन्दर्य के उपासक ही सच्चे उत्साही कहलाते हैं।"

कष्ट या हानि के भेद के साथ ही उत्साह के भी भेद हो जाते हैं। साहित्य मीमांसकों ने, शुक्ल जी के अनुसार—युद्धवीर, दानवीर, दयावीर—वैसे भेद किए हैं। युद्ध में वीरता का प्रदर्शन युद्धवीर करते हैं, परन्तु दान और दया में तनिक भी कृपणता न दिखाने वाले दानवीर और दयावीर कहे गए हैं—दान और दया में उनके कर्म का सौन्दर्य उद्घाटित होता है। उत्साह के लिए आनन्द का लगाव किसी क्रिया-व्यापार या उसकी भावना से होना आवश्यक है। उदाहरण देकर शुक्ल जी ने समझाया है कि प्रिय मित्र के आने के समाचार मात्र से हुआ आनन्द उत्साह नहीं कहा जाएगा—जब तक कि उसके साथ हमारी क्रिया न जुड़ी हो। निबन्ध में आचार्य शुकल ने बुद्धि-वीर का उदाहरण भी दिया है—और इसी बिन्दु पर चुटकी लेते हुए 'वाग्वीर' की चर्चा भी की है। उनके अनुसार, "ये वाग्वीर आजकल बड़ी-बड़ी सभाओं के मंचों पर से लेकर स्त्रियों के उठाए हुए पारिवारिक प्रपंचों तक में पाए जाते हैं, और काफी तादाद में।" बेधक व्यंग्य शुक्ल जी की शैली की

विशेषता है। 'उत्साह' मनोविकार का गम्भीर विवेचन पूरे निबन्ध में है।

'श्रद्धा-भक्ति' निबन्ध में श्रद्धा की यह परिभाषा शुक्ल जी ने दी है—"किसी मनुष्य में जनसाधारण से विशेष गुण या शक्ति का विकास देख उसके सम्बन्ध में जो एक स्थायी आनन्द-पद्धति हृदय में स्थापित हो जाती है, उसे श्रद्धा कहते हैं।" दूसरे शब्दों में—"श्रद्धा महत्त्व की आनन्दपूर्ण स्वीकृति के साथ-साथ पूज्य बुद्धि का संचार है"—अर्थात् जिस व्यक्ति के विशेष गुणों या शक्ति के नाते हृदय में स्थायी आनन्द की अनुभूति हुई है, उसके प्रति एक पूज्य भाव भी साथ में ही विकसित हो पाता है। मनुष्य के जिन कर्मों के प्रति हमारे मन में श्रद्धा होती है, जाहिर है कि उन कर्मों की स्थिति संसार में हम बराबर चाहते हैं। "यही विश्व-कामना श्रद्धा की प्रेरणा का मूल है।" आगे आचार्य शुक्ल ने श्रद्धा और प्रेम नामक भाव के पारस्परिक सम्बन्ध को विशद किया हैं। दोनों का अन्तर समझाते हुए उन्होंने कहा है कि प्रेम स्वाधीन कार्यों पर उतना निर्भर नहीं है—वह एकान्तिक भाव है। किसी व्यक्ति के रूप को देखकर हमें उसके प्रति प्रेम हो सकता है, जिस रूप में उस व्यक्ति का अपना कोई योग नहीं है। परन्तु श्रद्धा ऐसी नहीं है। उसके लिए वांछनीय कर्मों का होना जरूरी है। इसी नाते शुक्ल जी श्रद्धा के क्षेत्र और व्यापार-स्थलों को विस्तृत कहते हैं—जबकि प्रेम एकान्तिक होता है। अपनी बात को सूक्ति में बदलते हुए वे कहते हैं—"यदि प्रेम स्वप्न है तो श्रद्धा जागरण।" प्रेम में प्रेमी और प्रिय के अलावा और कोई नहीं होता जबकि श्रद्धा में श्रद्धेय और श्रद्धालु के बीच मध्यस्थ जरूरी है। यह मध्यस्थ है—श्रद्धेय के गुण और उसके कर्म। किसी के रूप मात्र पर मुग्ध होकर हम उससे प्रेम कर सकते हैं—श्रद्धा का भाव नहीं जागेगा। पर किसी कुरूप के सत्कर्म हमें उसके प्रति श्रद्धावान बनाते हैं।

श्रद्धा को एक सामाजिक भाव बतलाते हुए शुक्ल जी कहते हैं कि श्रद्धेय से अपनी श्रद्धा के बदले हम कुछ भी नहीं चाहते। 'श्रद्धा एक आनन्दपूर्ण कृतज्ञता है।' हमें जिस व्यक्ति पर श्रद्धा होती है, हम चाहते हैं उसके प्रति अन्य व्यक्तियों का भी श्रद्धा-भाव हो, जबकि प्रेम में ऐसा नहीं होता। हम प्रिय को दुनिया की नजरों से बचाकर सम्पूर्णतः अपने लिए ही पाना चाहते हैं। स्पष्ट किया जा चुका है कि श्रद्धा आनन्दपूर्ण कृतज्ञता है—अर्थात् दूसरे के महत्त्व का स्वीकार।

श्रद्धा भाव को और भी विशद करते हुए शुक्ल जी ने स्थूल रूप से उसके तीन प्रकार बताए हैं—1. प्रतिमा-सम्बन्धिनी श्रद्धा, 2. शील-सम्बन्धिनी श्रद्धा और 3. साधन-सम्पत्ति-सम्बन्धिनी श्रद्धा। इन तीनों प्रकार के श्रद्धा-भाव को व्याख्यायित करते हुए उन्होंने शील-सम्बन्धिनी श्रद्धा को सर्वोच्च महत्त्व दिया है और उसे प्रत्येक व्यक्ति का कर्तव्य माना है। शील से आचार्य शुक्ल का आशय व्यक्ति के चरित्र और आचरण से है। प्रतिमा-सम्बन्धी श्रद्धा को न समझना हमारा अनाड़ीपन ही माना जाएगा, परन्तु यदि पर-कल्याण में—अपने निजी स्वार्थों को हटाकर कोई

व्यक्ति अपना जीवन अर्पित किए है, उसके इस सत्कर्म के प्रति यदि हमारे मन में श्रद्धा उत्पन्न न हो तो शुक्ल जी के अनुसार समाज में हमारे होने का कोई मतलब नहीं—हम समाज में रहने योग्य नहीं। साधन-सम्पत्ति-सम्बन्धी श्रद्धा की सीमा यह है कि उसका सदुपयोग भी हो सकता है और दुरुपयोग भी। शील-सम्बन्धिनी श्रद्धा ही सम्पूर्णतः निर्दोष होती है।

आगे शुक्ल जी श्रद्धा-भाव को और भी विशद करते हुए कहते हैं कि "भिन्न-भिन्न मानसिक संस्कार के लोगों में किसी विषय से सम्बन्ध रखनेवाली श्रद्धा भिन्न-भिन्न मात्रा की हुआ करती है—इस बात के उदाहरण उन्होंने दिए हैं और अन्ततः तीनों प्रकार के श्रद्धा-भाव में शील-सम्बन्धी श्रद्धा को ही सर्वाधिक वरेण्य माना है। ऐसा इसलिए कि उसका सम्बन्ध मनुष्य-मात्र की सामान्य स्थिति रक्षा से है।

चूँकि "दूसरों की श्रद्धा संसार में एक अत्यन्त वांछनीय वस्तु है और सब उसे पाना चाहते हैं, इस नाते जरूरी है कि अनधिकारी और नकली श्रद्धेयों से हम बचें, उनसे सावधान रहें। शुक्ल जी ने लिखा है—ऐसे लोग समाज में "अनेक रूपों में दिखाई पड़ते हैं। कोई गेरुआ वस्त्र लपेटे धर्म का डंका पीटते दिखाई देता है, कोई देश-हितैषिता का लम्बा चोगा पहने देशोद्धार की पुकार करते पाया जाता है। ऐसे लोग श्रद्धा के नहीं, सामाजिक दंड के पात्र हैं। अपने व्यंग्य को अधिक धारदार बनाते हुए इसी क्रम में वे लिखते हैं—"जैसे और सब विद्याओं की, वैसी ही श्रद्धाकर्षण की विद्या की भी आजकल खूब उन्नति हुई है। आश्चर्य नहीं कि इसके लिए कुछ दिनों में एक अलग विद्यालय खुले।" श्रद्धा किसी दूसरे के गुण-कर्मों के प्रति होती है—समाज-रक्षा के लिए जो गुण-कर्म अपेक्षित हैं। सच्ची श्रद्धा सौदे की वस्तु नहीं है। यह विडम्बना है कि लाभ-लोभ वाले आज के युग में जब ज्ञान, न्याय, धर्म, सब बिक रहे हों, श्रद्धाभाव भी बिकाऊ बनाया जाए। शुक्ल जी इसे सर्वथा अवांछित, एक सामाजिक अपराध मानते हैं।

भक्ति को विवृत्त करते हुए शुक्ल जी उसकी परिभाषा देते हैं—"श्रद्धा और प्रेम के योग का नाम भक्ति है।" श्रद्धेय के प्रति पूज्य भाव जब इतना बढ़ जाए कि उसके समीप ही रहने की इच्छा बलवती हो उठे, उसकी एक-एक क्रिया के प्रति अनुरक्ति हो जाए तो भक्ति का प्रादुर्भाव समझना चाहिए। शुक्ल जी कहते हैं—"श्रद्धालु महत्त्व को स्वीकार करता है, पर भक्त महत्त्व की ओर अग्रसर होता है।" श्रद्धेय के सामीप्य के फलस्वरूप भक्त के ऊपर एक पहरा-सा बैठ जाता है।—"हम अपने को ऐसे स्वच्छ आदर्श के सामने कर देते हैं जिसमें हमारे कर्मों का प्रतिबिम्ब ठीक-ठीक दिखाई पड़ता है।" यही नहीं—"भक्ति के लिए दैन्य अर्थात् दूसरे के महत्त्व के साथ अपने लघुत्व की भावना पहली बात है।" तुलसी की भक्ति का विवेचन करते हुए शुक्ल जी ने इस सम्बन्ध में तुलसी को इस रूप में उद्धृत किया है—

"राम सो बड़ो कौन, मोसो कौन छोटो।
राम सो खरो कौन मोसौ कौन खोटो ॥"

भक्ति का स्थान मनुष्य का हृदय है। जिन गुणों को हम श्रद्धेय में देखते या देखना चाहते हैं, उन्हें परमात्मा में पूरी विशदता से पाकर हम भगवत्भक्ति में लीन हो जाते हैं। ईश्वर के अवतारी रूप अर्थात् अपने मनोनुरूप उसके लोकरक्षक रूप की व्याख्या करते हुए शुक्ल जी ने अपने इस महत्त्वपूर्ण निबन्ध को समाप्त किया है।

'करुणा' शीर्षक निबन्ध में शुक्ल जी ने 'करुणा' नामक मनोविकार को समझाते हुए लिखा है कि शैशवावस्था में, सम्बन्ध ज्ञान होते ही दुख के उस भेद की नींव पड़ जाती है, जिसे करुणा कहते हैं। करुणा दुख के वर्ग का मनोविकार है, परन्तु क्रोध से एकदम उलटा। क्रोध में, जिसके प्रति क्रोध है, उसकी हानि का उद्योग किया जाता है, करुणा जिसके प्रति होती है, हम उसकी भलाई में प्रवृत्त होते हैं। शुक्ल जी कहते हैं कि आनन्द के वर्ग में ऐसा कोई मनोविकार नहीं जो पात्र की हानि की उत्तेजना करे पर दुख के वर्ग में करुणा ऐसा मनोविकार है जो पात्र की भलाई के प्रति हमें उत्तेजित करता है। करुणा में पात्र में दुख के अलावा किसी भी विशेषता की अपेक्षा नहीं है। दूसरों के दुख का परिज्ञान हुआ नहीं कि करुणा नामक मनोविकार उदित हो जाता है।

करुणा को शुक्ल जी ने मनुष्य की प्रकृति में शील और सात्विकता की आदि स्थापना वाला मनोविकार माना है। सामाजिक जीवन की स्थिति और पुष्टि के लिए वे समाज में करुणा का प्रसार आवश्यक मानते हैं। करुणा की एक विशेषता यह भी है कि वह अपने बीज आलम्बन या पात्र में नहीं फेंकती। जिस व्यक्ति पर हम करुणा करते हैं वह बदले में दम पर करुणा नहीं, वरन् श्रद्धा करता है। क्रोध और प्रेम में जो हम करते हैं, हमें वही मिलता है, करुणा में ऐसा नहीं है। ऐसे अवसर भी आते हैं जब हम चाहकर भी करुणा नहीं कर पाते। शुक्ल जी ने निबन्ध में आवश्यकता, नियम और न्याय—ऐसी तीन बातों के उदाहरण दिए हैं जिनके तहत हम चाहकर भी करुणा नहीं कर पाते। पर इन अवसरों पर भी करुणा के लिए जगह बनाई जा सकती है। ऐसे अवसरों की संख्या का बढ़ना समाज हित में उन्होंने ठीक नहीं माना है। निबन्ध को समाप्त करते हुए शुक्ल जी कहते हैं—"करुणा संत का सौदा नहीं है"—कोई करुणा करना चाहे तो द्वार खुला हुआ है।

"लज्जा और ग्लानि' निबन्ध में शुक्ल जी ने इन मनोविकारों को विशद किया है। उनके अनुसार, "दूसरों के चित्त में अपने विषय में बुरी या तुच्छ धारणा होने के निश्चय या आशंका मात्र से वृत्तियों का जो संकोच होता है, उनकी स्वच्छन्दता के विघात का जो अनुभव होता है, उसे लज्जा कहते हैं।...विशुद्ध लज्जा अपने विषय में दूसरे की ही भावना पर दृष्टि रखने से होती है"—और "अपनी बुराई, मूर्खता, तुच्छता इत्यादि का एकान्त अनुभव करने से वृत्तियों में जो शैथिल्य आता है, उसे ग्लानि कहते हैं।" सत्य प्रधान सात्विक अन्तःकरण वाले लोग ही ग्लानि को भोगते हैं, मक्कार और धूर्त्त नहीं। शुक्ल जी कहते हैं कि किसी को अपना मुँह न दिखाकर हम लज्जा से बच सकते हैं—ग्लानि से नहीं। ग्लानि

अकेले में भी होती है और दस लोगों के बीच में भी। ग्लानि को वे अन्तःकरण की शुद्धि का एक विधान मानते हैं। निबन्ध में आगे लज्जा और ग्लानि को और भी बारीकी के साथ शुक्ल जी ने समझाया है, और लज्जा की स्थिति स्त्रियों में अनेक कारणों से विशेष बताई है–जिसका पुरुष समाज ने अपने आनन्द और विलास के लिए भी उपयोग किया है।

अगला निबन्ध 'लोभ और प्रीति' संकलन का भाव और मनोविकार सम्बन्धी महत्त्वपूर्ण निबन्ध है। प्रारम्भ में ही उन्होंने लोभ की परिभाषा दी है–"किसी प्रकार का सुख या आनन्द देने वाली वस्तु के सम्बन्ध में मन की ऐसी स्थिति को, जिसमें उस वस्तु के अभाव की भावना होते ही प्राप्ति, सान्निध्य या रक्षा की प्रबल इच्छा जग पड़े, लोभ कहते हैं। लोभ के सुखात्मक और दुखात्मक दोनों पहलू हैं। जब लोभ अप्राप्त के लिए होता है तो दुख होता है। प्रीति के लिए उनका कहना है–"विशिष्ट वस्तु या व्यक्ति के प्रति होने पर लोभ वह सात्विक रूप प्राप्त करता है जिसे प्रीति या प्रेम कहते हैं।" सामान्य या जाति के प्रति होनेवाला लोभ लोभ है, परन्तु जब जाति के एक विशिष्ट व्यक्ति के प्रति हो तो वह रुचि या प्रेम में बदल जाता है। निष्कर्ष यह कि लोभ सामान्योन्मुख होता है, प्रेम विशेषोन्मुख। लोग आनन्दस्वरूप हैं। "जन्मभूमि का प्रेम, स्वदेश-प्रेम, यदि वास्तव में अन्तःकरण का कोई भाव हैं तो स्थान-लोभ के अतिरिक्त और कुछ नहीं हैं। इस लोभ के लक्षणों से शून्य देशप्रेम कोरी बकवास या फैशन के लिए गढ़ा हुआ शब्द है।" ऐसे लोभ से रहित तथाकथित देशप्रेमियों को अपने व्यंग्य की परिधि में लेते हुए शुक्ल जी कहते हैं–"जो यह भी नहीं जानते कि कोयल किस चिड़िया का नाम है...जो यह भी नहीं झाँकते कि किसानों के झोपड़ों के भीतर क्या हो रहा है, वे यदि दस बने-ठने मित्रों के बीच प्रत्येक भारतवासी की औसत आमदनी का परता निकालकर देशप्रेम का दावा करें तो उनसे पूछना चाहिए–भाइयो, बिना परिचय का यह प्रेम कैसा? जिनके सुख-दुख के तुम कभी साथी न हुए उन्हें तुम सुखी देखना चाहते हो, यह समझते नहीं बनता। उनसे कोसों दूर बैठे-बैठे, पड़े-पड़े या खड़े-खड़े, तुम विलायती बोली में अर्थशास्त्र की दुहाई दिया करो, पर प्रेम का नाम उसके साथ मत घसीटो। प्रेम हिसाब-किताब की बात नहीं है। हिसाब-किताब करनेवाला भाड़े पर भी मिल सकता है, प्रेम करनेवाले नहीं।" जाहिर है कि यह लोभ ही है जो उदात्त होकर देशप्रेम, विश्व प्रेम में रूपान्तरित होता है। परिचय और साहचर्य इस प्रेम की बुनियादी जरूरतें हैं। शुक्ल जी लिखते हैं–"जिस प्रकार लोभ से सान्निध्य की इच्छा उत्पन्न होती है उसी प्रकार सान्निध्य से भी लोभ या प्रेम की प्रतिष्ठा होती है।" बहुत दिनों तक एक स्थान पर रहनेवाले को उस स्थान को छोड़ते समय निहायत कष्ट होता है। परिचय को शुक्ल जी प्रेम का प्रवर्तक मानते हैं। उसके बिना प्रेम नहीं हो सकता।

लोभ में वस्तुतः प्रवृत्ति-भेद से प्रिय वस्तु के सम्बन्ध में इच्छा के दो प्रकार

होते हैं–प्राप्ति या सान्निध्य की इच्छा तथा दूर न करने या कष्ट न होने देने की इच्छा। सान्निध्य की इच्छा से जुड़े लोभ को ही शुक्ल जी ने देशप्रेम के रूप में विवेचित किया है, अर्थात् हम यही चाहते हैं कि हम उससे कभी अलग न हों। जहाँ तक दूसरे प्रकार की इच्छा--दूर न होने देने की इच्छा या उसकी रक्षा की इच्छा का प्रश्न है–शुक्ल जी ने उसके भी दो प्रकार बताए हैं–

1. स्वायत्त रक्षा की इच्छा अर्थात् केवल अपने अधिकार में रखने की इच्छा।
2. स्व-निरपेक्ष रक्षा की इच्छा अर्थात् केवल बने रहने देने की इच्छा।

इनमें पहले प्रकार की इच्छा विभेद और विग्रह पैदा करती है–दूसरों को खटकती है, परन्तु दूसरे प्रकार की इच्छा समाज में ऐक्य की, मिलन की प्रतिष्ठा करती है, कारण उसके साथ एकाधिकार की भावना नहीं होती। शुक्ल जी के अनुसार–''लोभ का सबसे प्रशस्त रूप वह है जो रक्षा-मात्र की इच्छा का प्रवर्तक होता है वो मन में यही वासना उत्पन्न करता है कि कोई चीज़ बनी रहे, चाहे वह हमारे किसी उपयोग में आए या न आए।''

अब तक लोभ के व्यापक अर्थ की बात हुई–जो प्रेम से जन्मभूमि के प्रेम और विश्व प्रेम तक जाता है। परन्तु शुक्ल जी के अनुसार संकुचित अर्थ में आजकल लोभ कहने से धन के लोभ की ही भावना होती है।

धन के लोभ की इच्छा प्रायः चार कारणों से होती है–1. घोर कष्ट के निवारण के लिए अर्थात् जीवित रहने के लिए, 2. अधिक सुख की प्राप्ति के लिए, 3. भविष्य में दुख या कष्ट की शंका के निवारण के लिए और 4. बिना किसी उद्देश्य-भावना के। इनमें से पहली प्रकार की इच्छा के लोभी कतई लोभी नहीं हैं। उन्हें लोभी कहना क्रूरता है। आगे के प्रकारों में–''दूसरी श्रेणी के लोगों पर से लोभ के आरोप की सम्भावना क्रमशः बढ़ते-बढ़ते चौथी श्रेणी के लोगों पर जाकर निश्चय की कोटि को पहुँच जाती है। यह चौथी श्रेणी ही जघन्य लोभियों की श्रेणी है। लोभ जब बहुत बढ़ जाता है, अनियन्त्रित हो जाता है–असन्तोष का वह सघन रूप सामने आता है कि ऐसा आदमी कभी सुखी नहीं रह पाता। वह मानसिक व्याधि से ग्रस्त होता है और शनैः शनैः मनुष्यता के सारे गुणों से वंचित हो जाता है। ऐसे आदमी का जीना या न जीना बराबर है जो जमीन में रुपया गाड़कर न आप खाते हैं और न दूसरों को खाने देते हैं–जो इतने निष्करुण होते हैं कि परिजनों के कष्ट-क्रन्दन से बेपरवाह बस रुपया गिना करते हैं। अपनी इच्छाओं तक का वे दमन करते हैं। शुक्ल जी अपनी व्यंग्यात्मक शैली में ऐसे जघन्य लोभियों के लिए लिखते हैं–''लोभियों का दमन योगियों के दमन से किसी प्रकार कम नहीं होता। लोभ के बल से वे काम और क्रोध को जीतते हैं, सुख की वासना का त्याग करते हैं, मान-अपमान में समान भाव रखते हैं।...न उन्हें मक्खी चूसने में घृणा होती है और न रक्त चूसने में दया।'' ऐसे लोभियों को शुक्ल जी का सम्बोधन है–''लोभियो! तुम्हारा अक्रोध, तुम्हारा इन्द्रियनिग्रह, तुम्हारी मानापमान-समता,

तुम्हारा तप अनुकरणीय है। तुम्हारी निष्ठुरता, तुम्हारी निर्लज्जता, तुम्हारा अविवेक, तुम्हारा अन्याय विगर्हणीय है। तुम धन्य हो, तुम्हें धिक्कार है।" चलते-चलते वह यह भी कहते हैं कि "पक्के लोभी लक्ष्य भ्रष्ट नहीं होते, कच्चे हो जाते हैं।"

अब 'प्रेम' को लें। प्रेम एक प्राणी के प्रति दूसरे प्राणी का लोभ ही है। बावजूद इसके सामान्यतः शुक्ल जी का कहना है कि लोभ वस्तु के प्रति होता है, प्रेम विशिष्ट व्यक्ति के प्रति—'परन्तु मूल में लोभ और प्रेम दोनों एक ही हैं।" आगे शुक्ल जी ने वस्तु और व्यक्ति के प्रति लोभ में अन्तर बताए हैं। जहाँ तक प्रेम का प्रश्न है—उसे शुक्ल जी ने एकान्तिक और लोकबद्ध—दो रूपों में विभक्त किया है और लोकबद्ध प्रेम को महत्त्व दिया है। एकान्तिक प्रेम दो व्यक्तियों में सीमित हो जाता है जबकि लोकबद्ध प्रेम के दायरे में सारा चराचर जगत आ जाता है। सम और विषम प्रेम की स्थितियों का विवेचन करते हुए—तुल्यानुराग में उन्होंने प्रेम की पूर्ण प्रतिष्ठा मानी है। साहचर्य की उन्होंने प्रेम की शर्त कहा है—जितना लम्बा साहचर्य होगा—प्रेम उतना ही प्रगाढ़। गोपियाँ उद्धव से यही कहती हैं कि "लरिकाईं को प्रेम, कहो अलि, कैसे छूटे।" लोभ और प्रेम में सुख और दुख—दोनों तरह की अनुभूतियों का योग होता है। प्रेम में संयोग है तो विप्रलेम भी। इसी नाते श्रृंगार को काव्यशास्त्र में 'रसराज' कहा गया है।

'घृणा' निबन्ध में 'घृणा' को परिभाषित करते हुए शुक्ल जी कहते हैं—"अरुचिकर विषयों के उपस्थित होने पर अपने ज्ञान पथ से उन्हें दूर रखने की प्रेरणा करनेवाला जो दुख होता है उसे घृणा कहते हैं।" घृणा के विषय उन्होंने दो प्रकार के बताए हैं—स्थूल और मानसिक। स्थूल विषयों का सम्बन्ध आँख, कान और नाक—इन तीन इन्द्रियों से है। जिह्वा और त्वचा—अर्थात् रस और स्पर्श के संवेदन घृणा उत्पन्न नहीं करते— रुचिकर-अरुचिकर हो सकते हैं। घृणा के स्थूल विषयों को—आँख-नाक और कान से सम्बन्धित अरुचिकर-असहनीय संवेदनों को उन्होंने सब मनुष्यों के लिए समान माना है। घृणा प्रेष्य मनोविकार है। हम जिससे घृणा करेंगे—बदले में वह भी हमसे घृणा कर सकता है—वैसा प्रेम और क्रोध में होता है। ये भी प्रेष्य हैं। पर करुणा अप्रेष्य मनोविकार है—वह आलम्बन में अपना बीज नहीं फेंकती। घृणा प्रेष्य है। अतः शुक्ल जी का कहना है कि उसे बहुत समझ-बूझकर प्रकट करना चाहिए। घृणा निवृत्तिमूलक है। वह हमें कुछ विषयों से अलग रहने की प्रेरणा देती है—इस नाते भी घृणा समझ-बूझकर ही की जानी चाहिए।

'ईर्ष्या' के बारे में शुक्ल जी लिखते हैं—"जैसे दूसरे के दुख को देखकर दुख होता है, वैसे दूसरे के सुख या भलाई को देखकर भी एक प्रकार का दुख होता है जिसे 'ईर्ष्या' कहते हैं। ईर्ष्या वस्तुतः एक अनावश्यक मनोविकार है। वह मूल मनोविकार नहीं है। इसका सम्बन्ध व्यक्ति-विशेष से होता है—हर व्यक्ति के ऐश्वर्य, बुद्धि या वैभव को देखकर ईर्ष्या नहीं होती। ईर्ष्या उसी के वैभव-बुद्धि आदि को देखकर होती है, हम समझते हैं कि जिसका प्रभाव, अवांछित प्रभाव,

हमारे ऊपर पड़ेगा।

ईर्ष्या अप्राप्त वस्तु के लिए ही नहीं होती, कि किसी दूसरे के पास वह है, हमारे पास नहीं, वह प्राप्त के सन्दर्भ में भी होती है, अर्थात् हमारे पास वो है, वह दूसरों के पास भी है या उसे प्राप्त हो रही है, हमारी ईर्ष्या का कारण यह बात भी बन सकती है। ईर्ष्या करनेवालों के रूप भी दो होते हैं—एक, असम्पन्न और दूसरा सम्पन्न। ईर्ष्या का दुख भी प्रायः निष्फल होता है। उसमें प्रयत्नोपादिनी शक्ति बहुत कम होती है। क्रोध जैसा वेग उसमें नहीं होता—कारण उसका जन्म ही आलस्य और नैराश्य से होता है।

ईर्ष्या अप्रेष्य मनोविकार है, यह बताया जा चुका है। हमसे कोई ईर्ष्या करता है—फलतः हम उससे ईर्ष्या नहीं करने लगते। उससे घृणा करते हैं, क्रोध करते हैं। ईर्ष्या अत्यन्त लज्जालु वृत्ति भी है। वह अपने धारणकर्ता से भी मुँह छिपाती है। समाज के सामने भी वह खुलकर नहीं आती। अन्य मनोविकार शरीर के स्तर पर पहचाने जा सकते हैं, परन्तु ईर्ष्या नहीं। उसका धारणकर्ता भी अपने को ईर्ष्यालु नहीं कहता या मानता। एक ही ऐसा पक्ष है—जब व्यक्ति—ईर्ष्यालु व्यक्ति चाहे तो घुटने—भीतर ही भीतर सुलगने के बजाय वह ईर्ष्याभाव के तहत ही चाहे तो उद्यम करके उस वस्तु को प्राप्त कर सकता है, जिसके न होने तथा दूसरों के पास होने के नाते वह ईर्ष्याग्नि में सुलगता-घुटता है। परन्तु कम ही लोग ईर्ष्या के उसके इस सकारात्मक रूप तक ले जा पाते हैं।

'भय' शुक्ल जी के अनुसार—''किसी आती हुई आपदा की भावना या दुख के कारण के साक्षात्कार से जो एक प्रकार का आवेगपूर्ण अथवा स्तम्भकारक मनोविकार होता है उसी को भय कहते हैं।'' भय व्यक्ति को किसी के क्रोध की पहुँच से बाहर होने के लिए आकुल करता है। यह दुख के वर्ग का मनोविकार है। भय के लिए दुख के कारण का ज्ञान होना जरूरी नहीं, बस इतना भर मालूम होना चाहिए कि दुख या हानि पहुँचेगी। स्वभावगत हो जाने पर भय कायरता या भीरुता कहलाता है। भय का विषय असाध्य भी होता है और साध्य भी। असाध्य वह है जो दूर न किया जा सके और साध्य वह है जो दूर किया जा सके। भय का सम्बन्ध, जैसा कहा भीरुता से है, जो निंद्य होती है। परन्तु शुक्ल जी के अनुसार एक ही भीरुता है जिसकी प्रशंसा होती है और वह है धर्म-भीरुता। आवेग शून्य भय आशंका कहलाता है। वह धीमी परन्तु देर तक रहनेवाली होती है।

'क्रोध' नामक मनोविकार पर शुक्ल जी ने पूरे मनोयोग से लिखा है। उनके अनुसार, ''क्रोध दुख के चेतन कारण से साक्षात्कार या अनुमान से उत्पन्न होता है। साक्षात्कार के समय दुख और उसके कारण के सम्बन्ध का परिज्ञान आवश्यक है।'' सामाजिक जीवन के लिए शुक्ल जी क्रोध को अनिवार्य मानते हैं कारण क्रोध ही है जो तमाम प्रकार के अन्याय और अनिष्ट से लोगों की रक्षा करता है। बड़े सहज, दैनंदिन जीवन के उदाहरण देते हुए शुक्ल जी अपने कहे हुए को प्रमाणित

और सिद्ध करते हैं, यह उनकी निबन्ध-शैली की मूलभूत विशेषता है। क्रोध की उग्र चेष्टाएँ हानि या पीड़ा पहुँचाने के बजाय पहले आलम्बन को भयग्रस्त करती है। यदि आलम्बन डर गया तो क्षमा का अवसर सामने आता है। प्रायः क्रोध गर्जन-तर्जन के द्वारा ही अपने उद्देश्य की पूर्ति कर लेता है। क्रोध का एक अविवेकी-अन्धा रूप भी है जो क्रोध करनेवाले की ही हानि करता है। क्रोध में अपना सिर पटक देना, ऐसा ही उदाहरण है। क्रोध का वेग बहुत प्रबल होता है। वह यह जानने का प्रयास नहीं करता कि जिससे दुख पहुँचा है उसे दुख पहुँचाने की इच्छा भी थी या नहीं। यह अपरिष्कृत क्रोध है। क्रोध सारे मनोविकारों से अधिक फुर्तीला होता है। वह दूसरे मनोविकारों के साथ भी सामने आता है—कभी दया के साथ तो कभी घृणा के साथ। काम तो क्रोध करता है यश करुणा या दया को मिलता है। क्रोध को शुक्ल जी ने शान्ति भंग करनेवाला मनोविकार कहा है। शुक्ल जी के अनुसार—क्रोध अन्याय का प्रतिकार करता है अतएव अर्थपरायण, धर्मपरायण कितना भी उससे बचने का उपदेश दें, क्रोध समाज में, सामाजिक जीवन में जरूरी है, परन्तु अपने परिष्कृत रूप में। क्रोध के प्रेरक दुख दो प्रकार के होते हैं—अपना दुख और पराया दुख। जिस क्रोध के निरोध का उपदेश दिया जाता है वह पहले प्रकार के दुख से उत्पन्न क्रोध है। दूसरे के दुख पर होनेवाला क्रोध बुराई की हद से बाहर समझा जाता है। दुख का कारण जितना निर्विशेष होगा, क्रोध उतना ही सात्विक कहा जाएगा। क्रोध ही है जो करुणा का आज्ञाकारी सेवक बनता है। क्रोध का बीज भाव ही करुणा है। वाल्मीकि की, क्रौंच युगल में से एक की हत्या से उत्पन्न करुणा ही क्रोध के रूप में फूटी थी। ऐसा क्रोध-सात्विक क्रोध महाकाव्यों को जन्म देता है। बहुत समय तक किसी अत्याचारी का समाज में बना रहना ही लोक की क्षमा की सीमा है। इससे आगे कायरता, नैराश्य और शिथिलता ही दिखाई देगी। इस कायरता को चीरकर क्रोध ही समाचार को अन्याय-अत्याचार से मुक्त करता है। वह सात्विक तेज है, तामस ताप नहीं। दंड को शुक्ल जी क्रोध का ही विधान मानते हैं और बैर को उसका अचार या मुरब्बा। बहुत समय तक स्थायी बना रहनेवाला क्रोध ही वैर या दुश्मनी का रूप लेता है। क्रोध का एक हलका रूप चिड़चिड़ाहट है, जो समाज में बहुतों के आनन्द का विषय भी बनती है। दुख के वर्ग का मनोविकार होने पर भी सामाजिक जीवन में उसके परिष्कृत रूप की जरूरत है—उसे बना रहना चाहिए।

भावों और मनोविकारों से सम्बन्धित इन निबन्धों में शुक्ल जी की मेधा, उनकी विश्लेषण-शक्ति, उनकी विवेचन-क्षमता, उनका वैदुष्य और ज्ञान अपनी बहुआयामिकता में, पूरे उत्कर्ष से सामने आया है। उनकी भाषा बहते पानी की तरह निर्मल, एक मिसाल है कि कठिन से कठिन बात भी, यदि उसकी समझ हो, कितनी सरलता से, सहज भाषा में कही जा सकती है। लोक जीवन से सामान्य और सहज उदाहरण देकर, व्यंग्य और विनोद की कहीं हलकी और कहीं गहरी

बौछार से शुक्ल जी ने विचार-प्रधान अपने इन गम्भीर निबन्धों को सहज-सरस बनाए रखा है। यही है बुद्धि की यात्रा में हृदय का अनुपम साहचर्य। मनोविज्ञान, समाजशास्त्र और साहित्य के शास्त्रीय ज्ञान से पूरित ये निबन्ध हिन्दी साहित्य की निधि हैं। ये शुक्ल जी के रसशास्त्रीय चिन्तन, उनकी समीक्षा का मूलाधार हैं। साहित्य-समीक्षा में कितनी जबरदस्त तैयारी के साथ वे आए थे, ये निबन्ध इस तथ्य का भी साक्ष्य हैं। अभेदवादी होते हुए भी उनका बुद्धिवाद, उनका विवेक उनके इन निबन्धों में बराबर जीवित और सक्रिय रहा है। धर्म से जुड़े पाखंड हों, समाज से जुड़े पाखंड हों, अर्थतन्त्र, राजतन्त्र, नीति-तन्त्र, किसी की भी विसंगतियाँ हों, निर्भीक होकर उन्होंने सब पर व्यंग्य के वज्र-प्रहार किए हैं। उनकी मखौल उड़ाई है, उनकी विनोदपूर्ण चुटकियाँ ली हैं। हिन्दी में मनोभावों पर इतनी बारीकी और विशदता से लिखनेवाले वे अकेले लेखक हैं।

संकलन में साहित्य की सैद्धान्तिक जमीन से सम्बन्धित चार निबन्ध हैं। पहले हम उनकी चर्चा करेंगे। ये निबन्ध हैं—कविता क्या है, लोक मंगल की साधनावस्था और सिद्धावस्था, रसात्मक बोध के विविध रूप और साधारणीकरण तथा व्यक्ति-वैचित्र्यवाद।

आचार्य शुक्ल मूलतः काव्य-समीक्षक हैं। कविता-सम्बन्धी उनका यह निबन्ध उनके कविता-विषयक वर्षों के चिन्तन का प्रतिफल है। कई बार अपने विचारों में संशोधन-परिवर्द्धन करते हुए अन्ततः उन्होंने उसे इस रूप में प्रकाशित किया है। कविता उनके लिए कितने बुनियादी महत्त्व की सर्जना है, इसका साक्ष्य यह है कि उन्होंने उसे कर्मयोग और ज्ञानयोग के समकक्ष 'भाव योग' की संज्ञा दी है। मानव-हृदय की बद्ध और मुक्त दो अवस्थाएँ मानते हुए कविता का सम्बन्ध उन्होंने हृदय की मुक्तावस्था से जोड़ा है। मुक्तावस्था में हृदय बद्धावस्था के विपरीत व्यक्तिगत स्वार्थ-सम्बन्धों, हित-अनहित की सारी संकुचित सीमाओं को तोड़ता हुआ, शेष-संसार से इस कदर एकाकार हो जाता है कि वह विश्व-हृदय बन जाता है। अपनी पृथक् सत्ता को भूलकर इस स्थिति में मनुष्य विशुद्ध अनुभूति बन जाता है। कविता को परिभाषित करते हुए, इसी बिन्दु पर शुक्ल जी कहते हैं—"जिस प्रकार आत्मा की मुक्तावस्था ज्ञान दशा कहलाती है, उसी प्रकार हृदय की यह मुक्तावस्था रसदशा कहलाती है। हृदय की इसी मुक्ति की साधना के लिए मनुष्य की वाणी जो शब्द विधान करती आई है, उसे कविता कहते हैं।" स्वार्थ के संकुचित मंडल से ऊपर उठाकर कविता हृदय को लोक सामान्य भावभूमि पर लाती है। इस स्थिति में मनोविकार परिष्कृत होकर और शेष सृष्टि के साथ मनुष्य के रागात्मक सम्बन्ध की रक्षा तथा निर्वाह होता है। हृदय की मुक्तावस्था मनुष्य को शेष संसार से एक करते हुए उसे एक बेहतर मनुष्य के रूप में सामने लाती है। इस बिन्दु पर हम यह भी कह सकते हैं कि कविता को शुक्ल जी ने बेहतर मनुष्यता की शर्त के रूप में परिभाषित किया है। शुक्ल जी का मानना है कि

सभ्यता के विकास के साथ ज्यों-ज्यों मनुष्य के कार्य-व्यापार जटिल और बहुरूपी होते गए, त्यों-त्यों उनके मूल रूप जिनसे आदमी का सनातन रिश्ता है, ढकते गए। कवि-कर्म भी इसी नाते कठिन से कठिनतर होता गया। ऐसी स्थिति में कविता का आज बुनियादी कार्य है कि वह सभ्यता के ऊपरी आवरणों को भेदकर प्रच्छन्नता का उद्घाटन करे। शुक्ल जी कविता का एक अन्य बुनियादी सरोकार यह भी मानते हैं कि वह "बाह्य प्रकृति के साथ मनुष्य की अन्तःप्रकृति का सामंजस्य घटित करती हुई उसकी भावसत्ता का प्रसार करे, नरक्षेत्र से लेकर नरेतर बाह्य जगत तक, यहाँ तक कि चराचर जगत तक ले जाए। असाधारण में ही केन्द्रित न होकर साधारण को भी थाहे। सच्ची सहृदयता की यही पहचान है। ज्ञान के विस्तार के साथ हृदय के भी विस्तार की आवश्यकता बताते हुए शुक्ल जी का कहना है कि जरूरी है कि कवि ज्ञान-प्रसार के नाते प्रशस्त हुई परिस्थितियों और तथ्यों के मर्मस्पर्शी पक्षों को भी मूर्त्त और सजीव करें। उनके अनुसार उच्च काव्य का यह भी एक लक्षण है।

भावों को कविता की बुनियाद बतलाते हुए शुक्ल जी कविता में विधायक कल्पना की स्थिति भी आवश्यक मानते हैं, जो अनुभूति को मूर्त्त बिम्बों में प्रकाशित करती है। मनोरंजन का निषेध न करते हुए भी शुक्ल जी पूरे बल के साथ इस बात को रेखांकित करते हैं कि "कविता का अन्तिम लक्ष्य जगत के मार्मिक पक्षों का प्रत्यक्षीकरण करके उनके साथ मनुष्य-हृदय का सामंजस्य-स्थापन है।" ऐसी स्थिति में जो मात्र मनोरंजन के नाते कविता से प्रेम जताते हैं, वे मंजिल पर न पहुँचकर रास्ते में ही रह जानेवाले पथिक के समान हैं। कविता का सम्बन्ध जिस तरह के मनोरंजन से है उसके तहत भी वह जीवन की सुन्दरता तथा विरूपता के दृश्य सामने लाकर हृदय के मर्म-स्थलों का स्पर्श करती है। मनोरंजन उसके सन्दर्भ में विलास नहीं—चित्त या मन की दीप्ति है। सौन्दर्य को शुक्ल जी बुनियादी तौर पर वस्तुगत मानते हैं और उसे सुन्दर रूपों से ही जोड़ते हैं। वह मन की कोई वृत्ति नहीं है। और सौन्दर्य भी उनके लिए बाह्य रूप तक ही सीमित नहीं—मन के अन्तरंग से जुड़ा है—जिसमें कर्म-सौन्दर्य भी उतना ही अहम है। शुक्ल जी उस सौन्दर्य को हेय मानते हैं जिसकी परिणति ऐयाशी में हो। चमत्कार अपनी सीमा में कविता में होता है, परन्तु कविता चमत्कार नहीं है। कोरे चमत्कार का निषेध उन्होंने हमेशा किया है। कविता भावयोग है—वह नुमाइश या सर्कस नहीं है। सजीव और व्यंजक भाषा के शुक्ल जी पक्षधर हैं—जो भावों के अनुरूप हो। अलंकार भी वहीं तक उन्हें ग्राह्य हैं जहाँ तक वे अनुभूति को प्रभावी रूप में सामने लाएँ—सुन्दर अर्थ की शोभा को बढ़ाएँ। कविता के दुरुपयोग पर गहरी चिन्ता व्यक्त करते हुए उन्होंने निबन्ध का समापन यह कहते हुए किया है कि वह आदमी के साथ सामने आई है और अन्त तक उसके साथ रहेगी। कविता को उन्होंने आदमीयत की शर्त, उसका तकाजा माना है, कहा है कि आदमियों को इसकी जरूरत है,

जानवरों को नहीं। बड़े मनोयोग से लिखा गया निबन्ध यह है। इसकी एक-एक पंक्ति लम्बे, गम्भीर चिन्तन का प्रतिफल है। कविता की समझ की इसी नींव पर उनकी काव्य-समीक्षा का भवन खड़ा हुआ है।

'काव्य में लोकमंगल की साधनावस्था और सिद्धावस्था' निबन्ध में शुक्ल जी ने कविता को ब्रह्म या ईश्वर की आनन्द कला का प्रकाश माना है। उनके अनुसार ब्रह्म की यह आनन्द कला लोक में दो रूपों में प्रकाशित होती है—साधनावस्था और सिद्धावस्था में। साधनावस्था और सिद्धावस्था के अन्तर को स्पष्ट करते हुए उन्होंने अब तक के काव्यों के दो भेद किए हैं—1. साधनावस्था अर्थात् आनन्द के प्रयत्नपक्ष को लेकर चलनेवाले काव्य और सिद्धावस्था अर्थात् आनन्द के उपभोग पक्ष को लेकर चलनेवाले काव्य। क्षात्र-धर्म और ईश्वर के लोकरंजक रूप की अपेक्षा लोकरक्षक रूप को महत्त्व देनेवाले शुक्ल जी ने जाहिर है—उन काव्यों को पूर्ण काव्य और उन कवियों को 'पूर्ण कवि' माना है—जो आनन्द की साधनावस्था अर्थात् प्रयत्न-पक्ष को प्रमुख मानकर चले हैं।

निबन्ध में उन्होंने आनन्द की साधनावस्था को विस्तार से समझाया है। उनके अनुसार "लोक में फैली दुख की छाया को हटाने में ब्रह्म की आनन्द कला जो शक्तिमय रूप धारण करती है उनकी भीषणता में भी अद्भुत मनोहरता, कटुता में भी अपूर्व मधुरता, प्रचंडता में भी गहरी आर्द्रता साथ लगी रहती है। विरुद्धों का यही सामंजस्य कर्मक्षेत्र का सौन्दर्य है।" कवि का काम इसी सौन्दर्य का उद्घाटन है—जो असौन्दर्य का आवरण हटाकर होता है। उनके अनुसार "धर्म और मंगल की यह ज्योति अधर्म और अमंगल की घटा को फाड़ती हुई फूटती है।" वह सफल न भी हो तो उसकी विकलता में भी एक विषण्ण सौन्दर्य होता है। सफल हुई तो धर्म की जय हुई, न हुई तो भी उसकी गति में सुन्दरता रहती ही है। उसकी गति आदि से अन्त तक सुन्दर रहती है। सच्चे और पूर्ण कवि इसी गति को उसकी समग्रता में मूर्त्त करते हैं। क्षात्रधर्म और कर्म-सौन्दर्य पर बल देनेवाले शुक्ल जी ऐसे कवियों को ही महत् स्रष्टा या बड़ा कवि मानते हैं। लोकरंजन से बढ़कर लोकरक्षा को महत्त्व देनेवाले कवियों के बारे में शुक्ल जी का कहना है कि ये वे कवि हैं—जो मंगल का विधान करनेवाले करुणा और प्रेम इन दो भावों में करुणा को वरीयता देते हैं, कारण करुणा की गति रक्षा की ओर होती है और प्रेम की रंजन की ओर। वाल्मीकि और व्यास के काव्यों का बीज भाव करुणा है। प्रेमभाव वांछनीय है, परन्तु काव्य का उत्कर्ष प्रेमभाव की कोमल व्यंजना में ही नहीं माना जाना चाहिए। इस बिन्दु पर तोल्सतोय और उनके अनुयायियों की तुलना में शुक्ल जी ने अंग्रेज कवि शेली को महत्त्व दिया है जिसने शुक्ल जी के अनुसार—प्रेम को मूल तत्त्व मानते हुए भी "अपने को सुख-सौन्दर्यमय माधुर्य भाव तक ही बद्ध न रखकर प्रबन्ध क्षेत्र में भी अच्छी तरह घुसकर भावों की अनेकरूपता का विन्यास किया था।"

'रसात्मक बोध के विविध रूप' निबन्ध में शुक्ल जी ने परम्परागत शास्त्रीय

चिन्तन से आगे कुछ मौलिक उद्भावनाएँ भी की हैं। सौन्दर्य को वस्तुगत माननेवाले शुक्ल जी के अनुसार—"हमारे प्रेम, भय, आश्चर्य, क्रोध, करुणा इत्यादि भावों की प्रतिष्ठा करनेवाले मूल आलम्बन बाहर के ही हैं। ...सुन्दर, मधुर, भीषण या क्रूर लगनेवाले रूपों या व्यापारों से भिन्न सौन्दर्य, माधुर्य, भीषणता या क्रूरता कोई पदार्थ नहीं। सौन्दर्य की भावना जगना सुन्दर-सुन्दर वस्तुओं या व्यापारों का मन में आना ही है।" कल्पना इन्हीं मन में जगनेवाले, रूपों-व्यापारों को मूर्त्त करती है। स्मृति तथा कल्पना के जरिए यह जो रूप विधान होता है—शुक्ल जी ने उसके तीन रूप माने हैं— 1. प्रत्यक्ष रूप विधान, 2. स्मृत रूप विधान और 3. कल्पित रूप-विधान। शुक्ल जी इन तीनों प्रकार के रूप विधानों में भावों को रस की कोटि तक पहुँचानेवाली शक्ति को मानते हैं। कहने की जरूरत नहीं कि जहाँ काव्यशास्त्र के अन्तर्गत केवल कल्पित रूप-विधान के तहत ही रसानुभूति की चर्चा हुई है, शुक्ल जी ने शास्त्रों से आगे जाकर प्रत्यक्ष और स्मृत रूप विधान के जरिए भी रसानुभूति होने की बात कही है। निबन्ध के अन्तर्गत शुक्ल जी ने इन तीनों प्रकार के रूप विधानों को विशद किया है।

प्रत्यक्ष रूप-विधान की चर्चा में प्रत्यक्ष रूपों की बात करते हुए वे कहते हैं—"भावुकता की प्रतिष्ठा करनेवाले मूल आधार तथा उपादान ये ही हैं। इस प्रत्यक्ष रूपों की मार्मिक अनुभूति जिसमें जितनी ही अधिक होती है वे उतने ही रसानुभूति के उपयुक्त होते हैं।" प्रत्यक्ष से शुक्ल जी का आशय केवल चाक्षुष ज्ञान से नहीं, सम्पूर्ण इन्द्रिय-संवेदनों से है—अर्थात् रूप के अलावा शब्द, स्पर्श, रस तथा गन्ध के इन्द्रिय संवेदन भी उसमें शामिल हैं। परम्परागत संस्कृत कविता से उदाहरण देते हुए उन्होंने कहा है कि "कलागत या काव्यगत अनुभूति को वास्तविक या प्रत्यक्ष अनुभूति से एकदम पृथक् और स्वतन्त्र निरूपित करके वहाँ कवि का एक अलग 'काल्पनिक जगत' कहा जाने लगा।" शुक्ल जी इस विचार से सहमत नहीं हैं। वे कहते हैं—"जिस प्रकार काव्य में वर्णित आलम्बनों के कल्पना में उपस्थित होने पर साधारणीकरण होता है, उसी प्रकार हमारे भावों के कुछ आलम्बनों के प्रत्यक्ष सामने आने पर भी उन आलम्बनों के सम्बन्ध में लोक के साथ या कम से कम सहृदयों के साथ हमारा तादात्म्य रहता है।" यही नहीं—"साधारणीकरण के प्रभाव से काव्य के श्रवण के समय व्यक्तित्व का जैसे परिहार होता है, वैसा ही प्रत्यक्ष या वास्तविक अनुभूति के समय भी कुछ दशाओं में होता है। अतः इस प्रकार की प्रत्यक्ष या वास्तविक अनुभूतियों को रसानुभूति के अन्तर्गत मानने में कोई बाधा नहीं।" निष्कर्षतः शुक्ल जी कहते हैं—"रसानुभूति प्रत्यक्ष या वास्तविक अनुभूति से सर्वथा पृथक् कोई अन्तर्वृत्ति नहीं है, बल्कि उसी का एक उदात्त और अवदात स्वरूप है।" शुक्ल जी की यह अवधारणा उनकी मौलिक उद्भावना है जो रसानुभूति की शास्त्र-कथित लोकोत्तरता का प्रतिकार करती है। विचार की इसी जमीन पर उन्होंने स्मृत रूप-विधान से भी रसानुभूति होने की बात कही है। किसी

प्राचीन ऐतिहासिक स्थल को देखने पर उससे जुड़ी विगत की स्मृतियाँ हमें रसमग्न कर देती हैं, हम कुछ क्षणों तक उन्हीं को जीने लगते हैं। शास्त्र में केवल कल्पित रूप विधान की ही चर्चा है। दो अन्य रूप विधानों में भी रसानुभूति होने की बात करके शुक्ल जी ने शास्त्र में इजाफा किया है। आगे चलकर गजानन माधव मुक्तिबोध ने भी सौन्दर्यानुभूति और जीवनानुभूति को पृथक् नहीं माना है।

'साधारणीकरण तथा व्यक्ति वैचित्र्यवाद' निबन्ध में शुक्ल जी ने भारतीय साधारणीकरण की शास्त्रीय अवधारणा को विशद किया है, साथ ही एक बार फिर शास्त्र से आगे एक नया प्रस्थान भी लिया है। इसके साथ पश्चिम की कतिपय काव्यगत अवधारणाओं की खरी आलोचना भी की है।

'साधारणीकरण' की अवधारणा को स्पष्ट करते हुए वे कहते हैं—"जब तक किसी भाव का कोई विषय इस रूप में नहीं लाया जाता कि वह सामान्यतः सबके उसी भाव का आलम्बन हो सके तब तक उसमें रसोद्‌बोधन की पूर्ण शक्ति नहीं आती। इसी रूप में लाया जाना हमारे यहाँ साधारणीकरण कहलाता है।" अपनी बात को और स्पष्ट करते हुए वे आगे कहते हैं—"काव्य का विषय सदा 'विशेष' होता है, 'सामान्य' नहीं। वह 'व्यक्ति' सामने लाता है 'जाति' नहीं। ...साधारणीकरण का अभिप्राय यह है कि पाठक या श्रोता के मन में जो व्यक्ति-विशेष या वस्तु-विशेष आती है, वह जैसे काव्य में वर्णित आश्रय के भाव का आलम्बन होती है, वैसी ही सब सहृदय श्रोताओं या पाठकों के भाव का आलम्बन हो जाती है।" आश्रय के भाव का पाठकों तथा श्रोताओं के भाव के साथ तादात्म्य हो जाता है। उदाहरण के लिए विशेष व्यक्ति राम का रावण के प्रति क्रोध रावण जैसे किसी दुःशील चरित्र के प्रति पाठक या श्रोता का क्रोध भी बन जाता है। राम (आश्रय) के भाव के साथ पाठक या श्रोता के भाव एक हो जाते हैं। जब तक राम का क्रोध सामान्य होकर पाठक या श्रोता के क्रोध से एकात्म नहीं होगा, रसोद्‌बोधन नहीं होगा। विशेष को साधारणीकृत भूमि पर लाना ही साधारणीकरण है। इसी स्थिति में रसानुभूति होती है।

आगे परम्परागत काव्यशास्त्र से हटते हुए शुक्ल जी ने एक और नई उद्‌भावना की है। उनके अनुसार ऊपर वाली अवस्था तो रसानुभूति की उत्तम अवस्था है जिसका शास्त्र में वर्णन है। परन्तु उनके अनुसार एक मध्यम कोटि की भी रसानुभूति होती है। वे कहते हैं—"पर रस की एक नीची अवस्था और है जिसका हमारे यहाँ के शास्त्रीय ग्रन्थों में विवेचन नहीं हुआ है।...जैसे कोई क्रोधी या क्रूर प्रकृति का पात्र यदि किसी निरपराध या दीन पर क्रोध की प्रबल व्यंजना कर रहा है तो श्रोता, पाठक या दर्शक के मन में क्रोध का रसात्मक संचार न होगा, बल्कि क्रोध प्रदर्शित करनेवाले उस पात्र के प्रति अश्रद्धा, घृणा आदि का भाव जगेगा। ऐसी स्थिति में आश्रय के साथ तादात्म्य या सहानुभूति न होगी, बल्कि श्रोता या पाठक उक्त पात्र के शील दृष्टा या प्रकृति-दृष्टा के रूप में प्रभाव ग्रहण करेगा और यह प्रभाव भी रसात्मक ही होगा, पर इस रसावस्था को हम मध्यम कोटि का ही मानेंगे।" जैसा हमने कहा,

शुक्ल जी का यह विचार भी परम्परागत काव्यशास्त्र में नई कड़ियाँ जोड़ता है।

निबन्ध में आगे उन्होंने पश्चिमी चिन्तन के व्यक्ति वैचित्र्यवादी, व्यक्तिवादी, कलावादी विचारों की खरी आलोचना की है, और काव्य में वाद-ग्रस्तता को भी अहेतुक बताया है। लोक हृदय में हृदय के लीन होने की दशा को रस दशा माननेवाले शुक्ल जी का व्यक्तिवाद-कलावाद विरोध स्वाभाविक ही है।

'भारतेन्दु हरिश्चन्द्र' शीर्षक निबन्ध में उन्होंने आधुनिक साहित्य के प्रवर्तक व्यक्तित्व भारतेन्दु के प्रदेय का कृतज्ञतापूर्ण स्मरण किया है, उन्हें 'महात्मा' तक का सम्बोधन दिया है। 'मानस की धर्म-भूमि' निबन्ध में रामचरितमानस के इस विशिष्ट पहलू का मर्म उद्घाटित हुआ है तो 'तुलसी का भक्ति-मार्ग' निबन्ध में गोस्वामी तुलसीदास की भक्ति-भावना और भक्ति-पद्धति विशद हुई है।

'चिन्तामणि' के ये निबन्ध साहित्य, समाज तथा जीवन-सम्बन्धी आचार्य शुक्ल के गम्भीर चिन्तन का नवनीत हैं। हिन्दी में विचार प्रधान निबन्धों की परम्परा इनसे शुरू होती है। प्रवर्तन यद्यपि मानक नहीं होता, परन्तु शुक्ल जी के ये निबन्ध विषय-प्रधान, विचार-प्रधान निबन्धों का मानक हैं। विषय-वस्तु के प्रस्तुतीकरण से लेकर विषय के प्रतिपादन, विश्लेषण-विवेचन से समापन तक आचार्य शुक्ल की लेखनी अपनी पूरी धार के साथ, और उनका मस्तिष्क अपनी सम्पूर्ण ऊर्जा के साथ इनमें विद्यमान है। साहित्य-सम्बन्धी, शास्त्र-सम्बन्धी और लोक-जीवन से अर्जित सबका उत्तमोत्तम विनियोग इन निबन्धों में हुआ है। ज्ञान का उनका दायरा कितना व्यापक और गहरा था, ये निबन्ध इसके साक्ष्य हैं। उनकी सूक्तियाँ, जो स्थल-स्थल पर मिलती हैं, जीवन के मर्म और विचारों की पूरी अर्थवत्ता लिए हुए हैं। उनका व्यंग्य-विनोद बेधक, तीखा तथा चित्ताकर्षक है। प्रांजलता, प्रस्तुति, विवेचन-विश्लेषण और अपनी अन्तर्वस्तु में ये निबन्ध आगे के निबन्धकारों के लिए आलोक-स्तम्भ माने गए हैं। ये स्थायी महत्त्व के निबन्ध हैं।

इस प्रस्तावना में जो कुछ कहा गया है, आचार्य शुक्ल के विचारों का ही सम्बल उसमें है। कोशिश की गई है कि निबन्धों की विषय-वस्तु के सार को इस रूप में पाठकों के समक्ष रखा जाए कि उसके सहारे वह इन निबन्धों से होकर विचार की उस मंजिल तक पहुँच सके, वहाँ उसे पहुँचना है। सम्प्रति, इतना ही।

वल्लभ विद्यानगर —शिवकुमार मिश्र
जुलाई 2007

●●●

परिशिष्ट

आचार्य रामचन्द्र शुक्ल का जीवन-सूत्र एवं कृतियाँ

जीवन-सूत्र

जन्म—आश्विन पूर्णिमा, संवत् 1941।

जन्म स्थान—अगोना (सरयू तट पर), डाकघर कलवारी, जिला वस्ती।

पितृ-परिचय—फारसी, अरबी तथा उर्दू ज्ञाता पं. चन्द्रबली शुक्ल। क्वींस कॉलेज, वाराणसी से एंट्रेंस पास। हिंदू समाज में प्रचलित तत्कालीन मुस्लिम सभ्यता और संस्कृत के पोषक, सुपरवाइजर कानूनगो, इटावा (सन् 1887), राठ (हमीरपुर, सन् 1891), सदर कानूनगो, मिर्जापुर (सन् 1893), दो शादियाँ, पहली शादी से शुक्लजी का जन्म। माता का 1893 में ही बाल्यकाल में निधन। पितामही के संरक्षण में ही बाल्यकाल बीता। मृत्यु-1918।

कुल—सरयूपारीण गर्गगोत्री ब्राह्मण परिवार।

शिक्षा—राठ में घर पं. गंगाप्रसाद से विद्यारंभ। साढ़े आठ वर्ष की अवस्था में विद्यालय में प्रवेश और साढ़े दस वर्ष की अवस्था में वहीं से कक्षा चार पास की। प्रारंभ में अंग्रेजी, ऊुर्द और फारसी का अध्ययन। फिर एंग्लो संस्कृत जुबिली स्कूल, मिर्जापुर से सन् 1998 में उर्दू और अंग्रेजी से मिडिल उत्तीर्ण। लंदन मिशन स्कूल, मिर्जापुर से सन् 1901 में स्कूल फाइनल परीक्षा। इंटर में कायस्थ पाठशाला, प्रयाग में अध्ययन, पर अधूरी पढ़ाई छोड़ मिर्जापुर वापस आ गए। 1902 में मुख्तारी की परीक्षा देना चाहते थे पर विमाता से कलह के कारण परिवार लेकर अगोना (बस्ती) जाना पड़ा।

विवाह—1896 में रामफल पाण्डे, नवाबगंज वाराणसी पुत्री से विवाह।

संतान—केशवचन्द्र शुक्ल (जन्म सन् 1901), दुर्गावती (1903), विद्यावती (1908), लीलावती, (1910), कलावती (1912)।

वृत्ति—'आनंद कादंबिनी' का संपादन (1903), साथ ही लिपिक की कलेक्टरी में शिक्षा। बिंढम् कलेक्टर ने इनकी मानचित्र बनाने की कला से प्रसन्न हो नायक तहसीलदारी (1904), दी। पर उन्होंने जुलाई, 1904 में

लंदन मिशन स्कूल में ड्राइंग टीचरी आरंभ की। सन् 1908 में हिंदी शब्द-सागर में सहायक संपादक। साथ ही साथ साहित्य के फरमायशी (अनुवाद आदि का) काम जिससे धनार्जन हो सके। 'नागरीप्रचारिणी सभा' पत्रिका का संपादन। 1921 में काशी हिंदू विश्वविद्यालय में हिंदी अध्यापक। सन् 1924 में दो महीने अलवर नरेश सवाई जयसिंह के हिंदी-सचिव, पुनः काशी विश्वविद्यालय में। सन् 1937 से श्री श्यामसुंदर दास की पद-निवृत्ति पर हिंदी विभागाध्यक्ष, काशी हिंदू विश्वविद्यालय।

मृत्यु- 2 फरवरी, सन् 1941 में काशी में हुई।

कृतियाँ

अनुवाद– कल्पना का आनंद - (एसेज ऑन इमेजिनेशन-एडिसन, 'नागरीप्रचारिणी पत्रिका', भाग 9-1905)। मेगस्थनीज कालीन भारत–(मेगस्थनीज इंडिका, श्वानबक, 1897)। साहित्य–(मौलिक छायानुवाद–द आइडिया ऑफ ए यूनिवर्सिटी, जान हेनरी न्यू मैन के लेखों में से एक 'लिटरेचर,' 'सरस्वती', जून, 1904 में प्रकाशित)। राज्य प्रबंध शिक्षा–(राजा सर टी. माधवराव की पुस्तक 'माइनर हिंट्स' का अनुवाद, नागरीप्रचारिणी सभा में 1913 में प्रकाशित)। आदर्श जीवन–('प्लेन लिविंग, हाई थिंकिंग' का अनुवाद, नागरीप्रचारिणी सभा से 1914 में प्रकाशित)। विश्व प्रपंच–जोजफ मेकबैक के 'रिडल ऑफ द यूनिवर्स' का अनुवाद, नागरीप्रचारिणी सभा से सन् 1920 में प्रकाशित, एक सारगर्भ मौलिक भूमिका के साथ जो उनकी लेखनी की प्रौढ़ता का परिचायक है। शशांक– (राखाल दास वंद्योपाध्याय कृत उपन्यास का अनुवाद, नागरी प्रचारिणी सभा से सन् 1922 ई. में प्रकाशित)। बुद्धचरित–(एडविन आर्नल्ड की कविता 'लाइट ऑफ एशिया' का पद्यात्मक अनुवाद, 'काव्य-भाषा' शीर्षक मौलिक भूमिका के साथ, नागरी प्रचारिणी सभा से सन् 1922 ई. में प्रकाशित)। प्राचीन भारत का एक शक राजा–(अंग्रेजी से अनूदित, नागरी प्रचारिणी सभा, जुलाई 1910)। सृष्टि विस्तार पर प्राचीन मत (नागरीप्रचारिणी पत्रिका, जनवरी 1912) ईथर का भंवर और संसार की उत्पत्ति (नागरीप्रचारिणी पत्रिका, मार्च 1912) निद्रा रहस्य (नागरीप्रचारिणी पत्रिका, जुलाई 1912) प्राणतत्व (नागरीप्रचारिणी पत्रिका, सितंबर 1912) आकाश का नीला रंग (नागरीप्रचारिणी पत्रिका, जून 1919) उपर्युक्त पाँच लेख विश्व प्रपंच के अंश हैं। भारत में हूण (नागरीप्रचारिणी पत्रिका, अगस्त 1919)

कविता

मधुस्रोत (समस्त मौलिक कविताओं का संग्रह, नागरीप्रचारिणी सभा से सन् 1971 में प्रकाशित)।

कहानी

ग्यारह वर्ष का समय (सरस्वती, सितंबर, 1903)

टिप्पणी, लेख, प्रबंध, निबंध, जीवन-चरित

भाषा का विस्तार	(आनंद कादंबिनी, सन् 1899)
प्राचीन भारतवासियों का पहनावा	(सरस्वती, दिसंबर, 1902)
हुएनसांग	(सरस्वती, जुलाई-सितंबर, 1904)
बाबू काशीप्रसाद खत्री	(सरस्वती, नवंबर-दिसंबर, 1906)
शब्द विस्तार	(आनंद कादंबिनी, 1907)
अपनी भाषा पर विचार	(नागरीप्रचारिणी प्रत्रिका, अप्रैल 1919)
पारसी कों का इतिहास	(नागरीप्रचारिणी पत्रिका, अप्रैल 1907)
फ्रेंडरिक पिंकौट	(सरस्वती, जनवरी, 1908)
उपन्यास	(नागरीप्रचारिणी पत्रिका,जुलाई, सितंबर, 1920)
भाषा की शक्ति	(नागरीप्रचारिणी पत्रिका, जनवरी, 1912)
प्राचीन पारस का संक्षिप्त इतिहास	(नागरीप्रचारिणी पत्रिका, जनवरी 1920)
भारतेंदु हरिश्चंद्र	(नागरीप्रचारिणी पत्रिका, जनवरी, 1928)
हिंदी और हिंदुस्तानी	(नागरीप्रचारिणी पत्रिका, जनवरी, 1928)
सभ्यता का आवरण और कविता	(सुधा, 1920)
कविता की परख	(हिंदी गद्य चंद्रिका, 1938)
महाराज कनिष्क	(नागरीप्रचारिणी पत्रिका, सितंबर, 1909)
बुद्धदेव की हड्डियाँ	(नागरीप्रचारिणी पत्रिका, अक्टूबर, 1909)
उत्तरी ध्रुव	(नागरीप्रचारिणी पत्रिका, अक्टूबर, 1909)
हेली का पुच्छल तारा	(नागरीप्रचारिणी पत्रिका, अक्टूबर, 1909)
उर्दू राष्ट्रभाषा	(नागरीप्रचारिणी पत्रिका, दिसंबर, 1909)
भाषा की उन्नति तथा हमारा ढंग	(नागरीप्रचारिणी पत्रिका, जनवरी 1910)
जापानी खोज	(नागरीप्रचारिणी पत्रिका, फरवरी, 1910)
भारतीय शिल्पकला	(नागरीप्रचारिणी पत्रिका, फरवरी 1910)
उर्दू साहित्य सम्मेलन	(नागरीप्रचारिणी पत्रिका, मार्च, 1910)
भाटा खंडहर	(नागरीप्रचारिणी पत्रिका, मार्च, 1910)
मान्य भाषा	(नागरीप्रचारिणी पत्रिका, मार्च 1910)
हिंदी साहित्य सम्मेलन	(नागरीप्रचारिणी पत्रिका, अप्रैल, मई, 1910)

'पैसा' अखबार की आक्षेप (नागरीप्रचारिणी पत्रिका, अप्रैल, मई 1910)
बंगाल में उर्दू (नागरीप्रचारिणी पत्रिका, जून, 1910)
भारतेंदु हरिश्चंद्र और
हिंदी (नागरीप्रचारिणी पत्रिका, जून, 1910)
एक लिपि विस्तार कांफ्रेंस (नागरीप्रचारिणी पत्रिका, जनवरी 1911)
हिंदी मेलिंग नियम (नागरीप्रचारिणी पत्रिका,अप्रैल, 1911)
'शेष स्मृतियाँ; की
प्रवेशिका (नागरीप्रचारिणी पत्रिका, मई, 1941)
श्री राधाकृष्ण दास की जीवनी– (सन् 1908-1913, प्रकाशन नागरीप्रचारिणी सभा)।

गोस्वामी तुलसीदास (सन् 1923 में तुलसी-ग्रंथावली की भूमिका के रूप में प्रकाशित, फिर तुलसीदास के जीवनखंड के अंश को त्याग और कुछ नए अंश जोड़कर सन् 1933 में नागरी प्रचारिणी सभा से अलग से पुस्तकाकार प्रकाशित)।

जायसी ग्रंथावली की भूमिका–(जायसी ग्रंथावली के साथ सर्वप्रथम 1920 में प्रकाशित, पुनः सन् 1931 में परिवर्द्धन, संशोधन के साथ नागरीप्रचारिणी सभा से ही प्रकाशित। अब जायसी ग्रंथावली मात्र में ही उपलब्ध)।

हिन्दी साहित्य का इतिहास–(1923 से आयोजन, 1928 नागरीप्रचारिणी सभा पत्रिका, भाग 9 में कुछ प्रारंभिक अंशों का प्रकाशन, फिर जनवरी 1929 में हिंदी-साहित्य का विकास शीर्षक से शब्दसागर की प्रस्तावना के रूप में प्रकाशित। पुनः आषाढ़ कृष्ण 5, 1986 वि. (1929) में संशोधित हो, सभा से ही हिंदी-साहित्य का इतिहास नाम से स्वतंत्र पुस्तकाकार प्रकाशित। 1940 में वर्तमान संवर्द्धित, संशोधित संस्करण का प्रकाशन सभा से ही)।

भाव या मनोविकार (नागरीप्रचारिणी पत्रिका, फरवरी, 1915)
उत्साह (नागरीप्रचारिणी पत्रिका, फरवरी, 1915)
श्रद्धा भक्ति (नागरीप्रचारिणी पत्रिका, फरवरी, 1915)
करुणा (नागरीप्रचारिणी पत्रिका, दिसंबर, 1918)
लज्जा और ग्लानि (नागरीप्रचारिणी पत्रिका, दिसंबर, 1918)
लोभ और प्रीति (पहले लोभ और प्रेम शीर्षक से) (पत्रिका, फरवरी-मार्च 1919)
घृणा (नागरीप्रचारिणी पत्रिका, जुलाई, 1912)
ईर्ष्या (नागरीप्रचारिणी पत्रिका, जुलाई, 1912)
भय और क्रोध (नागरीप्रचारिणी पत्रिका,जुलाई, 1912)
काव्य में प्राकृतिक दृश्य (माधुरी, सन् 1922)
गोस्वामी तुलसीदास और लोक धर्म (माधुरी, सन् 1923)

साधारणीकरण (द्विवेदी अभिनंदन ग्रंथ, 1933)
व्यक्ति वैचित्र्यवाद (द्विवेदी अभिनंदन ग्रंथ, 1933)

विचार वीथी–(मनोविकार संबंधी समस्त लेख तथा कविता क्या है? भारतेंदु हरिश्चंद्र, तुलसी का भक्ति मार्ग निबंधों का 1930 में प्रकाशित संकलन)।

चिंतामणि, भाग-1–(इंडियन प्रेस प्रयाग से सन् 1929 में प्रकाशित निबंध संग्रह। विचार वीथी में मानस की धर्म भूमि, काव्य में लोक मंगल की साधनावस्था साधरणीय और काव्य वैचित्र्यवाद तथा रसात्मक बोध के विविध रूप, नए निबंधों को बढ़ाकर प्रकाशित)।

सूरदास–सं. पं. विश्वनाथ प्रसाद मिश्र–(मृत्यु के उपरांत अप्रकाशित निबंधों तथा पुनर्प्रकाशित अंशों को को विविध ग्रंथों से संपादित कर प्रकाशित। अब सभा से प्रकाशित)।

चिंतामणि, भाग-2–संपादक पं. विश्वनाथ प्रसाद मिश्र–(काव्य में प्राकृतिक दृश्य, माधुरी में प्रकाशित काव्य में रहस्यवाद 1929 में साहितय भूषण कार्यालय, काशी से अलग पुस्तकाकार प्रकाशित) काव्य में अभिव्यंजनावाद (1935 में हिन्दी साहित्य सम्मेलन के साहित्य परिषद् के अध्यक्ष पद से दिया गया भाषण, अब नागरी प्रचारिणी सभा से प्रकाशित) सर्वप्रथम संवत् 2002 वि. में प्रकाशित।

त्रिवेणी–सूर, तुलसी, जायसी के शुक्ल जी ने तीन निबंधों का सभा के लिए कृष्णानंद द्वार पूर्व प्रकाशित निबंधों के अंश का संकलन।

रस-मीमांसा–संपादक पं. विश्वनाथ प्रसाद मिश्र (शुक्ल जी के सन् 1922 से 1940 तक काव्य शास्त्र विषयक विचारों आदि का (प्रकाशित एवं अप्रकाशित दोनों से) संपादन कर सभा से 1949 में प्रकाशन)।

कृतियाँ

तुलसी ग्रंथावली भाग-3–(लाला भगवानदीन तथा ब्रजरत्न दास के साथ संपादित यह ग्रंथ 1923 में प्रकाशित हुआ)।

जायसी ग्रंथावली–(नागरीप्रचारिणी सभा से 1924 में प्रकाशित)।

भ्रमर-गीत सार–(सूरदास के भ्रमर-गीत के 403 पदों का शुद्ध पाठ, अर्थ, टिप्पणी, भूमिकासहित सन् 1925 में साहित्य सेवा सदन, वाराणसी से प्रकाशित)।)

वीरसिंहदेव चरित्र–(केशवदास कृत ग्रंथ के 14वें प्रकाशन का संपादन मात्र। सभा से 1926 में प्रकाशित)।

हिन्दी शब्दसागर–(संपादक मंडल के म्रमुख सदस्य)।

भारतेंदु-संग्रह–(सन् 1928)।

कहा जाता है कि उन्होंने बहुत से प्रहसन लिखे पर वे उपलब्ध नहीं हैं। उनके प्राप्त समस्त अप्रकाशित लेखों का संकलन सभा से प्रकाशित होने वाला है।

भाव या मनोविकार

अनुभूति के द्वंद्व ही से प्राणी के जीवन का आरंभ होता है। उच्च प्राणी मनुष्य भी केवल एक जोड़ी अनुभूति लेकर इस संसार में आता है। बच्चे के छोटे-से हृदय में पहले सुख और दुःख की सामान्य अनुभूति भरने के लिए जगह होती है। पेट का भरा या खाली रहना ही ऐसी अनुभूति के लिए पर्याप्त होता है। जीवन के आरंभ में इन्हीं दोनों के चिह्न हँसना और रोना देखे जाते हैं पर ये अनुभूतियाँ बिलकुल सामान्य रूप में रहती हैं, विशेष-विशेष विषयों की ओर विशेष-विशेष रूपों में ज्ञानपूर्वक उन्मुख नहीं होतीं।

नाना विषयों के बोध का विधान होने पर ही उनमें संबंध रखनेवाली इच्छा की अनेकरूपता के अनुसार अनुभूति के भिन्न-भिन्न योग संघटित होते हैं जो भाव या मनोविकार कहलाते हैं। अतः हम कह सकते हैं कि सुख और दुःख की मूल अनुभूति ही विषय-भेद के अनुसार प्रेम, हास, उत्साह, आश्चर्य, क्रोध, भय, करुणा, घृणा इत्यादि मनोविकारों का जटिल रूप धारण करता है। जैसे, यदि शरीर में कहीं सुई चुभने की पीड़ा हो तो केवल सामान्य दुःख होगा : पर यदि साथ ही यह ज्ञात हो जाय कि सुई चुभानेवाला कोई व्यक्ति है तो उस दुःख की भावना कई मानसिक और शारीरिक वृत्तियों के साथ संश्लिष्ट होकर उस मनोविकार की योजना करेगी जिसे क्रोध कहते हैं। जिस बच्चे को पहले अपने ही दुःख का ज्ञान होता था, बढ़ने पर असंलक्ष्यक्रम अनुमान-द्वारा उसे और बालकों का कष्ट या रोना देखकर भी एक विशेष प्रकार का दुःख होने लगता है जिसे दया या करुणा कहते हैं। इसी प्रकार जिस पर अपना वश न हो ऐसे कारण से पहुँचानेवाले भावी अनिष्ट के निश्चय से जो दुःख होता है वह भय कहलाता है। बहुत छोटे बच्चे को, जिसे यह निश्चयात्मिका बुद्धि नहीं होती, भय कुछ भी नहीं होता। यहाँ तक कि उसे मारने के लिए हाथ उठाए तो भी वह विचलित न होगा; क्योंकि वह निश्चय नहीं कर सकता कि इस हाथ उठाने का परिणाम दुःख होगा।

मनोविकारों या भावों की अनुभूतियाँ परस्पर तथा सुख की मूल अनुभूति से ऐसी ही भिन्न होती हैं जैसे रासायनिक मिश्रण परस्पर तथा अपने संयोजक द्रव्यों से भिन्न होते हैं। विषय-बोध की विभिन्नता तथा उससे संबंध रखनेवाली इच्छाओं की विभिन्नता के अनुसार मनोविकारों की अनेकरूपता का विकास होता है। हानि

या दुःख के कारण में हानि या दुःख पहुँचाने की चेतन वृत्ति का पता पाने पर हमारा काम उस मूल अनूभूति से नहीं चल सकता जिसे दुःख कहते हैं, बल्कि उसके योग से संघटित क्रोध नामक जटिल भाव की आवश्यकता होती है। जब हमारी इंद्रियाँ दूर से आती हुई क्लेशकारिणी बातों का पता देने लगती हैं, जब हमारा अंतःकरण हमें भावी आपदा का निश्चय कराने लगता है; तब हमारा काम दुःख मात्र से नहीं चल सकता। बल्कि भागने या बचने की प्रेरणा करनेवाले भय से चल सकता है। इसी प्रकार अच्छी लगनेवाली वस्तु या व्यक्ति के प्रति जो सुखानुभूति होती है उसी तक प्रयत्नवान प्राणी नहीं रह सकता, बल्कि उसकी प्राप्ति, रक्षा या संयोग की प्रेरणा करनेवाले लोभ या प्रेम के वशीभूत होता है।

अपने मूल रूपों में सुख और दुःख दोनों की अनुभूतियाँ कुछ बँधी हुई शारीरिक क्रियाओं की ही प्रेरणा प्रवृत्ति के रूप में करती हैं। उनकी भावना, इच्छा और प्रयत्न की अनेकरूपता का स्फुरण नहीं होता। विशुद्ध सुख की अनुभूति होने पर हम बहुत करेंगे-दाँत निकालकर हँसेंगे, कूदेंगे या सुख पहुँचानेवाली वस्तु से लगे रहेंगे, इसी प्रकार शुद्ध दुःख में हम बहुत करेंगे—हाथ-पैर पटकेंगे, रोयेंगे या दुःख पहुँचानेवाली वस्तु से हटेंगे—पर हम चाहे कितना ही उछल-कूदकर हँसें, कितना ही हाथ-पैर पटककर रोयें, इस हँसने या रोने को प्रयत्न नहीं कह सकते। ये सुख और दुःख के अनिवार्य लक्षण मात्र हैं जो किसी प्रकार की इच्छा का पता नहीं देते। इच्छा के बिना कोई शारीरिक क्रिया प्रयत्न नहीं कहला सकती।

शरीर-मात्र धर्म के प्रकाश से बहुत थोड़े भावों की निर्दिष्ट और पूर्ण व्यंजना हो सकती है। उदाहरण के लिए कम्प को लीजिए। कम्प शीत की संवेदना से भी हो सकता है, भय से भी, क्रोध से भी और प्रेम के वेग से भी। अतः जब तक भागना, छिपना या मारना, झपटना इत्यादि प्रयत्नों के द्वारा इच्छा के स्वरूप का पता न लगेगा तब तक भय या क्रोध की सत्ता पूर्णतया व्यक्त न होगी। सभ्य जातियों के बीच इन प्रयत्नों का स्थान बहुत कुछ शब्दों ने लिया है। मुँह से निकले हुए वचन ही अधिकतर भिन्न-भिन्न प्रकार की इच्छाओं का पता देकर भावों की व्यंजना किया करते हैं। इसी से साहित्य-मीमांसकों ने अनुभव के अंतर्गत आश्रय की उक्तियों को विशेष स्थान दिया है।

क्रोधी चाहे किसी ओर झपटे या न झपटे, उसका यह कहना है कि 'मैं उसे पीस डालूँगा' क्रोध की व्यंजना के लिए काफी होता है। इसी प्रकार लोभी चाहे लपके या न लपके, उसका कहना है कि 'कहीं वह वस्तु हमें मिल जाती' उसके लोभ का पता देने के लिए बहुत है। वीर रस की जैसी अच्छी और परिष्कृत अनुभूति उत्साहपूर्ण उक्तियों द्वारा होती है वैसी तत्परता के साथ हथियार चलाने और रणक्षेत्र में उछलने-कूदने के वर्णन में नहीं। बात यह है कि भावों द्वारा प्रेरित प्रयत्न या व्यापार परिमित होते हैं। पर वाणी के प्रसार की कोई सीमा नहीं। उक्तियों में जितनी नवीनता

और अनेकरूपता आ सकती है या भावों का जितना अधिक वेग व्यंजित हो सकता है उतना अनुभाव कहलानेवाले व्यापारों द्वारा नहीं। क्रोध के वास्तविक व्यापार तोड़ना-फोड़ना, मारना-पीटना इत्यादि ही हुआ करते हैं, पर क्रोध की उक्ति चाहे जहाँ तक बढ़ सकती है। किसी को धूल में मिला देना, चटनी कर डालना, किसी का घर खोदकर तालाब बना डालना, तो मामूली बात है। यही बात सब भावों के संबंध में समझिए।

समस्त मानव-जीवन का प्रवर्तन भाव या मनोविकार ही होते हैं। मनुष्य की प्रवृत्तियों की तह में अनेक प्रकार के भाव ही प्रेरक के रूप में पाए जाते हैं। शील या चरित्र का मूल भी भावों के विशेष प्रकार के संगठन में ही समझनी चाहिए। लोक-रक्षा, और लोक-रंजन की सारी व्यवस्था का ढाँचा इन्हीं पर ठहराया गया है। धर्म-शासन, राज-शासन, मत-शासन-सब में इनसे पूरा काम लिया गया है। इनका सदुपयोग भी हुआ है और दुरुपयोग भी। जिस प्रकार लोक-कल्याण के व्यापक उद्देश्य की सिद्धि के लिए मनुष्य के मनोविकार काम में लाए गए हैं। उसी प्रकार किसी संप्रदाय या संस्था के संकुचित और परिमित विधान की सफलता के लिए भी।

सब प्रकार के शासन में-चाहे धर्म-शासन हो, चाहे राज-शासन, या संप्रदाय-शासन-मनुष्य- जाति के भय और लोभ से पूरा काम लिया गया है। दंड का भय और अनुग्रह का लोभ दिखाते हुए राज-शासन तथा नरक का भय और स्वर्ग का लोभ दिखाते हुए धर्म-शासन और मत-शासन चलते आ रहे हैं। इनके द्वारा भय और लोभ का प्रवर्तन उचित सीमा के बाहर भी प्रायः हुआ है और होता रहता है। जिस प्रकार शासकवर्ग अपनी रक्षा और स्वार्थ-सिद्धि के लिए भी इनसे काम लेते आए हैं। उसी प्रकार धर्म-प्रवर्तक और आचार्य आपके स्वरूप वैचित्र्य की रक्षा और अपने प्रभाव की प्रतिष्ठा के लिए भी। शासकवर्ग अपने अन्याय और अत्याचार के विरोध की शांति के लिए भी डराते और ललचाते आए हैं। मत-प्रवर्तक अपने द्वेष और संकुचित विचारों के प्रचार के लिए भी जनता को कँपाते और लपकाते आए हैं। एक जाति की मूर्ति-पूजा करते देख दूसरी जाति के मत-प्रवर्तक ने उसे गुनाहों में दाखिल किया है। एक संप्रदाय को भस्म और रुद्राक्ष धारण करते देख दूसरे संप्रदाय के प्रचारक ने उसके दर्शन तक में पाप लगाया है। भावक्षेत्र अत्यंत पवित्र क्षेत्र है। उसे इस प्रकार गंदा करना लोक के प्रति भारी अपराध समझना चाहिए।

शासन की पहुँच प्रवृत्ति और निवृत्ति की बाहरी व्यवस्था तक ही होती है। उनके मूल या मर्म तक उनकी गति नहीं होती। भीतरी या सच्ची प्रवृत्ति-निवृत्ति को जागरित रखनेवाली शक्ति कविता है जो धर्म-क्षेत्र में शक्ति भावना को जगाती रहती है। भक्ति धर्म की रसात्मक अनुभूति है। अपने मंगल और लोक के मंगल का संगम उसी के भीतर दिखाई पड़ता है। इस संगम के लिए प्रकृति के क्षेत्र के बीच

मनुष्य को अपने हृदय के प्रसार का अभ्यास करना चाहिए। जिस प्रकार ज्ञान नरसत्ता के प्रसार के लिए है उसी प्रकर हृदय भी रागात्मिका वृत्ति के प्रसार के बिना विश्व के साथ जीवन का प्रकृत सामंजस्य घटित नहीं हो सकती। जब मनुष्य के सुख और आनंद का मेल शेष प्रकृति के सुख-सौंदर्य के साथ हो जाएगा, जब उसकी रक्षा का भाव तृणगुल्म, वृक्ष कीट-पक्षी, कीट-पतंग, सबकी रक्षा के भाव के साथ समन्वित हो जाएगा, तब उसके अवतार उद्देश्य पूर्ण हो जाएगा और वह जगत् का सच्चा प्रतिनिधि हो जाएगा। काव्य योग की साधना इसी भूमि पर पहुँचाने के लिए है। सच्चे कवियों की वाणी बराबर पुकारती आ रही है।

विधि के बनाए जीवन जेते हैं जहाँ के तहाँ
खेलत फिरत तिन्हें खेलन फिरन देव

—ठाकुर

उत्साह

दुःख के वर्ग में जो स्थान भय का है, वह स्थान आनंद-वर्ग में उत्साह का है। भय में हम प्रस्तुत कठिन स्थिति के नियम से विशेष रूप में दुखी और कभी-कभी उस स्थिति से अपने को दूर रखने के लिए प्रयत्नवान् भी होते हैं। उत्साह में हम आनेवाली कठिन स्थिति के भीतर साहस के अवसर के निश्चय द्वारा प्रस्तुत कर्म—सुख की उमंग से अवश्य प्रयत्नवान् होते हैं। उत्साह में कष्ट या हानि सहने की दृढ़ता के साथ-साथ कर्म में प्रवृत्ति होने के आनंद का योग रहता है। साहस-पूर्ण आनंद की उमंग का नाम उत्साह है। कर्म-सौंदर्य के उपासक ही सच्चे उत्साही कहलाते हैं।

जिन कर्मों में किसी प्रकार का कष्ट या हानि सहने का साहस अपेक्षित होता है उन सबके प्रति उत्कंठापूर्ण आनंद उत्साह के अंतर्गत लिया जाता है। कष्ट या हानि के भेद के अनुसार उत्साह के भी भेद हो जाते हैं। साहित्य-मीमांसकों ने इसी दृष्टि से युद्ध-वीर, दान-वीर, दया-वीर इत्यादि भेद किए हैं। इनमें सबसे प्राचीन और प्रधान युद्ध वीरता है, जिसमें आघात, पीड़ा क्या, मृत्यु तक की परवा नहीं रहती। इस प्रकार की वीरता का प्रयोजन अत्यंत प्राचीन काल से पड़ता चला आ रहा है, जिसमें साहस और प्रयत्न दोनों चरम उत्कर्ष पर पहुँचते हैं। पर केवल कष्ट या पीड़ा सहन करने के साहस में ही उत्साह का स्वरूप स्फुरित नहीं होता। उसके साथ आनन्द-पूर्ण प्रयत्न या उसकी उत्कंठा का योग चाहिए। बिना बेहोश हुए भारी फोड़ा चिराने को तैयार होना साहस कहा जाएगा, पर उत्साह नहीं। इसी प्रकार चुपचाप, बिना हाथ-पैर हिलाए, घोर प्रहार सहने के लिए तैयार रहना साहस और कठिन-से-कठिन प्रहार सहकर भी जगह से न हटना धीरता कही जाएगी। ऐसे साहस और धीरता को उत्साह के अंतर्गत तभी ले सकते हैं जब कि साहसी या धीर उस काम को आनंद के साथ करता चला जाएगा जिसके कारण उसे इतने प्रहार सहने पड़ते हैं। सारांश यह कि आनंदपूर्ण प्रयत्न या उसकी उत्कंठा में ही उत्साह का दर्शन होता है, केवल कष्ट सहने के निश्चेष्ट साहस में नहीं। धृति और साहस दोनों का उत्साह के बीच संचरण होता है।

दान-वीर में अर्थ-त्याग का साहस अर्थात् उसके कारण होने वाले कष्ट या कठिनता को सहने की क्षमता अंतर्हित रहती है। दानवीरता तभी कही जाएगी जब दान के कारण दानी को अपने जीवन-निर्वाह में किसी प्रकार का कष्ट या कठिनता दिखाई देगी। इसी कष्ट या कठिनता की मात्रा या संभावना जितनी ही अधिक होगी, दानवीरता उतनी ही ऊँची समझी जाएगी। पर इस अर्थ-त्याग के साहस के साथ ही जब तक पूर्ण तत्परता और आनंद के चिह्न न दिखाई पड़ेंगे तब तक उत्साह का स्वरूप न खड़ा होगा।

युद्ध के अतिरिक्त संसार में और भी ऐसे विकट काम होते हैं जिनमें घोर शारीरिक कष्ट सहना पड़ता है और प्राण-हानि तक की संभावना रहती है। अनुसंधान के लिए तुषार-मण्डित अभ्रभेदी अगम्य पर्वतों की चढ़ाई, ध्रुव देश या सहारा के रेगिस्तान का सफर, क्रूर, बर्बर जातियों के बीच अज्ञात घोर जंगलों में प्रवेश इत्यादि भी पूरी वीरता और पराक्रम के कर्म हैं। इनमें जिस आनंदपूर्ण तत्परता के साथ लोग प्रवृत्त हुए हैं वह भी उत्साह ही है।

मनुष्य शारीरिक कष्ट से ही पीछे हटनेवाला प्राणी नहीं है मानसिक क्लेश की संभावना से भी बहुत से कर्मों की ओर प्रवृत्त होने का साहस उसे नहीं होता। जिन बातों से समाज के बीच उपहास, निंदा, अपमान इत्यादि का भय रहता है। उन्हें अच्छी और कल्याणकारिणी समझते हुए भी बहुत से लोग उनसे दूर रहते हैं प्रत्यक्ष हानि देखते हुए भी कुछ प्रथाओं का अनुसरण बड़े-बड़े समझदार तक इसलिए करते चलते हैं कि उनके त्याग से वे बुरे कहे जाएँगे, लोगों में उनका वैसा आदर-सम्मान न रह जाएगा। उसके लिए मान-ग्लानि का कष्ट सब शारीरिक क्लेशों से बढ़कर होता है। जो लोग मान-अपमान का कुछ भी ध्यान न करके निंदा-स्तुति की कुछ भी परवा न करके किसी प्रचलित प्रथा के विरुद्ध पूर्ण तत्परता और प्रसन्नता के साथ कार्य करते जाते हैं वे एक ओर तो उत्साही और वीर कहलाते हैं दूसरी ओर भारी बेहया।

किसी शुभ परिणाम पर दृष्टि रखकर निंदा-स्तुति, मान-अपमान आदि की कुछ, परवा न करके प्रचलित प्रथाओं का उल्लंघन करने वाले वीर या उत्साही कहलाते हैं, यह देखकर बहुत से लोग केवल इसके विरुद्ध लोभ में ही अपनी उछल-कूद दिखाया करते हैं। वे केवल उत्साही या साहसी कहे जाने के लिए ही चली आती हुई प्रथाओं को तोड़ने की धूम मचाया करते हैं। शुभ या अशुभ परिणाम से उनसे कोई मतलब नहीं, उनकी ओर उनका ध्यान लेशमात्र नहीं रहता जिस पक्ष के बीच की सुख्याति का वे अधिक महत्त्व समझते हैं उनकी वाहवाही से उत्पन्न आनंद की चाह में वे दूसरे पक्ष के बीच की निंदा या अपमान की कुछ परवा नहीं करते। ऐसे ओछे लोगों के साहस या उत्साह की अपेक्षा उन लोगों का उत्साह या साहस-भाव की दृष्टि से कहीं अधिक मूल्यवान् है जो किसी प्राचीन प्रथा की चाहे वह वास्तव में हानिकारिणी

ही हो—उपयोगिता का सच्चा विश्वास रखते हुए प्रथा तोड़नेवालों की निंदा, उपहास, अपमान आदि सहा करते हैं।

समाज-सुधार के वर्तमान आंदोलनों के बीच जिस प्रकार सच्ची अनुभूति से प्रेरित उच्चाशय और गंभीर पुरुष पाए जाते हैं। उसी प्रकार कुछ मनोवृत्तियों द्वारा प्रेरित साहसी और दयावान् भी बहुत मिलते हैं। मैंने कई छिछोरों और लंपटों को विधवाओं की दशा पर दया दिखाते हुए उनके पापाचार के लंबे-चौड़े दास्तान हर दम सुनते-सुनाते पाया है। ऐसे लोग वास्तव में काम-कथा के रूप में ऐसे वृत्तांतों की तन्मयता के साथ कथन और श्रवण करते हैं। इस ढाँचे के लोगों से सुधार के कार्य में कुछ सहायता पहुँचाने के स्थान पर बाधा पहुँचाने की ही संभावना रहती है। 'सुधार' के नाम पर साहित्य के क्षेत्र में भी ऐसे लोग गंदगी फैलाते पाए जाते हैं।

उत्साह की गिनती अच्छे गुणों में होती है। किसी भाव के अच्छे या बुरे होने का निश्चय अधिकतर उसकी प्रवृत्ति के शुभ या अशुभ परिणाम के विचार से होता है। वही उत्साह जो कर्तव्य कर्मों के प्रति इतनी सुंदर दिखाई पड़ता है, अकर्तव्य कर्मों की ओर होने पर वैसा श्लाघ्य नहीं प्रतीत होता। आत्म-रक्षा, पर-रक्षा, देश-रक्षा आदि के निमित्त साहस की जो उमंग दिखाई देती है उसके सौंदर्य को परपीड़न डकैती आदि कर्मों का साहस कभी नहीं पहुँच सकता। यह बात होते हुए भी विशुद्ध उत्साह या साहस की प्रशंसा संसार में थोड़ी-बहुत होती ही है। अत्याचारियों या डाकुओं के शौर्य और साहस की कथाएँ भी लोग तारीफ करते हुए सुनते हैं।

अब तक उत्साह का प्रधान रूप ही हमारे सामने रहा, जिसमें साहस का पूरा योग रहता है। पर कर्ममात्र के संपादन में जो तत्परतापूर्ण आनंद देखा जाता है वह उत्साह ही कहा जाता है। सब कार्यों में साहस उपेक्षित नहीं होता, पर थोड़ा-बहुत आराम-विश्राम, सुभीते आदि का त्याग सबको करना पड़ता है, और कुछ नहीं तो उठकर बैठना, खड़ा होना या दस-पाँच कदम चलना ही पड़ता है। जब तक आनंद का लगाव किसी क्रिया, व्यापार या उसकी भावना के साथ नहीं दिखाई पड़ता तब तक उसे 'उत्साह' की संज्ञा प्राप्त नहीं होती। यदि किसी प्रिय मित्र के आने का समाचार पाकर हम चुपचाप ज्यों-के-ज्यों आनंदित होकर बैठे रह जाएँ या थोड़ा हँस भी दें तो यह हमारा उत्साह नहीं कहा जाएगा। हमारा उत्साह तभी कहा जाएगा जब हम अपने मित्र का आगमन सुनते ही उठ खड़े होंगे। उससे मिलने के लिए दौड़ पड़ेंगे और उसके ठहरने आदि के प्रबंध में प्रसन्न-मुख इधर-उधर आते-जाते दिखाई देंगे। प्रयत्न और कर्म संकल्प उत्साह नामक आनंद के नित्य लक्षण हैं।

प्रत्येक कर्म में थोड़ा या बहुत बुद्धि का योग भी रहता है। कुछ कर्मों में तो बुद्धि की तत्परता और शरीर की तत्परता दोनों बराबर साथ-साथ चलती है। उत्साह की उमंग जिस प्रकार हाथ-पैर चलवाती है, उसी प्रकार बुद्धि से भी काम कराती है। ऐसे उत्साहवाले वीर को कर्मवीर कहना चाहिए या बुद्धिवीर-यह प्रश्न मुद्राराक्षस

नाटक बहुत अच्छी तरह हमारे सामने लाता है। चाणक्य और राक्षस के बीच जो चोटें चली हैं वे नीति की हैं—शस्त्र की नहीं। अतः विचार करने की बात यह है कि उत्साह की अभिव्यक्ति बुद्धि-व्यापार के अवसर पर होती है अथवा बुद्धि द्वारा निश्चित उद्योग में तत्पर होने की दशा में। हमारे देखने में तो उद्योग की तत्परता में ही उत्साह की अभिव्यक्ति होती है; अतः कर्मवीर ही कहना ठीक है।

बुद्धि-वीर दृष्टांत कभी-कभी हमारे पुराने ढंग के शास्त्रार्थों में देखने को मिल जाते हैं जिस समय किसी भारी शास्त्रार्थी पंडित से भिड़ने के लिए कोई विद्यार्थी आनंद के साथ सभा में आगे आता है, उस समय उसके बुद्धि—साहस की प्रशंसा अवश्य होती है। वह जीते या हारे, बुद्धि वीर समझा ही जाता है। इस जमाने में वीरता का प्रसंग उठाकर बाग्वीर का उल्लेख यदि न हो तो बात अधूरी ही समझी जाएगी। ये बाग्वीर आजकल बड़ी-बड़ी सभाओं के मंचों पर से लेकर स्त्रियों के उठाए हुए पारिवारिक प्रपंचों तक में पाए जाते हैं और काफी तादाद में।

थोड़ा यह भी देखना चाहिए कि उत्साह में ध्यान किस पर रहता है। कर्म पर, उसके फल पर अथवा व्यक्ति या वस्तु पर? हमारे विचार में उत्साही वीर का ध्यान आदि से अंत तक पूरी कर्म शृंखला पर से होता हुआ उसकी सफलतारूपी समाप्ति तक फैला रहता है। इसी ध्यान से जो आनंद की तरंगें उठती हैं वे ही सारे प्रयत्न को आनंदमय कर देती हैं। युद्ध-वीर में विजेतव्य को आलंब कहा गया है। उसका अभिप्राय यही है कि विजेतव्य कर्म-प्रेरक के रूप में वीर के ध्यान में स्थिर रहता है, वह कर्मस्वरूप का भी निर्धारण करता है। पर आनंद और साहस के मिश्रित भाव का सीधा लगाव उसके साथ नहीं रहता। सच पूछिए तो वीर के उत्साह का विषय विजय-विधायक कर्म या युद्ध ही रहता है। दानवीर और धर्मवीर पर विचार करने से यह बात स्पष्ट हो जाती है। दान दयावश, श्रद्धावश या कीर्ति-लोभवश दिया जाता है। यदि श्रद्धा-वश दान दिया जा रहा है तो दान-पात्र वास्तव में श्रद्धा का और यदि दया-वश दिया जा रहा है तो पीड़ित यथार्थ में दया का विषय का आलंबन ठहरता है। अतः उस श्रद्धा या दया की प्रेरणा से जिस कठिन या दुस्साध्य कर्म की प्रवृत्ति होती है उसी की ओर उत्साही का साहसपूर्ण आनंद उन्मुख कहा जा सकता है। अतः और रसों में आलंबन का स्वरूप जैसा निर्दिष्ट रहता है वैसा वीररस में नहीं। बात यह है कि उत्साह एक यौगिक भाव है जिसमें साहस और आनंद का मेल रहता है।

जिस व्यक्ति या वस्तु पर प्रभाव डालने के लिए वीरता दिखाई जाती है उसकी ओर उन्मुख कर्म होता है और कर्म की ओर उन्मुख उत्साह नामक भाव होता है। समुद्र लाँघने के लिए जिस उत्साह के साथ हनुमान उठे हैं उसका कारण समुद्र नहीं-लाँघने का विकट कर्म है। कर्म-भावना ही उत्साह उत्पन्न करती है, वस्तु या व्यक्ति की भावना नहीं।

किसी कर्म के संबंध में जहाँ आनंदपूर्ण तत्परता दिखाई पड़ी कि हम उसे उत्साह कह देते हैं। कर्म के अनुष्ठान में जो आनंद होता है उसका विधान तीन रूपों में दिखाई पड़ता है—

1. कर्म-भावना से उत्पन्न

2. फल-भावना से उत्पन्न और

3. आगंतुक, अर्थात् विषयांतर से प्राप्त।

इसमें कर्म-भावना-प्रसूत आनंद को ही सच्चे वीरों का आनंद समझना चाहिए, जिसमें साहस का योग प्रायः बहुत अधिक रहा करता है। सच्चा वीर जिस समय मैदान में उतरता है उसी समय उसमें उतना आनंद भरा रहता है जितना औरों को विजय या सफलता प्राप्त करने पर होता है। उसके सामने कर्म और फल के बीच या तो कोई अंतर होता ही नहीं या बहुत सिमटा हुआ होता है। इसी से कर्म की ओर यह उसी झोंक से लपकता है। जिस झोंक से साधारण लोग फल की ओर लपका करते हैं। इसी कर्मप्रवर्तक आनंद की मात्रा के हिसाब से शौर्य और साहस का स्फुरण होता है।

फल की भावना से उत्पन्न आनंद भी साधक कर्मों की ओर हर्ष और तात्परता के साथ प्रवृत्त करता है। पर फल का लोभ जहाँ प्रधान रहता है वहाँ कर्म-विषयक आनंद उसी फल की भावना की तीव्रता और मंदता पर अवलंबित रहता है। उद्योग के प्रभाव के बीच जब-जब फल की भावना मंद पड़ती है—उसकी आशा कुछ धुँधली पड़ जाती है तब-तब आनंद की उमंग गिर जाती है और उसी के साथ उद्योग में भी शिथिलता आ जाती है। पर कर्म-भावना-प्रधान उत्साह बराबर एकरस रहता है। फलासक्त उत्साही असफल होने पर खिन्न और दुखी होता है, पर कर्मासक्त उत्साही केवल कर्मानुष्ठान के पूर्व की अवस्था में हो जाता है। अतः हम कह सकते हैं कि कर्म-भावना-प्रधान-उत्साह ही सच्चा उत्साह है। फल-भावना-प्रधान उत्साह तो लोभ ही का एक प्रच्छन्न रूप है।

उत्साह वास्तव में कर्म और फल की मिली-जुली अनुभूति है जिसकी प्रेरणा से तत्परता आती है। यदि फल दूर ही पर दिखाई पड़े, उसकी भावना के साथ ही उसका लेशमात्र भी कर्म या प्रयत्न के साथ लगाव न मालूम हो तो हमारे हाथ-पाँव कभी न उठें और उस फल के साथ हमारा संयोग ही न हो। इससे कर्म शृंखला की पहली कड़ी पकड़ते ही फल के आनंद की भी कुछ अनुभूति होने लगती है। यदि हमें यह निश्चय हो जाए की अमुक स्थान पर जाने से हमें किसी प्रिय व्यक्ति का दर्शन होगा तो उस निश्चय के प्रभाव से हमारी यात्रा भी अत्यंत प्रिय हो जाएगी। हम चल पड़ेंगे और हमारे अंगों की प्रत्येक गति में प्रफुल्लता दिखाई देगी। यही प्रफुल्लता कठिन-से-कठिन कर्मों के साधन में ही देखी जाती है। वे कर्म भी प्रिय हो जाते हैं और अच्छे लगने लगते हैं। जब तक फल तक पहुँचनेवाला कर्म-पथ अच्छा न लगेगा

तब तक केवल फल का अच्छा लगना कुछ नहीं। फल की इच्छा मात्र हृदय में रखकर जो प्रयत्न किया जाएगा वह अभावमय और आनंदशून्य होने के कारण निर्जीव-सा होगा।

कर्म-रुचि-शून्य प्रयत्न में कभी-कभी इतनी उतावली और आकुलता होती है कि मनुष्य साधना के उत्तरोत्तर क्रम का निर्वाह न कर सकने के कारण बीच ही में चूक जाता है। मान लीजिए कि एक ऊँचे पर्वत के शिखर पर विचरते हुए किसी व्यक्ति को नीचे बहुत दूर तक गई हुई सीढ़ियाँ दिखाई दीं और यह मालूम हुआ कि नीचे उतरने पर सोने का ढेर मिलेगा। यदि उसमें इतनी सजीवता है कि उक्त सूचना के साथ ही वह उस स्वर्ण-राशि के साथ एक प्रकार के मानसिक संयोग का अनुभव करने लगा तथा उसका चित्त प्रफुल्ल और अंग सचेष्ट हो गए, उसे एक-एक सीढ़ी स्वर्णमयी दिखाई देगी, एक-एक सीढ़ी उतरने में उसे आनंद मिलता जाएगा, एक-एक क्षण उसे सुख से बीतता हुआ जान पड़ेगा और वह प्रसन्नता के साथ स्वर्णराशि तक पहुँचेगा। इस प्रकार उसके प्रयत्न-काल को भी फल-प्राप्ति काल के अंतर्गत ही समझना चाहिए। इसके विरुद्ध यदि उसका हृदय दुर्बल होगा और उसमें इच्छामात्र ही उत्पन्न होकर रह जाएगी; तो अभाव के बोध के कारण उसके चित्त में यही होगा कि कैसे झट से नीचे पहुँच जाएँ। उसे एक-एक सीढ़ी उतरना बुरा मालुम होगा और आश्चर्य नहीं कि वह या तो हारकर बैठ जाए या लड़खड़ाकर मुँह के बल गिर पड़े।

फल की विशेष आसक्ति से कर्म के लाघव की वासना उत्पन्न होती है; चित्त में यही आता है कि कर्म बहुत कम या बहुत सरल करना पड़े और फल बहुत-सा मिल जाए। श्रीकृष्ण ने कर्म-मार्ग से फलासक्ति की प्रबलता हटाने का बहुत ही स्पष्ट उपदेश दिया; पर उनके समझाने पर भी भारतवासी इस वासना से ग्रस्त होकर कर्म से तो उदास हो बैठे और फल के इतने पीछे पड़े कि गरमी के ब्राह्मण को एक पेठा देकर पुत्र ही आशा करने लगे; चार आने रोज का अनुष्ठान करा के व्यापार से लाभ, शत्रु पर विजय, रोग से मुक्ति, धन-धान्य की वृद्धि तथा और भी न जाने क्या-क्या चाहने लगे। आसक्ति प्रस्तुत या उपस्थित वस्तु में ही ठीक कही जा सकती है। कर्म सामने उपस्थिति रहता है। इससे आसक्ति उसी में चाहिए। फल दूर रहता है, इससे उसकी ओर कर्म का लक्ष्य काफी है। जिस आनंद से कर्म की उत्तेजना होती है और जो आनंद कर्म करते समय तक बराबर चला चलता है उसी का नाम उत्साह है।

कर्म के मार्ग पर आनंदपूर्वक चलता हुआ उत्साही मनुष्य यदि अंतिम फल तक न भी पहुँचे तो भी उसकी दशा कर्म न करनेवाले की अपेक्षा अधिकतर अवस्थाओं में अच्छी रहेगी; क्योंकि एक तो कर्म-काल में उसका जो जीवन बीता वह संतोष या आनंद में बीता, उसके उपरांत फल की अप्राप्ति पर भी उसे यह पछतावा न रहा कि मैंने प्रयत्न नहीं किया। फल पहले से कोई बना-बनाया पदार्थ नहीं होता। अनुकूल प्रयत्न-कर्म के अनुसार, उसके एक-एक अंग की योजना होती है। बुद्धि

द्वारा पूर्ण रूप से निश्चित की हुई व्यापार-परंपरा का नाम ही प्रयत्न है। किसी मनुष्य के घर का कोई प्राणी बीमार है। वह वैद्यों के यहाँ से जब तक ओषधि ला-लाकर रोगी को देता जाता है और इधर-उधर दौड़-धूप करता जाता है तब-तब उसके चित्त में जो संतोष रहता है—प्रत्येक नए उपचार के साथ जो आनंद का उन्मेष होता रहता है—यह उसे कदापि न प्राप्त होता, यदि वह रोता हुआ बैठा रहता। प्रयत्न की अवस्था में उसके जीवन का जितना अंश संतोष, आशा और उत्साह में बीता अप्रयत्न की दशा में उतना ही अंश केवल शोक और दुःख में बँटता। इसके अतिरिक्त रोगी के न अच्छे होने की दशा में भी वह आत्मग्लानि के उस कठोर दुःख से बचा रहेगा जो उसे जीवन भर यह सोच-सोचकर होता कि मैंने पूरा प्रयत्न नहीं किया।

कर्म में आनंद अनुभव करनेवालों ही का नाम कर्मण्य है। धर्म और उदारता के उच्च कर्मों के विधान में ही एक ऐसा दिव्य आनंद भरा रहता है कि कर्ता को वे कर्म ही फल-स्वरूप लगते हैं। अत्याचार का दमन और क्लेश का शमन करते हुए चित्त में जो उल्लास और तुष्टि होती है, वही लोकोपकारी कर्म-वीर का सच्चा सुख है। उसके लिए सुख तब तक के लिए रुका नहीं रहता जब तक कि फल प्राप्त न हो जाए; बल्कि उसी समय से थोड़ा-थोड़ा करके मिलने लगा है। जब से वह कर्म की ओर हाथ बढ़ाता है।

कभी-कभी आनंद का मूल विषय तो कुछ और रहता है, पर उस आनंद के कारण एक ऐसी स्फूर्ति होती है जो बहुत से कार्यों की ओर हर्ष के साथ अग्रसर करती है। इसी प्रसन्नता और तत्परता को देख लोग कहते हैं कि वे काम बड़े उत्साह से किए जा रहे हैं यदि किसी मनुष्य को बहुत-सा लाभ हो जाता है या उसकी कोई बड़ी भारी कामना पूर्ण हो जाती है तो जो काम उसके सामने आते हैं उस सबको वह बड़े हर्ष और तत्परता के साथ करता है। उसके इस हर्ष और तत्परता को भी लोग उत्साह ही कहते हैं इसी प्रकार किसी उत्तम फल या सुख प्राप्ति की आशा या निश्चय से उत्पन्न आनंद, फलोन्मुख प्रयत्नों के अतिरिक्त और दूसरे व्यापारों के साथ संलग्न होकर, उत्साह के रूप में दिखाई पड़ता है। यदि हम किसी ऐसे उद्योग में लगे हैं जिससे आगे चलकर हमें बहुत लाभ या सुख की आशा है तो हम उस उद्योग को तो उत्साह के साथ करते ही हैं, अन्य कार्यों में भी प्रायः अपना उत्साह दिखा देते हैं।

यह बात उत्साह में नहीं, अन्य मनोविकारों में बराबर पाई जाती है। यदि किसी बात पर क्रुद्ध बैठे हैं और इसी बीच में कोई दूसरा आकर इसमें कोई बात सीधी तरह भी पूछता है तो भी हम उस पर झुँझला उठते हैं। इस झुँझलाहट का न तो कोई निर्दिष्ट कारण होता है, न उद्देश्य। यह केवल क्रोध की स्थिति व्याघात को रोकने की क्रिया है, क्रोध ही में रहना चाहते हैं। क्रोध को बनाए रखने के लिए

हम उन बातों से भी क्रोध ही संचित करते हैं जिनसे दूसरी अवस्था में हम विपरीत भाव प्राप्त करते। इसी प्रकार यदि हमारा चित्त किसी विषय में उत्साहित रहता है तो हम अन्य विषयों में ही अपना उत्साह दिखा देते हैं। यदि हमारा मन बढ़ा हुआ रहता है तो हम बहुत से काम प्रसन्नतापूर्वक करने के लिए तैयार हो जाते हैं। इसी बात का विचार करके सलाम-साधक लोग हाकिमों से मुलाकात करने के पहले अर्दलियों से उनका मिजाज पूछ लिया करते हैं।

❖❖

श्रद्धा-भक्ति

किसी मनुष्य में जन-साधारण से विशेष गुण व शक्ति का विकास देख उसके संबंध में जो एक स्थायी आनंद-पद्धति हृदय में स्थापित हो जाती है उसे श्रद्धा कहते हैं। श्रद्धा महत्त्व की आनंदपूर्ण स्वीकृति के साथ-साथ पूज्य बुद्धि का संचार है। यदि हमें निश्चय हो जाएगा कि कोई मनुष्य बड़ा वीर, बड़ा सज्जन, बड़ा गुणी, बड़ा दानी, बड़ा विद्वान्, बड़ा परोपकारी वा बड़ा धर्मात्मा है तो वह हमारे आनंद का एक विषय हो जाएगा। हम उसका नाम आने पर प्रशंसा करने लगेंगे, उसे सामने देख आदर से सिर नवायेंगे; किसी प्रकार का स्वार्थ न रहने पर भी हम सदा उसका भला चाहेंगे, उसकी बढ़ती से प्रसन्न होंगे और अपनी पोषित आनंद-पद्धति में व्याघात पहुँचने के कारण उसकी निंदा न सह सकेंगे। इससे सिद्ध होता है कि जिन कर्मों के प्रति श्रद्धा होती है उनका होना संसार को वांछित है। यही विश्वकामना श्रद्धा की प्रेरणा का मूल है।

प्रेम और श्रद्धा में अंतर यह है कि प्रेम स्वाधीन कार्यों पर उतना निर्भर नहीं-कभी-कभी किसी का रूप मात्र, जिसे उसका कुछ भी हाथ नहीं उसके प्रति प्रेम उत्पन्न होने का कारण होता है, पर श्रद्धा ऐसी नहीं है। किसी की सुंदर आँख या नाक देखकर उसके प्रति श्रद्धा नहीं उत्पन्न होगी, प्रीति उत्पन्न हो सकती है। प्रेम के लिए इतना ही बस है कि कोई मनुष्य हमें अच्छा लगे, पर श्रद्धा के लिए आवश्यक यह है कि मनुष्य किसी बात में बढ़ा हुआ होने के कारण हमारे सम्मान का पात्र हो। श्रद्धा का व्यापार स्थल विस्तृत है, प्रेम का एकांत। प्रेम में घनत्व अधिक है और श्रद्धा में विस्तार। किसी मनुष्य से प्रेम रखनेवाले दो ही एक मिलेंगे, पर उस पर श्रद्धा रखनेवाले सैकड़ों, हजारों, लाखों क्या करोड़ों मिल सकते हैं। सच पूछिए तो इसी श्रद्धा के आश्रय से उन कर्मों के महत्त्व का भाव दृढ़ होता है जिन्हें धर्म कहते हैं और जिनमें मनुष्य-समाज की स्थिति है। कर्ता से बढ़कर कर्म का स्मारक दूसरा नहीं। कर्म की क्षमता प्राप्त करने के लिए बार-बार कर्त्ता ही की ओर आँख उठती है। कर्मों से कर्ता की स्थिति को जो मनोहरता प्राप्त हो जाती है उस पर

मुग्ध होकर बहुत से प्राणी उन कर्मों की ओर प्रेरित होते हैं। कर्त्ता अपने सत्कर्म द्वारा एक विस्तृत क्षेत्र में मनुष्य की सद्वृत्तियों के आकर्षण का एक शक्ति केंद्र हो जाता है। भिन्न-भिन्न हृदयों से शुभ भावनाएँ मेघ-खंडों के समान उठकर तथा एक ओर और एक साथ अग्रसर होने के कारण परस्पर मिलकर, इतनी घनी हो जाती हैं। कि उनकी घटा-सी उमड़ पड़ती है। और मंगल की ऐसी वर्षा होती है कि सारे दुःख और क्लेश बह जाते हैं।

हमारे अंतःकरण में प्रिय के आदर्श रूप का संघटन उसके शरीर या व्यक्ति मात्र के आश्रय से हो सकता है, पर श्रद्धेय के आदर्श रूप का संघटन उसके फैलाए हुए कर्म-तंतु के उपादान से होता है। प्रिय का चिंतन हम आँख मूँदे हुए, संसार को भुलाकर, करते हैं, पर श्रद्धेय का चिंतन हम आँख खोले हुए, संसार का कुछ अंश सामने रखकर करते हैं। यदि प्रेम स्वप्न है तो अच्छा जागरण है। प्रेमी प्रिय को अपने लिए और अपने को प्रिय के लिए संसार से अलग करना चाहता है। प्रेम में केवल दो पक्ष होते हैं, श्रद्धा में तीन। प्रेम में कोई मध्यस्थ नहीं, पर श्रद्धा में मध्यस्थ अपेक्षित है। प्रेमी और प्रिय के बीच कोई और वस्तु अनिवार्य नहीं, पर श्रद्धालु और श्रद्धेय के बीच कोई वस्तु चाहिए। इस बात का स्मरण रखने से यह पहचानना उतना कठिन न रह जाएगा कि किसी के प्रति किसी का कोई आनंदांतर्गत भाव प्रेम है या श्रद्धा। यदि किसी कवि का काव्य बहुत अच्छा लगा, किसी चित्रकार का बनाया चित्र बहुत सुंदर जँचा और हमारे चित्र में उस कवि या चित्रकार के प्रति एक सुहृद्-भाव उत्पन्न हुआ तो वह श्रद्धा है; क्योंकि यह काव्य या चित्ररूप मध्यस्थ-द्वारा प्राप्त हुआ है।

प्रेम का कारण बहुत कुछ अनिर्दिष्ट और अज्ञात होता है; पर श्रद्धा का कारण निर्दिष्ट और ज्ञात होता है। कभी-कभी केवल एक साथ रहते-रहते दो प्राणियों में यह भाव उत्पन्न हो जाता है कि वे बराबर साथ रहें; उनका साथ कभी न छूटे। प्रेमी प्रिय के संपूर्ण जीवन-क्रम के सतत साक्षात्कार का अभिलाषी होता है। वह उसका उठना, बैठना, चलना-फिरना, सोना, खाना-पीना सब कुछ देखना चाहता है। संसार में बहुत से लोग उठते-बैठते, चलते-फिरते हैं, पर सबका उठना-बैठना, चलना-फिरना उसको वैसा अच्छा नहीं लगता। प्रेमी प्रिय के जीवन को अपने जीवन से मिलाकर एक निराला मिश्रण तैयार करना चाहता है। वह दो से एक करना चाहता है। सारांश यह है कि श्रद्धा में दृष्टि पहले कर्मों पर से होती हुई श्रद्धेय तक पहुँचती है और प्रीति में प्रिय पर से होती हुई उसके कर्मों आदि पर आ जाती है। एक में व्यक्ति को कर्मों द्वारा मनोहरता प्राप्त होती है, दूसरी में कर्मों को व्यक्ति-द्वारा। एक में कर्म प्रधान है, दूसरी में व्यक्ति।

किसी के रूप को स्वयं देखकर हम तुरंत मोहित होकर उससे प्रेम कर सकते हैं, पर उसके रूप की प्रशंसा किसी दूसरे से सुनकर चट हमारा प्रेम नहीं उमड़ पड़ेगा।

कुछ काल तक हमारा भाव लोभ के रूप में रहेगा, पीछे वह प्रेम में परिणत हो सकता है। बात यह है कि प्रेम एकमात्र अपने ही अनुभव पर निर्भर रहता है; पर श्रद्धा अपनी सामाजिक विशेषता के कारण दूसरों के अनुभव पर भी जगती है। रूप की भावना का बहुत कुछ संबंध व्यक्तिगत रुचि से होता है। अतः किसी के रूप और हमारे बीच यदि तीसरा व्यक्ति आया तो इस व्यापार में सामाजिकता आ गई; क्योंकि हमें उस समय यह ध्यान हुआ कि उस रूप से एक तीसरे व्यक्ति का आनंद या सुख मिला और हमें भी मिल सकता है। जब तक हम किसी के रूप का बखान सुनकर 'वाह-वाह' करते जाएँगे तब तक हम एक प्रकार के लोभी अथवा रीझनेवाले या कद्रदान ही कहलाएँगे, पर जब हम उसके दर्शन के लिए आकुल होंगे, उसे बराबर अपने सामने ही रखना चाहेंगे, तब प्रेम का सूत्रपात समझा जाएगा। श्रद्धा-भाजन पर श्रद्धावान अपना किसी प्रकार अधिकार नहीं चाहता, पर प्रेमी प्रिय के हृदय पर अपना अधिकार चाहता है।

श्रद्धा एक सामाजिक भाव है, इससे अपनी श्रद्धा के बदले में हम श्रद्धेय से अपने लिए कोई बात नहीं चाहते। श्रद्धा धारण करते हुए हम अपने को उस समाज में समझते हैं जिसके किसी अंश पर-चाहे हम व्यष्टि रूप में उनके अंतर्गत न भी हों-जान-बूझकर उसने कोई शुभ प्रभाव डाला। श्रद्धा स्वयं ऐसे कर्मों के प्रतिकार में होती है जिसका शुभ प्रभाव अकेले हम पर नहीं बल्कि सारे मनुष्य समाज पर पड़ सकता है। श्रद्धा एक ऐसी आनंदपूर्ण कृतज्ञता है जिसे हम केवल समाज के प्रतिनिधिरूप में प्रकट करते हैं। सदाचार पर श्रद्धा और अत्याचार पर क्रोध या घृणा प्रकट करने के लिए समाज ने प्रत्येक व्यक्ति का प्रतिनिधित्व प्रदान कर रखा है। यह काम उसने इतना भारी समझा है कि उसका भार सारे मनुष्यों को बाँट दिया है, दो-चार माननीय लोगों के ही सिर पर नहीं छोड़ रखा है। जिस समाज में सदाचार श्रद्धा और अत्याचार पर क्रोध प्रकट करने के लिए जितने ही अधिक लोग तत्पर पाए जाएँगे उतना ही वह समाज जाग्रत समझा जाएगा। श्रद्धा की सामाजिक विशेषता एक इसी बात से समझ लीजिए कि जिस पर हम श्रद्धा रखते हैं उस पर चाहते हैं कि और लोग भी श्रद्धा रखें- जिस पर हमारा प्रेम होता है उससे और दस-पाँच आदमी प्रेम रखें—इसकी हमें परवा क्या, इच्छा ही नहीं होती; क्योंकि हम प्रिय पर लोभवश एक प्रकार का अनन्य अधिकार या इजारा चाहते हैं। श्रद्धालु अपने भाव में संसार को भी सम्मिलित करना चाहते हैं, पर प्रेमी नहीं।

जब तक समष्टि-रूप में हमें संसार के लक्ष्य का बोध नहीं होता और हमारे अंतःकरण में सामान्य आदर्शों की स्थापना नहीं होती तब तक हमें श्रद्धा का अनुभव नहीं होता। बच्चों में कृतज्ञता का भाव पाया जाता है पर सदाचार के प्रति उस कृतज्ञता का नहीं, जिसे श्रद्धा कहते हैं अपने साथ किए जाने वाले जिस व्यवहार के लिए वे कृतज्ञ होते हैं उसी को दूसरों के साथ होते कर्त्ता के प्रति कृतज्ञ होना

वे देर में सीखते हैं—उस समय सीखते हैं जब वे अपने को किसी समुदाय का अंग समझने लगते हैं। अपने साथ या किसी विशेष मनुष्य के साथ किए जाने वाले व्यवहार के लिए जो कृतज्ञता होती है वह श्रद्धा नहीं है। श्रद्धालु की दृष्टि सामान्य की ओर होनी चाहिए, विशेष की ओर नहीं। अपने संबंधी के प्रति किसी को कोई उपकार करते देख यदि हम कहें कि उस पर हमारी श्रद्धा हो गई है तो यह हमारा पाखंड है, हम झूठ-मूठ अपने को ऐसे उच्च भाव का धारणकर्त्ता प्रकट करते हैं। पर उसी सज्जन को दस-पाँच और ऐसे आदमियों के साथ जब हम उपकार करते देखें जिन्हें हम जानते तक नहीं और इस प्रकार हमारी दृष्टि विशेष से सामान्य की ओर हो जाए, तब यदि हमारे चित्त में उसके प्रति पहले से कहीं अधिक कृतज्ञता या पूज्य-बुद्धि का उदय हो तो हम श्रद्धालु की उच्च पदवी के अधिकारी हो सकते हैं। सामान्य रूप में हम किसी के गुण या शक्ति का विचार सारे संसार से संबद्ध करके करते हैं, अपने से या किसी विशेष प्राणी से संबद्ध करके नहीं। हम देखते हैं कि किसी मनुष्य में कोई गुण या शक्ति है जिसका प्रयोग वह चाहे जहाँ और जिसके प्रति कर सकता है।

श्रद्धा का मूल-तत्त्व है दूसरे का महत्त्व स्वीकारना। अतः जिनकी स्वार्थबद्ध दृष्टि अपने से आगे नहीं जा सकती अथवा अभिमान के कारण जिन्हें अपनी ही बड़ाई के अनुभव की लत लग गई है। उनकी इतनी समाई नहीं कि वे श्रद्धा-ऐसे पवित्र भाव को धारण करें। स्वार्थियों और अभिमानियों के हृदय में श्रद्धा नहीं टिक सकती। उनका अंतःकरण संकुचित और मलिन होता है कि वे दूसरों की कृति का यथार्थ मूल्य नहीं परख सकते।

स्थूल रूप से श्रद्धा तीन प्रकार की कही जा सकती है—

1. प्रतिभा-संबंधिनी
2. शील-संबंधिनी और
3. साधन-संपति-संबंधिनी।

प्रतिभा से मेरा अभिप्राय अंतःकरण की उस उद्भाविक क्रिया से है जिसके द्वारा कला, विज्ञान आदि नाना क्षेत्रों में नई-नई बातें या कृतियाँ उपस्थिति की जाती हैं। यह ग्रहण और धारणा-शक्ति से भिन्न है, जिसके द्वारा इधर-उधर से प्राप्त ज्ञान (विद्वत्ता) संचित किया जाता है। कला-संबंधिनी श्रद्धा के लिए श्रद्धालु में थोड़ी बहुत मार्मिक निपुणता चाहिए, इससे उसका अभाव कोई भारी त्रुटि नहीं, वह क्षम्य है। यदि किसी उत्तम काव्य या चित्र की विशेषता न समझने के कारण हम कवि या चित्रकार पर श्रद्धा न कर सकें तो यह हमारा अनाड़ीपन है—हमारे रुचि-संस्कार की त्रुटि है। इसका उपाय यही है कि समाज कला-संबंधिनी मर्मज्ञता के प्रचार की व्यवस्था करे, जिससे विविध कलाओं के सामान्य आदर्श की स्थापना जन-समूह में हो जाए। पर इतना होने पर भी कला-संबंधिनी रुचि की विभिन्नता थोड़ी-बहुत आवश्य रहेगी।

अश्रद्धालु रुचि का नाम लेकर ईर्ष्या या अहंकार के दोषारोपण से बच जाया करेंगें।

पर शील-संबंधिनी श्रद्धा प्रत्येक व्यक्ति का कर्तव्य है। शील या धर्म के सामान्य लक्षण संसार के प्रत्येक सभ्य जन-समुदाय में प्रतिष्ठित हैं। धर्म ही से मनुष्य-समाज की स्थिति है, अतः उसके संबंध में किसी प्रकार का रुचि-भेद, मत-भेद, आदि नहीं सदाचार के प्रति यदि हम श्रद्धा नहीं रखते तो समाज के प्रति अपने कर्तव्य का पालन नहीं करते। यदि किसी को दूसरों के कल्याण के लिए भारी स्वार्थ-त्याग करते देख हमारे मुँह से 'धन्य' भी न निकला तो हम समाज के किसी काम के न ठहरे, समाज को हमसे कोई आशा नहीं, हम समाज में रहने योग्य नहीं। किसी कर्म में प्रवृत्त होने से पहले यह स्वीकार करना आवश्यक होता है कि वह कर्म या तो हमारे लिए या समाज के लिए अच्छा है। इस प्रकार की स्वीकृति कर्म की पहली तैयारी है। श्रद्धा द्वारा हम यह आनंदपूर्वक स्वीकार करते हैं कि कर्म के अमुक-अमुक दृष्टांत धर्म के हैं; अतः श्रद्धा धर्म की पहली सीढ़ी है। धर्म के इस प्रथम सोपान पर प्रत्येक मनुष्य को रहना चाहिए, जिसमें जब कभी अवसर आए तब वह कर्म-रूपी दूसरे सोपान पर हो जाए।

अब रह गई साधन-संपत्ति-संबंधिनी श्रद्धा की बात। यहाँ पर साधन-सम्पन्नता का ठीक-ठीक भाव समझ लेना आवश्यक है। साधन-संपत्ति का अनुपयोग भी हो सकता है, सदुपयोग भी हो सकता है और दुरुपयोग भी हो सकता है। किसी को पद्य रचने की अच्छी अभ्यास-सम्पन्नता है। यदि शिक्षा द्वारा उसके भाव उन्नत हैं, वह सहृदय है तो वह अपनी इस सम्पन्नता का उपयोग मनोहर उच्चभावपूर्ण काव्य प्रस्तुत करने में कर सकता है; यदि उसकी अवस्था ऐसी नहीं है तो वह या तो साधारण, भाव-शून्य गद्य की गीतिका, शिखरिणी आदि नाना छंदों में परिणत करेगा या अपनी भद्दी और कुरुचिपूर्ण भावनाओं को छंदोबद्ध करेगा। उसके इस कृत्य पर श्रद्धा रखनेवाले भी बहुत मिल जाएँगे। ऐसे व्यक्ति के प्रति जो श्रद्धा होती है वह साधन-सम्पन्नता पर ही होती है, साध्य की पूर्णता पर नहीं।

देशी कारीगरी, चित्रकारी, संगीत आदि में नियम पालन के अभ्यास द्वारा प्राप्त इस साधन-सम्पन्नता पर ही इधर बहुत दिनों से अधिक ध्यान दिया जाने लगा था और मानव-हृदय पर इन मनोहारिणी कलाओं के प्रभाव का बहुत कम विचार होने लगा था। बहुत से पुराने मकानों की कारीगरी देखिए तो उनमें बहुत-सा काम गिचपिच किया हुआ दिखाई देगा, ऐसे महीन बेल-बूटों की भिन्न-भिन्न पटरियाँ दीवारों में जमाई हुई मिलेंगी जो बिना आँख को पास ले जाकर सटाए स्पष्ट न जान पड़ेंगे। सारे मकान को एक बार में देखने से इन सबों का सम्मिलित प्रभाव दृष्टि और मन पर क्या पड़ेगा, इसका कुछ भी विचार बनानेवालों ने नहीं किया, यह स्पष्ट दिखाई पड़ेगा। ऐसे कामों में अभ्यास का तथा समय और श्रम के व्यय (या अपव्यय) का पूरा परिचय मिलता है, पर विचार और सहृदयतापूर्वक उनके उपयोग का बहुत कम। समझने

की बात है कि इमारत हाथ पर लेकर देखने की चीज नहीं है, दस-पाँच हाथ दूर पर खड़े होकर देखने की चीज है।

चित्रकारी की दशा भी इसी प्रकार की हो गई थी। राधा-कृष्ण कदंब के नीचे खड़े हैं। कदंब की एक-एक पत्ती अलग-अलग बारीकी के साथ बनी दिखाई पड़ती है। राधा की चुनरी की एक-एक बूटी बड़ी सावधानी और मेहनत के साथ बनाई गई है। देखने वाले को यह नहीं जान पड़ता कि वह कुछ दूर पर खड़ा होकर कदंब और राधा-कृष्ण को एक साथ देख रहा है, बल्कि यह जान पड़ता है कि कभी तो पत्तियाँ गिनने के लिए वह पेड़ पर चढ़ता है और कभी नमूना लेने के लिए चुनरी हाथ में लेता है। ऐसी रचनाओं के प्रति यदि श्रद्धा प्रकट की जाएगी तो वह अभ्यास, श्रम और बारीकी अर्थात् साधन-सम्पन्नता के विचार से होगी, साध्य की पूर्णता अर्थात् कला के विचार से नहीं, जिसका उद्देश्य मानव-हृदय पर मधुर प्रभाव डालता है।

संगीत के पेच-पाँच देखकर भी हठयोग याद आता है। जिस समय कोई कलावंत पक्का गाना गाने के लिए आठ अंगुल मुंह फैलाता है। और 'आ आ' करके विकल होता है, उस समय बड़े-बड़े धीरों का धैर्य छूट जाता है—दिन-दिन भर चुपचाप बैठे रहनेवाले बड़े-बड़े आलसियों का आसन डिग जाता है। जो संगीत नाद की मधुर गति द्वारा मन में माधुर्य का संचार करने के लिए था वह इन पक्के लोगों के हाथ में पड़कर केवल स्वरग्राम की लंबी-चौड़ी कवायद हो गया। श्रद्धालुओं के अंतः करण की मार्मिकता इतनी स्तब्ध हो गई कि एक खर-श्वान के गले से भी इस लंबी कवायद को ठीक उतरते देख उनके मुँह से 'वाह-वाह', 'ओहो हो ' निकलने लगा। काव्य पर शब्दालंकार आदि का इतना बोध लादा गया कि उसका सारा रूप ही छिप गया। बात यह हुई कि इन विविध कलाओं के जितने अभ्यासगम्य और श्रमसाध्य अंग थे वे तो हद से बाहर घसीटे गए और जितने सहृदयता से संबंध रखनेवाले थे उन पर ध्यान ही न रहा। यदि ये कलाएँ मूर्तिमान रूप धारण करके सामने आतीं तो दिखाई पड़ता कि किसी को जलोदर हुआ है, किसी को फीलपाँव! इनकी दशा सोने और रत्नों से जड़ी गुठली धारदार तलवार की-सी हो गई।

किसी मनुष्य में बहुत अधिक शारीरिक बल देख उस पर जन साधारण की श्रद्धा होती है और होनी चाहिए। प्रो. राममूर्ति की मोटर रोकते, लोहे की मोटे-मोटे सीकड़े तोड़ते, छाती पर 40 मन का पत्थर रखते, हाथी खड़ा करते और गाड़ी दौड़ाते देख उनके शारीरिक बल के कारण उन पर श्रद्धा होती है। अब इस सम्पन्नता का वे सदुपयोग भी कर सकते हैं, दुरुपयोग भी कर सकते हैं और अनुपयोग भी कर सकते हैं। वे इनके द्वारा किसी भारी संकट से अपनी या दूसरे की रक्षा भी कर सकते हैं और किसी निरपराध को पीड़ित भी कर सकते हैं पर हमारी श्रद्धा बिना सदुपयोग या दुरुपयोग की संभावना की कल्पना किए शुभ-साधन-सम्पन्नता ही पर होती है, कोरे विद्वानों के प्रति जो श्रद्धा होती है वह भी साधन-सम्पन्नता ही पर

होती है। उसके उपयोग की निपुणता या प्रतिभा पर निर्भर नहीं होती। विद्वत्ता किसी विषय की बहुत-सी बातों की जानकारी का नाम है, जिसका संचय बहुत कष्ट, श्रम और धारणा से होता है। यह बात विद्वान् की प्रतिभा पर निर्भर है कि वह ज्ञान या भंडारी और उपयोग-कर्ता दोनों हो-अर्थात् वह उत्तम चिंतक, वक्ता लेखक, अन्वेषक या कवि भी होकर उस संचित साधन का उपयोग करे और अपने मूल विचारों का प्रभावपूर्ण प्रकाश करे। यदि विद्वान् में प्रतिभा नहीं है—यह शक्ति नहीं है—तो वह अपनी संचित जानकारी को कला-कुशल और प्रतिभाशाली लेखकों या तत्त्वान्वेषकों के सामने रख दे कि वे उससे आवश्यकतानुसार काम लें। इस रीति से उसकी विद्वत्ता सामाजिक उपयोग में आ जाएगी।

भिन्न-भिन्न मानसिक संस्कार के लोगों में किसी विषय से संबंध रखनेवाली श्रद्धा भिन्न-भिन्न मात्र की हुआ करती है। यदि किसी को शारीरिक बल, साहस्य या चतुराई पर अत्यंत अधिक श्रद्धा है तो वह इनका दुरुपयोग देखकर भी बनी रह सकती है। अत्याचारियों के बल, डाकुओं के साहस और लंपटों की चालाकी की तारीफ संसार में थोड़ी-बहुत होती ही है। एक बात और है। यदि किसी पर किसी एक विषय में अत्यंत अधिक श्रद्धा है तो उसकी अन्य विषयों की त्रुटियों पर ध्यान नहीं जाता और कभी ध्यान भी जाता है तो वे भी सुहावनी लगती हैं। कोई प्रतिभाशाली कवि विलासप्रिय, मद्यप या सनकी है तो जो अत्यंत काव्य-प्रेमी होंगे उनकी घृणा को उसके ये दुर्गुण पूर्ण रूप से आकर्षित न कर सकेंगे। यहाँ तक कि उसके इन दुर्गुणों की चर्चा भी वे बड़ी रुचि के साथ करेंगे और सुनेंगे। बात यह है कि मनुष्य का अंतःकरण एक है। उसकी एक साथ दो परस्पर-विरुद्ध स्थितियाँ नहीं हो सकतीं। इस प्रकार की मानसिक स्तब्धता को श्रद्धांधता कह सकते हैं। यद्यपि श्रद्धांध समाज में उतना अनर्थकारी नहीं हो सकता, उतना अपराधी नहीं ठहराया जा सकता, जितना मदांध, क्रोधांध या ईर्ष्यांध, पर उसकी श्रद्धा के बढ़ते-बढ़ते क्रियमाण रूप धारण करने पर और शील-संबंधिनी चेतना को बिल्कुल जवाब मिल जाने पर समाज के अनिष्ट में ब्याज से सहायता पहुँच सकती है।

यदि किसी अपव्ययी और मद्यप कवि पर अत्यंत श्रद्धालु होकर कोई उसकी आर्थिक सहायता करता जाता है तो वह उस अन्याय और उपद्रव का थोड़ा-बहुत उत्तरदाता अवश्य होता है जो कवि जी अपने सहवर्तियों के बीच करने में समर्थ होते हैं। यदि किसी पहलवान के बल पर प्रसन्न होकर कोई उसे हलवा-पूरी खाने के लिए कुछ महीना बाँधता है तो उसके गुंडेपन के कारण लोगों की पहुँची हुई पीड़ा के दोष का वह कम-से-कम उतना भाग अवश्य पा सकता है जितना इंद्रकृत हत्या की बँटाई के समय बहुतों को मिला था। उद्देश्य के अभाव के बल से यद्यपि इन श्रद्धालुओं पर दोष उतना सटीक नहीं लग सकता, पर समाज की दृष्टि में वे दान के पात्रता-संबंधी अविवेक के अभियोग से नहीं बच सकते।

अब यहाँ पर यह प्रश्न उठता है कि शील, कला और साधन-संपत्ति श्रद्धा के इन तीनों विषयों में से किसका ध्यान मनुष्य को पहले होना चाहिए और किसका पीछे। इसका बेधड़क यही उत्तर दिया जा सकता है कि जन साधारण के लिए शील का ही सबसे पहले ध्यान होना स्वाभाविक है; क्योंकि उसका संबंध मनुष्य मात्र की सामान्य स्थिति रक्षा से है। उसके अभाव में समाज या उस आधार की स्थिति ही नहीं रह सकती जिसमें कलाओं की उपयोगिता या मनोहारिता का प्रसार और साधन-संपत्ति की प्रचुरता का वितरण और व्यवहार होता है।

दूसरों की श्रद्धा संसार में एक अत्यंत वांछनीय वस्तु है, क्योंकि वह एक प्रकार का ऐसा परकीय निश्चय या विश्वास है जिसके सहारे स्वकीय कार्य सुगम होता है—जीवन की कठिनता कम होती है। जिस पर लोगों की अश्रद्धा होती है—उसके लिए व्यवहार के सब सीधे और सुगम मार्ग बंद हो जाते हैं—उसे या तो काँटों पर या ढाई कोस नौ दिन में चलना पड़ता है। पर जो किसी प्रकार दूसरों की श्रद्धा संपादित कर लेता है, उसके पैर रखने के लिए फूलों की पंखुड़ियाँ—आजकल लाल बनातें-बिछाई जाती हैं। समाज में ये वस्तुएँ सच्चे गुणियों और परोपकारियों के लिए हैं पर इन्हें छीनने और चुराने की ताक में बहुत से चोर, चाई और लुटेरे रहते हैं जो इनके द्वारा स्वार्थ-साधन करना या अपनी तुच्छ मानसिक वृत्तियों को तृप्त करना चाहते हैं। इनसे समाज को हर घड़ी सावधान रहना चाहिए। इन्हें सामाजिक दंड देने के लिए उसे सदा सन्नद्ध रहना चाहिए। ये अनेक रूपों में दिखाई पड़ते हैं। कोई गेरुआ वस्त्र लपेटे धर्म का डंका पीटता दिखाई देता है, कोई देश-हितैषिता का लंबा चोगा पहने देशोद्धार की पुकार करता पाया जाता है।

मनुष्य किसी ओर तीन प्रकार से प्रवृत्त होता है—मन से, वचन से और कर्म से। इनमें से मन तो देखने-दिखाने की चीज नहीं। वाणी और कार्यप्रणाली की नकल की जाती है। और बड़ी सफाई से की जाती है। हितोपदेश के गदहे ने तो बाघ की खाल ही ओढ़ी थी, पर ये लोग बाघ की बोली भी बोल लेते हैं। कहीं-कहीं केवल वचन ही से काम निकल जाता है। एक दिन मैं काशी की एक गली से जा रहा था। एक ठठेरी की दुकान पर कुछ परदेशी यात्री किसी बरतन का मोल-भाव कर रहे थे और कह रहे थे कि इतना नहीं, इतना लो तो लें। इतने ही में सौभाग्यवश दूकानदार जी को ब्रह्मज्ञानियों के वाक्य याद आ गए और उन्होंने चट कहा—"माया छोड़ो और इसे ले लो।" सोचिए तो, काशी ऐसा पुण्य-क्षेत्र! वहाँ न माया छोड़ी जाएगी तो कहाँ छोड़ी जाएगी। थोड़े दिन हुए, किसी लेखक ने कहीं पढ़ा कि प्रतिभाशाली लोग कुछ उग्रता और पागलपन लिये होते हैं। तब से वे बराबर अपने में इन दोनों शुभ लक्षणों की स्थापना के यत्न में लगे रहते हैं। सुनते हैं कि पहले में वे कुछ कृतकार्य भी हुए हैं, पर पागलपन की नकल करना कुछ हंसी-खेल नहीं; भूल-चूक से कुछ समझदारी की बातें मुँह से निकल ही जाती हैं।

जैसे और सब विद्याओं की, वैसी ही पर-श्रद्धा-कर्षण की विद्या की भी आजकल खूब उन्नति हुई है। आश्चर्य नहीं कि इसके लिए कुछ दिनों में एक अलग विद्यालय खुले। श्रद्धा के यथार्थ कारण का जितना ही अभाव हो, आकर्षण हो, अपनी विद्या में उतना ही दक्ष समझना चाहिए। आजकल सार्वजनिक उद्योगों की बड़ी धूम रहा करती है और बहुत से लोग निराहार परोपकार-व्रत करते सुने जाते हैं। ऊपर कहा जा चुका है कि पर—श्रद्धा के सहारे कार्य में सुगमता आती है, अतः किसी कार्य-साधना के लिए जो लोग प्रयत्न द्वारा दूसरों के हृदय में श्रद्धा उत्पन्न करते हैं वे उस कार्य के अनुसार चतुर, नीति-कुशल, धूर्त या पाखंडी कहे जाते हैं, पर संसार में बहुत ऐसे लोग भी होते हैं जिन्हें अपने ऊपर पराई श्रद्धा के चिंतन से जो एक प्रकार का आनंद मिलता है उसकी लत पड़ जाती है। वे पर-श्रद्धा को मनोरंजन या मानसिक भोग-विलास की एक सामग्री समझते हैं। वे पराई श्रद्धा केवल इसी निमित्त चाहते हैं, और किसी उद्देश्य से नहीं। ऐसे पर-श्रद्धाभिलाषियों को मानसिक दुर्व्यसन रहता है और वे उसी प्रकार दुर्व्यसनी कहे जा सकते हैं जिस प्रकार शराबी, गँजेड़ी और चंडूबाज आदि। पर समाज की श्रद्धा ऐसे अपव्यय के लिए नहीं है, प्रयोगजन के लिए है। ऐसे लोग अपनी धुन में कभी-कभी बड़े-बड़े सार्वजनिक कार्य भी छोड़ बैठते हैं जिनका होना उन्हें इतना अभीष्ट नहीं होता जितना अपने द्वारा होना। ये लोग पहचाने इस प्रकार जाते हैं कि उन कार्यों से अपने नाम का वियोग घड़ी भर भी नहीं सह सकते, यहाँ तक कि यदि वे दूसरों को कोई ऐसा कार्य हाथ में लेते देखते हैं जिसमें समाज के साधुवाद की संभावना होती है तो इनका पेट फूलने लगता है और ये या तो गुप्त रूप से उसमें विघ्न की व्यवस्था करते हैं या कम से कम उसके महत्त्व को बहुत कम करके दिखाया करते हैं। दूसरी पहचान यह है कि वे लोग ऐसे ही काम ठानते हैं जिनका नाम और आडंबर बड़ा होता है।

ऊपर कहा जा चुका है कि श्रद्धावान् अपनी श्रद्धा द्वारा श्रद्धेय में कोई ऐसा परिवर्तन उपस्थित नहीं करना चाहता जिसका अपने लिए कोई अनुकूल फल हो। श्रद्धावान् श्रद्धेय को प्रसन्न करने की इच्छा कर सकता है, पर उस प्रसन्नता से आप कोई लाभ उठाने की नहीं। श्रद्धा न्याय-बुद्धि के पलड़े पर तुली हुई एक वस्तु है जो दूसरे पलड़े पर रखे हुए श्रद्धेय के गुण, कर्म आदि के हिसाब से होती है। श्रद्धा सत्कर्म या सद्गुण ही का मूल्य है जिससे और किसी प्रकार का सौदा नहीं हो सकता; पर जब कि इस व्यापार युग में ज्ञान बिकता है, न्याय बिकता है, धर्म बिकता है—तब श्रद्धा ऐसे भाव क्यों न बिके? पर असली भाव तो इस लेन-देन के व्यवहार के लिए उपस्थित नहीं किए जा सकते। खैर, नकली सही। एक भाव पर दूसरे की कलई करके हम बाजार में क्यों न जाएँ? अपनी भीरुता या चापलूसी को हम 'श्रद्धा-श्रद्धा' कहकर गालियों और संवादपत्रों में क्यों न पुकारें? ऐसे झूठे श्रद्धावानों से घिरकर

झूठे श्रद्धा-पात्र सच्चे श्रद्धा-पात्रों को क्यों न मात करें, जब कि आजकल झूठे मोती सच्चे मोतियों को मात करते हैं?

कला-कुशल या सदाचारी अपने चारों ओर प्रसन्नता देखना चाहता है ; अतः अपनी श्रद्धा-द्वारा हम अपनी प्रसन्नता का निश्चय मात्र कराते हैं। हमारी प्रसन्नता से उसे अपनी सामर्थ्य का बोध हो जाता है और उसका उत्साह बढ़ता है। इस प्रकार अपनी श्रद्धा द्वारा हम भी समाज का मंगल साधन करते हैं। दूसरे को श्रद्धा का श्रद्धेय पर इतना ही प्रभाव पड़ना चाहिए, इससे अधिक नहीं। यदि हमारी श्रद्धा के कारण वह हमें किसी प्रकार का लाभ पहुँचाना चाहता है तो वह हमारी श्रद्धा को खुशामद समझता है और हमारा अपमान करता है। श्रद्धा में याचकता का भाव लेश-मात्र भी नहीं है। श्रद्धा द्वारा हम अपने हृदय का परिचय मात्र देते हैं कि उसमें मार्मिकता या धर्म-भाव है-सात्त्विक आचरण या प्रतिभा की कला में प्रसन्न होने की क्षमता है। यदि हमें किसी पर श्रद्धा है तो हमें उसके पास जाकर यह कहने की आवश्यकता नहीं है कि 'महाराज मेरी यह श्रद्धा स्वीकार हो'। इस प्रकार की स्वीकृति की हमें कोई आवश्यकता नहीं। हम अपनी श्रद्धा लिये अपने घर बैठे रह सकते हैं। या उसे इस रीति से प्रकट कर सकते हैं जिस पर श्रद्धेय का कोई वश नहीं। यदि हमें किसी सुलेखक पर श्रद्धा है और वह हमसे रुष्ट है तो भी हम उसका सच्चा चित्र और चरित्र छाप सकते हैं। इसका स्वत्व हमें समाज द्वारा प्राप्त है—इसका हक हमें कानूनन हासिल है पर वहीं यदि हम उस सुलेखक से प्रेम करने चलें, उसके साथ-साथ लगे फिरें और हरदम उसे घेरे रहें तो वह हमें हटा सकता है। श्रद्धा प्रदर्शित करने का जितना विस्तृत सामाजिक अधिकार हमें प्राप्त है उतना उसके विपरीत भाव अश्रद्धा या घृणा प्रकट करने का नहीं, क्योंकि श्रद्धा यदि हमने भूल से या स्वार्थवश प्रकट की तो किसी को उतनी हानि नहीं, पर यदि घृणा भूल से या द्वेष-वश प्रकट की तो व्यर्थ का असंतोष और दुःख फैल सकता है।

ऊपर कहा जा चुका है कि श्रद्धा के विषय तीन हैं—शील, प्रतिभा और साधन-सम्पत्ति। शील या धर्म से समाज की स्थिति, प्रतिभा से रंजन और साधन-संपत्ति से शील-साधन और प्रतिभा-विकास दोनों की संभावना है। श्रद्धेय समाज की स्थिति या सुख का विधान करता है और समाज उसकी स्थिति और सुख का विधान करता है। समाज अपने श्रद्धालु प्रतिनिधियों को कभी तो उसे आपत्ति से बचाने के लिए भेजता है—कभी कुछ भेंट उसके सामने रखने के लिए। श्रद्धावश जो दान दिया जाता है वह उसी प्रकार की भेंट है। सच्चा दान दो प्रकार का होता है—एक वह जो दया-वश दिया जाता है, दूसरा वह जो श्रद्धा-वश दिया जाता है। पंडितों, विद्वानों और धार्मिकों को जो दान दिया जाता है वह दया-वश दिया जाता है। अंधों, लूलों और लँगड़ों को जो दान दिया जाता है वह श्रद्धा-वश दिया जाता है। श्रद्धा सामर्थ्य के प्रति होती है और दया असामर्थ्य के प्रति। जन-साधारण अपनी दया-द्वारा केवल असामर्थ्य

के उपस्थित परिणामों का, कुछ स्थान के बीच और कुछ काल तक के लिए निवारण कर सकते हैं, अतः श्रद्धा द्वारा वे ऐसे असाधारण जनों को अपने वित्तानुसार थोड़ी-थोड़ी शक्ति दान करते हैं जो असामर्थ्य के कारणों के निराकरण में समर्थ होते हैं।

श्रद्धा-वश दान में उपयोगिता का तत्त्व छिपा हुआ है। स्मृतियों में श्रद्धा-वश दान पर बड़ा जोर दिया गया है और ऐसे दान के विषय में पात्रापात्र का विचार भी खूब किया गया है। विद्या-दान में रत विद्वानों को, परोपकार में रत कर्मवीरों को, मानवज्ञान की वृद्धि में तत्पर तत्त्वान्वेषकों को जो अभाव हो उसे हमें समाज की भूख समझनी चाहिए। इन्हें जो कुछ हम श्रद्धावश देते हैं, वह ठीक समाज के दुरुस्त पेट में जाता है, जहाँ से रस-रूप में उसका संचार अंग-अंग होता है। इसके विरुद्ध स्वार्थियों, अन्यायियों आदि को जो कुछ दिया जाता है वह समाज के अंग में उसी प्रकार नहीं लगता जिस प्रकार अतिसार या संग्रहणीवाले को खिलाया हुआ अन्न। भारतवर्ष में श्रद्धा का संबंध दान में साथ इतना गहरा समझा जाता है कि अश्रद्धापूर्वक दिया हुआ दान निष्फल माना जाता है। इसी से शुष्क प्रथानुसरण के रूप में भी यदि कुछ दिया जाता है तो श्रद्धा का नाम ले लिया जाता है। पंडों-पुरोहितों को देते हुए यजमान भी कहता है कि 'महाराज! इतनी ही श्रद्धा है' और पंडे-पुरोहित भी कहते हैं कि 'जितनी श्रद्धा हो उतना दो', यद्यपि इन पंडों और पुरोहितों के संबंध में सदा यह निश्चय नहीं रहता कि वे बड़े विद्वान्, बड़े धार्मिक या बड़े परोपकारी हैं। मनोविकार के उपयुक्त विषयों के निश्चय में कभी-कभी बुद्धि की भी थोड़ी बहुत आवश्यकता होती है। क्योंकि एक ही व्यक्ति के प्रति किसी को श्रद्धा होती है और किसी को अश्रद्धा। इसका कारण घृणा के अंतर्गत अच्छी तरह दिखाया गया है।

श्रद्धा और प्रेम के योग का नाम भक्ति है। जब पूज्य भाव की वृद्धि के साथ श्रद्धाभाजन से सामीप्य-लाभ की प्रवृत्ति हो, उसकी सत्ता के कई रूपों के साक्षात्कार की वासना हो, तब हृदय में भक्ति का प्रादुर्भाव समझना चाहिए। जब श्रद्धेय के दर्शन, श्रवण, कीर्तन, ध्यान आदि से आनंद को अनुभव न हो, जब उससे संबंध रखनेवाले श्रद्धा के विषयों के अतिरिक्त बातों की ओर भी मन आकर्षित होने लगे, तब भक्तिरस का संचार समझना चाहिए। जब श्रद्धेय का उठना, चलना, फिर, हँसना, बोलना, क्रोध करना आदि भी हमें अच्छा लगने लगे तब हम समझ लें कि हम उसके भक्त हो गए। भक्ति की अवस्था प्राप्त होने पर हम अपने जीवन-क्रम पर भी अपना कुछ प्रभाव रखना चाहते हैं। कभी हम अर्पण करते हैं और कभी याचना करते हैं। सारांश यह कि भक्ति द्वारा हम भक्ति-भाजन से विशेष घनिष्ठ संबंध स्थापित करते हैं—उसकी सत्ता में विशेष रूप से योग देना चाहते हैं। किसी के प्रति श्रद्धा धारण करके हम बहुत करेंगे तो समय-समय पर उसकी प्रशंसा करेंगे, उसकी निंदा करने वालों से झगड़ा करेंगे या कभी कुछ उपहार लेकर उपस्थित होंगे, पर जिसके प्रति हमारी अनन्य भक्ति हो जाएगी वह अपने जीवन के बहुत से अवसरों पर हमें अपने

साथ देख सकता है। वह अपने बहुत से उद्योगों में हमारा योगदान पा सकता है। भक्त वे ही कहला सकते हैं जो अपने जीवन का बहुत अंश स्वार्थ (परिवार व शारीरिक सुख आदि) से विभक्त करके किसी के आश्रय से किसी ओर लगा सकते हैं इसी का नाम है आत्मनिवेदन।

महात्माओं के ऊपर श्रद्धा करके हम उन्हें जीवन-शक्ति द्वारा उपार्जित कोई फल अर्पित कर सकते हैं, पर उनके भक्त होकर हम अपने जीवन ही के कुछ अंश को अर्पित कर देते हैं। किसी वीरव्रती महात्मा पर बहुत श्रद्धालु होकर हम आर्थिक सहायता-द्वारा उसके लिए कुछ सुभीता कर सकते हैं, अपने वचनों से उसे प्रसन्न और उत्साहित कर सकते हैं, पर उसके भक्त बनकर हम अपने शारीरिक बल को उसका शारीरिक बल बनाएँगे, अपनी जानकारी और चतुराई को उसकी जानकारी और चतुराई बनाएँगे, अपनी वाग्मिता को उसकी वाग्मिता बनाएँगे, अपनी तत्परता को उसकी तत्परता बनाएँगे, यहाँ तक कि जो कुछ हमसे होगा उसे हम उसका कर डालेंगे और इसी प्रकार उसके जीवन में अपने जीवन का योग देकर उसके सामाजिक महत्त्व या प्रभाव को बढ़ाएँगे और उसके थोड़े-बहुत हम भी भागी होंगे। श्रद्धा-द्वारा हम दूसरे के महत्त्व के किसी अंश के अधिकारी नहीं हो सकते, पर भक्ति-द्वारा हो सकते हैं। यहाँ तक कि दूसरे की भक्ति करके हम तीसरे की भक्ति के अधिकारी हो सकते हैं। राम पर अनन्य भक्ति करके हनुमान, अन्य राम-भक्तों की भक्ति के अधिकारी हुए।

श्रद्धालु महत्त्व को स्वीकार करता है, पर भक्त महत्त्व की ओर अग्रसर होता है। श्रद्धालु अपने जीवन-क्रम को ज्यों-का-त्यों छोड़ता है; पर भक्त उसकी काट-छाँट में लग जाता है। अपने आचरण द्वारा दूसरों की भक्ति के अधिकारी होकर ही संसार के बड़े-बड़े महात्मा समाज के कल्याण-साधन में समर्थ हुए हैं। गुरु गोविंद सिंह को यदि केवल दंडवत् करनेवाले और गद्दी पर भेंट चढ़ानेवाले श्रद्धालु ही मिलते, दिन-रात साथ रहनेवाले-अपने सारे जीवन को अर्पित करनेवाले-भक्त न मिलते तो वे अन्याय-दमन में कभी समर्थ न होते। इससे भक्ति के सामाजिक महत्त्व को, इसकी लोक-हितकारिणी शक्ति को स्वीकार करने में किसी को आगा-पीछा नहीं हो सकता। सामाजिक महत्त्व के लिए आवश्यक है कि या तो आकर्षित करो या आकर्षित हो। जैसे इस आकर्षण-विधान के बिना अणुओं द्वारा व्यक्त पिंडों का आविर्भाव नहीं हो सकता, वैसे ही मानव-जीवन की विशद अभिव्यक्ति भी नहीं हो सकती।

भक्ति में किसी ऐसे सान्निध्य की प्रवृत्ति होती है। जिसके द्वारा हमारी महत्त्व के अनुकूल गति का प्रसार और प्रतिकूल गति का संकोच होता है। इस प्रकार का सामीप्य लाभ करके हम अपने ऊपर पहरा बिठा देते हैं—अपने को ऐसे स्वच्छ आदर्श के सामने कर देते हैं जिससे हमारे कर्मों का प्रतिबिंब ठीक-ठीक दिखाई पड़ता है। जिसे अपनी वास्तविक क्षुद्रता का परिज्ञान अरुचिकर होगा वह सापेक्षिकता के भय

से ऐसे महत्त्वादर्श का सामीप्य कभी न चाहेगा, दूर-दूर भागा फिरेगा। 'हमीं-हम' वाले 'तुम भी' नहीं सह सकते, 'तुम्हीं-तुम' की क्या बात है? ऐसे लोग तो स्वयं अपने लिए भक्त ढूँढ़ने निकलते हैं। भक्ति के लिए दैन्य अर्थात् दूसरे के महत्त्व के साथ अपने लघुत्व की भावना पहली बात है। इस भावना को जब हम मुक्त हृदय से मुग्ध होकर धारण करेंगे और दूसरे पर श्रद्धा कर लेंगे, तब हम उसके महत्त्व के सतत साक्षात्कार के लिए-अनेक रूपों में परिचय के लिए—उसके सामीप्य की इच्छा करते हुए इस श्रद्धा में प्रेम का भी मिश्रण करेंगे और अपने बहुत से क्रिया-कलाप को अपने पूज्य-प्रेम-पात्र के अधीन करके स्वयं महत्त्व के अभ्यास में प्रवृत्त होंगे। जन-साधारण के लिए इस प्रकार के आश्रय द्वारा महत्त्व-प्राप्ति सुगम होती है। जो उच्च पथ पहले कष्टकर और श्रम-साध्य जान पड़ता है वही भक्ति के बल से मनोहर लगने लगता है।

व्यक्ति-संबंध हीन सिद्धांत-मार्ग निश्चयात्मिका बुद्धि को चाहे व्यक्त हो, पर प्रवर्तक मन को अव्यक्त रहते हैं। वे मनोरंजनकारी तभी लगते हैं, जब किसी व्यक्ति के जीवन-क्रम के रूप में देखे जाते हैं। शील की विभूतियाँ अनंत रूपों में दिखाई पड़ती हैं। मनुष्य जाति ने जब से होश सँभाला, तब से वह इन अनंत रूपों को माहात्माओं के आचरणों तथा आख्यानों और चरित्र-संबंधी पुस्तकों में देखती चली आ रही है। जब इन रूपों पर मनुष्य मोहित होता है, तब सात्त्विक शील की ओर आप से आप आकर्षित होता है। 'सदा सत्य बोलो', 'दूसरों की भलाई करो', 'क्षमा करना सीखो'—ऐसे-ऐसे सिद्धांत वाक्य किसी को बार-बार बकते सुन वैसा ही क्रोध आता है जैसे किसी बेहूदे की बात सुनकर। जो इस प्रकार की बातें करता चला जाय उससे चट कहना चाहिए—'बस चुप रहो, तुम्हें बोलने की तमीज नहीं, तुम बच्चों या कोल-भीलों के पास जाओ। ये बातें हम पहले से जानते हैं। मानव-जीवन के बीच हम इसके सौंदर्य का विकास देखना चाहते हैं। यदि तुम्हें दिखाने की प्रतिभा या शक्ति हो तो दिखाओ, नहीं तो चुपचाप अपना रास्ता लो। 'गुण प्रत्यक्ष नहीं होता, उसके आश्रय और परिणाम प्रत्यक्ष होते हैं। अनुभावात्मक मन को आकर्षित करने वाले आश्रय और परिणाम हैं, गुण नहीं। ये ही अनुभूति के विषय हैं। अनुभूति पर प्रवृत्ति और निवृत्ति निर्भर है। अनुभूति मन की पहली क्रिया है, संकल्प-विकल्प दूसरी। अतः सिद्धांत-पथों के संबंध में जो आनंदानुभव करने की बातें हैं, जो अच्छी लगने की बातें हैं, वे पथिकों में तथा उनके चारों ओर पाई जाएँगी। सत्पथ के दीपक उन्हीं के हाथ में हैं—या वे ही सत्पथ के दीपक हैं। सत्त्वोन्मुख प्राणियों के लिए ऐसे पथिकों के सामीप्य-लाभ की कामना करना स्वाभाविक ही है।

सामीप्य से अभिप्राय केवल किसी के साथ-साथ बना रहना नहीं है। श्रवण, कीर्तन और स्मरण आदि भी सामीप्य ही के विधान हैं। बाह्य और अभ्यांतर दोनों प्रयत्नों से सामीप्य की सिद्धि होती है। स्मरण द्वारा हम अपने आराध्य को—उसके

कर्म-क्षेत्र को अपने अंतःकरण के सामने उपस्थित करते हैं। यहाँ पर यह कहा जा सकता है कि जब हम इष्ट के कर्म-क्षेत्र को सामने लाते हैं तब उसमें ऐसे लोग भी तो आ जाते हैं जिन पर हमारी कुछ भी भक्ति नहीं। हाँ, आते अवश्य हैं। इनके द्वारा हमारे इष्ट के स्वरूप का पूर्ण विकास दिखाई पड़ता है—इनके बीच उनका (इष्ट का) रंग और खुल पड़ता है। यदि राम हमारे काम में हैं तो रावण भी हमारे काम का है। एक में हम अपने लिए प्रवृत्ति का क्रम पाते हैं, दूसरे में निवृत्ति का। जीवन में इस निवृत्ति और प्रवृत्ति का प्रवाह साथ-साथ चलता है। दुराचारी भी यदि अपने दुराचार का फल संसार के सामने पूर्ण रूप से भोग लेता है तो समाज के लिए उपयोगी ठहर जाता है। राम के हाथ से मारे जाने से रावण का जीवन भी सार्थक हो गया। यदि पापी अपने पाप का फल एकांत में या आत्मा में ही, भोगकर चला जाता है तो वह अपनी जीवन की सामाजिक उपयोगिता की एकमात्र संभावना को भी नष्ट कर देता है। इसी से बहुत से प्रायश्चित्तों के विधान में किए हुए पापों का सबके समक्ष कथन आवश्यक होता है।

पाप का फल छिपानेवाला पाप छिपानेवाले से अधिक अपराधी है पर ऐसे बहुत से लोग होते हैं जो किसी का घर जलाते हाथ जलता है तो कहते हैं कि होम करते जला है। दुराचारियों के जीवन का सामाजिक उपयोग करने के लिए ही-संसार में धर्म की मर्यादा स्थापित करने के लिए ही—श्रीकृष्ण ने अर्जुन को युद्ध में प्रवृत्त किया। यदि अधर्म में तत्पर कौरवों का नाश न होता और पांडव जीवन भर मारे-मारे ही फिरते तो संसार में अन्याय और अधर्म की ऐसी लीक खिंच जाती जो मिटाने से न मिटती। जिस समाज में सुख और वैभव के रंग में रँगी अधर्म की ऐसी लीक दिखाई पड़े उसमें रक्षा करनेवाली आत्मा का अभाव तथा विश्वात्मा की विशेष कला के अवतार की आवश्यकता समझनी चाहिए, क्योंकि भगवान श्रीकृष्ण ने कहा है—

यदा यदा हि धर्मस्य ग्लानिर्भवति भारत।
अभ्युत्थानमधर्मस्य तदात्मानं सृजाम्यहम्॥

यदि कहीं पाप है, अन्याय है, अत्याचार है तो उनका आशुफल उत्पन्न करना और संसार के समक्ष रखना, लोक-रक्षा का कार्य है। अपने ऊपर किए जाने वाले अत्याचार और अन्याय का फल ईश्वर के ऊपर छोड़ना व्यक्तिगत आत्मोन्नति के लिए चाहे श्रेष्ठ हो; पर यदि अन्यायी या अत्याचारी अपना हाथ नहीं खींचता है तो लोक-संग्रह की दृष्टि से वह उसी प्रकार आलस्य या कायरपन है जिस प्रकार अपने ऊपर किए हुए, उपकार का कुछ भी बदला न देना कृतघ्नता है।

अब भगवद्भक्ति को लीजिए। ऊपर जो कुछ कहा गया उससे स्पष्ट हो गया होगा कि मनुष्य की भक्ति के आधार क्या-क्या हैं। मनुष्य विश्व-विधान का एक

क्षुद्र चेतन अंश है। उसमें धर्म, अधर्म, दया, निष्ठुरता आदि से भाव विश्व के उतने ही अंश से संबंध रखते हैं जितने के भीतर उसे कार्य करना है। यह कार्य और कुछ नहीं, अपनी समष्टि-स्थिति और सुख-संतोष का प्रयत्न मात्र है। अपने कार्यक्षेत्र के बाहर यदि वह अपने इन भावों का सामंजस्य ढूँढ़ता है तो नहीं पाता है—कहीं उसे 'जीवों जीवस्य जीवनम्' का सिद्धांत चलता दिखाई पड़ता है, कहीं लाठी और भैंस का। वह सोचता है कि इन बातों का अनुसरण मनुष्य-समाज में भी जान-बूझकर क्यों न किया जाए, यह नहीं सोचता कि मनुष्य-जाति की स्थिति इन अवस्थाओं में बहुत आगे बढ़ी है और चेतना की श्रेणी में उससे आगे की कोई भूमि दिखाई नहीं पड़ रही है। वह दया को निरर्थक समझ अपने अंतःकरण का एक अंग ही खंडित करना चाहता है। वह किसी को काना देखकर अपनी एक आँख फोड़ने चलता है। कुछ दिन पहले की सभ्यता मनुष्य जीवन को देवतुल्य बनाने में थी; अब मर्कटतुल्य और मत्स्यतुल्य बनाने में समझी जाने लगी है। पर यह सभ्यता जड़त्व और नाश की ओर ले जानेवाली है। जब हृदय की कुछ उदात्त प्रवृत्तियाँ बोझ मालूम होने लगी हैं। तब और प्राणियों की अपेक्षा अपने अंतःकरण की पूर्णता का गर्व मनुष्य जाति कब तक कर सकती है? उसके मार्मिक अंग की व्यपकता के ह्रास और स्तब्धता की वृद्धि के भयंकर परिणाम का अभास योरप दे रहा है। अंतःकरण की जितनी वृत्तियाँ हैं उनमें से कोई निरर्थक नहीं—सबका उपयोग है। इनमें से किसी की शक्ति फालतू नहीं। यदि मनुष्य इनमें से किसी को निष्क्रिय करने का अभ्यास डालेगा तो अपनी पूर्णता को खोएगा और अपनी स्थिति को जोखिम में डालेगा।

मिट्टी के ढेले, गुलाब के पौधे, कुत्ते और बिल्ली की अपेक्षा मनुष्य अपने में अंशी का अधिक अंश समझता है—उस सर्वात्मा का अधिक अंश समझता है—विश्व-विधान जिसकी नित्य क्रिया है; अतः स्थिति रक्षा-विधान की जो-जो बातें अपने में हैं उनका अभाव उसे अंशी या सर्व में मानते नहीं बनता। दया, दाक्षिण्य, प्रेम, क्रोध आदि अपनी आशात्मा में देखते हुए सर्वात्मा में उनके अभाव की धारणा मनुष्य करे तो कैसे करे? अतः ज्ञान क्षेत्र में ईश्वर की खोज हम उतने ही घेरे में करेंगे जितने में इंद्रियों की सहायता लेकर बुद्धि पहुँचती है और कर्म-क्षेत्र में उसकी भावना हम उसे उतने ही भावों से परिमित करके करेंगे जितने-की हमारे मन में जगह है। हम हैं, हम समझते हैं कि हम हैं और हम चाहते हैं कि हम रहें, ऐसी अवस्था में हम अपने स्थिति-रक्षा-संबंधी भावों को परमावस्था पर पहुँचाकर ही उस परम-भावमय की भावना करेंगे। हम उसे धर्ममय, दयामय, प्रेममय मानेंगे और यह प्रेम उसी रूप का होगा जिस रूप में उसका व्यवहार मनुष्य-जाति में दिखाई पड़ता है—जिस रूप में मनुष्य जाति को उसकी आवश्यकता पड़ती है। अत्याचारी से पीड़ित होकर मनुष्य उसके कोप का आह्वान करता है, आपद्ग्रस्त होकर उसकी दया का भिखारी होता है, सुख से संपन्न होकर उसके धन्यवाद के लिए हाथ उठाता है, भक्ति से पूर्ण होकर

उसके आश्रय की वांक्षा करता है। ये ही व्यवहार वह मनुष्यों के साथ भी करता है।

अपने व्यवहार-पथ में आश्रय-प्राप्ति के निमित्त मनुष्य के लिए ईश्वर की स्वानुरूप भावना ही संभव है। स्वानुभूति द्वारा ही वह उस परमानुभूति की धारणा कर सकता है। इसी से भर्तृहरि ने 'स्वनुभूत्यैकमानव' कहकर नमस्कार किया है। यदि चिन्मय में अपनी इतनी अनुभूति का भी निश्चय मनुष्य को न हो वह प्रार्थना आदि क्यों करने जाए? कुत्ते प्रार्थना क्यों नहीं करते? उनमें धर्म की प्रतिष्ठा नहीं है—अर्थात् वे चेतना की उस भूमि तक नहीं पहुँचे हैं जिनमें समष्टि स्थिति की रक्षा से संबंध रखने वालों का संचार होता है। वे यह नहीं जानते कि एक-दूसरे को काटने दौड़ने से कुक्कुर-समाज की उन्नति और वृद्धि नहीं हो सकती। समष्टि-रक्षा या धर्म की ओर प्रवृत्त करने वाले दया आदि भाव उन्हें प्राप्त नहीं हैं। उनमें स्वार्थ का भाव है, परमार्थ का भाव नहीं। 'धर्मो रक्षति रक्षितः' की धारणा उन्हें नहीं होती। जहाँ धर्म-भाव है। वहीं ईश्वर की भावना है। जिन प्राणियों में जिन भावों का विकास नहीं हुआ है उनमें उनकी चरितार्थता की आवश्यकता प्रकृति नहीं समझती।

भक्ति का स्थान जहाँ मानव-हृदय है—वहीं श्रद्धा और प्रेम के संयोग से उसका प्रादुर्भाव होता है। अतः मनुष्य की श्रद्धा के जो विषय ऊपर कहे जा चुके हैं उन्हीं को परमात्मा में अत्यंत विशद रूप में देखकर ही उसका मन खिंचता है और वह उस विशद रूप-विशिष्ट का सामीप्य चाहता है, उसके हृदय में जो सौंदर्य का भाव है, जो शील का भाव है, जो उदारता का भाव है, जो शक्ति का भाव है, उसे वह अत्यंत पूर्ण रूप में परमात्मा में देखता है और ऐसे पूर्ण पुरुष की भावना से उसका हृदय गद्गद हो जाता है और उसका धर्म-पथ आनन्द से जगमगा उठता है। धर्म-क्षेत्र या व्यवहार-पथ में वह अपने मतलब भर ही ईश्वरता से प्रयोजन रखता है। राम, कृष्ण, आदि अवतारों में परमात्मा की विशेष कला देख एक हिंदू के हृदय की सारी शुभ और आनंदमयी वृत्तियाँ उनकी ओर दौड़ पड़ती हैं, उनके प्रेम, श्रद्धा आदि को बड़ा भारी अवलंब मिल जाता है। उसके सारे जीवन में एक अपूर्व माधुर्य और बल का संचार हो जाता है। उसके सामीप्य का आनंद लेने के लिए कभी वह उनके अलौकिक रूप-सौंदर्य की भावना करता है, कभी उनकी बाल-लीला के चिंतन से विनोद प्राप्त करता है, कभी धर्म-बलपूर्ण उनके निर्मल चरित्र का गान करता है कभी सिर झुकाकर वंदना करता है—यहाँ तक कि जब जी में आता है, प्रेम से भरा उलाहना भी देता है। यह हृदय द्वारा अर्थात् आनंद अनुभव करते हुए धर्म में प्रवृत्त होने का सुगम मार्ग है। भक्ति हृदय से की जाती है। बुद्धि से भक्ति करना ऐसे ही है जैसे नाक से खाना और कान से सूँघना। हमारे यहाँ भक्ति-विधान के अंतर्गत श्रवण, कीर्तन, स्मरण सेवा, अर्चन बंदन, दास्य, सख्य और आत्म-निवेदन ये नौ बातें ली गई हैं। जैसा कि ऊपर कहा जा चुका है कोरी श्रद्धा में याचकता का भाव नहीं

है, जब प्रेम के साथ उसका संयोग होता है तभी इस भाव की प्राप्ति होती है। श्रद्धावान् श्रद्धेय पर अपने निमित्त किसी प्रकार का प्रभाव डालना नहीं चाहता, पर भक्त दाक्षिण्य चाहता है।

रामलीला, कृष्णलीला आदि सामीप्य-सिद्धि के विधान हैं। सामीप्य की कामना, भक्तवर रसखान ने बड़ी मार्मिकता से इस प्रकार प्रकट की है—

मनुष हों तो वही 'रसखान'
बसौं सँग गोकुल गाँव के ग्वारन।
जो पसु हों तो कहा बस मेरो,
चरौं नित नंद के धेनु मझारन।
पाहन हों तो वही गिरि को,
जो किए हरि छत्र पुरंदर-धारन।
जो खग हों तो बसेरो करौ,
मिलि कूल-कलिंदी कदंब के डारन॥

रामलीला-द्वारा लोग वर्ष में एक बार आकर पूज्यदेव की आदर्श मानवलीला का माधुर्य देखते हैं। जिस समय दूर-दूर के गाँवों के लोग एक मैदान में आकर इकट्ठे होते हैं तथा एक ओर जटा मुकुटधारी विजयी राम-लक्ष्मण की मधुर कीर्ति देखते हैं और दूसरी ओर तीरों से बिंधा रावण का विशाल शरीर जलता देखते हैं, उस समय वे धर्म के सौंदर्य पर लुब्ध और धर्म की घोरता पर क्षुब्ध हो जाते हैं। इसी प्रकार जब कृष्ण लीला में जीवन की प्रफुल्लता के साथ धर्म-रक्षा के अलौकिक बल का विकास देखते हैं, तब हमारी जीवन-धारणा की अभिलाषा दूनी-चौगुनी हो जाती है। हिंदू-जाति इन्हीं की भक्ति के बल से इनकी प्रतिकूल अवस्थाओं के बीच अपना स्वतंत्र अस्तित्व बचाती चलती चली आई है—इन्हीं की अद्भुत आकर्षणशक्ति से वह इधर-उधर ढलने नहीं पाई है। राम और कृष्ण को बिना आँसू बहाए छोड़ना हिंदू-जाति के लिए सहज नहीं था, क्योंकि वे अवतार अलग टीले पर खड़े होकर उपदेश देनेवाले नहीं थे, बल्कि मानव जीवन में पूर्ण रूप से सम्मिलित होकर उसके एक-एक अंग को मनोहरता दिखानेवाले थे। मंगल के अवसरों पर उनके गीत गाए जाते हैं विमाताओं की कुटिलता की, बड़ों के आदर की, दुष्टों के दमन की, जीवन की कष्ट की, घर की, वन की, विपद की जहाँ चर्चा होती है, वहाँ इनका स्मरण किया जाता है।

संसार के तटस्थ रहकर शांति-सुखपूर्वक लोक—व्यवहार संबंधी उपदेश देनेवालों का उतना बीच सात्त्विक विभूति की ज्योति जगानेवालों का है। हमारे यहाँ उपदेशक ईश्वर के अवतार नहीं माने गए हैं। अपने जीवन द्वारा कर्म-सौंदर्य संघटित करने

वाले ही अवतार कहे गए हैं कर्म-सौंदर्य के योग से उनके स्वरूप में इतना माधुर्य आ गया है कि हमारा हृदय आप से आप उनकी ओर खिंचा पड़ता है। जो कुछ हम करते हैं—खेलना कूदना, हँसना, बोलना, क्रोध करना, शोक करना, प्रेम करना, विनोद करना, उन सबमें सौंदर्य लाते हुए जिन्हें देखेंगे उन्हीं की ओर ढल सकते हैं। वे हमें दूर से रास्ता दिखानेवाले नहीं हैं, आप रास्ते में चलकर हमें अपने पीछे लगाने क्या खींचनेवाले हैं जो उसके स्वरूप पर मोहित न हो वह निस्संदेह जड़ है।

सुनि सीतापति सील सुभाउ।
मोद न मनि तन पुलक,
नयन जल सो नर खेहर खाउ॥

जो उनका नाम सुनकर पुलकित होता है, जो उनके स्वरूप पर मोहित होता है, उसके सुधरने की बहुत कुछ आशा हो सकती है। जो संसार या मनुष्यत्व का सर्वथा त्याग न कर दे, उसके लिए शुद्ध सात्त्विक जीवन का यही मार्ग है। रागों के संपूर्ण दमन की उपेक्षा रागों का परिष्कार ज्यादा काम में आनेवाली बात है। निर्लिप्त रहकर दूसरों का गला काटनेवालों से लिप्त होकर दूसरों की भलाई करनेवाले लोक-कल्याण के विचार से कहीं अच्छे हैं।

जनता के संपूर्ण जीवन का स्पर्श करनेवाला क्षात्र-धर्म के इसी व्यापकत्व के कारण हमारे मुख्य अवतार राम और कृष्ण क्षत्रिय हैं। क्षात्र-धर्म एकांतिक नहीं है। उसका संबंध लोक रक्षा से है। 'कोई राजा होगा तो अपने घर का होगा' इससे बढ़कर झूठ शायद ही कोई मिले। झूठे खिताबों के द्वारा यह कभी सच नहीं की जा सकती। कर्म-सौंदर्य की योजना क्षात्र-जीवन में जितने रूप में संभव है, उतने रूपों में और किसी जीवन में नहीं। शक्ति के साथ क्षमा, वैभव के साथ विनय, पराक्रम के साथ रूप-माधुर्य, तेज के साथ कोमलता, सुख-भोग के साथ परदुःखकातरता; प्रताप के साथ कठिन धर्म-पथ का अवलंबन इत्यादि कर्म-सौंदर्य में जो मधुर आकर्षण है वह अधिक व्यापक, अधिक मर्मस्पर्शी और अधिक स्पष्ट है। मनुष्य की संपूर्ण रागत्मिका वृत्तियों को उत्कर्ष पर ले जाने और विशुद्ध करने की सामर्थ्य उसमें है।

संसार में मनुष्य की समान वृत्ति कभी नहीं हो सकती। इसी बात को भूलकर जो उपदेश दिए जाया करते हैं वे पाखंड के अंतर्गत आते हैं वृत्तियों की भिन्नता के बीच से जो मार्ग निकल सकेगा वही लोक-रक्षा का मार्ग होगा—वही धर्म का चलता हुआ मार्ग होगा जिसमें शिष्टों के आदर, दीनों पर दया, दुष्टों के दमन आदि जीवन के अनेक रूपों का सौंदर्य दिखाई पड़ेगा, वही सर्वाङ्गपूर्ण लोक-धर्म का मार्ग होगा। क्षात्रधर्म-पालन की आवश्यकता संसार में सब दिन बनी रहेगी। कोई व्यापार-युग उसे नहीं हटा सकता। किसी अनाथ अबला पर अत्याचार करने पर एक क्रूर पिशाच

को हम उद्यत देख रहे हैं। समझाना-बुझाना या तो व्यर्थ है। अथवा उसका समय ही नहीं है। ऐसी दशा में यदि उस अबला की रक्षा इष्ट है, तो हमें चटपट उस कर्म में प्रवृत्त होना होगा जिससे उस दुष्ट को बाधा पहुँचे। उस समय का हमारा क्रोध कितना सुंदर और अक्रोध कितना गर्हित होगा।

करुणा

जब बच्चे को संबंधज्ञान कुछ-कुछ होने लगता है तभी दुःख से उस भेद की नींव पड़ जाती है जिसे करुणा कहते हैं। बच्चा पहले परखता है कि जैसे हम हैं वैसे ही ये और प्राणी भी हैं और बिना किसी विवेचना-क्रम के स्वाभाविक प्रवृत्ति द्वारा, वह अपने अनुभवों का आरोप दूसरे प्राणियों पर करता है। फिर कार्य-कारण-संबंध से अभ्यरत होने पर दूसरों के दुःख के कारण या कार्य को देखकर उनके दुःख के कारण या कार्य को देखकर उनके दुःख का अनुमान करता है और स्वयं एक प्रकार का दुःख अनुभव करता है। प्रायः देखा जाता है कि जब जब माँ झूठमूठ 'ऊँ-ऊँ' करके रोने लगती है तब कोई-कोई बच्चे भी रो पड़ते हैं। इसी प्रकार जब उसके किसी भी भाई या बहिन को कोई मारने उठता है तब वे कुछ चंचल हो उठते हैं।

दुःख की श्रेणी में प्रवृत्ति के विचार से करुणा का उल्टा क्रोध है। क्रोध जिसके प्रति उत्पन्न होता है उसकी हानि की चेष्टा की जाती है। करुणा जिसके प्रति उत्पन्न होती है उसकी भलाई का उद्योग किया जाता है। किसी पर प्रसन्न होकर भी लोग उसकी भलाई करते हैं। इस प्रकार पात्र की भलाई की उत्तेजना दुःख और आनंद दोनों की श्रेणियों में रखी गई है। आनंद की श्रेणी में ऐसा कोई शुद्ध मनोविकार नहीं है, जो पात्र की हानि की उत्तेजना करे, पर दुःख की श्रेणी में ऐसा मनोविकार है जो पात्र की भलाई की उत्तेजना करता है। लोभ से जिसे मैंने आनंद की श्रेणी में रखा है, चाहे कभी-कभी और व्यक्तियों या वस्तुओं की हानि पहुँच जाए पर जिसे जिस व्यक्ति या वस्तु का लोभ होगा, उसकी हानि या कभी न करेगा। लोभी महमूद ने सोमनाथ को तोड़ा, पर भीतर से जो जवाहरात निकले उनको खूब सँभालकर रखा। नूरजहाँ के रूप में लोभी जहाँगीर ने शेर अफगन को मरवाया, पर नूरजहाँ को बड़े चैन से रखा।

ऊपर कहा जा चुका है कि मनुष्य ज्यों ही समाज में प्रवेश करता है, उसके सुख और दुःख का बहुत-सा अंश दूसरे की क्रिया या अवस्था पर अवलंबित हो जाता है और उसके मनोविकारों के प्रवाह तथा जीवन के विस्तार के लिए अधिक क्षेत्र हो जाता है। वह दूसरों के दुःख से दुखी और दूसरों के सुख से सुखी होने लगता

है। अब देखना यह है कि दूसरों के दुःख से दुखी होने का नियम जितना व्यापक है क्या उतना ही दूसरों के सुख से सुखी होने का भी। मैं समझता हूँ, नहीं। हम अज्ञात-कुल-शील मनुष्य के दुःख को देखकर भी दुखी होते हैं। किसी दुखी मनुष्य को सामने देख हम अपना दुखी होना तब तक के लिए बंद नहीं रखते जब तक कि यह न मालूम हो जाय कि वह कौन है, कहाँ रहता है और कैसा है; यह और बात है कि यह जानकर कि जिसे पीड़ा पहुँच रही है उसने कोई भारी अपराध या अत्याचार किया है। हमारी दया दूर या कम हो जाए। ऐसे अवसर पर हमारे ध्यान के सामने वह अपराध या अत्याचार आ जाता है और उस अपराधी या अत्याचारी का वर्तमान क्लेश हमारे क्रोध की तुष्टि या साधक हो जाता है।

सारांश यह है कि करुणा की प्राप्ति के लिए पात्र में दुःख के अतिरिक्त और किसी विशेषता की अपेक्षा नहीं। पर आनंदित हम ऐसे ही आदमी के सुख को देखकर होते हैं जो या तो हमारा सुहृद या संबंधी हो अथवा अत्यंत सज्जन, शीलवान् या चरित्रवान् होने के कारण समाज का मित्र या हितकारी हो। यों ही किसी अज्ञात व्यक्ति का लाभ या कल्याण सुनने से हमारे हृदय में किसी प्रकार के आनंद का उदय नहीं होता। इससे प्रकट है कि दूसरों के दुःख से दुखी होने का नियम बहुत व्यापक है और दूसरों के सुख से सुखी होने का नियम उसकी अपेक्षा परिमित है। इसके अतिरिक्त दूसरों को सुखी देखकर जो आनंद होता है उसका न तो कोई अलग नाम रखा गया है और न उनमें वेग या प्रेरणा होती है। पर दूसरों के दुःख के परिज्ञान से जो दुःख होता है, वह करुणा, दया आदि नामों से पुकारा जाता है और अपने कारण को दूर करने की उत्तेजना करता है।

जब कि अज्ञात व्यक्ति के दुःख पर दया बराबर उत्पन्न होती है तो जिस व्यक्ति के साथ हमारा अधिक संसर्ग होता है, जिसके गुणों से हम अच्छी तरह परिचित रहते हैं, जिसका रूप हमें भला मालूम होता है उसके उतने ही दुःख पर हमें अवश्य अधिक करुणा होगी। किसी भोली-भाली सुंदरी रमणी को, किसी सच्चरित्र परोपकारी महात्मा को, किसी अपने भाई-बंधु को दुःख में देख, हमें अधिक व्याकुलता होगी करुणा की तीव्रता का सापेक्ष विधान जीवन-निर्वाह की सुगमता और कार्य-विभाग की पूर्णता के उद्देश्य से समझना चाहिए।

मनुष्य की प्रकृति में शील और सात्त्विकता का आदि संस्थापक यही मनोविकार है। मनुष्य की सज्जनता या दुर्जनता अन्य प्राणियों के साथ उसके संबंध या संसर्ग द्वारा ही व्यक्त होती है। यदि कोई मनुष्य जन्म से ही किसी निर्जन स्थान में अपना निर्वाह करे तो उसका कोई कर्म सज्जनता या दुर्जनता की कोटि में न आएगा। उसके सब कर्म निर्लिप्त होंगे। संसार में प्रत्येक प्राणी के जीवन का उद्देश्य दुःख की निवृत्ति और सुख की प्राप्ति है। अतः सबके उद्देश्य को एक साथ जोड़ने से संसार का उद्देश्य सुख का स्थापन और दुःख का निराकरण हुआ। अतः जिन कर्मों से संसार के इस

उद्देश्य के साधन हों वे उत्तम हैं। प्रत्येक प्राणी के लिए उससे भिन्न प्राणी संसार है। जिन कर्मों से दूसरे के वास्तविक सुख का साधन और दुःख की निवृत्ति हो वे शुभ और सात्त्विक हैं तथा जिस अंतःकरणवृत्ति से इन कर्मों से प्रवृत्ति हो वह सात्त्विक है। कृपा या अनुग्रह से भी दूसरों के सुख की योजना की जाती है, पर एक तो कृपा-अनुग्रह में आत्म-भाव छिपा रहता है और उनकी और प्रेरणा से पहुँचाया हुआ सुख एक प्रकार का प्रतिकार है। दूसरी बात यह है कि नवीन सुख की योजना की अपेक्षा प्राप्त दुःख की निवृत्ति की आवश्यकता अत्यंत अधिक है।

दूसरे के उपस्थित दुःख का अनुभव अपनी तीव्रता के कारण मनोविकारों की श्रेणी में माना जाता है पर अपने आचरण द्वारा दूसरे के संभाव्य दुःख का ध्यान अनुमान, शील या साधारण सद्वृत्ति के अंतर्गत समझा जाता है। बोलचाल की भाषा में तो 'शील' शब्द से चित्त की कोमलता या मुरौवत ही का भाव समझा जाता है, जैसे 'उनकी आँखों में शील नहीं है', 'शील तोड़ना अच्छा नहीं', दूसरों का दुःख दूर करना और दूसरों को दुःख न पहुँचाना इन दोनों बातों का निर्वाह करनेवाला नियम न पालने का दोषी हो सकता है, पर दुःखशीलता या दुर्भाव का नहीं। ऐसा मनुष्य झूठ बोल सकता है, पर ऐसा नहीं जिससे किसी का कोई काम बिगड़े या जी दुखे। यदि वह किसी अवसर पर बड़ों की कोई बात न मानेगा तों इसलिए कि वह उसे ठीक नहीं जँचती या वह उनके अनुकूल चलने में असमर्थ है, इसलिए नहीं कि बड़ों का अकारण जी दुखे।

मेरे विचार में तो 'सदा सत्य बोलना', 'बड़ों का कहना मानना' ये नियम के अंतर्गत हैं, शील या सद्भाव के अंतर्गत नहीं। झूठ बोलने से बहुधा बड़े-बड़े अनर्थ हो जाते हैं इसी से उसका अभ्यास रोकने के लिए यह नियम कर दिया गया कि किसी अवस्था में झूठ बोला ही न जाए। पर मनोरंजन, खुशामद और शिष्टाचार आदि के बहाने संसार में बहुत-सा झूठ बोला जाता है जिस पर कोई समाज कुपित नहीं होता। किसी-किसी अवस्था में तो धर्मग्रंथों में झूठ बोलने की इजाजत तक दे दी गई है विशेषतः जब इस नियम भंग द्वारा अंतःकरण की किसी उच्च और उदार वृत्ति का साधन होती हो। यदि किसी के झूठ बोलने से कोई निरपराध और निःसहाय व्यक्ति अनुचित दंड से बच जाय तो ऐसा झूठ बोलना बुरा नहीं बतलाया गया है क्योंकि नियम शील या सद्वृत्ति का साधक है, समकक्ष नहीं। मनोवेग-वर्जित सदाचार दंभ या झूठी कवायद है। मनुष्य के अंतःकरण में सात्त्विकता की ज्योति जगानेवाली यही करुणा है। इसी से जैन और बौद्धधर्म में इसको बड़ी प्रधानता दी गई है और गोस्वामी तुलसीदास जी ने भी कहा है—

पर उपकार सरिस न भलाई। पर पीड़ा सम नहिं अधमाई॥

यह बात स्थिर और निर्विवाद है कि श्रद्धा का विषय किसी-न-किसी रूप में

सात्त्विक शील ही होता है। अतः करुणा और सात्त्विकता का संबंध इस बात से और भी सिद्ध होता है कि किसी पुरुष को दूसरे पर करुणा करते देख तीसरे को करुणा करनेवाले पर श्रद्धा उत्पन्न होती है। किसी प्राणी में और किसी मनोवेग को देख श्रद्धा नहीं उत्पन्न होती। किसी को क्रोध, भय, ईर्ष्या, घृणा, आनंद आदि करते देख लोग, उस पर श्रद्धा नहीं कर बैठते। क्रिया में तत्पर करनेवाली प्राणियों की आदि अंतःकरण वृत्ति मन या मनोवेग है। अतः इन मनोवेगों में जो श्रद्धा का विषय हो वही सात्त्विकता का आदि संस्थापक ठहरा। दूसरी बात यह भी ध्यान देने की है कि मनुष्य के आचरण के प्रवर्तक भाव या मनोविकार ही होते हैं, बुद्धि नहीं। बुद्धि दो वस्तुओं के रूपों को अलग-अलग दिखला देगी, यह मनुष्य के मन के वेग या प्रवृत्ति पर है कि वह उनमें से किसी एक को चुनकर कार्य में प्रवृत्त हो। यदि विचार कर देखा जाय तो स्मृति, अनुमान बुद्धि आदि अंतःकरण की सारी वृत्तियाँ केवल मनोवेगों की सहायक हैं, वे भावों या मनोवेगों के लिए उपयुक्त विषय मात्र ढूँढ़ती हैं। मनुष्य की प्रवृत्ति पर भाव को और भावना को तीव्र करने वाले कवियों का प्रभाव प्रकट ही है।

प्रिय के वियोग से जो दुःख होता है उसमें कभी-कभी दया या करुणा का भी कुछ अंश मिला रहता है। ऊपर कहा जा चुका है कि करुणा का विषय दूसरे का दुःख है। अतः प्रिय के वियोग में इस विषय की भावना किस प्रकार होती है, यह देखना है। प्रत्यक्ष निश्चय कराता है और परोक्ष, अनिश्चय में डालता है। प्रिय व्यक्ति के सामने रहने से उसके सुख का जो निश्चय होता रहता है, वह उसके दूर होने से अनिश्चय में परिवर्तित हो जाता है। अतः प्रिय के वियोग पर उत्पन्न करुणा का विषय प्रिय के सुख का निश्चय है। जो करुणा हमें साधारणजनों के वास्तविक दुःख के परिज्ञान से होती है, वही करुणा हमें प्रियजनों के सुख के अनिश्चय मात्र से होती है। साधारण जनों का तो हमें दुःख असह्य होता है, पर प्रियजनों के सुख का अनिश्चय ही। अनिश्चय बात पर सुखी या दुखी होना ज्ञानवादियों के निकट अज्ञान है, इसी से इस प्रकार के दुःख का करुणा को किसी-किसी प्रांतिक भाषा में 'मोह' भी कहते हैं। सारांश यह कि प्रिय से वियोग-जनित दुःख में जो करुणा का अंश रहता है उसका विषय प्रिय के सुख का अनिश्चय है। राम-जानकी के वन चले जाने पर कौशल्या उनके सुख के अनिश्चय पर इस प्रकार दुखी होती हैं—

बन को निकरि गए दोउ भाई।
सावन गरजै, भादों बरसै, पवन चले पुरवाई।
कौन बिरिछ तर भीजत ह्वै हैं राम लखन दोउ भाई।

(—गीता.)

प्रेमी को यह विश्वास कभी नहीं होता कि उसके प्रिय के सुख का ध्यान जितना

वह रखता है उतना संसार में और भी कोई रख सकता है। श्रीकृष्ण गोकुल से मथुरा चले गए जहाँ सब प्रकार का सुख-वैभव था; पर यशोदा इसी सोच में मरती रहीं कि–

प्रात समय उठि माखन रोटी को बिन माँगे दैहै ?
को मेरे बालक कुँवर कान्ह को छिन-छिन आगे लैहै ?

और उद्धव से कहती हैं–

सँदेसो देवकी सों कहियो।
हौं तो धाय, तिहारे सुत की कृपा करत ही रहियो॥
उबटन, तेल और तातो जल देखत ही भजि जाते।
जोइ जोइ माँगत सोई सोई देती क्रम-क्रम करि कैन्हाते॥
तुम तो टेब जानतिहि ह्वै हौ तऊ मोहि कहि आवै।
प्रात उठत मेरे लाल लड़ैतनि माखन रोटी भावै॥
अब यह सूर मोहि निसि बासर बड़ी रहत जिय सोच।
अब मेरे अलकलड़ैते लालन ह्वै है करत सँकोच॥

वियोग की दशा में गहरे प्रेमियों को प्रिय के सुख का अनिश्चय ही नहीं, कभी-कभी घोर अनिष्ट की आशंका तक होती है; जैसे एक पति-वियोगिनी संदेह करती है–

नदी किनारे धुआँ उठत है, में जानूँ कुछ होय।
जिसके कारण मैं जली, वही न जलता होय॥

शुद्ध वियोग का दुःख केवल प्रिय के अलग हो जाने की भावना से उत्पन्न क्षोभ या विषाद है जिसमें प्रिय के दुःख आदि की कोई भावना नहीं रहती।

जिस व्यक्ति से किसी की घनिष्ठता और प्रीति होती है वह उसके जीवन के बहुत से व्यापारों तथा मनोवृत्तियों का आधार होता है। उसके जीवन का बहुत-सा अंश उसी के संबंध द्वारा व्यक्त होता है। मनुष्य अपने लिए संसार आप बनाता है। संसार तो कहने-सुनने के लिए है, वास्तव में किसी मनुष्य का संसार तो वे ही लोग हैं जिनसे उसका संसर्ग या व्यवहार है। अतः ऐसे लोगों में से किसी का दूर होना उसके संसार के एक प्रधान अंश का कट जाना या जीवन के एक अंश का खंडित हो जाना है। किसी प्रिय या सुहृदय के चिरवियोग या मृत्यु के शोक के साथ करुणा या दया का भाव मिलकर चित्त को बहुत व्याकुल करता है। किसी के मरने पर उसके प्राणी उसके साथ किए हुए अन्याय या कुव्यवहार तथा उसकी इच्छा-पूर्ति करने में अपनी त्रुटियों का स्मरण कर और यह सोचकर कि उसकी आत्मा को संतुष्ट

करने की भावना सब दिन के लिए जाती रही, बहुत अधीर और विकल होते हैं।

सामाजिक जीवन की स्थिति और पुष्टि के लिए करुणा का प्रसार आवश्यक है। समाजशास्त्र के पश्चिमी ग्रंथकार कहा करें, कि समाज में एक-दूसरे की सहायता अपनी-अपनी रक्षा के विचार से की जाती है; यदि ध्यान से देखा जाय तो कर्म-क्षेत्र में परस्पर सहायता की सच्ची उत्तेजना देनेवाली किसी-न-किसी रूप में करुणा ही दिखाई देगी। मेरा यह कहना नहीं कि परस्पर की सहायता का परिणाम प्रत्येक का कल्याण नहीं है। मेरे कहने का अभिप्राय है कि संसार में एक-दूसरे की सहायता विवेचना द्वारा निश्चित इस प्रकार के दूरस्थ परिणाम पर दृष्टि रखकर नहीं की जाती बल्कि मन को स्वतः प्रवृत्त करनेवाली प्रेरणा से की जाती है। दूसरे की सहायता करने से अपनी रक्षा की भी संभावना है, इस बात या उद्देश्य का ध्यान प्रत्येक, विशेषकर सच्चे सहायक को तो नहीं रहता। ऐसे विस्तृत उद्देश्यों का ध्यान तो विश्वास स्वयं रखती है; वह उसे प्राणियों की बुद्धि ऐसी चंचल और मुंडे-मुंडे भिन्न वस्तु के भरोसे नहीं छोड़ती। किस युग में और किसी प्रकार मनुष्यों ने समाज-रक्षा के लिए एक-दूसरे की सहायता करने की गोष्ठी की होगी, यह समाजशास्त्र के बहुत से वक्ता लोग ही जानते होंगे। यदि परस्पर सहायता की प्रवृत्ति पुरखों की उस पुरानी पंचायत ही के कारण होती और यदि उसका उद्देश्य वहीं तक होता जहाँ तक समाजशास्त्र के वक्ता बतलाते हैं, तो हमारी दया मोटे, मुस्टंडे और समर्थ लोगों पर जितनी होती उतनी दीन, अशक्त और अपाहिज लोगों पर नहीं, जिनसे समाज को उतना लाभ नहीं। पर इसका बिलकुल उल्टा देखने में आता है। दुखी व्यक्ति जितना ही असहाय और असमर्थ होगा उतनी ही अधिक उसके प्रति हमारी करुणा होगी। एक अनाथ अबला को मार खाते देख हमें जितनी करुणा होगी उतनी एक सिपाही या पहलवान को पिटते देख नहीं। इससे स्पष्ट है कि परस्पर साहाय्य के जो व्यापक उद्देश्य हैं उनको धारण करनेवाला मनुष्य का छोटा-सा अंतःकरण नहीं, विश्वात्मा है।

दूसरों के, विशेषतया अपने परिचितों के, थोड़े क्लेश या शोक पर जो वेगरहित दुःख होता है। उसे सहानुभूति कहते हैं। शिष्टाचार में इस शब्द का प्रयोग इतना अधिक होने लगा है कि यह निकम्मा-सा हो गया है। अब प्रायः इस शब्द से हृदय का कोई सच्चा भाव नहीं। सहानुभूति के तार, सहानुभूति की चिट्ठयाँ लोग यों ही भेजा करते हैं। यह छद्‌म-शिष्टता मनुष्य के व्यवहार-क्षेत्र से सच्चाई के अंश को क्रमशः चरती जा रही है।

करुणा अपना बीज अपने आलंबन या पात्र में नहीं फेंकती है अर्थात् जिस पर करुणा की जाती है वह बदले में करुणा करनेवाले पर भी करुणा नहीं करता-जैसा कि क्रोध और प्रेम में होता है—बल्कि कृतज्ञ होता अथवा श्रद्धा या प्रीति करता है। बहुत सी औपन्यासिक कथाओं में यह बात दिखाई गई है कि युवतियाँ दुष्टों के

हाथ से अपना उद्धार करनेवाले युवकों के प्रेम में फँस गई हैं। कोमल भावों की योजना मे दक्ष बंगला के उपन्यास-लेखक करुणा और प्रीति के मेल से बड़े ही प्रभावोत्मादक दृश्य उपस्थित करते हैं।

मनुष्य के प्रत्यक्ष ज्ञान में देश और काल की परिमित अत्यंत संकुचित होती है। मनुष्य जिस वस्तु को जिस समय और जिस स्थान पर देखता है उसकी उसी समय और उसी स्थान की अवस्था का अनुभव उसे होता है। पर स्मृति, अनुमान या दूसरों से प्राप्त ज्ञान के सहारे मनुष्य का ज्ञान इस परिमिति को लाँघता हुआ अपना देशकाल-संबंधी विस्तार बढ़ाता है। प्रस्तुत विषय के संबंध में उपयुक्त भाव प्राप्त करने के लिए यह विस्तार कभी-कभी आवश्यक होता है। मनोविकारों की उपयुक्तता कभी-कभी इस विस्तार पर निर्भर रहती है। किसी मार खाते हुए अपराधी के विलाप पर हमें दया आती है, पर जब हम सुनते हैं कि कई बार वह बड़े-बड़े अपराध कर चुका है, इससे आगे भी ऐसे ही अत्याचार करेगा, तो हमें अपनी दया की अनुपयुक्तता मालूम हो जाती है। ऊपर कहा जा चुका है कि स्मृति और अनुमान आदि भावों या मनोविकारों के केवल सहायक हैं अर्थात् प्रकारांतर से वे उनके लिए विषय उपस्थित करते हैं। वे कभी तो आप से आप विषयों को मन के सामने लाते हैं, कभी विषय के सामने आने पर उससे संबंध (पूर्वापर व कार्य-कारण-संबंध) रखनेवाले और बहुत से विषय उपस्थित करते हैं जो कभी तो सब के सब एक ही भाव के विषय होते हैं और उस प्रत्यक्ष विषय से उत्पन्न भाव को तीव्र करते हैं; कभी भिन्न-भिन्न भावों के विषय से उत्पन्न भावों को परिवर्तित या धीमा करते हैं। इससे यह स्पष्ट है कि मनोवेग या भावों को मंद या दूर करनेवाली, स्मृति, अनुमान या बुद्धि आदि कोई दूसरी अंतःकरण-वृत्ति नहीं है, मन का दूसरा भाव या वेग ही है।

मनुष्य की सजीवता मनोवेग या प्रवृत्ति में, भावों की तत्परता में है। नीतिज्ञों और धार्मिकों का मनोविकारों को दूर करने का उपदेश घोर पाखंड है। इस विषय में कवियों का प्रयत्न सच्चा है। जो मनोविकारों पर सान ही नहीं चढ़ाते बल्कि उन्हें परिमार्जित करते हुए सृष्टि के पदार्थों के साथ उनके उपयुक्त संबंध निर्वाह पर जोर देते हैं। यदि मनोवेग न हो तो स्मृति, अनुमान बुद्धि आदि के रहते भी मनुष्य बिलकुल जड़ है। प्रचलित सभ्यता और जीवन की कठिनता से मनुष्य अपने इन मनोवेगों के मारने और आशक्त करने पर विवश होता जाता है और इस प्रकार उसके जीवन का स्वाद निकलता जाता है। वन, नदी, पर्वत आदि को देख आनंदित होने के लिए अब उसके हृदय में उतनी जगह नहीं। दुराचार पर उसे क्रोध या घृणा होती है। पर झूठे शिष्टाचार के अनुसार उसे दुराचारी की मुँह पर प्रशंसा करनी पड़ती है। जीवन-निर्वाह की कठनिता से उत्पन्न स्वार्थ की शुष्क प्रेरणा के कारण उसे दूसरे के दुःख की ओर ध्यान देने, उस पर दया करने और उसके दुःख की निवृत्ति का

सुख प्राप्त करने की फुरसत नहीं। इस प्रकार मनुष्य हृदय को दबाकर केवल क्रूर आवश्यकता और कृत्रिम नियमों के अनुसार ही चलने पर विवश और कठपुतली-सा जड़ होता जाता है। उसकी भावुकता का नाश होता जाता है। पाखंडी लोग मनोवेगों का सच्चा निर्वाह न देख, हताश हो मुँह बनाकर कहने लगें हैं—"करुणा छोड़ो, प्रेम-छोड़ो आनंद छोड़ो। बस, हाथ-पैर हिलाओ, काम करो।"

यह ठीक है कि मनोवेग उत्पन्न होना और बात है और मनोवेग के अनुसार व्यवहार करना और बात; पर अनुसारी परिणाम के निरंतर अभाव के मनोवेगों का अभ्यास भी घटने लगता है। यदि कोई मनुष्य आवश्यकतावश कोई निष्ठुर कार्य अपने ऊपर ले ले तो पहले दो-चार बार उसे दया उत्पन्न होगी; पर जब बार-बार दया की प्रेरणा के अनुसार कोई परिणाम वह उपस्थित न कर सकेगा तब धीरे-धीरे उसका दया का अभ्यास कम होने लगेगा यहाँ तक कि उसकी दया की वृत्ति ही मारी जाएगी।

बहुत से ऐसे अवसर आ पड़ते हैं जिनमें करुणा आदि मनोवेगों के अनुसार काम नहीं किया जा सकता। पर ऐसे अवसरों की संख्या का बहुत बढ़ना ठीक नहीं है। जीवन में मनोवेगों के अनुसार परिणामों का विरोध प्रायः तीन वस्तुओं से होता है—

1. आवश्यकता, 2. नियम और 3. न्याय। हमारा कोई नौकर बहुत बुड्ढा और कार्य करने में अशक्त हो गया है जिससे हमारे काम में हर्ज होता है। हमें उसकी अवस्था पर दया तो आती है पर आवश्यकता के अनुरोध से उसे अलग करना पड़ता है। किसी दुष्ट अफसर के कुवाक्य पर क्रोध तो आता है पर मातहत लोग आवश्यकता के वश उस क्रोध के अनुसार कार्य करने की कौन कहे, उसका चिह्न तक नहीं प्रकट होने देते। यदि कहीं पर यह नियम है कि इतना रुपया देकर लोग कोई कार्य करने पाएँ तो जो व्यक्ति रुपया वसूल करने पर नियुक्त होगा वह किसी ऐसे दीन अकिंचन को देख जिसके पास एक पैसा भी न होगा, दया तो करेगा पर नियम के वशीभूत हो उसे वह उस कार्य के करने से रोकेगा। राजा हरिश्चंद्र ने अपनी रानी शैव्या से अपने ही मृत पुत्र के कफन का टुकड़ा फड़वा नियम का अद्भुत पालन किया था। पर यह समझ रखना चाहिए कि यदि शैव्या के स्थान पर कोई दूसरी स्त्री होती तो राजा हरिश्चंद्र के उस नियम-पालन का उतना महत्त्व न दिखाई पड़ता; करुणा ही लोगों की श्रद्धा को अपनी ओर अधिक खींचती है। करुणा का विषय दूसरे का दुःख है, अपना दुःख नहीं। आत्मीय जनों का दुःख एक प्रकार से अपना ही दुःख है। इससे राजा हरिश्चंद्र के नियम-पालन का जितना स्वार्थ से विरोध था उतना करुणा से नहीं।

न्याय और करुणा का विरोध प्रायः सुनने में आता है। न्याय से ठीक प्रतिकार का भाव समझा जाता है। यदि किसी ने हमसे 1000 रु. उधार लिये तो न्याय यह है कि वह हमें 1000रु. लौटा दे। यदि किसी ने कोई अपराध किया तो न्याय यह

है कि उसको दंड मिले। यदि 1000रु. लेने के उपरांत उस व्यक्ति पर कोई आपत्ति पड़ी और उसकी दशा अत्यंत शोचनीय हो गई तो न्याय पालने के विचार का विरोध करुणा कर सकती है। इसी प्रकार यदि अपराधी मनुष्य तो न्याय पालने के विचार का विरोध करुणा कर सकती है। इसी प्रकार यदि अपराधी मनुष्य बहुत रोता, गिड़गिड़ाता और कान पकड़ता है। तथा पूर्ण दंड की अवस्था में अपने परिवार की घोर दुर्दशा का वर्णन करता है। तो न्याय के पूर्ण निर्वाह का विरोध करुणा कर सकती है। ऐसी अवस्थाओं में करुणा करने का सारा अधिकार विपक्षी अर्थात् जिसका रुपया चाहिए या जिसका अपराध किया गया है उसको है, न्यायकर्त्ता या तीसरे व्यक्ति को नहीं। जिसने अपनी कमाई के 1000 रु. अलग किए, या अपराध द्वारा जो क्षति-ग्रस्त हुआ विश्वात्मा उसी के हाथ में करुणा ऐसी उच्च सद्वृत्ति के पालन का शुभ अवसर देती है। करुणा सेंत का सौदा नहीं है। यदि न्यायकर्त्ता को करुणा है तो वह उसकी शांति पृथक् रूप से कर सकता है, जैसे ऊपर लिखे मामले में वह चाहे तो दुखिया ऋणी को हजार-पाँच सौ अपने पास से दे दे या दंडित व्यक्ति तथा उसके परिवार की और प्रकार से सहायता कर दे। उसके लिए भी करुणा का द्वार खुला है।

लज्जा और ग्लानि

हम जिन लोगों के बीच रहते हैं अपने विषय में उनकी धारणा का जितना ही अधिक ध्यान रखते हैं उतना ही अधिक प्रतिबंध अपने आचरण पर रखते हैं। जो हमारी बुराई, मूर्खता या तुच्छता के प्रमाण पा चुके रहते हैं। उनके सामने हम उसी धड़ाके के साथ नहीं जाते जिस धड़ाके के साथ औरों के सामने जाते हैं। यहीं तक नहीं, जिन्हें इस प्रकार का प्रमाण नहीं भी मिला रहता है। उनके आगे भी कोई काम करते हुए यह सोचकर कुछ आगा-पीछा होता है कि कहीं इस प्रकार का प्रमाण उन्हें मिल न रहा हो। दूसरों के चित्त में अपने विषय में बुरी या तुच्छ धारणा होने के निश्चय या आशंका मात्र से वृत्तियों का जो संकोच होता है—उनकी स्वच्छंदता के विघात का जो अनुभव होता है—उसे लज्जा कहते हैं। इस मनोवेग के मारे लोग सिर ऊँचा नहीं करते, मुँह नहीं दिखाते, सामने नहीं आते, साफ-साफ कहते नहीं, और भी न जाने क्या-क्या नहीं करते। 'हम बुरे न समझे जाएँ' यह स्थायी भावना जिसमें जितनी ही अधिक होगी, वह उतना ही लज्जाशील होगा। 'कोई बुरा कहे चाहे भला' इसकी परवा करके जो काम किया करते हैं वे ही निर्लज्ज कहलाते हैं।

जिस समाज में हम कोई बुराई करते हैं, जिस समाज में हम अपनी मूर्खता, धृष्टता आदि का प्रमाण दे चुके रहते हैं। उसके अंग होने का स्वत्व हम जता नहीं सकते, अतः उसके सामने अपनी सजीवता के लक्षणों को उपस्थित करते या रखते नहीं बनता-यह प्रकट करते नहीं बनता कि हम भी इस संसार में हैं। जिसके साथ हमने कोई बुराई की होती है उसे देखते ही हमारी क्या दशा होती है? हमारी चेष्टाएँ मंद पड़ जाती हैं। हमारे ऊपर घड़ों पानी पड़ जाता है, हम गड़ जाते हैं या चाहते हैं कि धरती फट जाती और हम उसमें समा जाते। सारांश यह कि यदि हम कुछ देर के लिए मर नहीं जाते तो कम-से-कम अपने जीने के प्रमाण अवश्य समेट लेते हैं।

ऊपर जो कुछ कहा गया है उससे यह स्पष्ट हो गया होगा कि लज्जा का कारण अपनी बुराई, त्रुटि या दोष हमारा अपना निश्चय नहीं, दूसरे के निश्चय का

निश्चय या अनुमान है, जो हम बिना किसी प्रकार का प्रमाण पाए केवल अपने आचरण या परिस्थिति विशेष पर दृष्टि रखकर ही कभी-कभी कर लिया करते हैं। हम अपने को दोषी समझें यह आवश्यक नहीं; दूसरे हमें दोषी या बुरा समझें यह भी आवश्यक नहीं, आवश्यक है हमारा यह समझना कि दूसरा हमें दोषी या बुरा समझता है या समझता होगा। जो आचरण लोगों को बुरा लगा करता है, जिस अवस्था का लोग उपहास किया करते हैं, जिस बात से लोग घृणा किया करते हैं यदि हम समझते हैं कि लज्जित होने के लिए लोगों के देखने में वह आचरण हमसे हो गया, उस अवस्था में हम पड़ गए या वह बात हमसे बन पड़ी, तो हम लज्जित होने के लिए इनका आसरा न देखेंगे कि जिन लोगों के सामने ऐसी बात हुई है वे निंदा करें, उपहास करें या छि-छिः करें। वे निंदा करें या न करें, उपहास करें या न करें, घृणा प्रकट करें या न करें, पर हम समझते हैं कि मधुशाला उनके पास है, वे उसका उपयोग करें या न करें। यह अवश्य है कि उपयोग होने पर हमारी लज्जा का वेग या भार बहुत बढ़ जाता है, पर कभी-कभी इसका उलटा भी होता है। जिसके साथ हमसे कोई भारी बुराई की होती है वह यदि दस आदमियों के सामने मिलने पर मौन रहे, हमारा गुणानुवाद करने लगे, हमसे प्रेम जताने लगे या हमारा उपकार करने लगे, तो शायद हम अपने डूबने के लिए चुल्लू भर पानी ढूँढ़ने लगेंगे। वन से लौटने पर रामचंद्र कैकेयी से मिले और ''रामहिं मिलत कैकेयी, हृदय बहुत सकुचानि।'' पर जब लक्ष्मण ''कैकेयी कहँ पुनि-पुनि मिले'' तो वह लज्जा से धँस गई होगी। चित्रकूट में जब राम पहले कैकेयी से मिले होंगे तब उसकी क्या दशा हुई होगी?

निंदा का भय लज्जा नहीं है, भय ही है और कई बातों का, जिसमें लज्जा भी एक है। हमें निंदा का भय है; इसका मतलब है कि हमें उसके परिणामों का भय है—अपने कुढ़ने, दुखी होने, लज्जित होने, हानि सहने इत्यादि का भय है।

विशुद्ध लज्जा अपने विषय में दूसरे की ही भावना पर दृष्टि रखने से होती है। अपनी बुराई, मूर्खता, तुच्छता इत्यादि का एकांत अनुभव करने से वृत्तियों में जो शैथिल्य आता है, उसे 'ग्लानि' कहते हैं। इसे अधिकतर उन लोगों को भोगना पड़ता है जिनका अंतःकरण सत्त्वप्रधान होता है, जिनके संस्कार सात्त्विक होते हैं, जिनके भाव कोमल और उदार होते हैं, जिनका हृदय कठोर होता है, जिनकी वृत्ति क्रूर होती है, जो सिर से पैर तक स्वार्थ में निमग्न होते हैं, उन्हें सहने के लिए संसार में इतनी बाधाएँ, इतनी कठिनाइयाँ, इतने कष्ट होते हैं कि ऊपर से और इसकी भी न उतनी जरूरत रहती है, न जगह। मन में ग्लानि आने के लिए यह आवश्यक नहीं कि जो हमारी बुराई, मूर्खता, तुच्छता आदि से परिचित हों, या परिचित समझें जाते हों, उनका सामना हो। हम अपना मुँह न दिखाकर लज्जा से बच सकते हैं, पर ग्लानि से नहीं। कोठरी में बंद, चारपाई पर पड़े-पड़े लिहाफ के नीचे भी लोग

ग्लानि से गल सकते हैं। चित्रकूट में भरत-राम के मिलाप के स्थान पर जब जनक के आने का समाचार पहुँचा तब "सुनत जनक-आगमन सब हरखेउ अवध समाज।" पर "गरइ गलानि कुटिल कैकेयी।"

ग्लानि में अपनी बुराई, तुच्छता आदि के अनुभव से संताप होता है। वह अकेले में भी होता है। और दस आदमियों के सामने प्रकट भी किया जाता है। ग्लानि अंतःकरण की शुद्धि का एक विधान है। उससे इसके उद्‌गार में अपने दोष, अपराध, तुच्छता बुराई इत्यादि को लोग दुःख से या सुख के कथन से भी अनुभव करते हैं—उनमें दुराव या छिपाव की प्रवृत्ति नहीं रहती है। अपने दोष का अनुभव, अपने अपराध का स्वीकार, आंतरिक अस्वस्थता का उपचार तथा सच्चे सुधार का द्वार है। 'हम बुरे हैं' जब तक यह न समझेंगे तब तक अच्छे नहीं हो सकते। 'हम बुरे हैं' दूसरों के काम में पड़ते ही इसका अर्थ उलट जाता है।

दूसरों को हम अच्छे नहीं लगते, यह समझकर हम लज्जित होते हैं। अतः औरों को अच्छी न लगनेवाली अपनी बातों को केवल उनकी दृष्टि से दूर रखकर ही बहुत से लोग न लज्जित होते हैं, न निर्लज्ज कहलाते हैं। दूसरों के हृदय में अज्ञान की प्रतिष्ठा करके वे उसकी शरण में जाते हैं। पर अज्ञान, चाहे अपना हो चाहे पराया, सब दिन रक्षा नहीं कर सकता। बलि पशु होकर ही हम उसके आश्रय में पलते हैं। जीवन के किसी अंग की यदि वह रक्षा करता है तो सर्वांग भक्षण के लिए। अज्ञान अंधकार स्वरूप है। दीया बुझाकर भागनेवाला यदि समझता है कि दूसरे उसे देख नहीं सकते, तो उसे यह भी समझ रखना चाहिए कि वह ठोकर खाकर गिर भी सकता है।

कोई बात ऐसी है जिसके प्रकट हो जाने के कारण हम दूसरों को अच्छे नहीं लगते हैं यह जानकर अपने को और प्रकट होने पर अच्छे नहीं लगेंगे, यह समझकर उस बात को, थोड़े बहुत यत्न से उसके दृष्टिपथ से दूर करके भी जब हम समय पर अपना बचाव कर सकते हैं, यही नहीं, अपने व्यवधान-कौशल पर विश्वास कर सदा बचते चले जाने की आशा तक-चाहे झूठी ही क्यों न हो-कर सकते हैं, तब हमारा केवल यह जानना या समझना सदा सुधार की इच्छा ही उत्पन्न करेगा, कैसे कहा जा सकता है? दूसरों का भय हमें भगा सकता है, हमारी बुराइयों को नहीं। दूसरों से हम भाग सकते हैं, पर अपने से नहीं। जब अपने को हम अच्छे न लगेंगे तब सिवा इसके कि हम अच्छे हों या अच्छे न होने की आशा करें, आत्मग्लानि से बचने का और कोई दूसरा उपाय न रहेगा। पर जिसके अंतःकरण में अच्छे संस्कारों का बीज रहता है, ग्लानि उन्हीं को होती है।

संकल्प या प्रवृत्ति हो जाने पर बुराई से बचानेवाले तीन मनोविकार हैं—सात्त्विक वृत्तिवालों के लिए ग्लानि, राजसी वृत्तिवालों के लिए लज्जा और तामसी वृत्तिवालों के लिए भय। जिन्हें अपने किए पर ग्लानि नहीं हो सकती वे लोक लज्जा से, जिनमें

लोक लज्जा का लेश नहीं रहता वे भय से, बहुत से कामों को करते हुए हिचकते हैं। प्रायः कहा जाता है कि बहुत से लोग इच्छा रखते हुए भी बुरे काम लज्जा के मारे नहीं करते। पर लज्जा का अनुभव एक प्रकार के दुःख का ही अनुभव है, अतः यह नहीं कहा जा सकता है कि कर्म न करने पर भी अपनी इच्छा मात्र पर उन्हें यह दुःख होता है; क्योंकि यदि ऐसा होता तो वे इच्छा रखते ही क्यों? सच पूछिए तो उन्हें उस दुःख की आशंका रहती है, इस बात का डर रहता है कि कहीं लज्जित न होना पड़े।

लज्जा का अनुभव तो तभी होगा जब वे कुकर्म की ओर इतने अग्रसर हो चुके रहेंगे कि यह समझ सकें कि लोगों के मन में बुरी धारणा हो गई होगी। उस समय उनका पैर आगे नहीं बढ़ेगा।

आशंका अनिश्चयात्मक वृत्ति है। इससे लज्जा की ही हो सकती है; जिसका संबंध दूसरों की धारणा से होता है। ग्लानि की आशंका नहीं हो सकती। क्योंकि उसका संबंध अपने से कहीं बाहर की बुरी धारणा से तो होता नहीं, अपनी ही बुरी धारणा से होता है जिसमें अनिश्चय का भाव नहीं रह सकता है। जिससे बुराई की जितनी ही अधिकतम संभावना होती है। उसे रोकने का उतने ही पहले से उपाय किया जाता है। जिन्हें अपने किए पर ग्लानि हो सकती है। उनके लिए उतने पहले से प्रतिबंध की आवश्यकता नहीं होती जितने पहले से उनके लिए होती है, जो केवल यही समझकर दुखी होते हैं कि 'लोग बुरा समझते हैं' यह समझकर नहीं कि 'हम बुरे हैं'। जो निपट निर्लज्ज होते हैं, जो दूसरों की बुरी धारण की भी तब तक परवा नहीं करते जब तब उससे किसी उग्र फल की आशंका नहीं होती, उसके कर्म प्रायः इतने बुरे, इतने असह्य हुआ करते हैं कि दूसरे उन्हें बुरा समझकर ही नहीं रह जाते, छि-छिः करके ही संतोष नहीं कर लेते, बल्कि मरम्मत करने के लिए भी तैयार हो जाते हैं, जिससे उन्हें कभी भयभीत होना पड़ता है, कभी सशंक।

मनुष्य लोक-बद्ध प्राणी है, इससे वह अपने को उनके कर्मों के गुण-दोष का भी भागी समझता है जिससे उनका संबंध होता है, जिनके साथ में वह देखा जाता है। पुत्र की अयोग्यता और दुराचार, भाई के दुर्गुण और असभ्य व्यवहार आदि का ध्यान करके भी दस आदमियों के सामने सिर नीचा होता है। यदि हमारा साथी हमारे सामने किसी तीसरे आदमी से बातचीत करने में भारी मूर्खता का प्रमाण देता है, भद्दी और ग्राम्य भाषा का प्रयोग करता है, तो हमें भी लज्जा आती है। मैंने कुत्ते के कई शौकीनों को अपने कुत्ते की बदतमीजी पर शरमाते देखा है। जिसे लोग कुमार्गी जानते हैं, उसके साथ यदि हम कभी देवमंदिर के मार्ग पर भी देखे जाते हैं तो सिर झुका लेते हैं या बगलें झाँकते हैं। बात यह है कि जिसके साथ हम देखे जाते हैं, उसका हमारा, कितनी बातों में कहाँ तक साथ है, दूसरों को इसके अनुमान की पूरी स्वच्छंदता रहती है, उनकी कल्पना की कोई सीमा हम तत्काल बाँध नहीं सकते।

किसी बुरे प्रसंग में यदि निमित्त रूप से भी हमारा नाम आ जाता है तो हमें लज्जा होती है—चाहे ऐसा हमारी जानकारी में हुआ हो, चाहे अनजान में। यदि बिना हमें जताए हमारे पक्ष में कोई कुचक्र रचा जाए तो उसका वृत्तांत फैलने पर हमें लज्जा क्या ग्लानि तक हो सकती है। लज्जा का होना तो ठीक है क्योंकि वह दूसरों की धारणा के कारण होती है, अपनी धारणा के कारण नहीं। पर ग्लानि कैसे होती है, 'हम बुरे या तुच्छ हैं', यह धारणा कहाँ से आती है, यही देखना है। अपमान होने पर यदि क्रोध के लिए स्थान हुआ हो तो क्रोध का, नहीं तो अपनी तुच्छता का अनुभव होता है। दूसरों के चित्त में हमारे प्रति जो प्रेम या प्रतिष्ठा का भाव रहता है, उसका ह्रास किसी कुचक्र के साथ अपना नाममात्र का संबंध समझकर भी, हम समझे बिना नहीं रह सकते। जब स्थिति ऐसी होती है कि इस ह्रास का न समाधान द्वारा निराकरण कर सकते हैं, न क्रोध द्वारा प्रतिकार, तो सिवा इसके कि हम अपनी हीनता का अनुभव करें, और कर ही क्या सकते हैं? भरत को इसी दशा में पाकर राम ने उन्हें समझाया था कि—

तात जाय जनि करहू गलानी।
ईस अधीन जीव गति जानी।
तीनि काल त्रिभुवन मत मोरे।
पुन्यसलोक तात तर तोरे॥
उर आनत तुम पर कुटिलाई।
जाइ लोक परलोक नसाई॥

जिसने इतनी बुराई की वह मेरी माता है, इस भावना से जो लज्जा भरत की थी उसे दूर करने के लिए ही आगे का वचन है—

दोष देहिं जननिहिं जड़ तेई।
जिन गुरु साधु सभा नहिं सेई॥

इस प्रकार दोष देनेवाले से दोषोद्भावना द्वारा अनधिकार का आरोप करके माता के दोष का परिहार किया गया था।

उत्तम कोटि के मनुष्यों को अपने दुष्कर्म पर ग्लानि होती है और मध्यम कोटि के मनुष्यों को अपने दुष्कर्म के किसी कड़ुए फल पर। दुष्कर्म के अनेक अप्रिय फलों में जो एक अपमान है, जिसे सहकर अपनी तुच्छता का अनुभव किए बिना लोग प्रायः नहीं रहते। जिन्हें अपनी किसी कर्म की बुराई का ध्यान आप से आप नहीं होता उन्हें ध्यान कराने का श्रम उसकी बुराई का विशेष अनुभव करानेवाले, अपनी बुराई का सब ध्यान, अपने हाथ का सब धंधा, छोड़कर उठाते हैं। इस श्रम से दूसरों के लिए उनकी बुराई का फल पैदा किया जाता है। उसकी नीरसता और कटुता

कभी-कभी अत्यंत ग्लानिकारिणी होती है पर आँख खुलने पर जो आँख खोलनेवालों को देख सकें, उनकी आँख की दुरुस्ती में बहुत कसर समझनी चाहिए। अपमान या हानि की ही ग्लानि जो उस अपमान या हानि ही तक ध्यान को ले जाए-उसके कारण तक न बढ़ाए-वह बुराई के मार्ग पर चल चुकनेवालों का थोड़ी देर के लिए पैर थाम या बल तोड़ सकती है, पर उसका मुँह दूसरी ओर मोड़ नहीं सकती। अपमान का जो दुःख केवल इन शब्दों में व्यक्त किया जाता है कि 'हा! हमारी यह गति हुई?' उससे अपमान करनेवालों का काम तो हो जाता है। पर दुःख करनेवालों का कोई मतलब नहीं निकलता। जो ग्लानि हमसे यह कहलाए कि 'यदि हमने ऐसा न किया होता तो हमारी यह गति क्यों होती?' यही पश्चात्ताप की ग्लानि है जिससे हमारा हृदय पिघलकर किसी नए साँचे में ढलने के योग्य हो सकता है। अतः कोई ऐसी बुराई करके जिससे चार आदमियों को कष्ट पहुँचता हो, हम यह समझने में कि 'हमने बुरा किया' जितनी ही जल्दी करते हैं उतने ही मजे से रहते हैं क्योंकि बहुधा ऐसा है कि जिन्हें कष्ट पहुँचा रहता है वे हमारी इस समझ का पता पाकर संतुष्ट हो जाते हैं। अपनी किसी बुराई को बंध्या मानकर मन का खटका छुड़ानेवाले धोखा खाते हैं।

अपमान से जो ग्लानि होती है वह दो भावों के आधार पर—'हम ऐसे तुच्छ हैं' और 'हम ऐसे बुरे हैं' इन दोनों भावों को कभी-कभी लोग बड़ी फुरती और सफाई से रोकते हैं। अपनी तुच्छता का भाव अधिकांश में अपनी असामर्थ्य और दूसरी के सामर्थ्य का भाव है। हम इतने असमर्थ हैं कि दूसरे हमारा अपमान कर सकते हैं, इस भाव से निवृत्ति तो लोग चट अपनी सामर्थ्य का परिचय देकर-अपमान करनेवाले का अपमान करके-कर लेते हैं। रहा अपने दोष या बुराई का भाव, उससे छुटकारा लोग दोष देनेवालों में दोष ढूँढ़कर कर लेते हैं। इस प्रकार अपनी सामर्थ्य और दूसरे के दोष की भावना मन में भरकर वे अपनी तुच्छता और बुराई के अनुभव के लिए कोई कोना खाली ही नहीं छोड़ते। ऐसे लोग चाहे लाख बुराई करें, एक की दस सुनाने को सदा तैयार रहते हैं। अपने को ऐसा ही कल्पित करके तुलसीदास जी कहते हैं—

जानत हूँ निज पाप जलधि जिय,
जल सीकर सम सुनत लरौं।
रज सम पर-अवगुन सुमेरु करि,
गुन गिरि सम रज ते निदरौं॥

अकारण अपमान पर जो ग्लानि होती है वह अपनी तुच्छता, अपनी सामर्थ्यहीनता पर ही होती है। लोक-मर्यादा की दृष्टि से हमको इतनी सामर्थ्य संपादन करना चाहिए कि दूसरे अकारण हमारा अपमान करने का साहस न कर सकें। समाज में रहकर

मान-मर्यादा का भाव हम छोड़ नहीं सकते। अतः इस सामर्थ्य का अभाव हमें खटक सकता है। उसकी हमें ग्लानि हो सकती है। जो संसार-त्यागी या आत्म-त्यागी है उनका विगतमान होना तो बहुत ठीक है, पर लोक-व्यवहार की दृष्टि से अनिष्ट से बचने-बचाने के लिए इष्ट यही है कि हम दुष्टों का हाथ थामें और धृष्टों का मुँह-उनकी वंदना करके हम पार नहीं पा सकते हैं। इधर हम हाथ जोड़ेंगे, उधर वे हाथ छोड़ेंगे। असामर्थ्य हमें क्षमा या सहनशीलता का श्रेय भी पूरा-पूरा नहीं प्राप्त करने देगी।

मान लीजिए कि एक ओर से हमारे गुरु जी और दूसरी ओर से एक दंडधारी दुष्ट, दोनों आते दिखाई पड़ें। ऐसी अवस्था में पहले हमें उस दुष्ट का सत्कार करके तब गुरु जी को दंडवत् करना चाहिए। पहले उस दुष्ट द्वारा होनेवाले अनिष्ट का निवारण कर्तव्य है, फिर उस आनंद का अनुभव जो गुरु जी के चरण-स्पर्श से होगा। यदि हम पहले गुरु जी को साष्टांग दंडवत् करने लगेंगे तो बहुत संभव है कि वह दुष्ट हमारे अंगों को फिर उठाने लायक ही न रखे। यदि हममें सामर्थ्य नहीं है तो हमें बिना गुरु जी का प्रणाम दंडवत् किए ही भागना पड़ेगा जिसकी शायद हमें बहुत दिनों तक ग्लानि रहे।

लज्जा का हल्का रूप संकोच है जो किसी को करने के पहले ही होता है। कर्म पूरा होने के साथ ही उसका अवसर निकल जाता है; फिर तो लज्जा हाथ रह जाती है। सामान्य से सामान्य व्यवहार में भी संकोच देखा जाता है। लोग अपना रुपया माँगने में संकोच करते हैं, साफ-साफ बात कहने में संकोच करते हैं, उठने-बैठने में संकोच करते हैं। लेटने में संकोच करते हैं, खाने-पीने में संकोच करते हैं यहाँ तक कि सभा के सहायकमंत्री हैं जो कार्य-विवरण पढ़ने में संकोच करते हैं, सारांश यह कि एक बेवकूफी करने में लोग संकोच नहीं करते और सब बातों में करते हैं। इससे उतना हर्ज भी नहीं क्योंकि बिना बेवकूफ हुए बेवकूफी का बुरा लोग प्रायः नहीं मानते। इतनी क्रियाओं का प्रतिबंधक होने के कारण संकोचशील का एक प्रधान अंग, सदाचार का एक सहज साधन और शिष्टाचार का एकमात्र आधार है। जिनमें शील-संकोच नहीं, वह पूरा मनुष्य नहीं। बाहरी प्रतिबंधों से ही हमारा पूरा शासन नहीं हो सकता—उन सब बातों की रुकावट नहीं हो सकती जिन्हें हमें न करना चाहिए। प्रतिबंध हमारे अंतःकरण में होना चाहिए। यह अभ्यंतर प्रतिबंध दो प्रकार का हो सकता है—एक विवेचनात्मक जो प्रयत्नसाध्य होता है, दूसरा मनप्रवृत्यात्मक जो स्वभावज होता है। बुद्धि प्रवृत्ति जबरदस्ती रोकी जाती है, पर लज्जा, संकोच आदि की अवस्था में प्राप्त होकर प्रवर्तक मन आप से आप रुकता है—चेष्टाएँ आप से आप शिथिल पड़ती हैं। यही रुकावट सच्ची है। मन की जो वृत्ति बड़ों की बात का उत्तर देने से रोकती है, बार-बार किसी से कुछ माँगने से रोकती है किसी पर किसी प्रकार का भार डालने से रोकती है, उसके न रहने से भलमनसाहत भला कहाँ

रहेगी? यदि सबकी धड़क एक-बारगी खुल जाय तो एक ओर छोटे मुँह से बड़ी-बड़ी बातें निकलने लगें, चार दिन के मेहमान तरह-तरह की फरमाइशें करने लगें, उँगली का सहारा पानेवाले बाँह पकड़कर खीचने लगें; दूसरी बड़ों का बहुत कुछ बड़प्पन निकल जाए, गहरे-गहरे साथी बहरे हो जाएँ या सूखा जवाब देने लगें; जो हाथ सहारा देने के लिए बढ़ते हैं वे ढकेलने के लिए बढ़ने लगें-फिर तो भलमनसाहत का भार उठाने वाले इतने कम रह जाएँ कि उसे लेकर चल ही न सकें।

संकोच इस बात के ध्यान या आशंका से होता है कि जो कुछ हम करने जा रहे हैं वह किसी को अप्रिय या बेढंगा तो न लगेगा, उससे हमारी दुःशीलता या धृष्टता तो न प्रकट होगी। इस बात का जिन्हें कुछ भी ध्यान नहीं रहता उनका दस आदमियों का साथ नहीं निभ सकता और जिन्हें अत्यंत अधिक ध्यान रहता है उनके भी कामों में बाधा पड़ती है। मनोभावों की परस्पर अनुकूल स्थिति होने से ही संसार के व्यवहार चलते हैं। यदि एक इस बात का ध्यान रखता है कि दूसरे को कोई बात खटके न, बुरी न लगे और दूसरा उसकी हानि, कठिनाई आदि का कुछ भी ध्यान नहीं रखता है तो वह स्थिति व्यवहार-बाधक है। ऐसी स्थिति में भी संकोच करनेवालों के काम देर से निकलते हैं या निकलते ही नहीं। पर इससे यह न समझना चाहिए कि जितने 'अपनी संकोची' की शिकायत के बहाने अपनी तारीफ किया करते हैं वे सब अपनी भलमनसाहत से ही दुःख भोग करते हैं। ऐसे लोगों में संकोच का तो नाममात्र न समझना चाहिए। जिन्हें यह कहने में संकोच नहीं कि हम बड़े संकोची हैं' उनमें संकोच कहाँ? उन्हें यह कहते देर नहीं है अमुक बड़ा निर्लज्ज है, बड़ा दुष्ट है'।

लज्जा या संकोच यदि बहुत अधिक होता है तो उसे छुड़ाने की फिक्र की जाती है क्योंकि उससे कभी-कभी आवश्यकता से अधिक कष्ट उठाना पड़ता है तथा व्यवहार तो व्यवहार, शिष्टाचार तक का निर्वाह हो जाता है। सुख से रहने का सीधा रास्ता बतलानेवाले ने तो 'आहार और व्यवहार' में लज्जा का एकदम त्याग ही विधेय ठहराया है। पर मुझे तो यहाँ यह देखना है कि बात-बात में लज्जा करनेवालों की मनोवृत्ति कैसी होती है, उनके चित्त में समायी क्या रहती है। कोई क्रिया या व्यापार किसी को बुरा, बेढंगा या अप्रिय न लगे यह ध्यान तो निर्दिष्ट और स्पष्ट होने के कारण कुछ विशिष्ट व्यापारों का ही अवरोध कर रहा है क्योंकि जो-जो काम लोगों को बुरे बेढंगे या अप्रिय लगा करते हैं, उनकी एक छोटी या बड़ी सूची सबके अनुभव में रहती है। पर जो यही अनिश्चित भावना रखकर संकुचित होते हैं, कि कोई बात 'लोगों को न जाने कैसी लगे' उन्हें न जाने कितनी बातों में संकोच या लज्जा हुआ करती है। उन्हें बात-बात में खटका होता है कि उनका बैठना न जाने कैसा मालूम होता हो, बोलना न जाने कैसा मालूम होता हो, हाथ-पैर हिलाना न जाने कैसा मालूम

होता हो, ताकना न जाने कैसा मालूम होता हो, यहाँ तक कि उनके ऐसे आदमी का होना—वे कैसे हैं चाहे वे कुछ भी न जानते हों—न जाने कैसा मालूम होता हो। न जाने कैसे लगने का डर उन्हें लोगों के लगाव से दूर-दूर रखता है। यह आशंका इतनी अव्यक्त होती है, लज्जा और इसके बीच का अंतर इतना क्षणिक होता है, कि साधारणतः इसका लज्जा से अलग अनुभव नहीं होता।

कुछ लोगों के मुँह से लज्जा या संकोच के मारे आदर-सत्कार के आवश्यक वचन नहीं निकलते, बहुत से लड़कों को प्रमाण करने में लज्जा मालूम होती है, ऐसी लज्जा किसी काम की नहीं समझी जाती। बच्चों को अपनी तुच्छता, बुराई या बेढंगेपन की भावना बहुत कम होती है। वे अपने क्रियाओं में स्वभावतः स्वच्छंद होते हैं। पर विशेष स्थिति में पड़कर वे इतने भीरु और लज्जालु हो जाते हैं कि नए आदमियों के सामने नहीं आते, लाख पूछने पर कोई बात मुँह से नहीं निकालते। ऐसी दशा अधिकतर उन बच्चों की हो जाती है जो बात-बात पर, उठते-बैठते, हिलते-डोलते, डाँटे, धिक्कारे, या चिढ़ाए जाते हैं। लोग अक्सर प्यार से बच्चों को किसी भद्दे, बेढंगे या बुरे आदमी का ध्यान कराकर उन्हें चिढ़ाते हैं कि 'तुम वही हो'। इस प्रकार उन्हें सहमने, संकोच करने, लज्जित होने आदि का अभ्यास कराया जाता है जो बढ़ते-बढ़ते बहुत बढ़ जाता है।

अपनी त्रुटि, बेढंगेपन, धृष्टता इत्यादि का परिचय दूसरों को—विशेषतः पुरुषों को—न मिले इसका ध्यान स्त्रियों में बहुत अधिक और स्वाभाविक होता है, इसी से उनमें लज्जा अधिक देखी जाती। वे सदा से पुरुषों के आश्रय में रहती हैं, इससे हम धृष्ट या अप्रिय न लगें, इसकी आशंका उनमें चिरस्थायिनी होकर लज्जा के रूप में हो गई है। बहुत-सी स्त्रियाँ ऐसी होती हैं—विशेषतः बड़े घरों की—जिनके काम-धंधे के रूप में भी लोगों के सामने हाथ-पैर हिलाने की धड़क नहीं खुली रहती, अतः उनका अधिक लज्जाशील होना ठीक ही है। लोग लज्जा को स्त्रियों के भूषण कह-कहकर उनमें धृष्टता के दूषण से बचने का ध्यान और भी पक्का करते रहे। धीरे-धीरे उनके रूप-रंग में समान उनकी लज्जा भी पुरुषों के आनंद और विलास की एक सामग्री हुई। रस-कोविद लोग मुग्धा और मध्या की लज्जा का वर्णन कान में डालकर रसिकों को आनंद से उन्मत्त करने लगे।

लोभ और प्रीति

जिस प्रकार का सुख या आनंद देनेवाली वस्तु के संबंध में मन की ऐसी स्थिति को जिसमें उस वस्तु के अभाव की भावना होते ही प्राप्ति, सान्निध्य या रक्षा की प्रबल इच्छा जग पड़े, लोभ कहते हैं। दूसरे की वस्तु का लोभ करके उसे लोग लेना चाहते हैं, अपनी वस्तु का लोभ करके उसे लोग देना या नष्ट होने देना नहीं चाहते। प्राप्य या प्राप्त सुख के अभाव या अभाव-कल्पना के बिना लोभ की अभिव्यक्ति नहीं होती। अतः इसके सुखात्मक और दुःखात्मक दोनों पक्ष हैं। जब लोभ अप्राप्य के लिए होता है तब तो दुःख स्पष्ट ही रहता है। प्राप्य के संबंध में दुःख का अंग निहित रहता है और अभाव के निश्चय या आशंका मात्र पर व्यक्त हो जाता है। कोई सुखद वस्तु पास में रहने पर भी मन में इस इच्छा का बीज रहता है कि उसका अभाव न हो। पर अभाव का जब तक ध्यान नहीं होता तब तक इस वासना का कहीं पता नहीं रहता। हम बैठे-बैठे किसी वस्तु का आनंद ले रहे हैं। उस आनंद के अभाव से जो दुःख होगा उसका कुछ भी ध्यान हमारे मन में नहीं है। इसी बीच में कोई आकर उस वस्तु को ले जाना चाहता है; तब हम उससे कुछ व्यग्र होकर कहते हैं 'अभी रहने दो' इसके पहले कोरे आनंद के अभाव में इच्छा का कहीं पता न था कि वह वस्तु हटाई न जाय।

विशिष्ट वस्तु या व्यक्ति के प्रति होने पर लोभ वह सात्त्विक रूप प्राप्त करता है, जिसे प्रीति या प्रेम कहते हैं। जहाँ लोभ सामान्य या जाति के प्रति होता है वहाँ वह लोभ ही रहता है, जहाँ पर किसी जाति के एक ही विशेष व्यक्ति के प्रति होता है वहाँ 'रुचि' या 'प्रीति' का पद प्राप्त करता है। लोभ सामान्योन्मुख होता है और प्रेम विशेषोन्मुख। कहीं कोई अच्छी चीज सुनकर दौड़ पड़ना लोभ है। किसी विशेष वस्तु पर इस प्रकार मुग्ध रहना कि उससे कितनी अच्छी-अच्छी वस्तुओं के सामने आने पर भी उस विशेष वस्तु से प्रकृति न हटे, रुचि या प्रेम है। किसी स्त्री या पुरुष के रूप की प्रशंसा सुनते ही पहला भाव लोभ का होगा। किसी को हमने बहुत सुंदर देखा और लुभा गए, उसके पीछे दूसरे को उससे भी सुंदर देखा तो उस पर

लुभा गए। जब तक प्रवृत्ति का व्यभिचार रहेगा, तब तक हम रूप-लोभी ही माने जाएँगे। जब हमारा लोभ किसी एक ही व्यक्ति पर स्थिर हो जाएगा, हमारी वृत्ति, एकनिष्ठ हो जाएगी, तब हम प्रेमी कहे जाने के अधिकारी होंगे, पर साधारणतः मन की ललक यदि वस्तु के प्रति है तो जो लोभ और किसी प्राणी या मनुष्य के प्रति होती है वह प्रीति कहलाती है।

लोभ का प्रथम संवेदनात्मक अवयव है किसी वस्तु का बहुत अच्छा लगना, उससे बहुत सुख या आनंद का अनुभव होना। अतः वह आनंदस्वरूप है। इसी से किसी अच्छी वस्तु को देखकर लुभा जाना कहा जाता है। पर केवल इस अवस्था में लोभ की पूरी अभिव्यक्ति नहीं होती। कोई वस्तु हमें बहुत अच्छी लगी, किसी वस्तु से हमें बहुत सुख या आनंद मिला, इतने ही पर दुनिया में यह नहीं कहा जाता कि हमने लोभ किया। जब संवेदनात्मक अवयव के साथ इच्छात्मक अवयव का संयोग होगा अर्थात् जब उस वस्तु को प्राप्त करने की, दूर न करने की, नष्ट न होने देने की इच्छा प्रकट होगी तभी हमारा लोभ लोगों पर खुलेगा। इच्छा लोभ या प्रीति का ऐसा आवश्यक अंग है कि यदि किसी को कोई बहुत अच्छा और प्रिय लगता है तो लोग कहते हैं कि 'वह उसे चाहता है'।

भूखे रहने पर सबको पेड़ा अच्छा लगता है पर चौबे जी पेट भर भोजन के ऊपर भी पेड़े पर हाथ फेरते हैं। अतः हम कह सकते हैं कि चौबे जी को मिष्टान्न में अधिक रुचि है। यह अभिरुचि भी लोभ की चेष्टाएँ उत्पन्न करती है। इंद्रियों के विषय-भेद से अभिरुचि के विषय भी भिन्न-भिन्न हो सकते हैं। कमल का फूल और रमणी का सुंदर मुख अच्छा लगता है। वीणा की तान और अपनी तारीफ अच्छी लगती है, जूही और केसर की गंध अच्छी लगती है, रबड़ी और मालपुआ अच्छा लगता है, मुलायम गद्दा अच्छा लगता है। ये सब वस्तुएँ तो आपको आनंद देती हैं, इससे प्राप्ति की इच्छा बहुत सीधी-सादी और स्वाभाविक कही जा सकती है। पर जिससे इन सब वस्तुओं की प्राप्ति सुलभ होती है उसमें चाहे आनंद देनेवाली स्वतः कोई बात न हो पर उसकी प्राप्ति की इच्छा होती है। उसका लोभ होता है। रुपये के रूप, रस, गंध आदि में कोई आकर्षण नहीं होता, पर जिस वेग से मनुष्य उस पर टूटते हैं उस वेग से भौंरे कमल पर और कौए मांस पर भी न टूटते होंगे। यहाँ तक कि 'लोभी' शब्द से साधारणतः रुपये-पैसे का लोभी, धन का लोभी समझा जाता है। एक धातुखंड के गर्भ में कितने प्रकार के सुख और आनंद मनुष्य समझता है। पर यह समझ इतनी पुरानी पड़ गई है कि इसकी ओर हमारा ध्यान अब प्रायः नहीं रहता। धन संचय करने में बहुतों का लक्ष्य धन ही रहता है, उससे प्राप्य सुख नहीं। वे बड़े-बड़े सुख के बदले में या कठिन से कठिन कष्ट निवारण के लिए थोड़ा-सा धन अलग करना नहीं चाहते। उनके लिए साधन ही साध्य हो जाता है।

स्थिति भेद से प्रिय या अच्छी लगनेवाली वस्तु के संबंध में इच्छा दो प्रकार की होती है–

1. प्राप्ति या सान्निध्य की इच्छा।
2. दूर न करने या नष्ट न होने देने की इच्छा।

प्राप्ति या सान्निध्य की इच्छा भी दो प्रकार की हो सकती है–

1. इतने सम्पर्क की इच्छा जितनी और किसी का न हो।
2. इतने सम्पर्क की इच्छा जितनी सब कोई या बहुत से लोग एक साथ रख सकते हों।

इसमें से प्रथम प्रतिषेधात्मक होने के कारण प्रायः विरोधग्रस्त होती है, इससे उस पर समाज का ध्यान अधिक रहता है। कोई वस्तु हमें अच्छी लगती है, लगा करे, दूसरों को इससे क्या? पर जब हम उस वस्तु की ओर हाथ बढ़ाएँगे या औरों को उसकी ओर हाथ बढ़ाने न देंगे तब बहुत से लोगों का ध्यान हमारे इस कृत्य पर जाएगा जिनमें से कुछ हाथ थामनेवाले और मुँह लटकाने वाले भी निकल सकते हैं। हमारे लोभ की शिकायत ऐसे ही लोग अधिक करते पाए जाएँगे। दूसरों के लोभ की जैसी अच्छी लोभी कर सकते हैं वैसी और लोग नहीं। माँगने पर पानेवाले और न देनेवाले दोनों इसमें प्रवृत्त होते हैं। एक कहता है 'वह बड़ा लोभी है, देता नहीं' दूसरा कहता है 'वह बड़ा लोभी है, बराबर माँगा करता है'। रहीम दोनों को लोभी, दोनों को बुरा कहते हैं–

रहिमन वे नर मर चुके जे कहुँ माँगन जाहिं–
उनते पहले वे मुए जिन मुख निकसत 'नाहिं'॥

ऐसा उस समय होता है जब एक ही वस्तु के संबंध में एक ओर तो प्राप्त करने और दूसरी ओर दूर न करने की इच्छा बिंब-प्रतिबिंब रूप से दो व्यक्तियों में होती है। इसके अतिरिक्त एक ही वस्तु को प्राप्त करने की इच्छा यदि संयोग से कई प्राणियों के चित्त में हुई तो भी विरोध का पूरा विधान होता है। सारांश यह कि दोनों अवस्थाओं में लोभ का लक्ष्य एक होने पर लोभी एक-दूसरे को बहुत व्याकुल करते हैं।

प्राप्ति की प्रतिषेधात्मक इच्छा की सदोषता और निर्दोषता लोभ के विषय पर निर्भर रहती है। लोभ के विषय दो प्रकार के होते हैं–सामान्य और विशेष। अच्छा खाना, अच्छा कपड़ा, अच्छा घर तथा धन, जिससे ये सब वस्तुएँ सुलभ होती हैं, सबको भाता है, सबको उसकी प्राप्ति की आकांक्षा है। ये लोभ के सामान्य विषय हुए जिन पर प्रायः मनुष्य मात्र का लक्ष्य रहता है, अतः इनके प्रति जो लोभ होता है उस पर बहुत लोगों का ध्यान जाता है। पर यदि किसी को गुलाब जामुन या विशेष बूटी की छींट बहुत अच्छी लगे और वह उसे प्राप्त करना या न देना चाहे

तो उसके इन लोभ पर बहुत कम लोगों का ध्यान जाएगा और जिसका ध्यान जाएगा भी उन्हें वह खटकेगा नहीं। ऐसे लोभ को वे रुचि कहेंगे सबको जिसकी हाय-हाय होती है, सब जिसको पाना या रखना चाहते हैं, वह बहुत से लोगों को एक मैदान में लाकर खड़ा किया करता है जहाँ एक दूसरे की गतिविधि का निरीक्षण और अवरोध बड़ी-कड़ी नजर और पूरी मुस्तैदी से होता है।

यदि मनुष्य समाज में सबके लोभ के लक्ष्य भिन्न-भिन्न होते तो लोभ को बुरा कहनेवाले कहीं न मिलते। यदि एक साथ रहनेवाले दस आदमियों में कोई गाय बहुत चाहता, कोई घोड़ा, कोई कपड़ा, कोई ईंट, कोई पत्थर, कोई सोना, कोई चाँदी, कोई ताँबा; और इन वस्तुओं में से किसी को शेष सब वस्तुओं को प्राप्त कराने की कृत्रिम शक्ति न दी जाती, तो एक के लोभ से दूसरे को कोई कष्ट न पहुँचता और दूसरी बात यह होती कि लोभ का एक बुरा लक्षण जो असंतोष है, उसकी भी एक सीमा हो जाती—कोई कितनी गायें रखता, कितने घोड़े बाँधता, कहाँ तक सोना-चाँदी इकट्ठा करता। पर विनिमय की कठिनता दूर करने के लिए मनुष्यों ने कुछ धातुओं में सब आवश्यक वस्तुएँ प्राप्त कराने का कृत्रिम गुण आरोपित किया जिसमें मनुष्य मात्र की सांसारिक इच्छा और प्रयत्न का लक्ष्य एक हो गया, सबकी टकटकी टके की ओर लग गई।

लक्ष्य की इस एकता से समाज में एक-दूसरे की आँखों में खटकने वाले की वृद्धि हुई। जब एक ही को चाहने वाले बहुत से हो गए तब एक ही चाह को दूसरे कहाँ तक पसंद करते हैं? लक्ष्मी की मूर्ति, धातुमयी हो गई, उपासक सब पत्थर के हो गए, धीरे-धीरे यह दशा आई कि जो बातें पारस्परिक प्रेम की दृष्टि से, धर्म की दृष्टि से की जाती थीं वे भी रुपये-पैसे की दृष्टि से होने लगीं। आजकल तो बहुत-सी बातें धातु के ठिकानों पर ठहरा दी गई हैं। पैसे से राज-सम्मान की प्राप्ति, विद्या की प्राप्ति और न्याय की प्राप्ति होती है जिसके पास कुछ रुपया है बड़े-बड़े विद्यालयों में अपने लड़कों को भेज सकते हैं, न्यायालयों में फीस देकर अपने मुकदमे दाखिल कर सकते हैं, अत्यंत भीरु और कायर होकर बहादुर कहला सकते हैं, राजधर्म, आचार्यधर्म, वीरधर्म सब पर सोने का पानी फिर गया, सब टकाधर्म हो गए। धन की पैठ मनुष्य के सब कार्य-क्षेत्रों में करा देने से उसके प्रभाव को इतना विस्तृत कर देने से, ब्राह्मणधर्म और क्षात्र-धर्म का लोप हो गया; केवल वणिग्धर्म रह गया।

व्यापारनीति राजनीति का प्रधान अंग हो गई। बड़े-बड़े राज्य माल की बिक्री के लिए लड़नेवाले सौदागर हो गए। जिस समय क्षात्र-धर्म की प्रतिष्ठा थी, एक राज्य दूसरे राज्य पर कभी-कभी विजय-कीर्ति की कामना से डंके की चोट पर चढ़ाई करता था। अब सदा एक दूसरे देशों का चुपचाप दबे पाँव धन हरण करने की ताक में लगा रहता है। इसी से भिन्न-भिन्न राज्यों की परस्पर संबंध-समस्या इतनी जटिल हो गई है। कोई-कोई देश लोभवश इतना अधिक माल तैयार करते हैं कि उसे किसी

देश के गले मढ़ने की फिक्र में दिन-रात मरते रहते हैं। जब तक यह व्यापारोन्माद दूर न होगा तब तक इस पृथ्वी पर सुख-शांति न होगी। दूर वह अवश्य होगा। क्षात्रधर्म की संसार में एक बार फिर प्रतिष्ठा होगी, चोरी का बदला डकैती से लिया जाएगा।

सामान्य-विषयगत प्रतिषेधात्मक लोभ में भी लोभदृष्टि जितनी ही संकुचित होती है, उसके भीतर जितनी ही कम वस्तुएँ आती हैं, उतना ही उसका दोष कम होता है। अच्छे भोजन की सबको चाह होती है। अतः उसे बहुत चाहनेवाला लोभी कहला सकता है, पर अच्छे भोजनों में से यदि किसी को मिठाई की चाह अधिक रहे, तो उसका दोष कम और मिठाइयों में से यदि केवल गुलाबजामुन की अधिक चाह रहे तो और कम क्या कुछ भी न समझा जाएगा। इसी प्रकार जहाँ एक ही वस्तु बहुत प्रकार की रखी हुई है वहाँ भी यदि कोई एक किसी को बहुत पसंद आ जाए और वह उसे लेना चाहे तो उसकी गिनती लोभियों में न होगी। विश्वामित्र को वशिष्ठ की गाय बहुत पसंद आई और वे उसके बदले में बहुत-सी गायें देने के लिए तैयार हो गए पर वशिष्ठ ने अपनी गाय नहीं दी। इसके लिए लड़-भिड़कर भी न वशिष्ठ लोभी कहलाए, न विश्वामित्र। इसी प्रकार एक नवाब साहब को बाबू हरिश्चंद्र का एक अलबम बहुत पसंद आया था। ये लोभ के विशेष विषय के उदाहरण हैं। इसके प्रति जो लोभ होता है उसके अवसर इतने कम होते हैं कि उनके स्वभाव या अधिक अभ्यास का अनुमान नहीं किया जा सकता। पर किसी की अच्छी चीज देखते ही मुँह में पानी आ जाता है, बराबर खरी-खोटी सुना करते हैं। एक लोभ से दूसरे लोभ का निवारण भी होता है जिससे लोभी में अन्य वस्तुओं के त्याग का साहस आता है। विशेष विषयगत लोभ यदि बहुत प्रबल और सच्चा हुआ तो लोभी के त्याग का विस्तार बहुत बड़ा होता है। लोभ तो उसे एक विशेष और निर्दिष्ट वस्तु से है अतः उसके अतिरिक्त अन्य अनेक वस्तुओं का त्याग वह उसके लिए कर सकता है। विश्वामित्र एक गाय के लिए अपना सारा राजपाट देने को तैयार हो गए थे। अन्य का त्याग अनन्य और सच्चे लोभ की पहचान है।

यहाँ तक तो प्राप्ति की प्रतिषेधात्मक इच्छावाले लोभ की बात हुई जिसका प्रायः विरोध होता है। अब प्राप्ति की उस इच्छा का विचार करता हूँ जिसे एक ही वस्तु के संबंध में बहुत से लोग बिना किसी विरोध के रख सकते हैं जिस लोभ से दूसरे को कोई बाधा या कष्ट पहुँचता है उसी को पहले एक-प्रायः जिसे बाधा या कष्ट होता है—बुरा कहता है, फिर दूसरा, फिर तीसरा, इस प्रकार बहुत से बुरा कहनेवाले हो जाते हैं। सारांश यह कि जो लोग दूसरे की सुख शांति या स्वच्छंदता के बाधक होते हैं, अधिकतर वहीं निंद्य समझे जाते हैं। उपवन की शोभा सबको लुभाती है। यदि कोई नित्य किसी के बगीचे में जाकर टहला करे तो उसका क्या जाता है? यदि इस किसी वस्तु पर लुभाकर उससे उतना ही संपर्क रखना चाहते हैं जितना सब लोग एक साथ रख सकते हैं, तो हमारा लोभ किसी की आँखों में

नहीं खटक सकता। बगीचे को आँख से एक साथ बहुत लोग देख सकते हैं, पर उसमें के फल नहीं खा सकते। जहाँ देखने का दाम लगता है या कुछ आदिमियों का देखना बिना बंद किए देखा नहीं जा सकता, वहाँ दृष्टि-संपर्क की इच्छा भी मुश्किल में डाल देती है। पर जहां एक इच्छा दूसरे की इच्छा का बाधक न होकर साधक होती है, वहाँ एक ही वस्तु का लोभ रखनेवाले बहुत से लोग बड़े सद्‌भाव के साथ रहते हैं। लुटेरे या डाकू इसी प्रकार दल-बद्ध होकर काम करते हैं।

किसी को कोई स्थान बहुत प्रिय हो जाता है और वह हानि और कष्ट उठाकर भी वहाँ से नहीं जाना चाहता। हम कह सकते हैं कि उसे उस स्थान का पूरा लोभ है। जन्म-भूमि का प्रेम, स्वदेश-प्रेम यदि वास्तव में अंतःकरण का कोई भाव है तो स्थान के लोभ के अतिरिक्त और कुछ नहीं है। इस लोभ के लक्षणों से शून्य देश-प्रेम कोरी बकवाद या फैशन के लिए गढ़ा हुआ शब्द है। यदि किसी को अपने देश से प्रेम है तो उसे अपने देश के मनुष्य, पशु पक्षी, लता, गुल्म, पेड़, पत्ते, वन, पर्वत, नदी, निर्झर सबसे प्रेम होगा सबको वह चाहभरी दृष्टि से देखेगा, सबकी सुध करके वह विदेश में आँसू बहाएगा। जो यह भी नहीं जानते कि कोयल किस चिड़िया का नाम है, जो यह भी नहीं सुनते कि चातक कहाँ चिल्लाया है, जो आँख भर यह भी नहीं देखते कि आम प्रणय-सौरभपूर्ण मंजरियों से कैसे लदे हुए हैं, जो यह भी नहीं झाँकते कि किसानों के झोंपड़ों के भीतर क्या हो रहा है, वे यदि दस बने-ठने मित्रों के बीच प्रत्येक भारतवासी की औसत आमदनी का परता बताकर देश-प्रेम का दावा करें तो उनसे पूछना चाहिए कि, "भाइयो! बिना परिचय का यह प्रेम कैसा? जिनके सुख-दुःख के तुम कभी साथी न हुए उन्हें तुम सुखी देखना चाहते हो, यह समझते नहीं बनता। उनसे कोसों दूर बैठे-बैठे, पड़े-पड़े या खड़े-खड़े, तुम विलायती बोली में अर्थशास्त्र की दुहाई दिया करो, पर प्रेम का नाम उसके साथ न घसीटो। प्रेम हिसाब-किताब की बात नहीं है। हिसाब-किताब करनेवाले भाड़े पर भी मिल सकते हैं पर प्रेम करनेवाले नहीं। हिसाब-किताब से देश की दशा का ज्ञान मात्र हो सकता है। हित-चिंतन और हित-साधन की प्रवृत्ति इस ज्ञान से भिन्न है। वह मन के वेग पर निर्भर है, उसका संबंध लोभ या प्रेम से है जिसके बिना आवश्यक त्याग का उत्साह हो ही नहीं सकता। जिसे ब्रज की भूमि से प्रेम होगा वह इस प्रकार कहेगा—

नैनन सों रसखान जबै ब्रज के बन बाग तड़ाग निहारौ।
केतिक ये कलधौत के धाम करील के कुज्जन ऊपर बारौ॥

रसखान तो किसी की 'लकुटी अरु कामरिया' पर तीनों पुरों का राजसिंहासन तक त्यागने को तैयार थे, पर देश-प्रेम की दुहाई देनेवालों में से कितने अपने किसी थके-माँदे भाई के फटे-पुराने कपड़ों और धूल भरे पैरों पर रीझकर या कम खीझ कर, बिना मन मैला किए कमरे की फर्श भी मैली होने देंगे? मोटे आदमियो! तुम जरा-सा

दुबले हो जाते—अपने अंदेशे से सही-तो न जाने कितनी ठठरियों पर मांस चढ़ जाता।

अब पूछिए कि जिनमें यह देश-प्रेम नहीं है उनमें वह किसी प्रकार हो भी सकता है? हाँ, हो सकता है—परिचय से, सान्निध्य से जिस प्रकार लोभ से सान्निध्य की इच्छा उत्पन्न होती है उसी प्रकार सान्निध्य से भी लोभ या प्रेम की प्रतिष्ठा होती है। जिनके बीच हम रहते हैं, जिन्हें हम बराबर आँखों से देखते हैं, जिनकी बातें हम बराबर सुनते रहते हैं, जिनका हमारा हर घड़ी का साथ हो जाता है; सारांश यह है कि जिनके सान्निध्य का हमें अभ्यास पड़ जाता है, उनके प्रति लोभ या राग हो जाता है। जिस स्थान पर कोई बहुत दिनों तक रह जाता है। उसे छोड़ते हुए दुःख होता है पशु और बालक भी जिनके साथ अधिक रहते हैं उन्हें परच जाते हैं। यह 'परचना' परिचय से निकला है। परिचय प्रेम का प्रवर्तक है। बिना परिचय के प्रेम नहीं हो सकता। यदि देश-प्रेम के लिए हृदय में जगह करनी है तो देश के स्वरूप से परिचित और अभ्यस्त हो जाओ। बाहर निकलो तो आँखें खोलकर देखो कि खेत कैसे लहलहा रहे हैं, नाले झाड़ियों के बीच से कैसे बह रहे हैं, टेसू के फूलों से वनस्थली कैसी लाल हो रही है, चौपायों के झुंड चरते हैं, चरवाहे तान लड़ा रहे हैं अमराइयों के बीच में गाँव झाँक रहे हैं। उनमें घुसो, देखो क्या हो रहा है। जो मिलें उनसे दो-दो बातें करो; उनके साथ किसी पेड़ की छाया के नीचे घड़ी-आध घड़ी बैठ जाओ और समझो कि ये सब हमारे हैं। इस प्रकार जब देश का रूप तुम्हारी आँखों में समा जाएगा; तुम उसके अंगप्रत्यंग से परिचित हो जाओगे, तब तुम्हारे अंतःकरण में इस इच्छा का उदय होगा कि वह हमसे कभी न छूटे; वह सदा हरा-भरा और फूला-फला रहे; उसके धन-धान्य की वृद्धि हो, उसके सब प्राणी सुखी रहें। यह तो वर्तमान प्रेमसूत्र हुआ अतीत की ओर दृष्टि फैलाओ। राम, कृष्ण, भीम, अर्जुन, विक्रम, कालिदास, भवभूति इत्यादि का स्मरण करो जिससे यह सब नाम तुम्हारे हो जाएँ। इनके नाते भी यह भूमि और इस भूमि के निवासी तुम्हें प्रिय होंगे।

पर आजकल इस प्रकार का परिचय बाबुओं की लज्जा का एक विषय हो रहा है। वे देश के स्वरूप से अनजान रहने या बनने में अपनी बड़ी शान समझते हैं। मैं अपने एक लखनवी दोस्त के साथ साँची का स्तूप देखने गया। यह स्तूप एक बहुत सुंदर छोटी-सी पहाड़ी के ऊपर है, नीचे एक छोटा-सा जंगल है जिसमें महुए का पेड़ भी बहुत से हैं। संयोग से उन दिनों पुरातत्व विभाग का कैंप पड़ा हुआ था। रात हो जाने से हम लोग उस दिन स्तूप नहीं देख सके। सवेरे देखने का विचार करके नीचे उतर रहे थे। वसंत का समय था। महुए चारों ओर टपक रहे थे। मेरे मुँह से निकला—"महुओं की कैसी मीठी महक आ रही है।" इस पर लखनवी महाशय ने मुझे रोककर कहा, "यहाँ महुए-सहुए का नाम न लीजिए, लोग देहाती समझेंगे।" मैं चुप हो गया, समझ गया कि महुए का नाम जानने से बाबूपन में बड़ा

भारी बट्टा लगता है।

आरंभ में ही कहा जा चुका है कि प्रवृत्ति-भेद से प्रिय वस्तु के संबंध में इच्छा दो प्रकार की होती है—प्राप्ति या सान्निध्य की इच्छा तथा दूर न करने या कष्ट न होने देने की इच्छा। प्राप्ति या सान्निध्य की इच्छा का विचार तो हो चुका, अब रक्षा की इच्छा का अन्वेषण करना है। रक्षा की इच्छा भी दो प्रकार की होती हैं—

1. स्वायत्त रक्षा की इच्छा अर्थात् अपने अधिकार में रखने की इच्छा।
2. स्व-निरपेक्ष रक्षा की इच्छा अर्थात् केवल बने रहने देने की इच्छा।

स्वायत्त रखने की इच्छा प्रायः अनन्य उपयोग या उपभोग की वासना से संबद्ध रहती है। इससे वह कभी-कभी लोगों को खटकती है और लोग उसका विरोध करते हैं। कोई बहुत मीठे आम का पेड़ है जिसका फल सब लोग खाते हैं। और जिसकी रखवाली सब लोग करते हैं। यदि उनमें से कोई एक अकेले उसकी रखवाली करने चले और किसी को पास न आने दे, तो सब लोग मिलकर विरोध करेंगे। पर कभी-कभी स्वायत्त रखने की इच्छा अन्य द्वारा यथेष्ट रक्षा के उस अविश्वास के कारण होती है जो लोभ या प्रीति की अधिकता से उत्पन्न होता है। ऐसी दशा में यदि संरक्ष्य वस्तु के उपभोग या उपभोग आदि से औरों को कोई बाधा नहीं पहुँचती है तो किसी एक का उसे अपनी रक्षा में रखना दूसरे को बुरा नहीं लगता।

यदि लोभ की वस्तु ऐसी है जिससे सबको सुख और आनंद है तो उस पर जितना ही अधिक ध्यान रहेगा, रक्षा के भाव एकता के कारण परस्पर मेल की उतनी ही प्रवृत्ति होगी। यदि दस आदमियों में से सबकी यह इच्छा है कि कोई मंदिर बना रहे; गिरने-पड़ने न पाए अथवा और अधिक उन्नत और सुसज्जित हो, तो यह सम्मिलित इच्छा ऐक्य-सूत्र होगी। मिलकर कोई कार्य करने से उसका साधन अधिक या सुगम होता है, यह बतलाना 'पर उपदेश कुशल' नीतिज्ञों का काम है, मेरे विचार का विषय नहीं। मेरा उद्देश्य तो मनुष्य की स्वाभाविक प्रवृत्तियों की छानबीन है जो निश्चयात्मक वृत्ति से भिन्न हैं। मुझे तो यह कहना है कि इन-इन अवस्थाओं में मेल की प्रवृत्ति होती है। अब मेल से क्या-क्या लाभ होते हैं, यह तो न जाने कितने झगड़ालू बताते हैं और न जाने कितने लोग सुनकर झगड़ा करते हैं।

लोभ का सबसे प्रशस्त वह रूप है जो रक्षा मात्र की इच्छा प्रवर्तक होता है, जो मन में ही वासना उत्पन्न करता है कि कोई चीज बनी रहे, चाहे वह हमारे किसी उपयोग में आए या न आए। इस लोभ में दोष का लेश उसी अवस्था में आ सकता है जबकि वह वस्तु ऐसी हो जिससे किसी को कोई बाधा या हानि पहुँचती हो। कोई सुंदर कृष्णसार मृग नित्य आकर खेती की हानि किया करता है। उसके सौंदर्य पर मुग्ध होकर उसकी रक्षा चाहनेवाला यदि बराबर उसकी रक्षा में प्रवृत्त रहेगा तो बहुतों से उसकी अनबन हो सकती है। वह लोभ अन्य है जिससे किसी के लोभ का विरोध

नहीं और लोभ की जो वस्तु अपने सब लोभियों को एक-दूसरे का लोभी बनाए रहती, वह भी परम पूज्य है। घर का प्रेम, पुर या ग्राम का प्रेम, देश का प्रेम इसी पवित्र लोभ के क्रमशः विस्तृत रूप हैं। मनुष्य के प्रयत्नों की पहुँच बहुत परिमित होती है। अतः जो प्रेम-क्षेत्र जितनी निकटस्थ होगा उसमें उतने ही अधिक प्रयत्न की आवश्यकता होगी और जो जितना ही दूर होगा, प्रयत्नों का उतना ही कम अंश उसके लिए आवश्यक होगा। सबसे अधिक घर की रक्षा का फिर पुर या ग्राम की रक्षा का और फिर देश की रक्षा का ध्यान जन-साधारण के लिए स्वाभाविक है। पर जिनकी दृष्टि बहुत व्यापक होती है, जिनके अंतःकरण में परार्थ को छोड़ स्वार्थ के लिए अलग-जगह नहीं होती वे इस क्रम का विपर्यय कर दिखाते हैं। वे देश की रक्षा के लिए अवसर पड़ने पर घर का लोभ क्या, प्राण तक का लोभ छोड़ देते हैं। पर ऐसे लोग विरले होते हैं सबसे ऐसी आशा नहीं की जा सकती।

अब घर का प्रेम, पुर का प्रेम, देश का प्रेम, कहाँ तब विरोध-शून्य होता है, यह भी देखिए। इनका अवरोध परिमित होता है—"घर के भीतर, पुर या ग्राम के भीतर" ही उसके होने का निश्चय रहता है घर के बाहर, पुर या ग्राम के बाहर, देश के बाहर विरोध करनेवाले मिल सकते हैं। एक घर की रक्षा दूसरे घरवालों से, एक पुर की रक्षा दूसरे पुरवालों से और एक देश की रक्षा दूसरे देशवालों से करनी पड़ती है।

जिनकी आत्मा समस्त भेदभाव को भेदकर अत्यंत उत्कर्ष पर पहुँची हुई होती है, वे सारे संसार की रक्षा चाहते हैं—जिससे स्थिति में भूमंडल के समस्त प्राणी, कीट-पतंग से लेकर मनुष्य तक सुखपूर्वक रह सकते हैं, उसके अभिलाषी होते हैं, ऐसे लोग विरोध के परे होते हैं। उनसे जो विरोध रखें वे सारे संसार के विरोधी हैं, वे लोक के कंटक हैं।

कोई वस्तु हमें बराबर सुख या आनंद देती रहे और कोई वस्तु बनी रहे, इन्ही दो भावों के लेकर स्वायत्त की रक्षा की इच्छा और स्वनिरपेक्ष रक्षा की इच्छा, कहें तो बहुत अनुचित न होगा। वस्तु के दूसरे के पास जाने से या नष्ट हो जाने से हमें सुख का आनंद न मिल सकेगा, इसी से हम उसकी रक्षा के लिए व्यग्र होते हैं। यदि ऐसी वस्तु को कोई उठाए लिये जाता हो और वह बीच में नष्ट हो जाए, तो हमें दुःख न होगा; क्योंकि जब चीज हमारे हाथ से निकल गई, हमें वह सुख या आनंद दे नहीं सकती, तब वह चाहे रहे, चाहे नष्ट हो। यहाँ तक कि यदि ले जाने के प्रति हमें क्रोध होगा या ईर्ष्या होगी तब हम प्रसन्न होंगे। जहाँ वस्तु-रक्षा की इच्छा होगी वहाँ यह बात न होगी। हम किसी देश में उस वस्तु का नाश न चाहेंगे। किसी पुराने काजी के पास दो स्त्रियाँ एक बच्चे को लेकर लड़ती हुई आईं। एक कहती थी कि बच्चा मेरा है, दूसरी कहती थी मेरा। काजी साहब ने परीक्षा के विचार से कहा—"अच्छा, तुम दोनों को बच्चा काटकर आधा-आधा बाँट दिया

जाएगा।" इतना सुनते ही दोनों में से एक स्त्री घबराकर बोल उठी—"जाने दीजिए, बच्चा मुझे न चाहिए, उसी को दे दीजिए।" काजी साहब समझ गए कि बच्चा इसी का है। वह स्त्री बच्चे की माँ थी, अतः उसे उसका सच्चा लोभ था।

अब तक लोभ के संबंध में जो कुछ कहा गया है वह उसका व्यापक अर्थ लेकर। पर जैसा पहले कहा जा चुका है, 'लोभ' शब्द कहने से आजकल प्रायः धन के लोभ की भावना होती है। प्राप्ति या रक्षा की उस इच्छा की ओर ध्यान जाता है जो जीवन-निर्वाह की सामग्रियों के प्रति होती है। धन से अनेक सुखों की प्राप्ति और अनेक कष्टों का निवारण होता है। अथवा यों कहिए कि धन के बिना संसार में रहना संभव नहीं । संसार में जो इतने लोग धन इकट्ठा करते दिखाई देते हैं उनमें से कुछ तो घोर कष्ट के निवारण के लिए, कुछ अधिक सुख की प्राप्ति के लिए, कुछ भविष्य में सुख के अभाव या कष्ट की शंका से और कुछ बिना किसी उद्देश्य-भावना के। इनमें प्रथम श्रेणी के लोग तो धन की जितनी प्रबल इच्छा करें, उसके लिए चाहे जितना आतुर हों, लोभी नहीं कहला सकते। धन के बिना जिन्हें पेट भर अन्न नहीं मिलता, जो शीत और ताप से अपने शरीर की रक्षा नहीं कर सकते, उन्हें जो लोभी कहें वे बड़े भारी लोभी और बड़े भारी क्रूर हैं। दूसरी श्रेणी के लोगों पर से लोभ के आरोप की संभावना क्रमशः बढ़ते-बढ़ते चौथी श्रेणी के लोगों पर जाकर निश्चय कोटि की पहुँच जाती है। कष्ट-निवारण की इच्छा, अधिक सुख प्राप्ति की इच्छा, सुखाभाव या कष्ट की आशंका—ये तीनों धन और उसकी प्राप्ति की इच्छा के बीच ओट या व्यवधान के रूप में रहती है। जहाँ इन तीनों में से कोई परदा नहीं रहता वहाँ शुद्ध धन-लोभी की जघन्य मूर्ति साक्षात् दिखाई पड़ती है।

धन की कितनी इच्छा लोभ के लक्षणों तक पहुँचती है, इसका निर्णय कठिन है। पर किसी मनोविकार की उचित सीमा का अतिक्रमण प्रायः वहाँ समझा जाता है जहाँ और मनोवृत्तियाँ दब जाती हैं या उनके लिए बहुत कम स्थान रह जाता है और मनोवेगों के आधिक्य से लोभ के आधिक्य में विशेषता यह होती है कि लोग स्वविषयान्वेषी होने के कारण अपनी स्थिति वृद्धि का आधार आप खड़ा करता रहता है, जिससे असंतोष की प्रतिष्ठा के साथ-ही-साथ और वृत्तियों के लिए स्थायी अनवकाश हो जाता है, और मनोविकारों में यह बात नहीं होती। क्रोध को ही लीजिए। क्रोध कुछ बातों पर आता है, पर उन बातों को ढूँढ़ने में प्रवृत्त नहीं होता। क्रोधी स्वभाव का मनुष्य ऐसी बातों पर चिढ़ जाता है। जिनसे और लोग नहीं चिढ़ते पर वह सदा इस फेर में नहीं घूमा करता कि कोई बात चिढ़ने को मिले। क्रोध में आगबबूला होनेवाले तुरंत करुणा से आर्द्र और लज्जा से पानी-पानी हुए भी देखे जाते हैं। क्रोध आदि में अन्य वृत्तियों का जो बोध हो जाता है वह प्रायः क्षणिक होता है, पर लोभ द्वारा स्थायी हो जाता है। बात यह है कि लोभ का प्रथम अवयव सुखात्मक होने

के कारण लोभी को विषय की ओर बराबर प्रवृत्त रखता है। धन का लोभी धन पाकर लोभ से निवृत्त नहीं हो जाता, या तो भले-बुरे का सब विचार छोड़ रक्षा में तत्पर दिखाई देता है या और अधिक प्राप्ति में। इस प्रकार लोभ से अन्यमुख वृत्तियों का जो स्तंभन होता है, वह स्वभावांतर्गत हो जाता है। अस्तु, स्थूल रूप से उद्धत लोभ के दो उग्र लक्षण कहे जा सकते हैं—

(1) असंतोष

(2) अन्य वृत्तियों का दमन।

लोभ चाहे जिस वस्तु का हो, जब बहुत बढ़ जाता है तब उस वस्तु की प्राप्ति, सान्निध्य या उपभोग से जी नहीं भरता। मनुष्य चाहता है कि वह बार-बार मिले या बराबर मिलता रहे। धन का लोभ जब रोग होकर चित्त में घर कर लेता है तब प्राप्ति होने पर भी और प्राप्ति की इच्छा बराबर जगी रहती है। जिससे मनुष्य सदा आतुर और प्राप्त के आनंद से विमुख रहता है। जितना नहीं है उतने के पीछे जितना है उतने से प्रसन्न होने का उसे कभी अवसर ही नहीं मिलता। उसका सारा अंतःकरण सदा अभावमय रहता है। उसके लिए जो है वह भी नहीं है। असंतोष अभाव-कल्पना से उत्पन्न दुःख है, अतः जिस किसी में यह अभाव-कल्पना स्वाभाविक हो जाती है, सुख से उसका नाता सब दिनों के लिए टूट जाता है। न किसी को देखकर वह प्रसन्न होता है और न उसे देखकर कोई प्रसन्न होता है। इसी से संतोष सात्त्विक जीवन का एक अंग बतलाया गया है। भक्तवर तुलसीदास जी संतोष-वृत्ति की वांछा इस प्रकार करते हैं—

कबहुँक हौं यहि रहनि रहौंगो।
यथालाभ संतोष सदा काहू सों कछू न चहौंगो।

पर जिस स्थित से कोई कष्ट या कठिनता हो उससे असंतुष्ट रहना गृहस्थ का धर्म है क्योंकि ऐसे असंतोष से जिस प्रयत्न की प्रेरणा होती है वह एक अच्छे फल के निमित्त होता है। ऐसे असंतोष का अभाव आलस्य-सूचक होता है। पर प्राप्ति की जो इच्छा व्यसन के रूप में होती है उसका निरसन ही ठीक है।

धन का जो लोभ मानसिक व्याधि या व्यसन के रूप में होता है उसका प्रभाव अंतःकरण की शेष वृत्तियों पर यह होता है कि वे अनभ्यास से कुंठित हो जाती हैं। जो लोभ मान-अपमान के भावों को, करुणा और दया के भाव को, न्याय-अन्याय के भाव को, यहाँ तक कि अपने कष्ट-निवारण या सुखभोग की इच्छा तक को दबा दे, वह मनुष्यता कहाँ तक रहने देगा? जो अनाथ विधवा का सर्वस्वहरण करने के लिए कुर्क अमीन लेकर चढ़ाई करते हैं, जो अभिमानी धनिकों की दुतकार सुनकर त्योरी पर बल नहीं आने देते, जो मिट्टी में रुपया गाड़कर न आप खाते और न दूसरों को खाने देते हैं, परिजनों का कष्टक्रंदन सुनकर भी रुपये गिनने में लगे रहते

हैं, वे अधमरे होकर जीते हैं। उनका आधा अंतःकरण मारा गया समझिए। जो किसी के लिए नहीं जीते उनका जीना न जीना बराबर है।

लोभियों का दमन योगियों के दमन से किसी प्रकार कम नहीं होता। लोभ के बल से वे काम और क्रोध को जीतते हैं, सुख की वासना का त्याग करते हैं, मान-अपमान में समान भाव रखते हैं। अब और चाहिए क्या? जिससे वे कुछ पाने की आशा रखते हैं वह यदि उन्हें दस गालियाँ भी देता है तो उनकी आकृति पर न रोष का कोई चिह्न प्रकट होता है और न मन में ग्लानि होती है। न उन्हें मक्खी चूसने में घृणा होती है और न रक्त चूसने में दया। सुंदर से सुंदर रूप देखकर वे अपनी एक कौड़ी भी नहीं भूलते। करुण से करुण स्वर सुनकर वे अपना एक पैसा भी किसी के यहाँ नहीं छोड़ते। तुच्छ से तुच्छ व्यक्ति के सामने हाथ फैलाने में वे लज्जित नहीं होते। क्रोध, दया, घृणा, लज्जा आदि करने से क्या मिलता है कि वे करने जाएँ? जिस बात से उन्हें कुछ मिलता नहीं जब कि उसके लिए उनके मन के किसी कोने में जगह नहीं होती, तब जिस बात से पास का कुछ जाता है, वह बात उन्हें कैसी लगती होगी; यह यों ही समझा जा सकता है। जिस बात में कुछ लगे वह उनके किसी काम की नहीं, चाहे वह कष्ट-निवारण हो या सुख-प्राप्ति, धर्म हो या न्याय। वे शरीर सुखाते हैं; अच्छे भोजन, अच्छे वस्त्र आदि की आकांक्षा नहीं करते। लोभ के अंकुश से अपनी संपूर्ण इंद्रियों को वश में रखते हैं। लोभियो! तुम्हारा अक्रोध, तुम्हारा इंद्रिय-निग्रह, तुम्हारा मानापमान-समता, तुम्हारा तप अनुकरणीय है, तुम्हारी निष्ठुरता, तुम्हारी निर्लज्जता, तुम्हारा अविवेक, तुम्हारा अन्याय विगर्हणीय है। तुम धन्य हो! तुम्हें धिक्कार है।

पक्के लोभी लक्ष्य-भ्रष्ट नहीं होते, कच्चे हो जाते हैं। किसी वस्तु को लेने के लिए कई आदमी खींचतान कर रहे हैं। उनमें से एक क्रोध में आकर उस वस्तु को नष्ट कर देता है। उसे पक्का लोभी नहीं कह सकते, क्योंकि क्रोध ने उसके लोभ को दबा दिया, वह लक्ष्य-भ्रष्ट हो गया।

अब एक प्राणी के लोभ का प्रसंग सामने आता है। जिसे प्रीति या प्रेम कहते हैं। यद्यपि किसी व्यक्ति की ओर प्रवृत्ति भी जब तक एकनिष्ठ न हो, लोभी ही कही जा सकती है, पर साधारण बोल-चाल में वस्तु के प्रति मन की जो ललक होती है उसे 'लोभ' और किसी व्यक्ति के प्रति जो ललक होती है उसे 'प्रेम' कहते हैं। वस्तु और व्यक्ति के विषय-भेद से लोभ के स्वरूप और प्रवृत्ति में बहुत कुछ भेद पड़ जाता है, इससे व्यक्ति के लोभ को अलग नाम दिया गया है पर मूल में लोभ और प्रेम दोनों एक ही हैं, इसका पता हमारी भाषा ही देती है। किसी रूपवान् या रूपवती को देखकर उस पर 'लुभा जाना' बराबर कहा जाता है। अंग्रेजी के प्रेम-वाचक शब्द 'लव' (Love) सैक्सन के 'लुफु' (Lufu) और लैटिन के 'लुबेट' (Lubet) का संबंध संस्कृत का 'लोभ' शब्द वा लुभ् धातु से स्पष्ट लक्षित होता है।

किसी व्यक्ति का लोभ वस्तु के लोभ से कितना विलक्षण होता है, अब यह देखना चाहिए। विलक्षणता का सबसे बड़ा कारण है दोनों में मनस्तत्त्व का विधान। जो लुब्ध होता है। उसके भी हृदय होता है, जिस पर वह लुब्ध होता है उसके भी। अतः किसी व्यक्ति का लोभी उस व्यक्ति से केवल बाह्य संपर्क रखकर ही तुष्ट नहीं हो सकता; उसके हृदय का संपर्क भी चाहता है। अतः मनुष्य के साथ जितना गूढ़, जटिल और व्यापक संबंध हो सकता है और उतना वस्तु के साथ नहीं। वस्तु-लोभ के आश्रय और आलंबन इन दो पक्षों में भिन्न-भिन्न कोटि की सत्ताएँ रहती हैं। पर प्रेम एक ही कोटि की दो सत्ताओं का योग है, इससे कहीं अधिक गूढ़ और पूर्ण होता है।

वस्तु के भीतर लोभी चेतना का कोई विधान नहीं देखता जिस पर प्रभाव डालने का वह प्रयत्न करे। पर प्रेमी की अंतर्वृत्ति पर प्रभाव डालने में तत्पर रहा करता है। प्रभाव डालने की यह वासना प्रेम उत्पन्न होने के साथ ही जगती है और बढ़ी चली जाती है। वस्तु पर लुब्ध होकर कोई उस चिंता में नहीं पड़ता कि उस वस्तु को मालूम हो जाए कि वह उस पर लुब्ध है। पर किसी पर लुब्ध या प्रेमासक्त होते ही प्रेमी इस बात के लिए आतुर होने लगता है कि प्रिय को उसके प्रेम की सूचना मिल जाए। उसे इस बात की चिंता रहती है कि प्रिय को भी उससे प्रेम हो गया है, कम से कम उसके प्रेम का पता लग गया है, या नहीं—

वा निरमोहिनी रूप की रासि जऊ उर हेतु न ठानति ह्वै है।
बारहि बार बिलोकि घरी घरी सूरत तो पहिचानति ह्वै है।
ठाकुर या मन को परतीती है, जो पै सनेह न मानति ह्वै है।
आवत हैं नित मेरे लिए इतनी तो विशेष कै जानति ह्वै हैं।

इस प्रवृत्ति के मूल में कई बातें दिखाई पड़ती हैं। पहली बात तो तुष्टि का विधान है। लोभी या प्रेमी सान्निध्य या संपर्क द्वारा तुष्ट होना चाहता है। वस्तु के सान्निध्य या संपर्क के लिए जो वस्तु की ओर से किसी प्रकार की स्वीकृति या प्रयत्न की अपेक्षा नहीं। पर किसी चेतन प्राणी से प्रेम करके कोई उसके सान्निध्य या संपर्क की इच्छा न उत्पन्न कर ले। दूसरी बात यह है कि प्रेम का पूर्ण विकास तभी होता है जब दो हृदय एक-दूसरे की ओर क्रमशः खिंचते हुए मिल जाते हैं। इस अंतर्योग के बिना प्रेम की सफलता नहीं मानी जा सकती अतः प्रिय को अपने प्रेम की सूचना देना उसके मन को अपने मन से मिलाने के लिए न्योता देना है।

अपने प्रेम की सूचना देने के उपरांत प्रेमी प्रिय के हृदय में अपनी ओर कुछ भावों की प्रतिष्ठा चाहता है। पहले कहा जा चुका है कि सहसा उत्पन्न लोभ या प्रीति का प्रथम संवेदनात्मक अवयव है " अच्छा लगना"। वस्तु के संबंध में तो उसी वस्तु का अच्छा लगना काफी होता है। लोभियों को इस फेर में नहीं पड़ना

पड़ता कि कोई वस्तु उन्हें अच्छी लग रही है उसे वे भी अच्छे लगें पर प्रेमी यह चाहने लगता है कि जिस प्रकार प्रिय मुझे अच्छा लगता है उसी प्रकार मैं भी प्रिय को अच्छा लगूँ। वह अपना सारा अच्छापन किसी-न-किसी बहाने उसके सामने रखना चाहता है। यह बराबर देखने में आता है कि जब कभी किसी नवयुवक का चित्त किसी युवती की ओर आकर्षित होता है तब ऐसे स्थानों पर जाते समय जहाँ उसके दिखाई पड़ने की संभावना होती है, उसका ध्यान कपड़े-लत्ते की सफाई और सजावट की ओर कुछ अधिक हो जाता है। सामने होने पर बातचीत और चेष्टा में भी एक खास ढब देखा जाता है। अवसर पड़ने पर चित्त की कोमलता, सुशीलता, वीरता, निपुणता इत्यादि का भी प्रदर्शन होता है। प्रेमी को जिस घड़ी यह पता चलता है कि प्रिय का चित्त भी उसकी ओर थोड़ा-बहुत खिंचा है उसी घड़ी से वह लोभी की ऊपरी सतह से और गहरे में जाकर प्रेम के आनंद-लोक में मग्न हो जाता है।

एक दूसरे की ओर आकर्षित दो हृदयों के योग से जीवन में एक नया रस उत्पन्न हो जाता है या दूनी सजीवता आ जाती है आनंद की संभावना भी बहुत अधिक बढ़ जाती है और दुःख की भी। प्रिय के हृदय का आनंद हो जाता है। अतः एक ओर तो प्रिय के आनंद का मेल हो जाने से प्रेमी संसार की नाना वस्तुओं में कई गुने अधिक आनंद का अनुभव करने लगता है; दूसरी ओर प्रिय के अभाव में उन्हीं वस्तुओं में उसके लिए आनंद बहुत कम या कुछ भी नहीं रह जाता है। वियोग की दशा में तो वे वस्तुएँ उलटा दुःख देने लगती हैं। होते-होते यहाँ तक होता है कि प्रेमी के लिए प्रिय के आनंद से अलग आनंद रह ही नहीं जाता। प्रिय के आनंद में ही वह अपना आनंद ढूँढ़ा करता है। दो हृदयों की यह अभिन्नता अखिल जीवन की एकता के अनुभव-पथ का द्वार है, प्रेम का यह एक रहस्यपूर्ण महत्त्व है।

प्रेम का अभाव एकांत भी होता है और लोक-जीवन के नाना क्षेत्रों में भी दिखाई पड़ता है। एकांत प्रभाव उस अंतर्मुख प्रेम में देखा जाता है जो प्रेमी को लोक के कर्म क्षेत्र से खींचकर केवल दो प्रणियों के एक छोटे से संसार में बंद कर देता है। उसका उठना-बैठना, चलना-फिरना, मरना-जीना, सब उसी घेरे के भीतर होता है। वह उस घेरे के बारह कोई प्रभाव उत्पन्न करने के उद्देश्य से कुछ भी नहीं करता। उसमें जो साहस, धीरता, दृढ़ता, कष्ट-सहिष्णुता आदि दिखाई देती है वह प्रेम-मार्ग के बीच प्रेमोन्माद के रूप में, लोक के बीच कर्तव्य के रूप में नहीं। सारांश यह कि इस प्रकार के प्रेम का क्षेत्र सामाजिक और पारिवारिक जीवन से विच्छिन होता है। उसमें प्रियपक्ष का प्रबल राग जीवन के अन्य सब पक्षों से पूर्ण विराग की प्रतिष्ठा कर देता है। फारसी के साहित्य में ऐसे ही एकांतिक और लोक-बाह्य प्रेम की प्रधानता है। भारतीय साहित्य में गोपियों के प्रेम को प्रायः यही स्वरूप दिया गया है। भक्ति-मार्ग में प्रायः यही एकांतिक और अनन्य प्रेम लिया गया है। क्योंकि यह एक ऐसा राग है जिसके प्रभाव

से विराग की साधना आप से आप, बिना किसी मानसिक प्रयत्न के हो जाती है।

प्रेम का दूसरा स्वरूप वह है जो अपना मधुर और रंजनकारी प्रकाश जीवन-यात्रा के नाना पथों पर फेंकता है। प्रेमी जगत् के बीच अपने अस्तित्व की रमणीयता का अनुभव आप भी करता है। और अपने प्रिय को भी करना चाहता है। प्रेम के दिव्य प्रभाव से उसे अपने आसपास चारों ओर सौंदर्य की आभा फैली दिखाई पड़ती है, जिसके बीच वह बड़े उत्साह और प्रफुल्लता के साथ अपना कर्म-सौंदर्य प्रदर्शित करता है। वह प्रिय को अपने समग्र जीवन का सौंदर्य जगत् के बीच दिखाना चाहता है। यह प्रवृत्ति इस बात का पूरा संकेत करती है कि मनुष्य की अंतःप्रवृत्ति में जाकर प्रेम का जो विकास हुआ है वह सृष्टि के बीच सौंदर्य-विधान की प्रेरणा करनेवाले एक दिव्य शक्ति के रूप में। मनुष्य का प्रेम-सौंदर्य, वस्तु-सौंदर्य, कर्म-सौंदर्य, वाक्-सौंदर्य, सब-देखना और दिखाना चाहता है। वीरता के पुराने जमाने में युवक योद्धा यह समझकर कि गढ़ी की ऊँची अट्टालिका के गवाक्षों से हमारी प्रेयसी झाँकती होगी, किस सौंदर्य-भावनापूर्ण उमंग के साथ रणक्षेत्र में उतरता था। कर्म का सबसे अधिक विकट क्षेत्र युद्ध है। इससे आर्य जाति के वीरकाल के काव्यों में शृंगार और वीर का अत्यंत समन्वय पाया जाता है। जिस प्रकार यूरोपीय साहित्य में वीर धर्म का एक युग रहा है। उसी प्रकार हमारे हिंदी-साहित्य में भी। उस काल की कविता का प्रसंग अधिकतर 'युद्ध और प्रेम' (love and war) ही पाया जाता है।

भारतीय प्रबंध काव्यों की मूल प्रवृत्ति लोक-जीवन के संशिलष्ट प्रेम के वर्णन की ओर ही रही। आदि कवि वाल्मीकि ने राम और सीता के प्रेम का विकास मिथिला या अयोध्या के महलों और बगीचों में न दिखाकर दंडकारण्य के विस्तृत कर्मक्षेत्र के बीच दिखाया है। उनका प्रेम जीवन-यात्रा के मार्ग में माधुर्य फैलानेवाला है; उससे अलग किसी कोने में चौकड़ी या आहें भरानेवाला नहीं; उसके प्रभाव से वनचर्या में एक अद्भुत रमणीयता आ गई है। सारे कँटीले पथ प्रसूनमय हो गए हैं, संपूर्ण कर्म-क्षेत्र एक मधुर ज्योति से जगमगा उठा है। कोमलांगी सीता अपने प्रिय पति की विशाल भुजाओं और कंधे के ऊपर निकली हुई धनुष की वक्रकोटि पर मुग्ध निविड़ और निर्जन काननों में निश्शंक विचर रही हैं। खर-दूषण की राक्षसी सेना कोलाहल करती आ रही है। राम कुछ मुस्कुराकर एक बार प्रेमभरी दृष्टि से सीता की ओर देखते हैं, फिर वीरदर्प से राक्षसों की ओर दृष्टि फेरकर अपने धनुष चढ़ाते हैं। उस वीरदर्प में कितनी उमंग, कितना उत्साह, कितना माधुर्य रहा होगा। सीता-हरण होने पर राम का वियोग जो सामने आता है वह भी चारपाई पर करवटें बदलेवाला नहीं है, समुद्र पार कराकर पृथ्वी का भार उतारनेवाला है।

उस एकांतिक प्रेम की अपेक्षा जो प्रेमी को एक घेरे में उसी प्रकार बंद कर देता है जिस प्रकार कोई मर्ज मरीज को एक कोठरी में डाल देता है, हम उस प्रेम का अधिक मान करते हैं जो संजीवन रस के रूप में प्रेमी के सारे जीवन-पथ को

रमणीय और सुंदर कर देता है, उसके सारे कर्मक्षेत्र को अपनी ज्योति से जगमगा देता है। जो प्रेम जीवन की नीरसता हटाकर उसमें सरलता ला दे वह प्रेम धन्य है। जिस प्रेम का रंजनकारी प्रभाव विद्वान् की बुद्धि, कवि की प्रतिभा, चित्रकार की कला, उद्योगी की तत्परता, वीर के उत्साह तक बराबर फैली दिखाई दे उसे इस भावना का अनुग्रह समझते हैं। भगवद्भक्ति के लिए हम तो प्रेम की यही पद्धति समीचीन मानते हैं। जब कि प्रिय के संबंध से न जाने कितनी वस्तुएँ प्रिय हो जाती हैं। तब उस परम प्रिय के संबंध से सारा जगत् प्रिय हो सकता है। शुद्ध भक्ति-मार्ग में जगत् से विरक्ति का स्थान हम ढूँढ़ते हैं और नहीं पाते हैं। भक्तिराग की वह दिव्य भूमि है जिसके भीतर सारा चराचर जगत् आ जाता है। जो भक्त इस जगत् को ब्रह्म की ही व्यक्त सत्ता या विभूति समझेगा, भगवान् के लोकपालक और लोकरंजक स्वरूप पर मुग्ध रहेगा, वह अपने स्नेह, अपनी दया, अपनी सहानुभूति को लोक में और फैलाएगा कि चारों ओर से खींच लेगा? हम तो जगत् के बीच हृदय के सम्यक् प्रसार में ही भक्ति का प्रकृत लक्षण देखते हैं। क्योंकि राम की ओर ले जानेवाला रास्ता इसी संसार से होता हुआ आ गया है।

जब कोई रामभक्त पुत्र-कलत्र, भाई-बंधु का राग छोड़ने, कर्मपथ से मुँह मोड़ने और जगत् का नाता तोड़ने का उपदेश देता है तब मेरी समझ जवाब देने लगती है। मेरे देखने में तो वही रामभक्त-सा लगता है जो अपने पुत्र-कलत्र, भाई-बहिन, माता-पिता से स्नेह का व्यवहार करता है, रास्ते में चीटियाँ बचाता है, किसी प्राणी का दुःख देख आँसू बहाता हुआ रुक जाता है, किसी दीन पर निष्ठुर अत्याचार होते देख क्रोध से तिलमिलाता हुआ अत्याचारी का हाथ थामने के लिए कूद पड़ता है, बालकों की क्रीड़ा देख विनोद से पूर्ण हो जाता है, लहलहाती हुई हरियाली देख लहलहा उठता है और खिले हुए फूलों को देख खिल जाता है। जो यह सब देख 'मुझसे क्या प्रयोजन'? कहकर विरक्त या उदासीन रहेगा-क्रोध, करुणा, स्नेह, आनंद आदि को पास तक न फटकने देगा-उसे मैं ज्ञानी ध्यानी, संयमी चाहे जो कहूँ भक्त कदापि न कह सकूँगा। 'राम का नाता' सारे संसार से नाता जोड़ता है, तोड़ता नहीं। लोकमंगल की प्रेरणा द्वारा भक्त अपने 'नेह का नाता' संसार से निभाता हुआ राम से जोड़ने का प्रयत्न करता है। इस संबंध-निर्वाह में जो बाधक हो भक्त के लिए वे अवश्य त्याज्य हैं, चाहे वे अपने सुहृद और स्नेही परिजन ही क्यों न हों, क्योंकि—

नाते सबै राम के मनियत सुहृद्‌ सुसेव्य जहाँ लौं।

एकांतिक और लोकबद्ध प्रकम के इन दो स्वरूपों का परिचय हो चुका। अब हम प्रेमी और प्रिय, इन दो पक्षों की पारस्परिक स्थिति पर कुछ विचार करना चाहते हैं। प्रेम कहीं तो दोनों पक्षों में युगपद् होता है अर्थात् आरंभ ही से सम है, कहीं पहले एक में उत्पन्न होकर फिर दूसरे में होता है और कहीं एक ही में उत्पन्न होकर

रह जाता है, दूसरे में होता ही नहीं अर्थात् विषम ही रह जाता है। पहले कहा जा चुका है कि किसी के प्रति प्रेम का प्रादुर्भाव होते ही प्रेमी उसे अपने प्रेम का परिचय देने के लिए आतुर होता है। यह आतुरता तुल्यानुराग की प्रतिष्ठा के लिए होती है। जिसके बिना प्रेम सफल नहीं जान पड़ता। तुल्यानुराग के प्रयत्न की भी एक बँधी हुई पद्धति दिखाई पड़ती है।

दूसरों की ओर द्रवित करनेवाली हृदय की दो कोमल वृत्तियाँ हैं—करुणा और प्रेम। इसमें से प्रेम का पात्र होने के लिए भिन्न-भिन्न प्रकार की विशिष्टता अपेक्षित होती है। इससे दूसरे के हृदय में प्रेम उत्पन्न कर सकने का निश्चय किसी को जल्दी नहीं हो सकता पर दया का पात्र होने के लिए केवल दुःख या पीड़ा या प्रदर्शन ही पर्याप्त होता है। दया का क्षेत्र अत्यंत विस्तृत है। दया मनुष्य-मात्र का धर्म है और प्राणी-मात्र उसके अधिकारी हैं। दया यह नहीं देखने जाती कि दुखी या पीड़ित कौन और कैसा है? इसी से प्रेमी कभी तो यह चेष्टा करता दिखाई पड़ता है कि वह भी प्रिय को अच्छा लगे और कभी ऐसे उपायों का अवलंबन करता है जिससे प्रिय के हृदय में उसके ऊपर दया उत्पन्न हो। दया उत्पन्न करके वह प्रिय के अंतस में प्रेम की भूमिका बाँधना चाहता है। वह समझता है कि दया उत्पन्न होगी तो धीरे-धीरे प्रेम भी उत्पन्न हो जाएगा। वह वियोग की अपनी दारुण वेदना प्रिय के कानों तब बराबर पहुँचाता रहता है।

यह न समझना चाहिए कि प्रिय के हृदय में क्या उत्पन्न करने की यह चाह तुल्यानुराग की प्रतिष्ठा के पूर्व तक ही रहती है। वह प्रेम-मार्ग की एक सामान्य प्रवृत्ति जो प्रेमी के हृदय में सदा बनी रहती है। बात यह है कि जिस प्रकार दूसरे के हृदय में प्रेम उत्पन्न की जरूरत होती है उसी प्रकार बराबर बनाए रखने की भी। प्रेम की रखवाली करने के लिए प्रेमी प्रिय के हृदय में दया को बराबर जगाता रहता है। दया या करुणा का भाव जाग्रत रखने की इस प्रवृत्ति का प्रकर्ष फारसी या उर्दू की शायरी में विशेष रूप से पाया जाता है। वहाँ प्रेमी जीते-जी यार के कूचे में अपनी कब्र बनवाते हैं, उस कूचे के कुत्तों के नाम अपनी हड्डियाँ वक्फ करते हैं और बार-बार मरकर अपना हाल सुनाया करते हैं। मरण से बढ़कर करुणा का विषय और क्या हो सकता है? शत्रु तक का मरना सुनकर सहानुभूति के एक-आध शब्द मुँह से निकल आते हैं। प्रिय के मुख से निकले हुए सहानुभूतिक शब्द-सा प्रिय संसार में कोई शब्द नहीं हो सकता। 'बेचारा बहुत अच्छा था' प्रिय के मुँह से इस प्रकार के कुछ शब्दों की संभावना पर ही आशिक लोग अपने मर जाने की कल्पना बड़े आनंद से किया करते हैं। जब कि सहानुभूति के एक शब्द का इतना मोल है तब अश्रु का तो कोई मोल ही नहीं हो सकता, प्राण के बदले में भी वह सस्ता ही जँचेगा। यदि प्रेमी को यह निश्चित हो जाय कि मर जाने पर प्रिय की आँखों में आई हुई आँसू की बूँद वह देख सकेगा तो वह अपना शरीर छोड़ने के लिए तैयार हो सकता है।

यह कहा जा चुका है कि तुल्यानुराग की प्रतिष्ठा हो जाने पर ही प्रेम को पूर्ण तुष्टि और अफलता प्राप्त होती है। हमारे साहित्य के पुराने आचार्यों ने एक पक्ष की प्रीति को रसाभास के अंतर्गत लिया है। जब तक तुल्यानुराग की संभावना रहती है या प्रिय-पक्ष की विरक्ति और उदासीनता का प्रमाण सामने नहीं रहता तब तक रस में त्रुटि नहीं मानी जाती। प्रेमी का तिरस्कार करता हुआ प्रिय जब अन्य में अनुरक्त पाया जाता है तब उसकी विरक्ति का पक्का प्रमाण सामने आ जाता है। ऐसी दशा में भी बने रहनेवाले प्रेम की चर्चा काव्यों में मिलती है। फारसी और उर्दू की शायरी में आशिकों की अक्सर यह शिकायत रहती है कि "माशूक गैरों से मिला करता है। और हमारी ओर ताकता तक नहीं।" कृष्ण के मथुरा चले जाने पर गोपियों की शिकायत भी कुछ इस ढंग की हो गई थी।

रस ओर रसाभास की बात छोड़ हमें प्रेम के स्वरूप पर विचार करना है जिसमें प्रेमी तो प्रेम में विह्वल रहता है और प्रिय उसकी ओर ध्यान ही नहीं देता या बराबर उसका तिरस्कार करता जाता है। क्या ऐसा प्रेम कोई प्रेम ही नहीं है? यह नहीं कहा जा सकता। प्रेमी तो प्रेम कर चुका, उसका कोई प्रभाव प्रिय पर पड़े उसके प्रेम में कोई कसर नहीं। प्रिय यदि उससे प्रेम करके उसकी आत्मा को तुष्ट नहीं करता तो इसमें उसका क्या दोष? तुष्टि का विधान न होने से प्रेम के स्वरूप की पूर्णता में कोई त्रुटि नहीं आ सकती। जहाँ तक ऐसे प्रेम के साथ तुष्टि की कामना या अतृप्ति का लोभ लगा दिखाई पड़ता है। वहाँ तक तो उसका उत्कर्ष प्रकट नहीं होता; पर जहाँ आत्मतुष्टि की वासना विरत हो जाती है या पहले ही से नहीं रहती, वहाँ प्रेम का अत्यंत निखरा हुआ निर्मल और विशुद्ध रूप दिखाई पड़ता है। ऐसे प्रेम की अविचल प्रतिष्ठा उच्च भूमि पर होती है जहाँ सामान्य हृदयों की पहुँच नहीं हो सकती। इस उच्च भूमि पर पहुँचा हुआ प्रेमी प्रिय से कुछ भी नहीं चाहता है, केवल यही चाहता है—प्रिय से नहीं, ईश्वर से—कि हमारा प्रिय बना रहे और हमें ऐसा ही प्रिय रहे इसी उच्च दशा का अनुभव करती हुई सूर की गोपियाँ कहती हैं—

जहँ जहँ रहौ राज करौ तहँ तहँ लेहु कोटि सिर भार।
यह असीस हम देति सूर सुनु 'न्हात खसै जनि बार'॥

ऐसे प्रेमी के लिए प्रिय की तुष्टि या सुख से अलग अपनी कोई तुष्टि या सुख रह ही नहीं जाता। प्रिय का सुख-संतोष ही उसका सुख-संतोष हो जाता है। बंकिम बाबू की 'दुर्गेशनंदिनी' में आयशा का जगत सिंह पर अनुराग इसी उच्च भूमि पर लाकर छोड़ा गया है। जिस दिन से उसे जगत सिंह और तिलोत्तमा के प्रेम का पता चलता है उसी दिन से वह अपने प्रेम को भौतिक कामनाओं से मुक्त करने लगती है और अंत में तिलोत्तमा के साथ जगत सिंह का विवाह कराकर पूर्ण शांति के साथ प्रेम के विरुद्ध मानस लोक में प्रवेश करती है।

प्रेमी यदि अपने प्रेम का कोई प्रभाव प्रिय पर न देखे तो उसके सामने प्रेम की यही उच्च भूमि दिखाई पड़ती है। सान्निध्य या संपर्क की कामना के त्याग द्वारा वह प्रेम रक्षा और शांति लाभ कर सकता है। यदि उसमें यह क्षमता न होगी तो प्रतिवर्तन (Reaction) द्वारा घोर मानसिक विप्लव और पतन की आशंका रहेगी, ईर्ष्या आदि बुरे भावों के संचार के लिए रास्ता खुल जाएगा। यहाँ तक कि समय-समय पर क्रोध का दौरा और प्रेम का स्थान बैर ले लेगा।

प्रेम-काव्यों में प्रायः रूप-लोभ ही प्रेम का प्रवर्तक दिखाया जाता है। किसी के उत्कृष्ट रूप-गुण पर कोई मुग्ध होता है और उसका प्रेमी बन जाता है। पर प्रेम की एक और कारण, जो रूप गुण से सर्वथा स्वतंत्र और उनकी अपेक्षा अधिक निश्चित प्रभाववाला होता है, साहचर्य है। देश-प्रेम के अंतर्गत इसका उल्लेख हो चुका है। किसी अरब को उसकी रेगिस्तानी जन्मभूमि से ले जाकर कश्मीर के हरे-भरे मैदान में रख दें तो भी वह अपने देश के वियोग में रोया करेगा। इसी प्रकार जिन मनुष्यों के बीच कोई बचपन से या बहुत दिनों से रहता चला जाता है, उसके प्रति हृदय में एक स्थायी प्रेम होता है। इस साहचर्यगत प्रेम में विशेषता यह होती है कि इसका वेग साहचर्य काल से कुछ अवसरों पर ही रह-रहकर व्यक्त होता है, पर विच्छेद काल में बराबर उमड़ा रहता है। भाई-बहिन, पिता-पुत्र, इष्ट-मित्र से लेकर चिर-परिचित पशु-पक्षी और वृक्ष तक का प्रेम इसी ढंग का होता है। रूप-गुण की भावना से उत्पन्न प्रेम भी आगे चलकर कुछ दिनों में यह साहचर्यजन्य स्वरूप प्राप्त करता है। अतः प्रेम के स्वरूप का महत्त्व बराबर ध्यान में रहना चाहिए।

लोभ या प्रेम या प्रेम की सबसे बड़े विलक्षणता का उल्लेख करके अब हम यह निबंध समाप्त करते हैं। यही एक ऐसा भाव है जिसकी व्यंजना हँसकर भी की जाती है और रोकर भी; जिसके व्यंजक दीर्घ निःश्वास और अश्रु भी होते हैं तथा हर्षपुलक और उछल-कूद भी। इसके विस्तृत शासन के भीतर आनंदात्मक और दुःखात्मक दोनों प्रकार के मनोविकार आ जाते हैं। साहित्य के आचार्यों ने इससे शृंगार के दो पक्ष कर दिए हैं—संयोग पक्ष और वियोग पक्ष। कोई और भाव ऐसा नहीं है जो आलंबन के रहने पर तो एक प्रकार की मनोवृत्तियाँ और चेष्टाएँ उत्पन्न करे और न रहने पर बिल्कुल दूसरे प्रकार की। कुछ और भाव भी लोभ या प्रेम का-सा स्थायित्व प्राप्त करते हैं—जैसे, क्रोध बहुत दिनों तक टिका रह जाने पर द्वेष या वैर का रूप धारण करता है और जुगुप्सा' घृणा या विरक्ति का-पर यह विशेषता और किसी में नहीं पाई जाती। मनुष्य की अंतर्वृत्तियों पर लोभ या प्रेम शासन का यही दीर्घ देखकर लोगों ने शृंगार को 'रसराज' कहा है।

घृणा

सृष्टि-विस्तार से अभ्यस्त होने पर प्राणियों को कुछ विषय रुचिकर और कुछ अरुचिकर प्रतीत होने लगे हैं। अरुचिकर विषयों के उपस्थिति होने पर अपने ज्ञानपथ से उन्हें दूर रखने की प्रेरणा करनेवाला जो दुःख होता है उसे घृणा कहते हैं। सुभीते के लिए हम यहाँ घृणा के विषयों के दो विभाग करते हैं—स्थूल और मानसिक। स्थूल विषय आँख, कान और नाक इन्हीं तीन इंद्रियों से संबंध रखते हैं। हम चिपटी नाक और मोटे ओंठ से सुसज्जित चेहरे को देख दृष्टि फेरते हैं, खरस्वान खर्राट तान सुनकर कान में उँगली डालते हैं और म्युनिसिपैलिटी की मैला गाड़ी सामने आने पर नाक पर रुमाल रखते हैं। रस और स्पर्श अकेले घृणा नहीं उत्पन्न करते। रस का रुचिकर या अरुचिकर लगना तो कई अंशों में घ्राण से सम्बद्ध है। मानसिक विषयों की घृणा मन में कुछ अपनी ही क्रिया से आरोपित और कुछ शिक्षा द्वारा प्राप्त आदर्शों के प्रतिकूल विषयों से सर्वथा स्वतंत्र होते हैं। निर्लज्जता की कथा कितनी ही सुरीली तान में सुनायी जाए, घृणा उत्पन्न ही करेगी। कैसा ही गंदा आदमी परोपकार करे उसे देख श्रद्धा उत्पन्न हुए बिना न रहेगी।

अरुचिकर और प्रतिकूल विषयों के उपस्थित काल में इंद्रियों या मन का व्यापार अच्छा नहीं लगता, इससे या तो प्राणी ऐसे विषयों को दूर करना चाहता है अथवा अपने इंद्रियों या मन के व्यापार को बंद करना। इसके अतिरिक्त वह और कुछ नहीं करना चाहता। क्रोध और घृणा में जो अंतर है वह यहाँ देखा जा सकता है। क्रोध का विषय पीड़ा या हानि पहुँचानेवाला होता है, इससे क्रोधी उसे नष्ट करने में प्रवृत्त होता है। घृणा का विषय इंद्रिय या मन के व्यापार में संकोच मात्र उत्पन्न करनेवाला होता है, इससे मनुष्य को उतना उग्र उद्वेग नहीं होता और वह घृणा के विषय की हानि करने में तुरंत बिना कुछ और विचार किए प्रवृत्त नहीं होता। हम अत्याचारी पर क्रोध और व्यभिचारी से घृणा करते हैं। क्रोध और घृणा के बीच एक अंतर और ध्यान देने योग्य है। घृणा का विषय हमें घृणा का दुःख पहुँचाने के विचार से हमारे सामने उपस्थित नहीं होता, पर क्रोध का चेतन विषय हमें आघात या पीड़ा पहुँचाने

के उद्देश्य से हमारे सामने उपस्थित होता है या समझा जाता है। न दुर्गंध ही इसलिए हमारी नाक़ में घुसती है कि हमें घिन लगे और न व्यभिचारी ही इसलिए व्यभिचार करता है कि हमें उसकी करतूत सुन उससे घृणा करने का दुःख उठाना पड़े। यदि घृणा का विषय जान-बूझकर हमें घृणा का दुःख पहुँचाने के अभिप्राय से हमारे सामने उपस्थित हो तो हमारा ध्यान उस घृणा के विषय से हटकर उसकी उपस्थिति के कारण की ओर हो जाता है और हम क्रोध-साधन में तत्पर हो जाते हैं। यदि आपको किसी के पीले दाँत देख घिन लगेगी तो आप अपना मुँह दूसरी ओर फ़ेर लेंगे, उसके दाँत नहीं तोड़ने जाएँगे। पर यदि जिधर-जिधर आप मुँह फेरते हैं उधर-उधर वह भी आकर खड़ा हो तो आश्चर्य नहीं कि वह थप्पड़ खा जाए। यदि होली में कोई गंदी गालियाँ बकता चला जाता है तो घृणा मात्र लगने पर आप उसे मारने न जाएँगे; दूर हटेंगे, पर यदि जहाँ-जहाँ आप जाते हैं वहाँ-वहाँ वह भी आपके साथ-साथ अश्लील बकता जाता है तो आप उस पर पिल पड़ेंगे।

घृणा और पीड़ा के स्वरूप में जो अंतर है वह स्पष्ट है। वज्रपात के शब्द का अनुभव भद्दे गले के आलाप के अनुभव से भिन्न है। आँख में किरकिरी पड़ना और बात है, सड़ी बिल्ली सामने आना और बात। यदि कोई स्त्री आपसे मीठे शब्दों में कलुषित प्रस्ताव करे तो उसके प्रति आपको घृणा होगी, पर वही स्त्री यदि आपको छड़ी लेकर मारने आए तो आप उस पर क्रोध करेंगे। घृणा का भाव शांत है उसमें क्रियोत्पादिनी शक्ति नहीं है। घृणा निवृत्ति का मार्ग दिखलाती है और क्रोध प्रवृत्ति का। हम किसी से घृणा करेंगे तो बहुत करेंगे उसकी राह बचाएँगे, उससे बोलेंगे नहीं, पर यदि किसी पर क्रोध करेंगे तो ढूँढ़कर उससे मिलेंगे और उसे और नहीं तो दस-पाँच ऊँची-नीची सुनाएँगे। घृणा विषय से दूर ले जानेवाली है और क्रोध हानि पहुँचाने की प्रवृत्ति उत्पन्न कर विषय के पास ले जानेवाला। कहीं-कहीं घृणा क्रोध का शांत रूपांतर मात्र प्रतीत होता है साधारण लोग जिन बातों पर क्रोध करते देखे जाते हैं। साधु लोग उनसे घृणामात्र करके; और यदि साधुता ने बहुत जोर किया तो उदासीन होकर, रह जाते हैं। दुर्जनों की गाली सुनकर साधारण लोग क्रोध करते हैं पर साधु लोग उपेक्षा ही करके संतोष कर लेते हैं, जो क्रोध एक बार उत्पन्न होकर सामान्य लोगों में वैर के रूप में टिक जाता है वही क्रोध साधु से घृणा के रूप में टिकता है। दोनों के जो भिन्न-भिन्न परिणाम हैं वे प्रत्यक्ष हैं यदि जिस पर एक बार क्रोध उत्पन्न हुआ उसका व्यवहार आकस्मिक है तो वैर कर बैठना और बराबर अग्रसर होनेवाला है तो घृणा मात्र करना निष्फल होता है।

आजकल की बनावटी सभ्यता या शिष्टता में 'घृणा' शब्द बैर या क्रोध को छिपाने का भी काम दे जाता है। यदि हमें किसी से वैर है तो हम दस-पाँच सभ्यों के बीच बैठकर कहते हैं कि हमें उससे घृणा है। इस बात में हमारी चालाकी प्रत्यक्ष है। वैर का आधार व्यक्तिगत होता है, घृणा का सार्वजनिक। वैर के नाम पर यह

समझा जाता है कि कहीं दो या अधिक मनुष्यों के लक्ष्य का परस्पर विरोध हुआ है, पर घृणा का नाम सुनकर अधिकतर यही अनुमान होता है कि समाज के लक्ष्य या आदर्श का विरोध हुआ है। वैर करना एक छोटी बात समझी जाती है। अतः वैर के स्थान पर घृणा का नाम लेने से बदला बचाव दोनों हो जाते हैं।

घृणा के स्थूल विषय प्रायः सब मनुष्यों के लिए समान होते हैं। सुगंध और दुर्गंध, सौंदर्य और भद्दापन इत्यादि के विषय में अधिकांश एकमत रहता है। यह दूसरी बात है कि एक प्रकार की सुगंध की अपेक्षा दूसरे प्रकार की सुगंध किसी को अधिक अच्छी लगे, पर गुलाब की गंध को कोई दुर्गंध नहीं कहेगा। घृणा और श्रद्धा के मानसिक विषय भी सभ्य जातियों के बीच प्रायः सब हृदयों के समान और निर्दिष्ट होते हैं। वेश्यागमन, जुआ, मद्यपान, स्वार्थपरता, कायरता, आलस्य, लंपटता, पाखंड, अनधिकार-चर्चा, मिथ्याभिमान आदि विषय उपस्थित होने पर प्रायः सब मनुष्य घृणा करने के लिए विवश हैं। इसी प्रकार स्वार्थत्याग, परोपकार, इंद्रिय-संयम आदि पर श्रद्धा होना एक प्रकार से स्वाभाविक-सा हो गया है। मतभेद वहाँ देखा जाता है जहाँ और विषयों को पाकर लोग अनुबंध द्वारा घृणा के इन प्रतिष्ठित मूल विषयों तक पहुँचते हैं। यदि एक ही व्यापार से एक आदमी को घृणा मालूम हो रही है और दूसरे को नहीं तो यह समझना चाहिए कि पहला उस व्यापार के आगे-पीछे चारों ओर जिन रूपों की उद्‌भावना करता है, दूसरा नहीं।

दल-बल साहित भरत को बन में आते देख निषाद को उनके प्रति घृणा उत्पन्न हो रही है और राम को नहीं, क्योंकि निषादराज भरत के आगमन में असहाय राम को मार निष्कंटक राज करने की उद्‌भावना करता है और राम नहीं। इस प्रकार के भेद का कारण मनुष्य के अनुबंध-ज्ञान की उलटी गति है। अनुबंध-ज्ञान का क्रम या तो प्रस्तुत विषय पर से उसे संघटित करने वाले कारणों की ओर चलता है या परिणामों की ओर। किसी प्रस्तुत विषय को पाकर हर एक आदमी अनुबंध द्वारा उससे वास्तविक संबंध रखनेवाले अतः समान विषयों तक नहीं पहुँच सकता। एक बात को देखकर हर एक आदमी उसका एक ही या समान कारण या परिणाम नहीं बतलाएगा। किसी रियासत के नौकर ने अपने एक मित्र से कहा कि 'तुम कभी-भूलकर भी इस रियासत में नौकरी न करना'। इस कथन में एक आदमी को तो हितकामना की झलक दिखाई पड़ रही है और दूसरे को ईर्ष्या की। इससे एक उस पर श्रद्धा करता है और दूसरा घृणा। जहाँ घृणा के मूल विषय प्रत्यक्ष रूप में सीधे हमारे सामने आते हैं वहाँ कोई मतभेद नहीं दिखाई देता है। पर कभी-कभी स्वयं ये विषय हमारे सामने नहीं आते। इनके अनुमित लक्षण हमारे सामने रहते हैं जो और विषयों के लक्षण हो सकते हैं। घृणा संबंधी इस प्रकार का मतभेद सभ्य जातियों में, जिनमें उद्देश्यों के छिपाने की चाल बहुत है, अधिक देखा जाता है। एक ही आदमी को कोई परम धार्मिक नेता समझता है, कोई पूरा मक्कार।

एक ही राजकीय कार्रवाई को कोई व्यापार-स्वातंत्र्य का प्रयत्न समझता है, कोई राज्य का लोभ।

मूसाई और ईसाई लोग देवपूजकों से इसलिए घृणा नहीं करते कि वे छोटी वस्तुओं पर श्रद्धा-भक्ति करते हैं, बल्कि यह समझकर कि वे उनके जमीन और आसमान बनानेवाले खुदा से दुश्मनी किए बैठे हैं। अपने बनाने और पालनेवाले से वैर ठानना कृतघ्नता है। अतः उनकी घृणा आरोपित कृतघ्नता के प्रति है, देवपूजा की प्रति नहीं। संसार द्वारा ऐसे आरोपों पर यहाँ तक विश्वास बढ़ा कि अरब और यहूद की धर्म-पुस्तकों में मूर्तिपूजन या देवाराधन महापातक ठहराया गया। अंगरेज कवि मिल्टन ने प्राचीन जातियों के देवताओं को शैतान की फौज के सरदार बनाकर बड़ी संकीर्णता और कट्टरता का परिचय दिया है। सीधे-सादे गोस्वामी तुलसीदास जी से भी बिना यह कहे न रहा गया—

जो परिहर हरि-हर-चरन भजहिं भूतगन घोर।
तिनकी गति मोहिं देहु विधि जो जननी मत मोर॥

भिन्न-भिन्न मतवालों में जो परस्पर घृणा देखी जाती है। वह अधिकतर ऐसे ही आरोपों के कारण एक के आचार-विचार से जब दूसरा घृणा करता है तब उसकी दृष्टि यथार्थ में उस आचार-विचार पर नहीं रहती है, बल्कि ऊपर लिखे घृणा के सामान्य मूलाधारों में से किसी पर रहती है।

घृणा के विषय में मतभेद का एक और कारण ग्राह्य और अग्राह्य होने के लिए विषय-मात्र की अनियति है। सृष्टि में बहुत-सी वस्तुओं के बीच की सीमाएँ अस्थिर हैं। एक ही वस्तु, व्यापार या गुण किसी मात्रा में श्रद्धा का विषय होता है, किसी मात्रा में अश्रद्धा का। इसके अतिरिक्त शिक्षा और संस्कार के कारण एक ही मात्रा का प्रभाव प्रत्येक हृदय पर एक ही प्रकार का नहीं पड़ता। यह नहीं है कि एक बात एक आदमी को जहाँ तक अच्छी लगती है वहाँ तक दूसरे को भी अच्छी लगे। मन में प्रतिकूल बातें रखकर मुँह पर अनुकूल बातें कहनेवाले को एक आदमी शिष्ट और दूसरा कुटिल कहता है। उपचार या मुँह पर प्रसन्न करनेवाली बात कहने को जहाँ तक एक आदमी शिष्टता समझता चला जाता है, दूसरा वहाँ से कुटिलता का आरंभ मान लेता है। दो-बार किसी आदमी को थोड़ी-थोड़ी बात पर रोते या कोप करते देखकर एक तो उसको दुर्बल चित्त और उद्वेगशील समझता है और दूसरा उसी को थोड़ी-थोड़ी बात पर विलाप करते और आपे के बाहर होते दस बार देखकर भी उसे सहृदय कहता है। रसिक लोग शुष्क हृदय लोगों से घृणा करते हैं और शुष्क हृदय लोग रसिकों से। यदि ये दोनों मिलकर एक दिन शुष्कता और रसिकता की सीमा तय कर डालें तो झगड़ा मिट जाए। शुष्क हृदय लोग नाप तोलकर यह बतला दें कि यहाँ तक की रसिकता शोहदापन या विषयासक्त नहीं

है और रसिक लोग यह बतला दें कि यहाँ तक की शुष्कता कठोर-हृदयता नहीं है, बस झगड़ा साफ। पर यह हो नहीं सकता। दृढ़ता और हठ, धीरता और आलस्य, सहनशीलता और भीरुता उदारता, और फिजूलखर्ची, किफायत और कंजूसी आदि के बीच की सीमाएँ सब मनुष्यों के हृदय में न एक हैं और न एक होंगी।

मनोविकार दो प्रकार के होते हैं—प्रेष्य और अप्रेष्य। प्रेष्य वे हैं जो एक के हृदय में पहले के प्रति उत्पन्न होकर दूसरे के हृदय में भी पहले के प्रति उत्पन्न हो सकते हैं, जैसे क्रोध, घृणा, प्रेम इत्यादि। हम जिस पर क्रोध करेंगे वह (हमारे क्रोध के कारण) हम पर भी क्रोध कर सकता है। जिससे हम प्रेम करेंगे वह हमारे प्रेम को देख हमसे भी प्रेम कर सकता है। अप्रेष्य मनोविकार जिसके प्रति उत्पन्न होते हैं। उसके हृदय में यदि करेंगे तो सदा दूसरे भावों की सृष्टि करेंगे। उसके अंतर्गत भय, दया, ईर्ष्या आदि हैं। जिससे हम भय करेंगे वह हमसे हमारे भय के प्रभाव से भय नहीं करेगा बल्कि हम पर दया करेगा। जिस पर हम दया करेंगे, वह हमारी दया के कारण हम पर दया नहीं करेगा बल्कि श्रद्धा करेगा। जिससे हम ईर्ष्या करेंगे वह हमारी ईर्ष्या को देख हमसे ईर्ष्या नहीं करेगा बल्कि घृणा करेगा।

प्रेष्य मनोवेग सजातीय संयोग पाकर बहुत जल्दी बढ़ते हैं। एक के क्रोध को देख दूसरा क्रोध करेगा, दूसरे का क्रोध बढ़ते देख पहले का क्रोध बढ़ेगा, पहले का क्रोध बढ़ते देख दूसरे का क्रोध और बढ़ेगा, इस प्रकार एक अत्यंत भीषण क्रोध का दृश्य उपस्थित हो सकता है। इसी प्रकार एक के प्रेम को देख दूसरे को प्रेम हो सकता है, दूसरे के प्रेम को देख पहले का प्रेम बढ़ सकता है, पहले के प्रेम को बढ़ते देख दूसरे का प्रेम और बढ़ सकता है और अंत में रात-रात भर करवटें बदलते रहने की नौबत आ सकती है। अतः प्रेष्य मनोवेगों से बहुत सावधान रहना चाहिए। अप्रेष्य मनोवेगों का ऐसे विजातीय मनोवेगों से संयोग होता है जिनसे उनकी वृद्धि नहीं हो सकती। जिससे हम भय करेंगे वह हम पर दया करेगा। उसकी दया को देख हमारा भय बढ़ेगा नहीं। हमें जिससे भय प्राप्त हुआ है। उसमें फिर क्रोध को देख हमारा भय बढ़ सकता है; पर हमारे भय के कारण उसमें नया क्रोध उत्पन्न ही नहीं होगा। अपने ऊपर किसी को दया करते देख हम उस पर श्रद्धा प्रकट करेंगे। हमारी श्रद्धा से उसकी दया तत्क्षण बढ़ेगी नहीं। श्रद्धा पर दया नहीं होती है, दया होती है क्लेश पर। श्रद्धा पर जो वस्तु हो सकती है वह कृपा है। जिस पर हमें दया उत्पन्न हुई है उसको क्लेशित या भयभीत देखकर हमारी दया बढ़ सकती है। पर हमें दया करते देख (उस दया के कारण) उसका क्लेश या भय बढ़ेगा नहीं। किसी को अपने प्रति ईर्ष्या करते देखकर हम उससे घृणा प्रकट करेंगे। हमारी घृणा उसमें नई ईर्ष्या उत्पन्न कर उसकी ईर्ष्या बढ़ाएगी नहीं। घृणा पर ईर्ष्या नहीं होती है ईर्ष्या होती है किसी की उन्नति या बढ़ती देखकर। प्रतिकार के रूप में जो

अहित-कामना उत्पन्न होती है। वह ईर्ष्या नहीं है। घृणा के बदले में तो घृणा, क्रोध या वैर होता है।

यह जानकर घृणा प्रेष्य मनोविकारों में से है, लोगों को बहुत समझ-बूझकर उसे स्थान देना और प्रकट करना चाहिए। ऊपर कहा जा चुका है कि घृणा निवृत्ति के मार्ग को दिखलाती है अर्थात् अपने विषयों से दूर रखने की प्रेरणा करती है। अतः यदि हमारी घृणा अज्ञानवश ऐसी वस्तुओं से है जिनसे हमें लाभ पहुँच सकता है तो उनके अभाव का कष्ट हमें भोगना पड़ेगा। शारीरिक बल और शिक्षा आदि से जिन्हें घृणा है वे उनके लाभों से वंचित रहेंगे। किसी बुद्धिमान मनुष्य से जो मन में घृणा रखेगा वह उसके सत्संग के लाभ से हाथ धोएगा।

उपयुक्त घृणा को भी यदि वह शुद्ध है, तो प्रकट करने की आवश्यकता नहीं होती। घृणा का उद्देश्य जिसके हृदय में वह उत्पन्न होती है उसी की क्रियाओं को निर्धारित करना है, जिसके प्रति उत्पन्न होती है उस पर किसी तरह का प्रभाव डालना नहीं। अतः उपयुक्त घृणा को भी उसके पात्र पर यत्नपूर्वक प्रकट करने की आवश्यकता नहीं है। यदि हमें किसी आदमी से खालिस घृणा मात्र है तो हम उससे दूर रहेंगे; हमें इसकी रूपरत न होगी कि हम उसके पास जाकर कहें कि 'हमें तुमसे घृणा है'। जब क्रोध, करुणा या हित कामना आदि का कुछ मेल रहेगा तभी हम अपनी घृणा प्रकट करने को आकुल होंगे। हमें जिस पर क्रोध मिश्रित घृणा होगी उसी के सामने हम अपनी घृणा प्रकट करके उसे दुःख पहुँचाना चाहेंगे क्योंकि दुःख पहुँचाने की प्रवृत्ति क्रोध की है, घृणा की नहीं। इसी प्रकार के कार्यों से हमें घृणा उत्पन्न होगी यदि उस पर कुछ दया या उसके हित की कुछ चिंता होगी तभी हम उसे उन कार्यों से विरत करने के अभिप्राय से उस पर अपनी घृणा प्रकट करने जाएँगे। पर इन दोनों अवस्थाओं में यह भी हो सकता है कि जिस पर हम घृणा प्रकट करें वह हमसे बुरा मान जाए।

मनोविकारों को उत्पन्न होने देने और न उत्पन्न होने देने की इच्छा को मनोविकारों से स्वतंत्र समझना चाहिए। किसी वस्तु को दूर करने या उससे दूर होने की इच्छा दूसरी बात। हम घृणा के दुःख का अनुभव या अनुभव की आशंका कर चुके तब उससे बचने को आकुल हुए। ऐसी आकुलता को हम 'घृणा लगने का भय' कह सकते हैं। एक पूछता है, "क्यों भाई। तुम उसके सामने क्यों नहीं जाते?" दूसरा कहता है, "उसका चेहरा देखकर और उसकी बात सुनकर हमें क्रोध लगता है।" इस प्रकार की अनिच्छा को हम "क्रोध की अनिच्छा" कह सकते हैं। किसी वस्तु का अच्छा लगना एक बात है और उस अच्छा लगने के सुख को उत्पन्न करने के लिए उस वस्तु की प्राप्ति की इच्छा दूसरी बात।

घृणा और भय की प्रवृत्ति एक-सी है। दोनों अपने-अपने विषयों से दूर होने

की प्रेरणा करते हैं। परंतु भय का विषय भावी हानि का अत्यंत निश्चय करानेवाला होता है और घृणा का विषय उसी क्षण इंद्रिय या मन के व्यापारों में संकोच उत्पन्न करनेवाला। घृणा के विषय से यह समझा जाता है कि जिस प्रकार का दुःख यह दे रहा है उसी प्रकार का देता जाएगा पर भय के विषय से यह समझा जाता है कि अभी और उसी प्रकार का अधिक तीव्र दुःख देगा। भय क्लेश नहीं है, क्लेश की छाया है, पर ऐसी छाया है जो हमारे चारों ओर अंधकार फैला सकती है। सारांश यह है कि भय एक अतिरिक्त क्लेश है। यदि जिस बात का हमें भय था वह हम पर आ पड़ी तो हमें दोहरा क्लेश पहुँचा। इसी से आनेवाली अनिवार्य आपदाओं के पूर्वज्ञान की हमें उतनी आवश्यकता नहीं, क्योंकि उनसे भय करके हम अपने को बचा तो सकते नहीं, उनके पहले के दिनों से सुख को भी खो अलबत्ता सकते हैं।

सभ्यता या शिष्टता के व्यवहार में 'घृणा' उदासीनता के नाम से छिपाई जाती है। दोनों में जो अंतर है वह प्रत्यक्ष है। जिस बात से हमें घृणा है, हम चाहते क्या आकुल रहते हैं कि वह बात न हो, पर जिस बात से हम उदासीन हैं उसके विषय में हमें परवाह नहीं रहती; वह चाहे हो, चाहे न हो। यदि कोई काम किसी की रुचि के विरुद्ध होता है तो वह कहता है, "ऊँह! हमसे क्या मतलब, जो चाहे सो हो।" वह सरासर झूठ बोलता है, पर इतना झूठ समाज-स्थिति के लिए आवश्यक है।

ईर्ष्या

जैसे दूसरे के दुःख को देख दुःख होता है वैसे ही दूसरे के सुख या भलाई को देखकर भी एक प्रकार का दुःख होता है, जिसे ईर्ष्या कहते हैं। ईर्ष्या की उत्पत्ति कई भावों के संयोग से होती है, इससे इसका प्रादुर्भाव बच्चों में कुछ देर में देखा जाता है और पशुओं में तो शायद होता ही न हो। ईर्ष्या एक संकर भाव है जिसकी संप्राप्ति आलस्य, अभिमान और नैराश्य के युग से होती है। जब दो बच्चे किसी खिलौने के लिए झगड़ते हैं तब कभी-कभी ऐसा देखा जाता है कि एक उस खिलौने को लेकर फोड़ देता है जिससे वह किसी काम में नहीं आता। इससे अनुमान हो सकता है कि उस लड़के के मन में अर्थात् उसकी स्थिति मुझसे अच्छी न रहे। ईर्ष्या पहले-पहल इसी रूप में व्यक्त होती है।

ईर्ष्या प्राप्ति की उत्तेजित इच्छा नहीं है। एक के पास कोई वस्तु है और दूसरे के पास नहीं है तो वह दूसरा व्यक्ति इस बात के लिए तीन प्रकार से दुःख प्रकट कर सकता है–

1. क्या कहें, हमारे पास भी वह वस्तु होती।
2. हाय! वह वस्तु उसके पास न होकर हमारे पास होती तो अच्छा था।
3. वह वस्तु किसी प्रकार उसके हाथ से निकल जाती, चाहे जहाँ जाती।

इन तीनों वाक्यों को ध्यानपूर्वक देखने से जान पड़ेगा कि इनमें दूसरे व्यक्ति की ओर जो लक्ष्य है उसे क्रमशः विशेषत्व प्राप्त होता गया है और वस्तु की ओर जो लक्ष्य है वह कम होता गया है। पहले वाक्य से जो भाव झलकता है वह ईर्ष्या नहीं है, साधारण स्पर्द्धा अर्थात् लाभ की उत्तेजित इच्छा का एक अच्छा रूप है। उसमें वस्तु की ओर लक्ष्य है, व्यक्ति की ओर नहीं। ईर्ष्या व्यक्तिगत होती है पर स्पर्द्धा वस्तुगत। दूसरे वाक्य में ईर्ष्या का कुछ और तीसरे में पूरा आभास है। इन दोनों में से एक (दूसरे) में दूसरे को वंचित न कर सकने का दुःख गौण और दूसरे (तीसरे) में प्रधान या एकांत है।

स्पर्द्धा में किसी सुख, ऐश्वर्य, गुण या मान से किसी व्यक्ति-विशेष को सम्पन्न

देख अपनी त्रुटि पर दुःख होता है, फिर प्राप्ति की एक प्रकार की उद्वेगपूर्ण इच्छा उत्पन्न होती है, या यदि इच्छा पहले से होती है तो उस इच्छा को उत्तेजना मिलती है। इस प्रकार की वेगपूर्ण इच्छा या इच्छा की उत्तेजना अंतःकरण की उन प्रेरणाओं में से है जो मनुष्य को अपने उन्नति-साधन में तत्पर करती है। इसे कोई संसार को सच्चा समझनेवाला बुरा नहीं कह सकता। यह उत्तेजना ऐश्वर्य गुण या मान के किसी चित्ताकर्षक रूप या प्रभाव के साक्षात्कार से उत्पन्न होती है और कभी-कभी उस ऐश्वर्य, गुण या मान को धारण करनेवाले की पूर्व-स्थिति के परिज्ञान से बहुत बढ़ जाती है। किसी अपने पड़ोसी या मित्र की विद्या का चमत्कार या आदर देख विद्या प्राप्ति की इच्छा उत्तेजित होती है और यह जानकर कि पहले वह एक बहुत साधारण बुद्धि या वित्त का मनुष्य था, यह उत्तेजना आशाप्रेरित होकर और भी बढ़ जाती है। प्राप्ति की इस उत्तेजित इच्छा के लिए सम्पन्न व्यक्ति ऐसा मूर्तिमान और प्रत्यक्ष आधार हो जाता है जिससे अपनी उन्नति या सम्पन्नता की भी आशा बँधती है और कार्यक्रम की शिक्षा मिलती है। किसी वस्तु की प्राप्ति की इच्छा वाले को किसी ऐसे व्यक्ति को देख जिसने अपने पुरुषार्थ से वह वस्तु प्राप्त की हो, कभी-कभी बड़ा सहारा हो आता है और वह सोचता है कि 'जब उस मनुष्य ने उस वस्तु को प्राप्त कर लिया तब क्या मैं भी नहीं कर सकता?' ऐसे सम्पन्न व्यक्ति की ओर जो इच्छुक या स्पर्द्धावान का बार-बार ध्यान जाता है वह उसकी स्थिति में किसी प्रकार का परिवर्तन करने के लिए नहीं, बल्कि अपनी स्थिति में परिवर्तन करने के लिए। स्पर्द्धा में अपनी कमी या त्रुटि पर दुःख होता है, दूसरे की सम्पन्नता पर नहीं। स्पर्द्धा में दुःख का विषय होता है, "मैंने उन्नति क्यों नहीं की?" और ईर्ष्या में दुःख का विषय होता, "उसने उन्नति क्यों की?" स्पर्द्धा संसार में गुणी, प्रतिष्ठित और सुखी लोगों की संख्या में कुछ बढ़ती करना चाहती है। और ईर्ष्या में कमी।

ऊपर के विवरण से यह बात झलक गई होगी कि ईर्ष्या एक अनावश्यक विकार है, इससे उसकी गणना मूल मनोविकारों में नहीं हो सकती। यह यथार्थ में कई भावों के विचित्र मिश्रण से संघटित एक विष है। जब किसी विषय में अपनी स्थिति को रक्षित रख सकने या समुन्नत कर सकने के निश्चय में अयोग्यता या आलस्य आदि के कारण कुछ कसर रहती है तभी इस इच्छा का उदय होता है। किसी व्यक्ति-विशेष की स्थिति उस विषय में हमारे तुल्य या हमसे बढ़कर न होने पाए। यही इच्छा बढ़कर द्वेष में परिवर्तित हो जाती है और तब उस दूसरे व्यक्ति का अनिष्ट, न केवल उस विषय में बल्कि प्रत्येक विषय में वांछित हो जाता है। वैर और द्वेष में अंतर यह है कि वैर अपनी किसी वास्तविक हानि के प्रतिकार में होता है, पर द्वेष अपनी किसी हानि के कारण या लाभ की आशा से नहीं किया गया।

यह बात ध्यान देने की है कि ईर्ष्या व्यक्ति-विशेष से होती है। यह नहीं होता कि जिस किसी को ऐश्वर्य, गुण या मान से सम्पन्न देखा उसी से ईर्ष्या हो गई।

ईर्ष्या उन्हीं से होती है जिनके विषय में यह धारणा होती है कि लोगों की दृष्टि हमारे—साथ-साथ उन पर भी अवश्य पड़ती होगी। अपने से दूरस्थ होने के कारण अपने साथ-साथ जिन पर लोगों का ध्यान जाने का निश्चय नहीं होता उनके प्रति ईर्ष्या नहीं उत्पन्न होती। काशी में रहनेवाली किसी धनी को अमेरिका के किसी धनी की बात सुनकर ईर्ष्या नहीं होगी। हिंदी के किसी कवि को इटली के किसी कवि का महत्त्व सुनकर ईर्ष्या नहीं होगी। संबंधियों, बालसखाओं, सहपाठियों और पड़ोसियों के बीच ईर्ष्या का विकास अधिक देखा जाता है। लड़कपन से जो आदमी एक साथ उठते-बैठते देखे गए हैं उन्हीं में से कोई एक-दूसरे की बढ़ती से जलता हुआ भी पाया गया है। यदि दो साथियों में से कोई किसी अच्छे पद पर पहुँच गया तो वह इस उद्योग में देखा जाता है कि दूसरे किसी अच्छे पद पर न पहुँचने पाए। प्रायः अपनी उन्नति के गुप्त बाधकों का पता लगाते-लगाते लोग अपने किसी बड़े पुराने मित्र तक पहुँच जाते हैं। जिस समय संसर्ग-सूत्र में बाँधकर हम औरों को अपने साथ एक पंक्ति में खड़ा करते हैं उस समय सहानुभूति, सहायता आदि की संभावना प्रतिष्ठित होने के साथ ही साथ ईर्ष्या और द्वेष की संभावना की नींव भी पड़ जाती है। अपने किसी विधान से हम भलाई ही भलाई की संभावना का सूत्रपात करें और इस प्रकार भविष्य के अनिश्चय में बाधा डालें, यह कभी हो ही नहीं सकता। भविष्य की अनिश्चयात्मकता अटल और अजेय है। अपनी लाख विद्या-बुद्धि से भी हम उसे बिल्कुल हटा नहीं सकते।

अब ध्यान देने की बात यह निकली कि ईर्ष्या के संसार के लिए ईर्ष्या करनेवाले और ईर्ष्या के पात्र के अतिरिक्त स्थिति पर ध्यान देनेवाले समाज की भी आवश्यकता है। इसी समाज की धारणा पर प्रभाव डालने के लिए ही ईर्ष्या की जाती है; ऐश्वर्य गुण या मान का गुप्त रूप से बिना किसी समुदाय को विदित कराए, सुख या संतोष भोगने के लिए नहीं। ऐश्वर्य या गुण में हम चाहे किसी व्यक्ति से वस्तुतः बढ़कर या उसके तुल्य न हों, पर यदि समाज की यह धारणा है कि हम उससे बढ़कर या उसके तुल्य हैं तो हम संतुष्ट रहेंगे, ईर्ष्या का घोर कष्ट न उठाने जाएँगे। कैसी अनोखी बात है कि वस्तु प्राप्ति से वंचित रहकर भी हम समाज की धारणा मात्र से संतुष्ट रहते हैं। ईर्ष्या सामाजिक जीवन की कृत्रिमता से उत्पन्न एक विष है। इसके प्रभाव से हम दूसरे की बढ़ती से अपनी कोई वास्तविक हानि न देखकर भी व्यर्थ दुखी होते हैं। समाज के संघर्ष से जो अवास्तविकता उत्पन्न होती है वह हम पर प्रभाव डालने में वास्तविकता से कम नहीं। वह हमें सुखी भी कर सकती है, दुखी भी। फारसी मसल है, ''मार्गे अंबोह जशने दारद''। हम किसी कष्ट में हैं, इसी बीच में कोई दूसरा व्यक्ति हमसे अपना भी कष्ट वर्णन करने लगता है तो हमारे मुँह पर कुछ हँसी आ जाती है और हम कुछ आनंदित होकर कहते हैं, ''भाई! हम भी तो इसी बला में गिरफ्तार हैं।'' यदि दस-पाँच आदमी वही कष्ट बतानेवाले मिलें तो

हमारी हँसी कुछ बढ़ भी जाती है। एक बार किसी ने अपने संबंधी के मरने पर एक विद्वान् से पूछा, "हम धैर्य कैसे धारण करें?" उसने कहा, "थोड़ी देर के लिए सोचो कि इसी संसार में लाखों अनाथ इधर-उधर ठोकर खा रहे हैं, लाखों बच्चे बिना माँ-बाप के रो रहे हैं, लाखों विधवाएँ आँसू बहा रही हैं। यदि हमें कोई कष्ट है तो क्या दूसरों को भी उसी कष्ट में देखकर थोड़ी देर के लिए हमारा वह कष्ट सचमुच घट जाता है? यदि नहीं घटता है तो यह हँसी कैसी, यह धैर्य कैसा? यह हँसी केवल स्थिति के मिलान पर निर्भर है, जिससे अपनी स्थिति के विशेषत्व का परिहार होता है। यह लोक संश्रय का एक गुण है कि कभी-कभी स्थिति के बने रहने पर भी उनके विशेषत्व के परिहार से तत्संबंधी भावना में अंतर पड़ जाता है। पर यह अंतर ऐसा ही है जैसे रोते-रोते सो जाना या फोड़ा चिराते समय क्लोरोफार्म सूँघ लेना।

समाज में पड़ते ही मनुष्य देखने लगता है कि उसकी स्थिति दोहरी हो गई है। वह देखता है कि "मैं यह हूँ", और "मैं बड़ा समझा जाता हूँ"। इस निश्चय के साथ एक यह निश्चय और जुड़ जाने से कि 'मैं बड़ा समझा जाता हूँ' मनुष्य के आनंद या सुख के अनुभव में वृद्धि होती है। इसी प्रकार "मैं क्षुद्र हूँ" इस धारणा के साथ "मैं क्षुद्र समझा जाता हूँ" इस धारणा के योग से दुःख के अनुभव की वृद्धि होती है। इस प्रकार स्थिति के एकांत और सामाजिक दो विभाग हो जाने से कोई तो दोनों विभागों पर दृष्टि रख सकते हैं। और कोई एक ही पर। शक्तिशाली और प्रतिभा-सम्पन्न मनुष्य पहले यह प्रयत्न करते हैं कि 'हम ऐसे हों'। फिर वैसे हो जाने पर यदि आवश्यक हुआ तो वे यह प्रयत्न भी करते हैं कि 'हम ऐसे समझे जाएँ'। इन दोनों के प्रयत्न जुदे-जुदे हैं। संसार में शक्ति-सम्पन्न सब नहीं होते, इससे बहुत से लोग स्थिति के पहले विभाग के लिए जिन प्रयत्नों की आवश्यकता है उनमें अपने को असमर्थ देख दूसरे ही विभाग से किसी प्रकार अपना संतोष करना चाहते हैं और उसी पर दृष्टि रखकर प्रयत्न करते हैं। ईर्ष्या ऐसे लोगों के हृदय में बहुत जगह पाती है और उनके प्रयत्नों में सहायक भी होती है। भाव प्रवर्तन आदि के बल से जिस समुदाय के प्राणी परस्पर ऐसे बन गए हैं कि अपने इंद्रियानुभाव और भावनाओं तक को जवाब देकर दूसरों के इंद्रियानुभाव और भावनाओं द्वारा निर्वाह कर सकते हैं, उसी से ईर्ष्या का विकास हो सकता है। अतः ईर्ष्या का अनन्य अधिकार मनुष्य-जाति ही पर है। एक कुत्ता किसी दूसरे कुत्ते को कुछ खाते देख उसे आप खाने की इच्छा कर सकता है, पर वह यह नहीं चाह सकता है कि चाहे हम खाएँ या न खाएँ वह दूसरा कुत्ता न खाने पाए। दूसरे कुत्तों की दृष्टि में हमारी स्थिति कैसी है, इसकी चिंता उस कुत्ते को न होगी।

अपने विषय में दूसरों के चित्त में अच्छी धारणा उत्पन्न करने का प्रयत्न अच्छी बात है। इस प्रयत्न को जो बुरा रूप प्राप्त होता है वह असत्य के समावेश के कारण दूसरों की धारणा की वास्तविक और अपनी स्थिति की सापेक्षता के कारण-जब हम

अपने विषय में दूसरों की झूठी धारणा और अपनी स्थिति के सापेक्ष रूप मात्र से संतोष करना चाहते हैं तभी बुराइयों के लिए जगह होती है और ईर्ष्या की राह खुलती है। जैसी स्थिति हमारी नहीं है, जैसी स्थिति प्राप्त करने की योग्यता हममें नहीं है, हम चाहते हैं कि लोग हमारी वैसी स्थिति समझें। जैसी स्थिति से वास्तव में हमें कोई सुख नहीं है। वैसी स्थिति किसी दूसरे के समान या दूसरे से अच्छी स्वयं समझने से नहीं बल्कि दूसरों के द्वारा समझी जाने से ही हम संतोष करते हैं। ऐसे असत्य आरोपों के बीच यदि ईर्ष्या ऐसी असार वृत्ति का उदय हो तो इसमें आश्चर्य ही क्या है।

ऊपर जो कुछ कहा गया उससे शायद यह धारणा हो सकती है कि ईर्ष्या अप्राप्त वस्तु ही के लिए होती है। पर यह बात नहीं है। हमारे पास जो वस्तु है उसे भी दूसरे के पास देखकर कभी-कभी हमें बुरा लगता है, हम दुखी होते हैं। किसी गरीब पड़ोसी को क्रमशः धनी होते देख आस-पास में धनी माना जानेवाला मनुष्य कभी-कभी बुरा मानने लगता है। एक ऊँची जाति का आदमी किसी नीच जाति के आदमी को अपने ही समान वस्त्र आदि पहने देख बुरा मानता और कुढ़ता है। इसका कारण यह अस्थायी बुद्धि या अहंकार है कि 'हम ऊँचे हैं वह नीचा है, हम बड़े हैं, वह छोटा है।' लोक-व्यवस्था के भीतर कुछ विशेष वर्ग के लोग, जैसे शिष्ट, विद्वान्, धर्म-चिंतक, शासन-कार्य पर नियुक्त अधिकारी, देश-रक्षा में प्राण देने को तैयार वीर इत्यादि औरों से अधिक आदर और सम्मान के पात्र होते हैं। इनके प्रति उचित सम्मान न प्रदर्शित करना अपराध है। अन्य वर्ग के लोग धर्मानुसार इन्हें बड़ा मानने को विवश हैं। पर इन्हें दूसरों को छोटा प्रकट करने या मानने तक का अधिकार नहीं है। जहाँ इन्होंने ऐसा किया कि सम्मान का अस्तित्व खोया।

न्यायाधीश न्याय करता है, कारीगर ईंट जोड़ता है। समाज-कल्याण के विचार से न्यायधीश का साधारण व्यवहार में कारीगर के प्रति यह प्रकट करना उचित नहीं कि तुम हमसे छोटे हो। जिस जाति में इस छोटाई-बड़ाई का अभिमान जगह-जगह जमकर दृढ़ हो जाता है, उसके भिन्न-भिन्न वर्गों के बीच स्थायी ईर्ष्या स्थापित हो जाती है, और संघ शक्ति का विकास बहुत कम अवसरों पर देखा जाता है। यदि समाज में कार्यों की, जिनके द्वारा भिन्न-भिन्न प्राणी जीवन-निर्वाह करते हैं परस्पर छोटाई-बड़ाई का ढिंढोरा न पीटा जाए, बल्कि उनकी विभिन्नता ही स्वीकार की जाए, तो बहुत-से असंतोष दूर हो जाए, राजनीतिक स्वत्व की आकांक्षा से स्त्रियों को पुरुषों की हद में न जाना पड़े, सब पढ़े-लिखे आदमियों को सरकारी नौकरियों ही के पीछे न दौड़ना पड़े। जहाँ इस छोटाई-बड़ाई का भाव बहुत प्रचार पा जाता है और जीवन-व्यवहारों में निर्दिष्ट और स्पष्ट रूपों में दिखाई पड़ता है, वहाँ लोगों की शक्तियाँ केवल कुछ विशेष-विशेष स्थानों की ओर प्रवृत्त होकर उन-उन स्थानों पर इकट्ठी होने लगती हैं। और समाज के कार्य विभागों में विषमता आ जाती है। अर्थात् कुछ

विभाग सूने पड़ जाते हैं, और कुछ आवश्यकता से अधिक भर जाते हैं, जैसा कि आजकल इस देश में देखा जा रहा है। यहाँ कृषि, विज्ञान, शिल्प, वाणिज्य आदि की ओर तब तक पढ़े-लिखे लोग ध्यान न देंगे जब तक कुछ पेशों और नौकरियों की शान लोगों की नजरों में समायी रहेगी। इसी प्रकार की शान प्रायः किसी शक्ति के अनुचित प्रयोग में अधिक समझी जाती है। कोई पुलिस का कर्मचारी जब अपने पद का अभिमान प्रकट करता है तब यह नहीं कहता कि 'मैं जिस बदमाश को चाहूँ उसको पकड़कर तंग कर सकता हूँ' बल्कि यह कहता है कि 'मैं जिसको चाहूँ उसको पकड़कर तंग कर सकता हूँ।

अधिकार संबंधी अभिमान अनौचित्य की सामर्थ्य का अधिक होता है। यदि अधिकार के अनुचित उपयोग की संभावना दूर कर दी जाए तो स्थान-स्थान पर अभिमान की जमी हुई मैल साफ हो जाए और समाज के कार्य-विभाग चमक जाएँ। यदि समाज इस बात की पूरी चौकसी रखे कि पुलिस के अफसर उन्हीं लोगों को कष्ट दे सकें। जो दोषी हैं, मान के अफसर उन्हीं लोगों को क्षतिग्रस्त कर सकें जो कुछ गड़बड़ करते हैं, तो उन्हीं शेष लोगों पर जो निर्दोष हैं, जिनका मामला साफ है और जिससे हर घड़ी काम पड़ता है, अभिमान प्रकट करने का अवसर कहाँ मिल सकता है? जब तक किसी कार्यालय में छोटे से बड़े तक सब अपना-अपना नियमित कार्य ठीक-ठीक करते हैं तब तक एक के लिए दूसरे पर अपनी बड़ाई प्रकट करने का अवसर नहीं आता। पर जब कोई अपने कार्य में त्रुटि करता है तब उसका अफसर उसे दंड देकर अपनी बड़ाई या अधिक सामर्थ्य दिखलाता है। सापेक्ष बड़ाई दूसरे को क्षति-ग्रस्त करने और दूसरे को नम्र करने की सामर्थ्य का नाम है। अधिकार की सापेक्ष बड़ाई दूसरे को क्षतिग्रस्त करने की सामर्थ्य है और धन या गुण की सापेक्ष बड़ाई में दूसरे को नम्र करने की सामर्थ्य है। इससे विदित हुआ कि यह छोटाई-बड़ाई हर समय तमाशा दिखाने के लिए नहीं है, बल्कि अवसर पड़ने पर संशोधन या शिक्षा के लिए है। किसी अवध के ताल्लुकेदार के लिए बड़ाई का वह स्वाँग दिखाना आवश्यक नहीं है कि वह जब मन में आए तब कामदार टोपी सिर पर रख, हाथी पर चढ़ गरीबों को पिटवाता चले। किसी देहाती थानेदार के लिए यह जरूरी नहीं है कि वह सिर पर लाल पगड़ी रख गँवारों को गाली देकर हर समय अपनी बड़ाई का अनुभव करता और कराता रहे। अभिमान एक व्यक्तिगत गुण है, उसे समाज में भिन्न व्यवसायों के साथ जोड़ना ठीक नहीं। समाज में स्थान-स्थान पर अभिमान के अजायबघर स्थापित होना अच्छा नहीं। इस बात का ध्यान रखना समाज का कर्तव्य है कि धर्म और राजबल से प्रतिष्ठित संस्थाओं के अंतर्गत अभिमानालय और खुशामदखाने न खुलने पाएँ।

इस प्रकार किसी बड़े धनी या गुणी का यह हर घड़ी का काम न हो जाना चाहिए कि वह औरों के धन या गुण से अपने धन या गुण का मिलान किया और अपने से कम धनी या गुणी लोगों से अपनी श्रेष्ठता देख-दिखाकर संतोष किया करे।

इस प्रकार संतोष करना, वस्तु को छोड़ छाया पर संतोष करना है। इस प्रकार संतोष का सुख मनुष्य के लिए स्वाभाविक है; पर वह ऐसे ही अवसरों तक के लिए निर्दिष्ट है जब किसी त्रुटि का संशोधन हो, कठिनता का निराकरण हो या आवश्यकता की पूर्ति हो। उसे ऐसे अवसरों के अतिरिक्त और अवसरों में घसीटना बुराई है। कई आदमी किसी रास्ते के पत्थर के हटाने में लगे हैं और वह नहीं हिलता है। एक दूसरा आदमी आकर अकेले उस पत्थर को हटाकर फेंक देता है उस समय उसे अपने को बल में औरों से बढ़कर देख संतोष और आनंद होगा और शेष लोग भी उसके कृत्य से प्रभावित रहने के कारण उस समय उसके इस सापेक्ष आनंद या आनंद-प्रदर्शन से कुढ़ेंगे नहीं, बल्कि कुतूहलयुक्त होंगे और शायद कुछ शिक्षा भी ग्रहण करें। पर यदि उसे इस बड़ाई के आनंद का चसका लग जाएगा और वह हर घड़ी इसका अनुभव करना चाहेगा, उसे प्रकट किया करेगा, तो यह एक प्रकार का दुर्व्यसन हो जाएगा और अहंकार के नाम से पुकारा जाएगा।

जिस किसी के चित्त में इस प्रकार अहंकार घर करेगा, उसमें अपने चारों अपने से घटकर धन, मान, गुण या बल देखने की स्थायी इच्छा स्थापित हो जाएगी और जो वस्तु उसे प्राप्त है, उसे भी दूसरों को प्राप्त करते देख उसे कुढ़न या ईर्ष्या होगी। उसके अहंकार से आहत होकर दूसरे लोभी उसकी उन्नति न देखना चाहेंगे और उससे एक प्रकार की उचित ईर्ष्या रखेंगे। इस प्रकार ईर्ष्या की अच्छी खेती होगी। सारांश यह कि अभिमान हर घड़ी बड़ाई की भावना का दुर्व्यसन है और ईर्ष्या उसकी सहगामिनी है। इस बड़ाई के अनुभव को भोगने का जिसे दुर्व्यसन हो जाता है, उसके लिए उन्नति का द्वार बंद-सा हो जाता है। उसे हर घड़ी अपनी बड़ाई अनुभव करते रहने का नशा हो जाता है, इससे उसकी चोट के लिए वह सदा अपने से घटकर लोगों की ओर दृष्टि डाला करता है और अपने से बड़े लोगों की ओर नशा मिट्टी होने के भय से देखने का साहस नहीं करता। ऐसी अवस्था में वह उन्नति की उत्तेजना और शिक्षा से वंचित रहता है। इसी से अभिमान को 'मद' भी कहते हैं। दुर्व्यसन किसी प्रकार का हो, मद है।

यह तो कहा ही जा चुका है कि ईर्ष्या दूसरे की असम्पन्नता की इच्छा की अपूर्ति से उत्पन्न होती है। ऐसी इच्छा यदि किसी हानि के बदले में अथवा हानि की आशंका से हो तो वह शुद्ध ईर्ष्या नहीं है। किसी दूसरे से हानि उठाकर उसकी हानि की आकांक्षा करना केवल बुराई का बुराई से जवाब देना है और क्रोध या वैर के अंतर्गत है। इसी प्रकार यदि किसी की सम्पन्नता से हमें क्लेश या हानि की आशंका है और हम उसकी ऐसी सम्पन्नता की अनिच्छा या उसका दुःख करते हैं तो केवल अपना बचाव करते हैं–आजकल के शब्दों में अपनी रक्षा के स्वत्व का उपयोग करते हैं। यदि हम किसी अन्यायी को कोई अधिकार पाते देख कुढ़ते हैं, तो केवल अपने या समाज के बचाव की फिक्र करते हैं, ईर्ष्या नहीं करते। यदि

हमें निश्चय है कि हमारा कोई मित्र इतना घमंडी है कि यदि उसे किसी वस्तु की प्राप्ति होगी तो वह हमसे ऐंठ दिखाकर हमारा अपमान करेगा, तो हमारा यह चाहना कि वह मित्र वह वस्तु न पाए अथवा इस बात पर दुखी होना कि वह मित्र वह वस्तु पा गया, ईर्ष्या नहीं; बचाव की चिंता है। इसी से अभिमानियों से ईर्ष्या करने का अधिकार मनुष्य मात्र को है। लोग इस अधिकार का उपयोग भी खूब करते हैं। क्या राजनीति में, क्या साहित्य में, क्या व्यवहार में, मानव-जीवन के सब विभागों में इस अधिकार का उपयोग होते देखा जाता है। ऐसा देखा गया है कि अच्छे से अच्छे लेखकों के गुणों पर उनके अभिमान से आहत लोगों के प्रयत्न या उदासीनता से बहुत दिनों तक परदा पड़ा रहा है और वे जिंदगी भर भवभूति के इस वाक्य पर संतोष किए बैठे रहे हैं—

> "उत्पत्स्येते हि मम कोऽपि समानधर्म्मा
> कालो ह्ययं निवधिर्विपुला च पृथ्वी।"

अभिमान-ग्रस्त गुण को लोग देखकर भी नहीं देखते हैं। अभिमानी स्वयं अंधा होकर दूसरों की आँखें भी फोड़ता है। न उसे दूसरों के उत्कृष्ट गुण की ओर ताकने का साहस होता है और न दूसरों को उसके गुण को स्वीकार करने की उत्कंठा होती है। अभिमान दोनों ओर ज्ञान का निषेध करता है। अतः जिस प्रकार अभिमान न करना श्रेष्ठ गुण है उसी प्रकार दूसरे के अभिमान को देख क्षुब्ध न होना भी श्रेष्ठ गुण है।

अब यह स्पष्ट हो गया होगा कि ईर्ष्या दूसरे की प्राप्ति या प्राप्ति की संभावना से उत्पन्न दुःख है, चाहे वह वस्तु में प्राप्त हो या न हो। अतः ईर्ष्या धारण करनेवालों के दो रूप होते हैं। एक असम्पन्न और दूसरा सम्पन्न। असम्पन्न रूप वह है, जिसमें ईर्ष्या करनेवाला दूसरों को ऐसी वस्तु प्राप्त करते देख दुखी होता है जो उसके पास नहीं है। ऐसे दुःख में आलस्य या असामर्थ्य से उत्पन्न नैराश्य, दूसरे की प्राप्ति से अपनी सापेक्षिक छोटाई का बोध, दूसरे की असम्पन्नता की इच्छा और अंत में इस इच्छा की पूर्ति में बाधक उस दूसरे व्यक्ति पर एक प्रकार का मीठा क्रोध, इतने भावों का मेल रहता है। किसी वस्तु को हम नहीं प्राप्त कर सकते। दूसरा उसी को प्राप्त करता है। हम समझते हैं कि लोगों की दृष्टि जब हमारी स्थिति पर पड़ती होगी तब उसकी स्थिति पर भी पड़ती होगी। इससे लोगों की दृष्टि में हमारी स्थिति अवश्य कुछ न्यून जँचती होगी। अतः स्थिति की समानता के लिए हम चाहते हैं कि वह दूसरा व्यक्ति उस वस्तु को न प्राप्त करता या खो देता । पर वह दूसरा व्यक्ति जीता-जागता यत्नवान् प्राणी होने के कारण उसे प्राप्त करता या रक्षित रखता है। इससे हमारी इच्छा-पूर्ति में बाधा होती है और हम बाधक के ऊपर मन-ही-मन चिड़चिड़ाते हैं।

ईर्ष्या में क्रोध का भाव किस प्रकार मिला रहता है इसका प्रमाण बराबर मिलता रहता है। दूसरे व्यक्ति को किसी वस्तु से सम्पन्न देख यदि कोई उससे ईर्ष्या करता है तो केवल यही नहीं होता कि वह उसी वस्तु को उससे अलग करके या अलग करने का प्रयत्न करके संतोष कर ले, बल्कि वह उस सम्पन्न व्यक्ति को अवसर पाने पर, बिना किसी अन्य कारण के, कुवाक्य भी कह बैठता है। जी दुखाने का यह प्रयत्न बिना किसी प्रकार के क्रोध के नहीं हो सकता। इसी कारण जैसे 'क्रोध से जलना' कहा जाता है वैसे ही 'ईर्ष्या से जलना' भी कहा जाता है। साहित्य के शब्दों में, क्रोध ईर्ष्या के संचारी के रूप में समय-समय पर व्यक्त होता हुआ देखा जाता है। अब यहाँ पर लगे हाथों यह भी देख लेना चाहिए कि यह क्रोध है किस प्रकार का। यह क्रोध बिल्कुल जड़ क्रोध है। जिसके प्रति ऐसा क्रोध किया जाता है, उसके मानसिक उद्देश्य की ओर नहीं ध्यान दिया जाता। यदि हम असावधानी से दौड़ते समय किसी सोए आदमी से टकराकर उस पर बिगड़ने लगें, या रास्ते में पत्थर की ठोकर खाकर उसे चूर-चूर करने पर उतारू हों तो हमारा यह क्रोध जड़ क्रोध होगा; क्योंकि हमने यह विचार नहीं किया कि क्या वह आदमी हमें ठोकर खिलाने के लिए ही सोया था; या वह पत्थर हमारे पैर में लगने के नामाकूल इरादे से वहाँ आ पड़ा था। यदि हमारे पास कोई वस्तु नहीं है और दूसरा उसे प्राप्त करता है, तो वह उस उद्देश्य से नहीं प्राप्त करता कि उससे हम अपनी हेठी समझकर दुखी हों और हमारी इच्छा पूर्ति में बाधा पड़े। यह दूसरी बात है कि पीछे से यह मालूम करके भी कि उसकी प्राप्ति से हम अपनी हेठी समझ-समझकर बेचैन हो रहे हैं, वह हमारे दुःख में सहानुभूति न करे और उस वस्तु को लिये आनंद से कान में तेल डाले बैठा रहे। प्रायः तो ऐसा होता है कि किसी वस्तु को प्राप्त करनेवाले मनुष्य को पहले यह ख्याल भी नहीं होता कि उसकी प्राप्ति से किन-किन महाशयों की मान-हानि हो रही है।

ऊपर कहा जा चुका है कि ईर्ष्या धारण करनेवालों की दो दशाएँ होती हैं। असम्पन्न और सम्पन्न। असम्पन्न दशा का दिग्दर्शन तो ऊपर हो चुका। सम्पन्न दशा वह है जिसमें जो वस्तु हमें प्राप्त है, उसे दूसरे को भी प्राप्त करते देख हमें दुःख होता है। असम्पन्नता में दूसरे को अपने से बढ़कर होते देख दुःख होता है। असम्पन्न दशा में यह प्रवृत्ति पाई जाती है कि हम दूसरे से बढ़कर रहें। उसके बराबर न रहें। सम्पन्न की ईर्ष्या में आकांक्षा बड़ी-चढ़ी होती है, इससे उसका अनौचित्य भी बढ़कर होता है। असम्पन्न ईर्ष्यावाला केवल अपने को नीचा समझे जाने से बचाने के लिए आकुल रहता है, पर सम्पन्न ईर्ष्या वाला दूसरे को नीचा समझते रहने के लिए व्याकुल रहता है। असम्पन्न की ईर्ष्या में नैराश्य का भाव और अपनी कमी का दुःख मिला रहता है, इससे उसकी कलुषता उतनी गहरी नहीं जान पड़ती। निराश और अभाव-पीड़ित मनुष्य जैसे इधर-उधर भूलता भटकता फिरता है, वैसे ही ईर्ष्या की राह में भी जा पड़ता है। पर सम्पन्न की स्थिति ऐसी क्षोभकारिणी नहीं होती।

हमारा कोई साथी है जो किसी वस्तु में हमसे कम है। उसकी कमी और अपनी बड़ाई देख-दिखाकर हर घड़ी प्रसन्न होने का हमें दुर्व्यसन हो गया है। इसी बीच उसको भी वह वस्तु प्राप्त हो जाती है। और हमें जान पड़ता है कि हमारी स्थिति, जो सापेक्ष थी, मारी गई। अपने आनंद में इस प्रकार बाधा पड़ते देख हम अपने साथी की उस प्राप्ति से दुखी होते हैं, और मन-ही-मन उस पर कुढ़ते भी हैं। साथी को बहुत दिनों तक तो इसका पता ही नहीं चलता, पीछे पता चलने पर भी वह हमारे इस दुःख में कुछ भी सहानुभूति नहीं करता। हमारी कुप्रवृत्ति का कारण बिना अवसर के हर घड़ी बड़ाई का अनुभव व स्थिति की सापेक्षिकता का सुख भोगने की लत है। किसी स्थिति की वास्तविकता पर मुख्य और सापेक्षिकता पर गौण दृष्टि रखनी चाहिए। सापेक्षिकता नजर का खेल है, और कुछ नहीं। यदि हमें पेट भर अन्न नहीं मिलता है, पर लोग समझते हैं कि हम अपने किसी साथी से अच्छे या धनी हैं, तो लोगों की इस धारणा से हमारा पेट नहीं भर सकता। लोगों की इस धारणा से आनंद होता है पर वह उस आनंद का शतांश भी नहीं है जो वास्तविक स्थिति में प्राप्त वस्तुओं से मिलता है। अतः स्थिति के वास्तविक आनंदों को छोड़ इस छायारूपी आनंद पर मुख्य रूप से ध्यान रखना प्रमाद और स्थिति की रक्षा का बाधक है। यदि हम वास्तविक दशा की ओर ध्यान रख आवश्यक प्रयत्न न करते रहेंगे तो अपनी सँभाल नहीं कर सकते।

कभी-कभी ऐसा होता है कि लोगों की धारणा का कुछ मूल्य होता है अर्थात् उससे कोई अनुकूल स्थिति प्राप्त होती है। जैसे, यदि किसी गाँव में मूर्ख और विद्वान् दो वैद्य हैं तो लोग दूसरे को अधिक निपुण समझ उसके पास अधिक जाएँगे और उसकी आमदनी अधिक होगी। अब यदि पहला वैद्य भी परिश्रम करके वैद्यक पढ़ लेगा और लोगों की यह धारणा हो जाएगी कि यह भी विद्वान् है तो दूसरे वैद्य की आमदनी कम हो जाएगी। ऐसी अवस्था में उस दूसरे वैद्य का पहले वैद्य की उन्नति से कुढ़ना शुद्ध ईर्ष्या नहीं, हानि का दुःख या झुँझलाहट है। ईर्ष्या निःस्वार्थ होनी चाहिए।

ईर्ष्या का दुःख प्रायः निष्फल हो जाता है। अधिकतर तो जिस बात की ईर्ष्या होती है, वह ऐसी बात होती है, जिस पर हमारा वश नहीं होता। जब हममें अपनी ही स्थिति में अनुकूल परिवर्तन करने की सामर्थ्य नहीं है तब हम दूसरे की स्थिति में कहाँ तक परिवर्तन कर सकते हैं ? जितनी जानकारी हमें अपनी स्थिति से हो सकती है उतनी दूसरे की स्थिति से नहीं। किसी स्थिति में परिवर्तन करने के लिए उसके अंग-प्रत्यंग का परिचय आवश्यक होता है पर कभी-कभी ऐसे अवसर आ जाते हैं जिनमें ईर्ष्या की तुष्टि का साधन सुगम होता है, जैसे यदि किसी आदमी को किसी दूसरे से कुछ लाभ पहुँचनेवाला होता है या पहुँचता होता है तो हम उस दूसरे से उसकी कुछ बुराई कर आते हैं और उसे उस लाभ से वंचित कर देते हैं। पर हमारी

यह सफलता निरापद नहीं यदि वंचित व्यक्ति को हमारी कार्रवाई का पता लग गया तो वह क्रुद्ध होकर हमारी हानि करने के लिए हमसे अधिक वेग के साथ यत्न करेगा। हमने तो केवल जरा-सा जाकर जबान हिलाने का कष्ट उठाया था, पर वह हमारी हानि करने के लिए पूरा परिश्रम करेगा।

ईर्ष्या में प्रयत्नोत्पादिनी शक्ति बहुत कम होती है। उसमें वह वेग नहीं होता जो क्रोध आदि में होता है क्योंकि आलस्य और नैराश्य के आश्रय से तो उसकी उत्पत्ति ही होती है। जब आलस्य और नैराश्य के कारण अपनी उन्नति के हेतु प्रयत्न करना तो दूर रहा, हम अपनी उन्नति का ध्यान तक अपने मन में नहीं ला सकते, तभी हम हारकर दूसरे की स्थिति की ओर बार-बार देखते हैं और सोचते हैं कि यदि उसकी स्थिति ऐसी न होती तो हमारी स्थिति जैसी है वैसी ही रहने पर भी बुरी न दिखाई देती। अपनी स्थिति को ज्यों की त्यों रख सापेक्षिकता द्वारा संतोष-लाभ करने का ढीला यत्न आलस्य और नैराश्य नहीं तो और क्या है? जो वस्तु उज्ज्वल नहीं है उसे मैली वस्तु के पास रखकर हम उसकी उज्ज्वलता से कब तक और कहाँ तक संतोष कर सकते हैं? ओ अपनी उन्नति के प्रयत्न में बराबर लगा रहता है उसे न तो नैराश्य होता है और न हर घड़ी दूसरे की स्थिति से अपनी स्थिति के मिलान करते रहने की फुरसत। ईर्ष्या की सबसे अच्छी दवा है उद्योग और आशा। जिस वस्तु के लिए उद्योग और आशा निष्फल हो, उस पर से अपना ध्यान हटाकर दृष्टि की अनंतता से लाभ उठाना चाहिए।

जिससे ईर्ष्या की जाती है उस पर ईर्ष्या का प्रभाव क्या पड़ता है, यह भी देख लेना चाहिए। ईर्ष्या अप्रेष्य मनोविकार है। यह पहले ही कहा जा चुका है कि किसी मनुष्य को अपने से ईर्ष्या करते देख हम भी बदले में उससे ईर्ष्या नहीं करने लगते। दूसरे को ईर्ष्या करते देख हम उससे घृणा करते हैं। दूसरे की ईर्ष्या का फल भोग हम उस पर क्रोध करते हैं, जिसमें अधिक अनिष्टकारिणी शक्ति होती है। अतः ईर्ष्या एक ऐसी बुराई है, जिसका बदला यदि मिलता है तो कुछ अधिक ही मिलता है इससे इस बात का आभास मिलता है कि प्रकृति के कानन में ईर्ष्या एक पाप या जुर्म है अपराधी ने अपने अपराध से जितना कष्ट दूसरे को पहुँचाया, अपराधी को भी केवल उतना ही कष्ट पहुँचाना सामाजिक न्याय नहीं है; अधिक कष्ट पहुँचाना न्याय है क्योंकि निरपराध व्यक्ति की स्थिति को अपराधी की स्थिति से अच्छी दिखलाना न्याय का काम है।

ईर्ष्या अत्यंत लज्जावती वृत्ति है। वह अपने धारणकर्त्ता स्वामी के सामने भी मुँह खोलकर नहीं आती। उसके रूप आदि का पूरा परिचय न पाकर भी धारणकर्त्ता उसकी हरम की बेगमों से अधिक परदा करता है। वह कभी प्रत्यक्ष रूप से समाज के सामने नहीं आती। उसका कोई बाहरी लक्षण धारणकर्त्ता पर नहीं दिखाई देता। क्रोध में आँखें लाल हों, भय में आकुलता हो, घृणा में नाक-भौं सिकुड़े, करुणा से

आँसू आए, पर ईर्ष्या में शायद ही कभी असावधानी से ठंडी साँस निकल जाए। ईर्ष्या इतनी कुत्सित वृत्ति है कि सभा-समाज में, मित्रमंडली में परिवार में, एकांत कोठरी में, कहीं भी स्वीकार नहीं की जाती। लोग अपना क्रोध स्वीकार करते हैं, भय स्वीकार करते हैं, घृणा स्वीकार करते हैं, लोभ स्वीकार करते हैं पर ईर्ष्या का नाम कभी मुँह पर नहीं लाते; ईर्ष्या से उत्पन्न अपने कार्यों को दूसरी मनोवृत्तियों के सिर मढ़ते हैं। यदि हमें ईर्ष्या के कारण किसी की प्रशंसा अच्छी नहीं लग रही है तो हम बड़ी गंभीरता और सज्जनता प्रकट करते हुए उसके दोषों और त्रुटियों का निदर्शन करते हैं। वैर ऐसी बुरी वृत्ति तक कभी-कभी ईर्ष्या को छिपाने का काम दे जाती है।

भय

किसी आती हुई आपदा की भावना या दुःख के कारण के साक्षात्कार से जो एक प्रकार का आवेगपूर्ण अथवा स्तंभ-कारक मनोविकार होता है उसी को भय कहते हैं। क्रोध दुःख के कारण पर प्रभाव डालने के लिए आकुल करता है और भय उसकी पहुँच से बाहर होने के लिए। क्रोध दुःख के कारण के स्वरूप-बोध के बिना नहीं होता। यदि दुःख का कारण चेतन होगा और यह समझा जाएगा कि उसने जान-बूझकर दुःख पहुँचाया है, तभी क्रोध होगा। पर भय के लिए कारण का निर्दिष्ट होना ज़रूरी नहीं; इतना भर मालूम होना चाहिए कि दुःख या हानि पहुँचेगी। यदि कोई ज्योतिषी किसी गँवार से कहे कि 'कल तुम्हारे हाथ-पाँव टूट जाएँगे'' तो उसे क्रोध न आएगा; भय होगा। पर उसी से यदि कोई दूसरा आकर कहे कि ''कल अमुक-अमुक तुम्हारे हाथ-पैर तोड़ देंगे'' तो वह तुरंत त्योरी बदलकर कहेगा कि ''कौन है हाथ-पैर तोड़नेवाला? देख लूँगा।''

भय का विषय दो रूपों में सामने आता है—असाध्य रूप में और साध्य रूप में। असाध्य विषय वह है कि जिसका किसी प्रयत्न द्वारा निवारण असंभव हो या असंभव समझ पड़े। साध्य विषय वह है जो प्रयत्न द्वारा दूर किया या रखा जा सकता हो। दो मनुष्य एक पहाड़ी नदी के किनारे बैठे या आनंद से बातचीत करते चले जा रहे थे। इतने में सामने शेर की दहाड़ सुनाई पड़ी यदि वे दोनों उठकर भागने छिपने या पेड़ पर चढ़ने आदि का प्रयत्न करें तो बच सकते हैं। विषय के साध्य या असाध्य होने की धारणा परिस्थिति की विशेषता के अनुसार तो होती है पर बहुत कुछ मनुष्य की प्रकृति पर भी अवलंबित रहती है। क्लेश के कारण का ज्ञान होने पर उसकी अनिवार्यता का निश्चय अपनी विवशता या अक्षमता की अनुभूति के कारण होती है। यदि यह अनुभूति कठिनाइयों और अपत्तियों को दूर करने के अनभ्यास या साहस के अभाव के कारण होती है, तो मनुष्य स्तंभित हो जाता है और उसके हाथ-पाँव नहीं हिल सकते। पर कड़े दिन का साहसी आदमी पहले तो जल्दी डरता नहीं और डरता भी है तो सँभलकर अपने बचाव के उद्योग में लग जाता है।

भय जब स्वभावगत हो जाता है तब कायरता या भीरुता कहलाता है और भारी दोष माना जाता है, विशेषतः पुरुषों में। स्त्रियों की भीरुता तो उनकी लज्जा के समान ही रसिकों के मनोरंजन की वस्तु रही है। पुरुषों की भीरुता की पूरी निंदा होती है। ऐसा जान पड़ता है कि बहुत पुराने जमाने से पुरुषों ने न डरने का ठेका ले रखा है। भीरुता के संयोजक अवयवों में क्लेश सहने की आवश्यकता और अपनी शक्ति का अविश्वास प्रधान है। शत्रु का सामना करने से भागने का अभिप्राय यही होता है कि भागनेवाला शारीरिक पीड़ा नहीं सह सकता तभी अपनी शक्ति के द्वारा उसी पीड़ा से अपनी रक्षा का विश्वास नहीं रखता। यह तो बहुत पुरानी चाल की भीरुता हुई। जीवन के और अनेक व्यपारों में भी भीरुता दिखाई देती है। अर्थहानि के भय से बहुत से व्यापारी कभी-कभी किसी व्यवसाय में हाथ नहीं डालते, परास्त होने के भय से बहुत से पंडित कभी-कभी शास्त्रार्थ से मुँह चुराते हैं। इस प्रकार की भीरुता की तह में सहन करने की अक्षमता और अपनी शक्ति का अविश्वास छिपा रहता है। भीरु व्यापारी में अर्थहानि सहने की अक्षमता और अपने व्यवसाय कौशल पर अविश्वास तथा भीरु पंडित में मान-हानि सहने की अक्षमता और अपने विद्या-बुद्धि-बल पर अविश्वास निहित है।

एक ही प्रकार की भीरुता ऐसी दिखाई पड़ती है जिसकी प्रशंसा होती है। वह धर्म-भीरुता है। पर हम तो उसे भी कोई बड़ी प्रशंसा की बात नहीं समझते। धर्म से डरनेवालों की अपेक्षा धर्म की ओर आकर्षित होने वाले हमें अधिक धन्य जान पड़ते हैं। जो किसी बुराई से यही समझकर पीछे हटते हैं कि उसके करने से अधर्म होगा, उसकी अपेक्षा वे कहीं श्रेष्ठ हैं जिन्हें बुराई अच्छी ही नहीं लगती।

दुःख या आपत्ति का पूर्ण निश्चय न रहने पर उसकी संभावना-मात्र के अनुमान से जो आवेग-शून्य भय होता है उसे आशंका कहते हैं। उसमें वैसी आकुलता नहीं होती। उसका संचार कुछ धीमा पर अधिक काल तक रहता है। घने जंगल से होकर जाता हुआ यात्री चाहे रास्ते भर इस आशंका में रहे कि कहीं चीता न मिल जाए, पर वह बराबर चला चल सकता है। यदि उसे असली भय हो जाएगा तो वह या तो लौट जाएगा अथवा एक पैर आगे न रखेगा। दुःखात्मक भावों में आशंका की वही स्थिति समझनी चाहिए जो सुखात्मक भावों में आशा की। अपने द्वारा कोई भयंकर काम किए जाने की कल्पना या भावना-मात्र से भी क्षणिक स्तंभ के रूप में एक प्रकार के भय का अनुभव होता है। जैसे, कोई किसी से कहे कि "इस छत पर कूद जाओ" तो कूदना और न कूदना उसके हाथ में होते हुए भी वह कहेगा कि "डर मालूम होता है" पर डर भी पूर्ण भय नहीं है।

क्रोध का अभाव दुःख के कारण पर डाला जाता है, इससे उसके द्वारा दुःख का निवारण यदि होता है तो सब दिन के लिए या बहुत दिनों के लिए। भय के द्वारा बहुत सी अवस्थाओं में यह बात नहीं हो सकती। ऐसे सज्ञान प्राणियों के बीच

जिनमें भाव बहुत काल तक संचित रहते हैं और ऐसे उन्नत समाज में जहाँ एक-एक व्यक्ति की पहुँच और परिचय का विस्तार बहुत अधिक होता है, प्रायः भय का फल भय के संचार-काल तक की रहता है। जहाँ वह भय भूला कि आफत आई। यदि कोई क्रूर मनुष्य किसी बात पर आपसे बुरा मान गया और आपको मारने दौड़ा तो उस समय भय की प्रेरणा से आप भागकर अपने को बचा लेंगे। पर संभव है कि उस मनुष्य का क्रोध जो आप पर था उसी समय दूर न हो, बल्कि कुछ दिन के लिए वैर के रूप में टिक जाए, तो उसके लिए आपके सामने फिर आना कोई बड़ी बात न होगी। प्राणियों की असभ्य दशा में ही भय से अधिक काम निकलता है जब कि समाज का ऐसा गहरा संगठन नहीं होता है कि बहुत से लोगों को एक-दूसरे का पता और उसके विषय में जानकारी रहती हो।

जंगली मनुष्य के परिचय का विस्तार बहुत थोड़ा होता है। बहुत-सी ऐसी जंगली जातियाँ अब भी हैं जिनमें कोई एक व्यक्ति बीस-पचीस से अधिक आदमियों को नहीं जानता। अतः उसे दस-बारह कोस पर ही रहनेवाला यदि कोई दूसरा जंगली मिले और मारने दौड़े तो वह भागकर उससे अपनी रक्षा उसी समय के लिए ही नहीं बल्कि सब दिनों के लिए कर सकता है। पर सभ्य, उन्नत और विस्तृत समाज में भय के द्वारा स्थायी रक्षा की उतनी संभावना नहीं होती। इस से जंगली और असभ्य जातियों में भय अधिक होता है। जिससे वे भयभीत हो सकते हैं उसी को वे श्रेष्ठ मानते हैं। और उसी की स्तुति करते हैं। उनके देवी-देवता भय के प्रभाव से ही कल्पित होते हैं। किसी आपत्ति या दुःख से बचे रहने के लिए ही अधिकतर वे उनकी पूजा करते हैं। अति भय और भयकारक का सम्मान असभ्यता के लक्षण हैं। अशिक्षित होने के कारण अधिकांश भारतवासी भी भय के उपासक हो गये हैं। वे जितना सम्मान एक थानेदार का करते हैं, उतना किसी विद्वान का नहीं।

चलने-फिरनेवाले बच्चों में जिनमें भाव देर तक नहीं टिकते और दुःख परिहार का ज्ञान या बल नहीं होता, भय अधिक होता। बहुत से बच्चे तो किसी अपरिचित आदमी को देखने ही घर के भीतर भागते हैं। पशुओं में भी भय अधिक पाया जाता है। अपरिचित के भय में जीवन का कोई गूढ़ रहस्य छिपा जाना पड़ता है। प्रत्येक प्राणी भीतरी आँख कुछ खुलते ही अपने सामने मानो एक दुःख-कारण-पूर्ण-संसार फैला हुआ पाता है जिसे क्रमशः कुछ अपने ज्ञानबल से और कुछ बाहुबल से थोड़ा बहुत सुखमय बनाता चलता है। क्लेश और बाधा का ही सामान्य आरोप करते संसार में पैर रखता है सुख और आनंद को वह सामान्य का व्यतिक्रम समझता है; विरल विशेष मानता है। इस विशेष से सामान्य की ओर जाने का साहस उसे बहुत दिनों तक नहीं होता। परिचय के उत्तरोत्तर अभ्यास के बल से अपने माता-पिता या नित्य दिखाई पड़नेवाले कुछ थोड़े से और लोगों के ही संबंध में वह यह धारणा रखता है कि मुझे सुख पहुँचाते हैं और कष्ट न पहुँचाएँगे। जिन्हें वह नहीं जानता, जो पहले

पहल उसके सामने आते हैं, उनके पास वह बेधड़क नहीं चला जाता। बिल्कुल अज्ञान वस्तुओं के प्रति भी वह ऐसा ही करता है।

भय की इस वासना का परिहार क्रमशः होता चलता है। ज्यों-ज्यों वह नाना रूपों से अभ्यस्त होता है त्यों-त्यों उसकी धड़क खुलती जाती है। इस प्रकार अपने ज्ञान बल, हृदय बल और शरीर बल की वृद्धि के साथ वह दुःख की छाया मानो हटाता चलता है। समस्त मनुष्य-जाति की सभ्यता के विकास का ही यही क्रम रहा है। भूतों का भय तो अब बहुत कुछ छूट गया है, पशुओं की बाधा भी मनुष्य के लिए प्रायः नहीं रह गई है; पर मनुष्य के लिए मनुष्य का भय बना हुआ है। इस भय के छूटने के लक्षण भी नहीं दिखाई देते। अब मनुष्यों के दुःख के कारण मनुष्य ही हैं। सभ्यता से अंतर केवल इतना ही पड़ा है कि दुःख दान की विधियाँ बहुत गूढ़ और जटिल हो गई हैं। उनका क्षोभकारक रूप बहुत से आवरणों के भीतर ढक गया है। अब इस बात की आशंका तो नहीं रहती है कि कोई जबरदस्ती आकर हमारे घर, खेत, बाग-बगीचे, रुपये-पैसे छीन न ले, पर हमें इस बात का खटका रहता है कि कोई नकली दस्तावेजों, झूठे गवाहों और कानूनी बहसों के बल से हमें इन वस्तुओं से वंचित न कर दे। दोनों बातों का परिणाम एक ही है।

एक-एक व्यक्ति के दूसरे-दूसरे व्यक्तियों के लिए सुखद और दुःखद दोनों रूप बराबर रहे हैं और बराबर रहेंगे। किसी प्रकार की राजनीतिक और सामाजिक व्यवस्था-एकाशाही से लेकर साम्यवाद तक-इस दो रंगी झलक को दूर नहीं कर सकती। मानवी प्रकृति की अनेकरूपता शेष प्रकृति की अनेकरूपता के साथ-साथ चलती रहेगी। ऐसे समाज की कल्पना, ऐसी परिस्थिति का स्वप्न, जिसमें सुख ही सुख, प्रेम ही प्रेम हो, या तो लंबी-चौड़ी बात बनाने के लिए अथवा अपने को या दूसरों को फुसलाने के लिए ही समझा जा सकता है।

ऊपर जिस व्यक्तिगत विषमता की बात कही गई है, उससे समष्टि रूप में मनुष्य जाति का वैसा अमंगल नहीं है। कुछ लोग अलग-अलग यदि क्रूर लोभ के व्यापार में रत रहें, तो थोड़े से लोग ही उनके द्वारा दुःखी या त्रस्त होंगे। यदि उक्त व्यापार का साधन एक बड़ा दल बाँधकर किया जाएगा, तो उसमें अधिक सफलता होगी और उसका अनिष्ट प्रभाव बहुत दूर तक फैलेगा। संघ एक शक्ति है जिसके द्वारा शुभ और अशुभ दोनों के प्रसार की संभावना बहुत बढ़ जाती है। प्राचीन काल में जिस प्रकार के स्वदेश-प्रेम की प्रतिष्ठा यूनान में हुई थी, उसने आगे चलकर योरप में बड़ा भयंकर रूप धारण किया। अर्थशास्त्र के प्रभाव के अर्थोन्माद का उसके साथ संयोग हुआ और व्यापार, राजनीति या राष्ट्रनीति का प्रधान अंग हो गया। योरप के देश इस धुन में लगे कि व्यापार के बहाने दूसरे देशों से जहाँ तक धन खींचा जा सके, बराबर खींचा जाता रहे। पुरानी चढ़ाइयों की लूटपाट का सिलसिला आक्रमण-काल तक ही-जो बहुत दीर्घ नहीं हुआ करता था—रहता था। पर योरप

के अर्थोन्मादियों ने ऐसी गूढ़, जटिल और स्थायी प्रणालियाँ प्रतिष्ठित कीं जिनके द्वारा भूमंडल की जाने कितनी जनता का क्रम-क्रम से रक्त चुसता चला जा रहा है—न जाने कितने देश चलते-फिरते कंकालों के कारागार हो रहे हैं।

जब तक योरप की जातियों ने आपस में लड़कर अपना रक्त नहीं बहाया तब तक उनका ध्यान अपनी उस अंधनीति से अनर्थ की ओर नहीं गया। गत महायुद्ध के पीछे जगह-जगह स्वदेश-प्रेम के साथ-साथ विश्वप्रेम उमड़ता दिखाई देने लगा। आध्यात्मिकता की भी बहुत कुछ पूछ होने लगी। पर इस विश्वप्रेम और आध्यात्मिकता का शाब्दिक प्रचार ही तो अभी देखने में आया है। इस फैशन की लहर भारतवर्ष में आई। पर फैशन के रूप में गृहीत इस 'विश्वप्रेम' और 'आध्यात्म' की चर्चा का कोई स्थायी मूल नहीं। इसे हवा का एक झोंका समझना चाहिए।

सभ्यता की वर्तमान स्थिति में एक व्यक्ति को दूसरे व्यक्ति से वैसा भय तो नहीं रहा। जैसा पहले रहा करता था, पर एक जाति को दूसरी जाति से एक देश को दूसरे देश से भय के स्थायी कारण प्रतिष्ठित हो गए हैं। सबल और सबल देशों के बीच अर्थ संघर्ष की, सबल और निर्बल देशों के बीच अर्थ-शोषण की प्रक्रिया अनवरत चल रही है; एक क्षण का विराम नहीं है। इस सार्वभौम वणिग्वृत्ति से उतना अनर्थ कभी न होता यदि क्षात्रवृत्ति उसके लक्ष्य से अपना लक्ष्य अलग रखती। पर इस युग में दोनों का विलक्षण सहयोग हो गया है। वर्तमान अर्थोन्माद को शासन के भीतर रखने के लिए क्षात्रधर्म के उच्च और पवित्र आदर्श को लेकर क्षात्रसंघ की प्रतिष्ठा आवश्यक है।

जिस प्रकार सुखी होने का प्रत्येक प्राणी को अधिकार है, उसी प्रकार मुक्तातंक होने का भी। पर कर्म-क्षेत्र के चक्रव्यूह में पड़कर जिस प्रकार सुखी होना प्रयत्न-साध्य होता है उसी प्रकार निर्भय रहना भी। निर्भयता के संपादन के लिए दो बातें अपेक्षित होती हैं—पहली तो यह है कि दूसरों को हमसे किसी प्रकार का भय या कष्ट न हो; दूसरी यह कि दूसरे हमको कष्ट का भय पहुँचाने का साहस न कर सकें। इनमें से एक का संबंध उत्कृष्ट शील से है और दूसरी का शक्ति और पुरुषार्थ से। इस संसार में किसी को न डराने से ही डरने की संभावना दूर नहीं हो सकती साधु से साधु प्रकृतिवाले को क्रूर लोभियों और दुर्जनों से क्लेश पहुँचता है। अतः उनके प्रयत्नों को विफल करने या भय-संचार द्वारा रोकने की आवश्कता से हम बच नहीं सकते।

क्रोध

क्रोध दुःख के चेतन कारण से साक्षात्कार या अनुमान से उत्पन्न होता है। साक्षात्कार के समय दुःख और उसके कारण के संबंध का परिज्ञान आवश्यक है। तीन-चार महीने के बच्चे को कोई हाथ उठाकर मार दे, तो उसने हाथ उठाते तो देखा है पर अपनी पीड़ा और उस हाथ उठाने से क्या संबंध है, यह वह नहीं जानता है। अतः वह केवल रोकर अपना दुःख मात्र प्रकट कर देता। दुःख के कारण की स्पष्ट धारणा के बिना क्रोध का उदय नहीं होता। दुःख के सज्ञान कारण पर प्रबल प्रभाव डालने में प्रवृत्त करनेवाला मनोविकार होने के कारण क्रोध का आविर्भाव बहुत पहले देखा जाता है। शिशु अपनी माता की आकृति से परिचित हो जाने पर ज्योंही यह जाना जाता है कि दूध इसी से मिलता है, भूखा होने पर वह उसे देखते ही अपने रोने में कुछ क्रोध का आभास देने लगता है।

सामाजिक जीवन में क्रोध की जरूरत बराबर पड़ती है। यदि क्रोध न हो तो मनुष्य दूसरों के द्वारा पहुँचाए जानेवाले बहुत से कष्टों की चिर-निवृत्ति का उपाय ही न कर सके। कोई मनुष्य किसी दुष्ट के नित्य दो-चार प्रहार सहता है। यदि उसमें क्रोध का विकास नहीं हुआ है तो केवल आह-ऊह करेगा जिसका उस दुष्ट पर कोई प्रभाव नहीं। उस दुष्ट के हृदय में विवेक, दया आदि उत्पन्न करने में बहुत समय लगेगा। संसार किसी को इतना समय ऐसे छोटे-छोटे कामों के लिए नहीं दे सकता। भयभीत होकर प्राणी अपनी रक्षा कभी-कभी कर लेता है; पर समाज में इस प्रकार प्राप्त दुःख निवृत्ति चिरस्थायिनी नहीं होती। हमारे कहने का अभिप्राय यह नहीं है कि क्रोध के समय क्रोध करनेवाले के मन में सदा भावी कष्ट से बचने का उद्देश्य रहा करता है। कहने का तात्पर्य केवल इतना ही है कि चेतना सृष्टि के भीतर क्रोध का विधान इसीलिए है।

जिससे एक बार दुःख पहुँचा पर उसके दुहराए जाने की संभावना कुछ भी नहीं है, जो कष्ट पहुँचाया जाता है वह प्रतिकार मात्र है; उसमें रक्षा की भावना कुछ भी नहीं रहती। अधिकतर क्रोध इसी रूप में देखा जाता है। एक-दूसरे से अपरिचित

दो आदमी रेल पर चले जा रहे हैं। इनमें से एक को आगे ही के स्टेशन पर उतरना है। स्टेशन तक पहुँचते-पहुँचते बात ही बात में एक ने दूसरे को एक तमाचा जड़ दिया और उतरने की तैयारी करने लगा। अब दूसरा मनुष्य भी यदि उतरते-उतरते उसे एक तमाचा चला दे तो यह उसका बदला या प्रतिकार ही कहा जाएगा, क्योंकि उसे फिर उसी व्यक्ति से तमाचे खाने का कुछ भी निश्चय नहीं था। जहाँ और दुःख पहुँचने की कुछ भी संभावना होगी वहाँ शुद्ध प्रतिकार न होगा, उसमें स्वरक्षा की भावना भी मिली होगी।

हमारा पड़ोसी कई दिनों से नित्य आकर हमें दो-चार टेढ़ी-सीधी सुना जाता है। यदि हम एक दिन उसे पकड़कर पीट दें तो हमारा यह कर्म शुद्ध प्रतिकार न कहलाएगा, क्योंकि हमारी दृष्टि नित्य गालियाँ सहने के दुःख से बचने के परिणाम की ओर भी समझी जाएगी। इन दोनों दृष्टांतों को ध्यानपूर्वक देखने से पता लगेगा कि दुःख से उद्विग्न होकर दुःखदाता को कष्ट पहुँचाने की प्रवृत्ति दोनों में है; पर एक में वह परिणाम आदि का विचार बिल्कुल छोड़े हुए है और दूसरे में कुछ लिये हुए। इनमें से पहले दृष्टांत का क्रोध उपयोगी नहीं दिखाई पड़ता। पर क्रोध करनेवाले के पक्ष में उसका उपयोग चाहे न हो पर लोक के भीतर, वह बिल्कुल खाली नहीं जाता। दुःख पहुँचानेवाले से हमें फिर दुःख पहुँचाने का डर न सही, पर समाज को तो है, इससे उसे उचित दंड देने से पहले तो उसी की शिक्षा या भलाई हो जाती है। फिर समाज के और लोगों के बचाव का बीज भी बो दिया जाता है। यहाँ पर भी वही बात है कि क्रोध के समय लोगों के मन में लोक कल्याण की यह व्यापक भावना सदा नहीं रहा करती। अधिकतर तो ऐसा क्रोध प्रतिकार के रूप में ही होता है।

यह कहा जा चुका है कि क्रोध दुःख के चेतन कारण के साक्षात्कार या परिज्ञान से होता है, अतः एक तो जहाँ कार्य-कारण के संबंध-ज्ञान में त्रुटि या भूल होती है, वहाँ क्रोध धोखा देता है। दूसरी बात यह है कि क्रोध करनेवाला जिस ओर से दुःख आता है उसी ओर देखता है; अपनी ओर नहीं। जिसने दुःख पहुँचाया उसका नाश हो या उसे दुःख पहुँचे, क्रोध का यही लक्ष्य होता है न तो वह यह देखता है कि मैंने भी कुछ किया है या नहीं, और न इस बात का ध्यान रहता है कि क्रोध के वेग में मैं जो कुछ करूँगा उसका परिणाम क्या होगा। यही क्रोध का अंधापन है। इसी से एक तो मनोविकार ही एक-दूसरे को परिमित किया करते हैं, ऊपर से बुद्धि या विवेक भी उन पर अंकुश रखता है। यदि क्रोध इतना उग्र हुआ कि मन में दुःखदाता की शक्ति के रूप और परिणाम के निश्चय , दया-भय आदि और भावों के संचार तथा अनुचित के विचार के लिए जगह ही न रही तो बड़ा अनर्थ खड़ा हो जाता है जैसे यदि कोई सुने कि उसका शत्रु बीस-पचीस आदमी लेकर उसे मारने आ रहा है और चट क्रोध से व्याकुल होकर बिना शत्रु की शक्ति का विचार और

अपनी रक्षा का पूरा प्रबंध किए उसे मारने के लिए अकेले दौड़ पड़े, तो उसके मारे जाने में बहुत कम संदेह समझा जाएगा। अतः कारण के यथार्थ निश्चय के उपरांत, उसका उद्देश्य अच्छी तरह समझ लेने पर ही आवश्यक मात्रा और उपयुक्त स्थिति में ही क्रोध वह काम दे सकता है, जिसके लिए उसका विकास होता है।

क्रोध की उग्र चेष्टाओं का लक्ष्य हानि या पीड़ा पहुँचाने के पहले आलंबन में भय का संचार करना रहता है। जिस पर क्रोध प्रकट किया जाता है वह यदि डर जाता है। और नम्र होकर पश्चात्ताप करता है तो क्षमा का अवसर सामने आता है। क्रोध का गर्जन-तर्जन क्रोध पात्र के लिए भावी दुष्परिणाम की सूचना है, जिससे कभी-कभी उद्देश्य की पूर्ति को जाती है और दुष्परिणाम की नौबत नहीं आती। एक ही उग्र आकृति देख दूसरा किसी अनिष्ट व्यापार से विरत हो जाता है या नम्र होकर पूर्वकृत दुर्व्यवहार के लिए क्षमा चाहता है। बहुत से स्थलों पर क्रोध का लक्ष्य किसी का गर्व चूर्ण करना मात्र रहता है। अर्थात् दुःख का विषय केवल दूसरे का गर्व या अहंकार होता है। अभिमान दूसरों के मन में या उसकी भावना में बाधा डालता है, उससे वह बहुत से लोगों को यों ही खटका करता है। लोग जिस तरह हो सके-अपराध द्वारा, हानि द्वारा-अभिमानी को केवल नम्र करना चाहते हैं। अभिमान पर जो रोष होता है उसकी प्रवृत्ति अभिमानी को केवल नम्र करने की रहती है; उसको हानि या पीड़ा पहुँचाने का उद्देश्य नहीं होता। संसार में बहुत से अभिमान का उपचार अपमान द्वारा ही हो जाता है।

कभी-कभी लोग अपने कुटुंबियों या स्नेहियों से झगड़कर क्रोध से अपना ही सर पटक देते हैं। यह सिर पटकना अपने को दुःख पहुँचाने के अभिप्राय से नहीं होता; क्योंकि बिल्कुल बेगानों के साथ कोई ऐसा नहीं करता। जब किसी को क्रोध में अपना ही सर पटकते या अंग-भंग करते देखे तब समझ लेना चाहिए कि उसका क्रोध ऐसे व्यक्ति के ऊपर है जिसे उसके सर पटकने की परवाह है अर्थात् जिसे उसका सर फटने से उस समय नहीं तो आगे चलकर दुःख पहुँचेगा।

क्रोध का वेग इतना प्रबल होता है कि कभी-कभी मनुष्य यह भी विचार नहीं करता कि जिसने दुःख पहुँचाया है, उसमें दुःख पहुँचाने की इच्छा थी या नहीं। इसी से कभी तो वह अचानक पैर कुचल जाने पर किसी को मार बैठता है और कभी ठोकर खाकर कंकड़-पत्थर तोड़ने लगता है। चाणक्य ब्राह्मण अपना विवाह करने जा रहा था। मार्ग में कुश उसके पैर में चुभे। वह चट मट्ठा और कुदाली लेकर पहुँचा और कुशों को उखाड़कर उनकी जड़ों में मट्ठा देने लगा। एक बार मैंने देखा कि एक ब्राह्मण देवता चूल्हा फूँकते-फूँकते थक गए। जब आग न जली तब उस पर क्रोध करके चूल्हे में पानी डाल किनारे हो गए। इस प्रकार का क्रोध अपरिष्कृत है। यात्रियों ने बहुत से ऐसे जंगलियों का हाल लिखा है जो रास्ते में पत्थर की ठोकर लगने पर बिना उसको चूर-चूर किए आगे नहीं बढ़ते। अधिक अभ्यास के कारण

यदि कोई मनोविकार बहुत प्रबल पड़ जाता है, तो वह अंतःप्रकृति में अव्यवस्था उत्पन्न कर मनुष्य को बचपन से मिलती-जुलती अवस्था में ले जाकर पटक देता है।

क्रोध सब मनोविकारों से फुर्तीला है, इसी से अवसर पड़ने पर वह और मनोविकारों का भी साथ देकर उनकी तुष्टि का साधक होता है। कभी वह दया के साथ कूदता है, कभी घृणा के। एक क्रूर कुमार्गी किसी अनाथ अबला पर अत्याचार कर रहा है। हमारे हृदय में उस अनाथ अबला के प्रति दया उमड़ रही रही है। पर दया की अपनी शक्ति तो त्याग और कोमल व्यवहार तक होती है। यदि वह स्त्री अर्थकष्ट में होती तो उसे कुछ देकर हम अपनी दया के वेग को शांत कर लेते। पर यहाँ तो उस अबला के दुःख का कारण मूर्तिमान तथा अपने विरुद्ध प्रयत्नों को ज्ञानपूर्वक रोकने की शक्ति रखनेवाला है। ऐसी अवस्था में क्रोध ही उस अत्याचारी के दमन के लिए उत्तेजित करता है जिसके बिना हमारी दया ही व्यर्थ जाती। क्रोध अपनी इस सहायता के बदले में दया की वाहवाही को नहीं बँटाता। काम क्रोध करता है, पर नाम दया ही का होता है। लोग यही कहते हैं कि "उसने दया करके बचा लिया" यह कोई नहीं कहता कि "क्रोध करके बचा लिया"। ऐसे अवसरों पर यदि क्रोध दया का साथ न दे तो दया अपनी प्रवृत्ति के अनुसार परिणाम उपस्थिति ही नहीं करती।

क्रोध शांति-भंग करनेवाला मनोविकार है। एक का क्रोध दूसरे में भी क्रोध का संचार करता है। जिसके प्रति क्रोध-प्रदर्शन होता है वह तत्काल अपमान का अनुभव करता है और इस दुःख पर उसकी भी त्योरी चढ़ जाती है। यह विचार करनेवाले बहुत थोड़े निकलते हैं कि हम पर जो क्रोध प्रकट किया जा रहा है, वह उचित है या अनुचित। इसी से धर्म, नीति और शिष्टाचार तीनों में क्रोध के निरोध का उपदेश पाया जाता है। संत लोग तो खलों के वचन सहते हैं। दुनियादार लोग न जाने कितनी ऊँची-नीची पचाते रहते हैं सभ्यता के व्यवहार में भी क्रोध नहीं तो क्रोध के चिह्न दबाए जाते हैं। इस प्रकार का प्रतिबंध समाज की सुख-शांति के लिए बहुत आवश्यक है। पर इस प्रतिबंध की भी सीमा है। यह परपीड़कोन्मुख क्रोध तक नहीं पहुँचता।

क्रोध के निरोध का उपदेश अर्थ-परायण और धर्म-परायण दोनों देते हैं। पर दोनों में जिसे अति से अधिक सावधान रहना चाहिए। वही कुछ भी नहीं रहता। बाकी रुपया वसूल करने का ढंग बतानेवाला चाहे कड़े पड़ने की शिक्षा दे भी दें, पर धज के साथ धर्म की ध्वजा लेकर चलनेवाला धोखे में भी क्रोध को पाप का बाप ही कहेगा। क्रोध रोकने का अभ्यास ठगों और स्वार्थियों को सिद्धों और साधकों से कम नहीं होता। जिससे कुछ स्वार्थ निकालना रहता है, जिसे बातों में फँसाकर ठगना रहता है, उसकी कठोर और अनुचित बातों पर न जाने कितने लोग जरा भी क्रोध नहीं करते, पर उसका यह अक्रोध न धर्म का लक्षण है, न साधन।

क्रोध के प्रेरक दो प्रकार के दुःख हो सकते हैं—अपना दुःख और पराया दुःख जिस क्रोध के त्याग का उपदेश दिया जाता है वह पहले प्रकार के दुःख से उत्पन्न क्रोध है। दूसरे के दुःख पर उत्पन्न क्रोध बुराई की हद के बाहर समझा जाता है। क्रोधोत्तेजक दुःख जितना ही अपने संपर्क से दूर होगा, उतना ही लोक में क्रोध का स्वरूप सुंदर और मनोहर दिखाई देगा। दुःख से आगे बढ़ने पर भी कुछ दूर तक क्रोध का कारण थोड़ा-बहुत अपना ही दुःख कहा जा सकता है—जैसे, अपने या आत्मीय परिजन का दुःख, इष्ट-मित्र का दुःख। इसके आगे भी जहाँ तक दुःख की भावना के साथ कुछ ऐसी विशेषता लगी रहेगी कि जिसे कष्ट पहुँचाया जा रहा है वह हमारे ग्राम, पुर या देश का रहनेवाला है, वहाँ तक हमारे क्रोध से सौंदर्य की पूर्णता में कुछ कसर रहेगी। जहाँ उक्त भावना निर्विशेष रहेगी वही सच्ची पर दुःखकातरता मानी जाएगी, वही क्रोध के स्वरूप को पूर्ण सौंदर्य प्राप्त होगा-ऐसा सौंदर्य जो काव्यक्षेत्र के बीच भी जगमगाता है।

यह क्रोध करुणा के आज्ञाकारी सेवक के रूप में हमारे सामने आता है। स्वामी से सेवक कुछ कठिन होते ही हैं, उनमें कुछ अधिक कठोरता रहती है। पर यह कठोरता ऐसी कठोरता को भंग करने के लिए होती है जो पिघलनेवाली नहीं होती। क्रौंच के वध पर वाल्मीकि मुनि से करुण क्रोध का सौंदर्य एक महाकाव्य का सौंदर्य हुआ। उक्त सौंदर्य का कारण है निर्विशेषता। वाल्मीकि के क्रोध के भीतर प्राणिमात्र के दुःख की सहानुभूति छिपी है—राम के क्रोध के भीतर संपूर्ण लोक के दुःख का क्षोभ समाया हुआ है। क्षमा जहाँ से श्रीहत हो जाती है, वहीं से क्रोध के सौंदर्य का आरंभ होता है। शिशुपाल की बहुत-सी बुराइयों तक जब श्रीकृष्ण की क्षमा पहुँच चुकी तब जाकर उसका लौकिक लावण्य फीका पड़ने लगा और क्रोध की समीचीनता का सूत्रपात हुआ। अपने ही दुःख पर उत्पन्न क्रोध तो प्रायः समीचीनता ही तक रह जाता है, सौंदर्यदशा तक नहीं पहुँचता। दूसरे के दुःख पर उत्पन्न क्रोध में या तो हमें तत्काल क्षमा का अवसर या अधिकार ही नहीं रहता अथवा वह अपना प्रभाव खो चुकी रहती है।

बहुत दूर तक और बहुत काल से पीड़ा पहुँचाने चले आते हुए किसी घोर अत्याचारी का बना रहना ही लोक की क्षमा की सीमा है। इसके आगे क्षमा न दिखाई देगी-नैराश्य, कायरता और शिथिलता ही छांयी दिखाई पड़ेगी। ऐसी गहरी उदासी की छाया के बीच आशा उत्साह और तत्परता की प्रभा जिस क्रोधाग्नि के साथ फूटती दिखाई पड़ेगी, उसके सौंदर्य का अनुभव सारा लोक करेगा। राम का कालाग्नि-सदृश क्रोध ऐसा ही है। वह सात्त्विक तेज है; तामस ताप नहीं।

दंड कोप का ही एक विधान है। राजदंड राजकोप है, जहाँ कोप लोककोप और लोककोप धर्मकोप है। जहाँ राजकोप धर्मकोप से एकदम भिन्न दिखाई पड़े, वहाँ उसे राजकोप न समझकर कुछ विशेष मनुष्यों का कोप समझना चाहिए। ऐसा कोप राजकोप के महत्त्व और पवित्रता का अधिकारी नहीं हो सकता। उसका सम्मान

जनता अपने लिए आवश्यक नहीं समझ सकती।

वैर क्रोध का अचार या मुरब्बा है। जिससे हमें दुःख पहुँचा है उस पर यदि हमने क्रोध किया और यह क्रोध हमारे हृदय में बहुत दिनों तक टिका रहा तो वह वैर कहलाता है। इस स्थायी रूप में टिक जाने के कारण क्रोध का वेग और उग्रता तो धीमी पड़ जाती है; पर लक्ष्य को पीड़ित करने की प्रेरणा बराबर बहुत काल तक हुआ करती है। क्रोध अपना बचाव करते हुए शत्रु को पीड़ित करने की युक्ति आदि सोचने का समय प्रायः नहीं देता पर वैर उसके लिए बहुत समय देता है। पूछिए तो क्रोध और वैर का भेद केवल कालकृत है। दुःख पहुँचाने के साथ ही दुःखदाता को पीड़ित करने की प्रेरणा करनेवाला मनोविकार क्रोध और कुछ काल बीत जाने पर प्रेरणा करनेवाला भाव वैर है। किसी ने आपको गाली दी। यदि आपने उसी समय उसे मार दिया तो आपने क्रोध किया। मान लीजिए कि वह गाली देकर भाग गया और दो महीने बाद आपको कहीं मिला। अब यदि आपने उससे बिना फिर गाली सुने, मिलने के साथ ही उसे मार दिया तो यह आपका बैर निकालना हुआ। विवरण से स्पष्ट है कि वैर उन्हीं प्राणियों में होता है जिनमें धारणा अर्थात् भावों के संचय की शक्ति होती है। पशु और बच्चे किसी से वैर नहीं मानते। चूहे और बिल्ली के संबंध का 'वैर' नाम आलंकारिक है। आदमी का नाम आम-अंगूर से कुछ बैर है न भेड़-बकरे से। पशु और बच्चे दोनों क्रोध करते हैं और थोड़ी देर के बाद भूल जाते हैं।

क्रोध का एक हल्का रूप है चिड़चिड़ाहट, जिसकी व्यंजना प्रायः शब्दों ही तक रहती है। इसका कारण भी वैसा उग्र नहीं होता। कभी-कभी चित्त व्यग्र रहने, किसी प्रवृत्ति में बाधा पड़ने या किसी बात का ठीक सुभीता न बैठने कारण ही लोग चिड़चिड़ा उठते हैं। ऐसे सामान्य कारणों के अवसर बहुत अधिक आते रहते हैं इससे चिड़चिड़ाहट स्वभावगत होने की संभावना बहुत अधिक रहती है। किसी मत, संप्रदाय या संस्था के भीतर निरूपित आदर्शों पर ही अनन्य दृष्टि रखनेवाले बाहर की दुनिया देख-रेखकर अपने जीवन भर चिड़चिड़ाते चले जाते हैं। जिधर निकलते हैं, रास्ते भर मुँह बिगड़ा रहता है। चिड़चिड़ाहट पर प्रकार की मानसिक दुर्बलता है, इसी से यह रोगियों और बुड्ढों में अधिक पाई जाती है। इसका स्वरूप उग्र और भयंकर न होने से यह बहुतों के-विशेषतः बालकों के-विनोद की एक सामग्री भी हो जाती है। बालकों को चिड़चिड़े बुड्ढो को चिढ़ाने में बहुत आनंद आता है और कुछ विनोदी बुड्ढे भी चिढ़ाने की नकल किया करते हैं। कोई 'राधाकृष्ण' कहने से, कोई 'सीताराम' पुकारने से और कोई 'करेले' का नाम लेने से चिढ़ता है और अपनी पीछे लड़कों की एक खासी भीड़ लगाए फिरता है। जिस प्रकार लोगों को हँसाने के लिए कुछ लोग मूर्ख या बेवकूफ बनते हैं उसी प्रकार चिड़चिड़े भी। मूर्खता मूर्ख को चाहे रुलाए पर दुनिया

को तो हँसाती ही है। मूर्ख हास्यरस के बड़े प्राचीन आलंबन हैं। न जाने कब से इस संसार की रुखाई के बीच हास का विकास कराते चले आ रहे हैं। आज भी दुनिया को हँसाने का हौसला बहुत कुछ उन्हीं की बरकत से हुआ करता है।

किसी बात का बुरा लगना, उसकी असह्यता का क्षोभयुक्त और आवेगपूर्ण अनुभव होना अमर्ष कहलाता है। पूर्ण क्रोध की अवस्था में मनुष्य दुःख पहुँचाने वाले पात्र की ओर ही उन्मुख रहता है-उसी को भयभीत या पीड़ित करने की चेष्टा में प्रवृत्त रहता है। अमर्ष में दुःख पहुँचानेवाली बात के ब्यौरों पर और उसकी असह्यता पर विशेष ध्यान रहता है। इसकी ठीक व्यंजना ऐसे वाक्यों से समझनी चाहिए–''तुमने मेरे साथ यह किया, वह किया। अब तक तो मैं सहता आया, अब नहीं सह सकता।'' इसके आगे बढ़कर जब कोई दाँत पीसता और गरजता हुआ यह कहने लगे कि ''मैं तुम्हें धूल में मिला दूँगा, तुम्हारा घर खोदकर फेंक दूँगा'' तब क्रोध का पूर्ण स्वरूप समझना चाहिए।

कविता क्या है?

मनुष्य अपने भावों, विचारों और व्यापारों के लिए दूसरों के भावों, विचारों और व्यापारों के साथ कहीं मिलता और कहीं लड़ाता हुआ अंत तक चला चलता है और इसी को जीना कहता है। जिस अनंत-रूपात्मक क्षेत्र में यह व्यवसाय चलता रहता है उसका नाम है जगत्। जब तक कोई अपनी पृथक् सत्ता की भावना को ऊपर किए इस क्षेत्र के नाना रूपों और व्यापारों को अपने योगक्षेम, हानि-लाभ, सुख-दुःख आदि से संबद्ध करके देखता रहता है तब तक उसका हृदय एक प्रकार से बद्ध रहता है। इन रूपों और व्यापारों के सामने जब कभी वह अपनी पृथक् सत्ता की धारणा से छूटकर—अपने आपको बिल्कुल भूलकर—विशुद्ध अनुभूति मात्र रह जाता है, तब वह मुक्त हृदय हो जाता है। जिस प्रकार आत्मा की मुक्तावस्था ज्ञानदशा कहलाती है, इसी प्रकार हृदय की यह मुक्तावस्था रसदशा कहलाती है। हृदय की इस मुक्ति की साधना के लिए मनुष्य की वाणी जो शब्द-विधान करती आई है, उसे कविता कहते हैं। इस साधना को हम भावयोग कहते हैं और कर्मयोग और ज्ञान योग का समकक्ष मानते हैं।

कविता मनुष्य के हृदय को स्वार्थ-संबंधों के संकुचित मंडल से ऊपर उठाकर लोक-सामान्य भाव-भूमि पर ले जाती है। जहाँ जगत् की नाना गतियों के मार्मिक स्वरूप का साक्षात्कार और शुद्ध अनुभूतियों का संचार होता है, इस भूमि पर पहुँचे हुए मनुष्य को कुछ काल के लिए अपना पता नहीं रहता। वह अपनी सत्ता को लोक-सत्ता में लीन किए रहता है। उसकी अनुभूति सबकी अनुभूति होती है या हो सकती है। इस अनुभूति-योग के अभ्यास से हमारे मनोविकार का परिष्कार तथा शेष सृष्टि के साथ हमारे रागात्मक संबंध की रक्षा और निर्वाह होता है। जिस प्रकार जगत् अनेकरूपात्मक है उसी प्रकार हमारा हृदय भी अनेक भावात्मक है। इस अनेक भावों का व्यायाम और परिष्कार तभी समझा जा सकता है जब कि इन सबका प्रकृत सामंजस्य जगत् के भिन्न-भिन्न रूपों, व्यापारों तथा तथ्यों के साथ हो जाय। इन्हीं भावों के सूत्र से मनुष्य-जाति जगत् के साथ तादात्म्य का अनुभव चिरकाल से करती

चली आई है। जिन रूपों और व्यापारों से मनुष्य आदिम युगों से ही परिचित है, जिन रूपों और व्यापारों को सामने पाकर वह नरजीवन के आरंभ से ही क्षुब्ध होता आ रहा है, उनका हमारे भावों के साथ मूल या सीधा संबंध है। अतः काव्य के प्रयोजन के लिए हम उन्हें मूल रूप और मूल व्यापार कह सकते हैं। इस विशाल विश्व के प्रत्यक्ष से अप्रत्यक्ष और गूढ़ से गूढ़ तथ्यों को भावों के विषय या आलंबन बनाने के लिए इन्हीं मूल रूपों में और व्यापारों में परिणत करना पड़ता है। जब तक वे इन मूल मार्मिक रूपों में नहीं लाए जाते तब तक उन पर काव्य दृष्टि नहीं पड़ती।

वन, पर्वत, नदी, नाले, निर्झर, कछार, पटपर, चट्टान, वृक्ष, लता, झाड़, फूस, शाखा, पशु, पक्षी, आकाश, मेघ, नक्षत्र, समुद्र, इत्यादि ऐसे ही चिर-सहचर रूप हैं। खेत, ढुर्री, हल, झोंपड़े, चौपाए इत्यादि भी कुछ कम पुराने नहीं हैं। इसी प्रकार पानी का बहना, सूखे पत्तों का झड़ना, बिजली का चमकना, घटा का घिरना, नदी का उमड़ना, मेह का बरसना, कुहरे का छाना, डर से भागना, लोभ से लपकना, छीनना, झपटना, नदी या दलदल से बाँह पकड़कर निकालना, हाथ से खिलाना, आग से झोंकना, गला काटना ऐसे व्यापारों का भी मनुष्य-जाति के भावों के साथ अत्यंत प्राचीन साहचर्य्य है। ऐसे आदि रूपों और व्यापारों में वंशानुगत वासना की दीर्घ-परंपरा के प्रभाव से, भावों के उद्‌बोधन की गहरी शक्ति संचित है; अतः इनके द्वारा जैसा रस-परिपाक संभव है वैसा कल-कारखाने, गोदाम, स्टेशन, इंजिन, हवाई जहाज ऐसी वस्तुओं तथा अनाथालय के लिए चेक काटना, सर्वस्वहरण के लिए जाली दस्तावेज-बनाना, मोटर की चरखी घुमाना या इंजिन में कोयला झोंकना आदि व्यापारों द्वारा नहीं।

सभ्यता के आवरण और कविता

सभ्यता की वृद्धि के साथ-साथ ज्यों-ज्यों मनुष्यों के व्यापार बहुरूपी और जटिल होते गए त्यो-त्यों उसके मूल रूप बहुत कुछ आच्छन्न होते गए। भावों के आदिम और सीधे लक्ष्यों के अतिरिक्त और-और लक्ष्यों की स्थापना होती गई; वासनाजन्य मूल व्यापारों के सिवा बुद्धि द्वारा निश्चित व्यापारों का विधान बढ़ता गया। इस प्रकार बहुत से ऐसे व्यापारों से मनुष्य घिरता गया जिनके साथ उसके भावों का सीधा लगाव नहीं । जैसे आदि में भय का लक्ष्य अपने शरीर और अपनी संतति ही की रक्षा तक था, पर पीछे गाय, बैल, अन्न आदि की रक्षा आवश्यक हुई, यहाँ तक कि होते-होते धन, मान, अधिकार, प्रभुत्व इत्यादि अनेक बातों की रक्षा की चिंता ने घर किया और रक्षा के उपाय भी वासना-जन्य प्रवृत्ति से भिन्न प्रकार के होने लगे। इसी प्रकार क्रोध, घृणा, लोभ आदि अन्य भावों के विषय भी अपने मूल रूपों से भिन्न रूप धारण करने लगे। कुछ भावों के विषय तो अमूर्त्त तक होने लगे, जैसे कीर्ति की लालसा। ऐसे भावों को ही बौद्धदर्शन में 'अरूपराग' कहते हैं।

भावों के विषयों और उनके द्वारा प्रेरित व्यापारों में जटिलता आने पर भी उनका संबंध मूल विषयों और मूल व्यापारों से भीतर-भीतर बना है और बराबर बना रहेगा। किसी का कुटिल भाई उसे संपत्ति से एकदम वंचित रखने के लिए वकीलों की सलाह से एक नया दस्तावेज तैयार करता है। इसकी खबर पाकर वह क्रोध से नाच उठता है। प्रयत्क्ष व्यावहारिक दृष्टि से तो उसके क्रोध का विषय है वह दस्तावेज या कागज का टुकड़ा। पर उस कागज के टुकड़े के भीतर वह देखता है कि उसे और उसकी संतति को अन्न-वस्त्र न मिलेगा। उसके क्रोध का प्रकृत विषय न तो वह कागज का टुकड़ा है और न उस पर लिखे हुए काले-काले अक्षर। ये तो सभ्यता के आवरण मात्र हैं। अतः उसके क्रोध में और कुत्ते के क्रोध में जिसके सामने का भोजन कोई दूसरा कुत्ता छीन रहा है, काव्य-दृष्टि से कोई भेद नहीं है—भेद है केवल विषय का थोड़ा रूप बदलकर आने का। इसी रूप बदलने का नाम है सभ्यता। इस रूप बदलने से होता यह है कि क्रोध आदि को भी अपना रूप कुछ बदलना पड़ता है, वह भी कुछ सभ्यता के साथ अच्छे कपड़े-लत्ते पहनकर समाज में आता है जिससे मार-पीट, छीन-खसोट आदि भद्दे समझे जानेवाले व्यापारों का कुछ निवारण होता है।

पर यह प्रच्छन्न रूप वैसा मर्मस्पर्शी नहीं हो सकता। इसी से प्रच्छन्नता का उद्घाटन कवि-कर्म का एक मुख्य अंग है। ज्यों-ज्यों सभ्यता बढ़ती जाएगी त्यों-त्यों कवियों के लिए यह काम बढ़ता जाएगा। मनुष्य के हृदय की वृत्तियों से सीधा संबंध रखनेवाली रूपों और व्यापारों को प्रत्यक्ष करने के लिए उसे बहुत से पदों को हटाना पड़ेगा। इससे यह स्पष्ट है कि ज्यों-ज्यों हमारी वृत्तियों पर सभ्यता के नए-नए आवरण चढ़ते जाएँगे त्यों-त्यों एक ओर तो कविता की आवश्यकता बढ़ती जाएगी, दूसरी ओर कवि-कर्म कठिन होता जाएगा। ऊपर जिस क्रुद्ध व्यक्ति का उदाहरण दिया गया है, वह यदि क्रोध से छुट्टी पाकर अपने भाई के मन में दया का संचार करना चाहेगा तो क्षोभ के साथ उससे कहेगा, "भाई! तुम यह सब इसीलिए न कर रहे हो कि पक्की हवेली में बैठकर हलवा-पूरी खाओ, मैं बैठा सूखे चने चबाऊँ; तुम्हारे लड़के दोपहर को भी दुशाले ओढ़कर निकलें और मेरे बच्चे रात को भी ठंड से काँपते रहें।" यह हुआ प्राकृत रूप का प्रत्यक्षीकरण। इसमें सभ्यता के बहुत से आवरणों को हटाकर वे मूल गोचर रूप सामने रखे गए हैं जिनसे हमारे भावों का सीधा लगाव है और जो इस कारण भावों को उत्तेजित करने में अधिक समर्थ हैं। कोई बात जब इस रूप में आएगी तभी उसे काव्य के उपयुक्त रूप प्राप्त होगा। "तुमने हमें नुकसान पहुँचाने के लिए जाली दस्तावेज बनाया" इस वाक्य में रसात्मकता नहीं। इसी बात को ध्यान में रखकर ध्वनिकार ने कहा है—"नहि कवेरितिवृत्तमात्र निवर्हिणात्मपदलाभः।"

देश की वर्तमान दशा के वर्णन में यदि हम केवल इस प्रकार के वाक्य कहते जाएँ कि "हम मूर्ख, बलहीन और आलसी हो गए हैं, हमारा धन विदेश चला जाता

है, रुपये का डेढ़ पाव घी बिकता है; स्त्री-शिक्षा का अभाव है" तो ये छंदोबद्ध होकर भी काव्य पद के अधिकारी न होंगे। सरांश यह है कि काव्य के लिए अनेक स्थलों पर हमें भावों के विषयों के मूल और आदिम रूपों तक जाना होगा जो मूर्त्त और गोचर होंगे। जब तक भावों से सीधा और पुराना लगाव रखनेवाले मूर्त्त और गोचर रूप न मिलेंगे तब तक काव्य का वास्तविक ढाँचा खड़ा न हो सकेगा। भावों के अमूर्त्त विषयों की तह में भी मूर्त्त और गोचर रूप छिपे मिलेंगे, जैसे, यशोलिप्सा में कुछ दूर भीतर चलकर उस आनंद के उपभोग की प्रवृत्ति छिपी हुई पाई जाएगी जो अपनी तारीफ कान में पड़ने से हुआ करता है।

काव्य के अर्थग्रहण मात्र से काम नहीं चलता, बिंबग्रहण अपेक्षित होता है। यह बिंबग्रहण निर्दिष्ट, गोचर और मूर्त्त विषय का ही हो सकता है। 'रुपये का डेढ़ पाव घी मिलता है' इस कथन से कल्पना में यदि कोई बिंब या मूर्ति उपस्थित होगी तो वह तराजू लिये हुए बनिए की होगी जिससे हमारे करुण भाव का कोई लगाव न होगा। बहुत कम लोगों को घी खाने को मिलता है, अधिकतर लोग रूखी-सूखी खाकर रहते हैं, इस तथ्य तक हम अर्थग्रहण परंपरा द्वारा इस चक्कर के साथ पहुँचते हैं—एक रुपये का बहुत कम घी मिलता है, इससे रुपयेवाले ही घी खा सकते हैं, पर रुपयेवाले बहुत कम हैं, इससे अधिकांश जनता घी नहीं खा सकती, रुखी-सूखी खाकर रहती है।

कविता और सृष्टि-प्रसार

हृदय पर नित्य प्रभाव रखनेवाले रूपों और व्यापारों की भावना को सामने लाकर कविता बाह्य प्रकृति के साथ मनुष्य की अंतःप्रकृति का सामंजस्य घटित करती हुई उसके भावात्मक सत्ता के प्रकार का प्रसार करती है। यदि अपने भावों को समेट कर मनुष्य अपने हृदय को शेष सृष्टि से किनारे कर ले या स्वार्थ की पशुवृत्ति में ही लिप्त रखे तो उसकी मनुष्यता कहाँ रहेगी? यदि वह लहलहाते हुए खेतों और जंगलों, हरी घास के बीच घूम-घूमकर बहते हुए नालों, काली चट्टानों पर चाँदी की तरह ढलते हुए झरनों, मंजरियों से लदी हुई अमराइयों और पटपर के बीच खड़ी झाड़ियों को देख क्षण भर लीन न हुआ, यदि कलरव करते हुए पक्षियों के आनंदोत्सव में उसने योग न दिया, यदि खिले हुए फूलों को देख वह न खिला, यदि सुंदर रूप सामने पाकर अपनी भीतरी कुरूपता का उसने विसर्जन न किया, यदि दीन-दुःखी का आर्तनाद सुन वह न पसीजा, यदि अनाथों और अबलाओं पर अत्याचार होते देख क्रोध से न तिलमिलाया, यदि किसी बेढब और विनोद पूर्ण दृश्य या उक्ति पर न हँसा, तो उसके जीवन में क्या रह गया? इस विश्वकाव्य की रस-धारा में जो थोड़ी देर के लिए निमग्न न हुआ उसके जीवन को मरुस्थल की यात्रा ही समझना चाहिए।

काव्य दृष्टि कहीं तो 1. नरक्षेत्र के भीतर रहती है 2. कहीं मनुष्येतर बाह्य सृष्टि के और, 3. कहीं समस्त चराचर के।

1. पहले नरक्षेत्र को लेते हैं। संसार में अधिकतर कविता इसी क्षेत्र के भीतर हुई है। नरत्व की बाह्य प्रकृति और अंतःप्रकृति के नाना संबंधों और पारस्परिक विधानों का संकलन या उद्भावना ही काव्यों में—मुक्तक हों या प्रबंध—अधिकतर पाई जाती है।

प्राचीन महाकाव्यों और खंडकाव्यों के मार्ग में यद्यपि शेष दो क्षेत्र भी बीच-बीच में पड़ जाते हैं। पर मुख्य यात्रा नरक्षेत्र के भीतर ही होती है। वाल्मीकि रामायण में यद्यपि बीच-बीच में ऐसे विशद वर्णन बहुत कुछ मिलते हैं, जिनमें कवि की मुग्ध दृष्टि प्रधानतः मनुष्येतर बाह्य प्रकृति के रूप-जाल में फँसी पाई जाती है, पर उसका प्रधान विषय लोकचरित ही है। और प्रबंध-काव्यों के संबंध में भी यही बात कही जा सकती है। रहे मुक्तक या फुटकर पद्य, वे भी अधिकतर मनुष्य ही की भीतरी-बाहरी वृत्तियों से संबंध रखते हैं। साहित्य-शास्त्र की रस-निरूपण-पद्धति में आलंबनों के बीच बाह्य प्रकृति को स्थान ही नहीं मिला है। यह उद्दीपन रूप में जो प्राकृतिक दृश्य लाए जाते हैं, उनके प्रति रतिभाव नहीं होता, नायक या नायिका के प्रति होता है। वे दूसरे के प्रति उत्पन्न प्रीति को उद्दीपित करनेवाले होते हैं, स्वयं प्रीति के पात्र या आलंबन नहीं होते। संयोग में वे सुख बढ़ाते हैं और वियोग में काटने दौड़ते हैं। जिस भावोद्रेक और जिस ब्यौरे के साथ नायक और नायिका के रूप में वर्णन किया जाता है, उस भावोद्रेक और उस ब्यौरे के साथ उनका नहीं। कहीं-कहीं तो उनके नाम गिनाकर ही काम चला लिया जाता है।

मनुष्यों के रूप, व्यापार या मनोवृत्तियों के सादृश्य, साधर्म्य की दृष्टि से जो प्राकृतिक वस्तु-व्यापार आदि लाए जाते हैं उनका स्थान भी गौण ही समझना चाहिए। वे नर-संबंधी भावना को ही तीव्र करने के लिए रखे जाते हैं।

2. मनुष्येतर बाह्य प्रकृति का आलंबन के रूप में ग्रहण हमारे यहाँ संस्कृति के प्राचीन प्रबंध-काव्यों के बीच-बीच में ही पाया जाता है। वहाँ प्रकृति का ग्रहण आलंबन के रूप में हुआ है, इसका पता वर्णन की प्रणाली से लग जाता है। पहले कह आए हैं कि किसी वर्णन में आई हुई वस्तुओं का मन में ग्रहण दो प्रकार का हो सकता है—बिंबग्रहण और अर्थग्रहण। किसी ने कहा 'कमल'। अब इस 'कमल' पद का ग्रहण कोई इस प्रकार भी कर सकता है कि ललाई लिये हुए सफेद पंखुड़ियों और झुके हुए नाल आदि के सहित एक फूल की मूर्ति में थोड़ी देर के लिए आ जाए कुछ देर बनी रहे; और इस प्रकार भी कह सकता है कि कोई चित्र उपस्थित न हो; केवल पद का अर्थ मात्र समझकर काम चला लिया जाय। काव्य के दृश्य-चित्रण में पहले प्रकार का संकेत-ग्रहण अपेक्षित होता है, और व्यवहार तथा शास्त्र चर्चा में दूसरे प्रकार का। बिंबग्रहण वही होता है जहाँ कवि अपने सूक्ष्म निरीक्षण द्वारा वस्तुओं के अंग- प्रत्यंग, वर्ण, आकृति तथा उनके आसपास की परिस्थिति का परस्पर

संश्लिष्ट विवरण देता है। बिना अनुराग के ऐसे सूक्ष्म ब्योरों पर न दृष्टि जा ही सकती है, न रम ही सकती है। अतः जहाँ ऐसा पूर्ण और संश्लिष्ट चित्रण मिले, वहाँ समझना चाहिए कि कवि ने बाह्य प्रकृति को आलंबन के रूप में ग्रहण किया है। उदाहरण के लिए वाल्मीकि का यह हेमंत वर्णन लीजिए—

अवश्याय-निपातेन किञ्चित्प्रक्लिन्नशाद्वला।
बनानां शोभते भूमिर्निविष्टतरूणातपा॥
स्पृशंतु विपुलं शीतमुद्रकं द्विरदः सुखम्।
अत्यन्ततृषितो वन्यः प्रतिसंहरते करम्॥
अवश्याय-तमोनद्धा नीहार-तमसावृताः।
प्रसुप्ता इव लक्ष्यंते विपुष्पा वनराजयः॥
वाष्पसन्छन्नसलिला रुतविज्ञेयसारसाः।
हिमार्द्र बालुकैस्तीरैः सरितो भांति सांप्रतम्॥
जरा-जर्जरितैः पद्मैः शीर्णकेशरकर्णिकैः।
नालशेषैर्हिमध्वस्तैर्न भांति कमलाकरः॥

(वन की भूमि जिसकी हरी-हरी घास ओस गिरने से कुछ-कुछ नीली हो गई है, तरुण धूप के पड़ने से कैसी शोभा दे रही है। अत्यंत प्यासा जंगली हाथी बहुत शीतल जल के स्पर्श से अपनी सूँड़ सिकोड़ लेता है। बिना फूल के वन-समूह कुहरे के अंधकार में सोए से जान पड़ते हैं। नदियाँ, जिनका जल कुहरे से ढका हुआ है और जिनमें सारस पक्षियों का पता केवल उनके शब्द से लगता है, हिम से आर्द्र बालू के तटों से ही पहचानी जाती है। कमल, जिनके पत्ते जीर्ण होकर झड़ गए हैं, जिनकी केसर-कणिकाएँ टूट-फूटकर छितरा गई हैं, पाले से ध्वस्त होकर नाल मात्र खड़े हैं।

मनुष्येतर बाह्य प्रकृति का इसी रूप में ग्रहण कुमारसंभव के आरंभ तथा रघुवंश के बीच-बीच में मिलता है। नाटक यद्यपि मनुष्य ही की भीतरी-बाहरी प्रवृत्तियों के प्रदर्शन के लिए लिखे जाते हैं और भवभूति अपने मार्मिक और तीव्र अंतर्वृत्ति विधान के लिए ही प्रसिद्ध हैं, पर उनके 'उत्तररामचरित' में कहीं-कहीं बाह्य प्रकृति के बहुत ही सांग और संश्लिष्ट खंड-चित्र पाए जाते हैं। पर मनुष्येत्तर बाह्य प्रकृति की जो प्रधानता मेघदूत में मिली है, वह संस्कृत के और किसी काव्य में नहीं। 'पूर्वमेघ' तो वहाँ तक प्रकृति की ही एक मनोहार झाँकी या भारत भूमि के स्वरूप का ही मधुर ध्यान है। जो इस स्वरूप के ध्यान में अपने को भूलकर कभी-कभी मग्न हुआ करता है वह घूम-घूमकर वक्तृता दे या न दे, चंदा इकट्ठा करे या न करे, देशवासियों की आमदनी का औसत निकाले या न निकाले, सच्चा देश-प्रेमी है। मेघदूत न कल्पना की क्रीड़ा है, न कला की विचित्रता। वह है प्राचीन भारत के सबसे भावुक हृदय की अपनी प्यारी भूमि की रूप-माधुरी पर सीधी-सादी प्रेम-दृष्टि।

अनंत रूपों में प्रकृति हमारे सामने आती है—कहीं मधुर, सुसज्जित या सुंदर रूप में, कहीं रूखे बेडौल या कर्कश रूप में, कहीं भव्य, विशाल या विचित्र रूप में कहीं उग्र, कराल या भयंकर रूप में। सच्चे कवि का हृदय उसके इन सब रूपों में लीन होता है, क्योंकि उसके अनुराग का कारण अपना खास सुख-भोग नहीं, बल्कि चिरसाहचर्य द्वारा प्रतिष्ठित वासना है। जो केवल प्रफुल्ल-प्रसून के सौरभ-संचार, मकरंद-लोलुप, मधुप-गुंजार, कोकिल-कूजित निकुंज और शीतल सुख-स्पर्श समीर इत्यादि की चर्चा किया करते हैं; वे विषयी या भोगलिप्सु हैं। इसी प्रकार जो केवल मुक्ताभास हिमबिंदु मंडित मरकताभ शाद्वल-जल, अत्यंत विशाल गिरिशिखर से गिरते हुए जल प्रताप के गंभीर गर्त से उठी हुई सीकर-नीहारिका के बीच विविधवर्णस्फुरण की विशालता, भव्यता और विचित्रता में ही अपने हृदय के लिए कुछ पाते हैं, वे तमाशबीन हैं, सच्चे भावुक या सहृदय नहीं। प्रकृति के साधारण-असाधारण सब प्रकार के रूपों में रमनेवाले वर्णन हमें वाल्मीकि, कालिदास भवभूति आदि संस्कृत के प्राचीन कवियों में मिलते हैं। पिछले खेवे के कवियों में मुक्तक-रचना में तो अधिकतर प्राकृतिक वस्तुओं का अलग-अलग उल्लेख मात्र उद्दीपन की दृष्टि से किया गया है। प्रबंध-रचना में जो थोड़ा-बहुत संश्लिष्ट चित्रण किया है वह प्रकृति की विशेष रूप-विभूति को लेकर ही। अंग्रेजी के पिछले कवियों के वर्ड्सवर्थ की दृष्टि सामान्य में चिरपरिचित, सीधे-सादे प्रशांत और मधुर दृश्यों की ओर रहती थी, पर शैली की असाधारण-भव्य और विशाल की ओर।

साहचर्य-संभूत रस के प्रभाव से सामान्य सीधे-सादे चिरपरिचित दृश्यों में कितने माधुर्य की अनूभूति होती है। पुराने कवि कालिदास ने वर्षा के प्रथम जल से सिक्त तुरंत की जाती हुई धरती तथा उसके पास बिखरी हुई भोली चितवनवाली ग्रामवनिताओं में साफ-सुथरे ग्रामचैत्यों और कथा-कोविद ग्रामवृद्धों में इसी प्रकार के माधुर्य का अनुभव किया था। आज भी इसका अनुभव लोग करते हैं। बाल्य या कौमार अवस्था में जिस पेड़ के नीचे हम अपनी मंडली के साथ बैठा करते थे; चिड़चिड़ी बुढ़िया की जिस झोंपड़ी के पास से होकर हम आते-जाते थे, उसकी मधुर स्मृति हमारी भावना को बराबर लीन किया करती है। बुड्ढी की झोंपड़ी में न कोई चमक-दमक थी, न कला-कौशल का वैचित्र्य। मिट्टी की दीवारों पर फूस का छप्पर पड़ा था, नींव के किनारे चढ़ी हुई मिट्टी पर सत्यानाशी के नीलाभ हरित कँटीले, कटावदार पौधे खड़े थे। जिनके पीले फूलों के गोल संपुटों के बीच लाल-लाल बिंदियाँ झलकती थीं।

सारांश यह कि केवल असाधारणत्व की रुचि सच्ची सहृदयता की पहिचान नहीं है। शोभा और सौंदर्य की भावना के साथ जिनमें मनुष्य-जाति के उस समय के पुराने सहचरों की वंश-परंपरागत स्मृति वासना के रूप में बनी हुई है, जब वह प्रकृति के खुले क्षेत्र में विचरती थी, वे ही पूरे सहृदय भावुक कहे जा सकते हैं।

वन्य और ग्रामीण दोनों प्रकार के जीवन प्राचीन हैं; दोनों पेड़-पौधों, पशु-पक्षियों, नदी-नालों और पर्वत मैदानों के बीच व्यतीत होते हैं, अतः प्रकृति के अधिक रूपों के साथ संबंध रखते हैं। हम पेड़-पौधों और पशु-पक्षियों से संबंध तोड़कर बड़े-बड़े नगरों में आ बसे, पर उनके बिना रहा नहीं जाता। हम उन्हें हर वक्त पास न रखकर एक घेरे में बंद करते हैं और कभी-कभी मन बहलाने के लिए उनके पास चले जाते हैं। हमारा साथ उनसे भी छोड़ते नहीं बनता। कबूतर हमारे घर के छज्जों के नीचे सुख से सोते हैं, गौरैये हमारे घर के भीतर आ बैठते हैं, बिल्ली अपना हिस्सा या तो म्यावँ-म्यावँ करते माँगती है या चोरी से ले जाती है, कुत्ते घर की रखवाली करते हैं, और वासुदेव जी कभी-कभी दीवार फोड़कर निकल पड़ते हैं। बरसात के दिनों में जब सुर्खी-चूने की कड़ाई की परवा न कर हरी-हरी घास पुरानी छत पर निकलने लगती है, तब हमें उसके प्रेम का अनुभव होता है। वह मानो हमें ढूँढ़ती हुई जाती है और कहती है कि "तुम हमसे क्यों दूर-दूर भागे फिरते हो?"

जो केवल अपने विलास या शरीर-सुख की सामग्री ही प्रकृति में ढूँढ़ा करते हैं उनमें उस रागात्मक 'सत्त्व' की कमी है जो व्यक्त सत्ता मात्र के साथ एकता की अनुभूति में लीन करके हृदय के व्यापकत्व का आभास देता है। संपूर्ण सत्ताएँ एक ही परम सत्ता और संपूर्ण भाव एक ही परम भाव के अंतर्भूत हैं। अतः बुद्धि की क्रिया से हमारा ज्ञान जिस अद्वैत भूमि पर पहुँचता है उसी भूमि तक हमारा भावात्मक हृदय भी इस सत्त्व-रस के प्रभाव से पहुँचता है। इस प्रकार अंत में जाकर दोनों पक्षों की वृत्तियों का समन्वय हो जाता है। इस समन्वय के बिना मनुष्यत्व की साधना पूरी नहीं हो सकती।

मार्मिक तथ्य

मनुष्येतर प्रकृति के बीच के रूप-व्यापार कुछ भीतरी भावों या तथ्यों की भी व्यंजना करते हैं। पशु-व्यापार के सुख, हर्ष-विषाद, राग-द्वेष, तोष-क्षोभ, कृपा-क्रोध इत्यादि भावों की व्यंजना जो उनकी आकृति, चेष्टा, शब्द आदि से होती है, वह तो प्रायः बहुत प्रत्यक्ष होती है। कवियों को उन पर अपने भावों का आरोप करने की आवश्यकता प्रायः नहीं होती। तथ्यों का आरोप या संभावना अलबत्ता वे कभी-कभी किया करते हैं। पर इस प्रकार का आरोप कभी-कभी कथन को, 'काव्य' के क्षेत्र से घसीटकर 'सूक्ति' या 'सुभाषित' के क्षेत्र में डाल देता है। जैसे, 'कौवे सबेरा होते ही क्यों चिल्लाने लगते हैं? वे समझते हैं कि सूर्य अंधकार का नाश करता बढ़ा आ रहा है, कहीं धोखे से हमारा भी नाश न कर दे।" यह सूक्ति मात्र है, काव्य नहीं। जहाँ तथ्य केवल आरोपित या संभावित रहते हैं वहाँ के अलंकार रूप में ही रहते हैं। पर जिन तथ्यों का आभास हमें पशु-पक्षियों के रूप, व्यापार या परिस्थिति में ही मिलता है वे हमारे भावों के विषय वास्तव में हो सकते हैं। मनुष्य सारी पृथ्वी छेंकता

चला जा रहा है। जंगल कट-कट कर खेत, गाँव और नगर बनते चले जा रहे हैं। पशु-पक्षियों का भाग छिनता चला जा रहा है। उनके सब ठिकानों पर हमार निष्ठुर अधिकार होता चला जा रहा है। वे कहाँ जाएँ ? कुछ तो हमारी गुलामी करते हैं। कुछ हमारी बस्ती के भीतर या आस-पास रहते हैं और छीन-झपटकर अपना हक ले जाते हैं। हम उनके साथ बराबर ऐसा ही व्यवहार करते हैं, मानो उन्हें जीने का कोई अधिकार ही नहीं है। इन तथ्यों का सच्चा आभास हमें उनकी परिस्थिति से मिलता है। अतः उनमें से किसी की चेष्टा-विशेष में इन तथ्यों की मार्मिक व्यंजना की प्रतीत काव्यानुभूति के अंतर्गत होगी। यदि कोई बंदर हमारे सामने से कोई खाने-पीने की चीज उठा ले जाय और किसी पेड़ के ऊपर बैठा-बैठा हमें घुड़की दे, तो काव्य-दृष्टि से हमें ऐसा मालूम हो सकता है कि–

देते हैं घुड़की यह अर्थ-ओज-भरी हरि
"जीने का हमारा अधिकार क्या न गया रह?
पर प्रतिषेध के प्रसार बीच तेरे नर!
क्रीड़ामय जीवन-उपाय है हमारा यह।
दानी जो हमारे रहे, वे भी दास तेरे हुए
उनकी उदारता भी सकता नहीं तू सह।
फूली फली उनकी उदारता भी सकता नहीं तूसह।
छेंकता है जाता, हम जाएँ कहाँ, तू ही कह!"

पेड़-पौधे, लता गुल्म आदि भी इसी प्रकार कुछ भावों या तथ्यों की व्यंजना करते हैं जो कभी-कभी कुछ गूढ़ होती है। सामान्य दृष्टि भी वर्षा को झड़ी के पीछे उनके हर्ष और उल्लास को, ग्रीष्म के प्रचंड आतप में उनकी शिथिलता और म्लानता को, शिशिर के कठोर शासन में उनकी दीनता को, मधुकाल में उनके रसोन्माद, उमंग और ह्रास को, प्रबल वात के झकोरों में उनकी विकलता को, प्रकाश के प्रति उनकी ललक को देख सकती है। इसी प्रकार भावुकों के समक्ष वे अपनी रूपचेष्टा आदि द्वारा कुछ मार्मिक तथ्यों की भी व्यंजना करते हैं। हमारे यहाँ के पुराने अन्योक्तिकारों नें कहीं-कहीं इस व्यंजना की ओर ध्यान दिया है। कहीं-कहीं का मतलब यह है कि बहुत जगह उन्होंने अपनी भावना का आरोप किया है, उनकी रूपचेष्टा या परिस्थिति से तथ्य-चयन नहीं। पर उनकी विशेष-विशेष परिस्थतियों की ओर भावुकता से ध्यान देने पर बहुत से मार्मिक तथ्य सामने आते हैं। कोसों तक फैले, कड़ी धूप में तपते मैदान के बीच एक अकेला वटवृक्ष दूर तक छाया फैलाए खड़ा है। हवा के झोंकों से उसकी टहनियाँ और पत्ते हिल-हिल कर मानो बुला रहे हैं। इस धूप से व्याकुल होकर उसकी ओर बढ़ते हैं। देखते हैं, उनकी जड़ के पास एक गाय बैठी आँखें मूँदे जुगाली कर रही है। हम लोग भी उसी के पास आराम से जा बैठते

हैं इतने में एक कुत्ता जीभ बाहर निकाले हाँफता हुआ उस छाया के नीचे आता है और हममें से कोई उठकर उसे छड़ी लेकर भगाने लगता है। इस परिस्थिति को देख हममें से कोई भावुक पुरुष उस पेड़ को इस प्रकार संबोधन करे तो कर सकता है—

काया की न छाया यह केवल तुम्हारी द्रुम
अतंस के मर्म का प्रकाश यह छाया है।
भरी है इसी में वह स्वर्ग-स्वप्न-धरा अभी।
जिसमें न पूरा-पूरा नर बह पाया है।
शांतिसार शीतल प्रसार यह छाया धन्य!
प्रीति सा पसारे इसे कैसी हरी काया है।
हे नर! तू प्यारा इस तरु का स्वरूप देख,
देख फिर घोर रूप तूने जो कमाया है।

ऊपर नरक्षेत्र और मनुष्येतर सजीव सृष्टि के क्षेत्र का उल्लेख हुआ। है। काव्यदृष्टि कभी तो इन पर अलग-अलग रहती है कभी समष्टि-रूप में समस्त जीवन-क्षेत्र पर। कहने की आवश्यकता नहीं कि विच्छिन्न दृष्टि की अपेक्षा समष्टि-दृष्टि में अधिक व्यापकता और गंभीरता रहती है। काव्य का अनुशीलन करनेवाले मात्र जानते हैं कि काव्य-सृष्टि सजीव दृष्टि तक ही बद्ध नहीं रहती है। वह प्रकृति के उस भाग की ओर भी जाती है जो निर्जीव या जड़ कहलाता है। भूमि, चट्टान, नाले, टीले, मैदान, समुद्र, आकाश, मेघ, नक्षत्र इत्यादि की रूप-गति आदि से भी हम सौंदर्य, माधुर्य, भीषणता, भव्यता, विचित्रता, उदासी उदारता, सम्पन्नता इत्यादि की भावना प्राप्त करते हैं। कड़कड़ाती धूप के पीछे उमड़ी हुई घटा की श्यामल स्निग्धता का अनुभव मनुष्य क्या पशु-पक्षी; पेड़-पौधे तक करते हैं। अपने इधर-उधर हरी-भरी लहलहाती प्रफुल्लता को विधान करती हुई नदी की अविराम जीवन-धारा में हम द्रवीभूत औदार्य का दर्शन करते हैं। पर्वत की ऊँची चोटियों में विशालता और भव्यता का, बाल-बिलोड़ित जल-प्रसार में क्षोभ और आकुलता का विकीर्णधन-खंड-मंडित, रस्मि-रंजित सांध्य-दिगंचल में चमत्कार पूर्ण सौंदर्य का, ताप से तिलमिलाती धरा पर धूल झोंकते हुए अंधड़ के प्रचंड झोंकों में उग्रता और उच्छृंखलता का, बिजली की कँपानेवाली कड़क और ज्वालामुखी के ज्वलंत या कल्पनाएँ हैं। स्वार्थ-भूमि से परे पहुँचे हुए सच्चे अनुभूति-योगी या कवि इनके द्रष्टा मात्र होते हैं।

जड़ जगत् के भीतर पाए जानेवाले रूप, व्यापार या परिस्थितियाँ अपने मार्मिक तथ्यों की भी व्यंजना करती हैं। जीवन में तथ्यों के साथ उनके साम्य का बहुत अच्छा मार्मिक उद्घाटन कहीं-कहीं हमारे यहाँ के अन्योक्तिकारों ने किया है। जैसे, इधर नरक्षेत्र के बीच देखते हैं तो सुख-समृद्धि और सम्पन्नता की दशा में दिन-रात घेरे

रहनेवाले स्तुति का खासा कोलाहल खड़ा करनेवाले, विपत्ति और दुर्दिन में पास नहीं फटकते; उधर जड़ जगत् के भीतर देखते हैं तो भरे हुए सरोवर के किनारे जो पक्षी बराबर कलरव करते रहते हैं, वे उसके सूखने पर अपना-अपना रास्ता लेते हैं।

कोलाहल सुनि खगन के, सरवर! जनि अनुरागि।
ये सब स्वारथ के सखा, दुर्दिन दैहैं त्योगि॥
दुर्दिन दैहैं त्यागि, तोय तेरो जब जैहैं।
दूरहिं ते तजि आस, पास कोऊ नहिं ऐहैं॥

इसी प्रकार सूक्ष्म और मार्मिक दृष्टिवालों को और गूढ़ व्यंजना भी मिल सकती है। अपने इधर-उधर हरियाली और प्रफुल्लता का विधान करने के लिए यह आवश्यक है कि नदी कुछ काल तक एक बंधी हुई मर्यादा के भीतर बहती रहे। वर्षा की उमड़ी हुई उच्छृंखलता में पोषित हरियाली और प्रफुल्लता का ध्वंस सामने आता है। पर यह उच्छृंखलता और ध्वंस अल्पकालिक होता है। इसके द्वारा आगे के लिए पोषण की नई शक्ति का संचय होता है। उच्छृंखलता नदी की स्थायी वृत्ति नहीं है। नदी के इस स्वरूप के भीतर सूक्ष्य मार्मिक दृष्टि लोकगति के स्वरूप का साक्षात्कार करती है। लोकजीवन की धारा जब एक बँधे मार्ग पर कुछ काल तक अबाध गति से चलने पाती है तभी सभ्यता के किसी रूप का पूर्ण विकास और उसके भीतर सुख-शांति की प्रतिष्ठा होती है। जब जीवन-प्रवाह क्षीण और शाक्त पड़ने लगता है। और गहरी विषमता आने लगती है तब नई शक्ति का प्रवाह फूट पड़ता है जिसमें वेग की उच्छृंखलता के सामने बहुत कुछ ध्वंस भी होता है। पर यह उच्छृंखल वेग जीवन का या जगत् का नित्य स्वरूप नहीं है।

3. पहले कहा जा चुका है कि नरक्षेत्र के भीतर बद्ध रहनेवाली काव्य-दृष्टि की अपेक्षा संपूर्ण जीवन-क्षेत्र और समस्त चराचर के क्षेत्र से मार्मिक तथ्यों का चयन करनेवाली दृष्टि उत्तरोत्तर अधिक व्यापक और गंभीर कही जाएगी। जब कभी हमारी भावना का प्रसार इतना विस्तीर्ण और व्यापक होता है कि हम अनंत व्यक्ति सत्ता के भीतर नरसत्ता के स्थान का अनुभव करते हैं तब हमारी पार्थक्य-बुद्धि का परिहार हो जाता है। उस समय हमारा हृदय ऐसी उच्च भूमि पर पहुँचा रहता है जहाँ उसकी वृत्ति प्रशांत और गंभीर हो जाती है। उसकी अनुभूति का विषय ही कुछ बदल जाता है।

तथ्य चाहे नरक्षेत्र के ही हों, चाहे अधिक व्यापक क्षेत्र के हों, कुछ प्रत्यक्ष होते हैं और कुछ गूढ़। जो तथ्य हमारे किसी भाव को उत्पन्न करे उसे उस भाव का आलंबन कहना चाहिए। ऐसे रसात्मक तथ्य आरंभ में ज्ञानेंद्रियाँ उपस्थित करती हैं। फिर ज्ञानेंद्रियों द्वारा प्राप्त सामग्री से भावना या कल्पना उनकी योजना करती है। अतः

यह कहा जा सकता है कि ज्ञान ही भावों में संचार के लिए मार्ग खोलता है। ज्ञान-प्रसार के भीतर ही भाव-प्रसार होता है। आरंभ में मनुष्य की चेतन सत्ता अधिकतर इंद्रियज ज्ञान की समष्टि के रूप में ही रही। फिर ज्यों-ज्यों अंतःकरण का विकास होता गया और सभ्यता बढ़ती गई त्यों-त्यों मनुष्य का ज्ञान बुद्धि व्यवसायात्मक होता है। अब मनुष्य का ज्ञानक्षेत्र बुद्धिव्यवसायात्मक या विचारात्मक होकर बहुत ही विस्तृत हो गया है। अतः उसके विस्तार के साथ हमें अपने हृदय का विस्तार भी बढ़ाना पड़ेगा। विचारों की क्रिया से, वैज्ञानिक विवेचन और अनुसंधान द्वारा उद्‌घाटित परिस्थितियों और तथ्यों के मर्मस्पशी पक्ष का मूर्त्त और सजीव चित्रण भी—उसका इस रूप में प्रत्यक्षीकरण भी कि वह हमारे किसी भाव का आलंबन हो सके-कवियों का काम और उच्च काव्य का एक लक्षण होगा। कहने की आवश्यकता नहीं कि इन तथ्यों और पस्थितियों के मार्मिक रूप न जाने कितनी बातों की तह में छिपे होंगे।

काव्य और व्यवहार

भावों या मनोविकारों के विवेचन में हम कह चुके हैं कि़ मनुष्य को कर्म में प्रवृत्त करनेवाली मूल वृत्ति भावात्मिका है। केवल तर्क-बुद्धि या विवेचना के बल से हम किसी कार्य में प्रवृत्त नहीं होते। जहाँ जटिल बुद्धि-व्यापार के अंतर में किसी कर्म का अनुष्ठान देखा जाता है वहाँ भी तह में कोई भाव या वासना छिपी रहती है। चाणक्य जिस समय अपनी नीति की सफलता के लिए किसी निष्ठुर व्यापार में प्रवृत्त दिखाई पड़ता है उस समय वह दया, करुणा आदि सब मनोविकारों या भावों से परे दिखाई पड़ता है। पर थोड़ा अंतर्दृष्टि गड़ाकर देखने से कौटिल्य को नचानेवाली डोर का छोर भी अंतःकरण के रागात्मक खंड की ओर मिलेगा। प्रतिज्ञा-पूर्ति की आनंद भावना और नंदवंश के प्रति क्रोध या वैर की वासना बारी-बारी से उस डोर को हिलाती हुई मिलेगी। अर्वाचीन राष्ट्रनीति के गुरु-घंटाल जिस समय अपनी किसी गहरी चाल से किसी देश की निरपराध जनता का सर्वनाश करते हैं, उस समय वे दया आदि दुर्बलताओं से निर्लिप्त, केवल बुद्धि के कठपुतले दिखाई पड़ते हैं। पर उनके भीतर यदि छानबीन की जाय तो कभी अपने देशवासियों के सुख की उत्कंठा, कभी अन्य जाति के प्रति घोर विद्वेष, कभी अपनी जातीय श्रेष्ठता का नया या पुराना घमंड, इशारे करता हुआ मिलेगा।

बात यह है कि केवल इस बात को जानकर ही हम किसी काम को करने या न करने के लिए तैयार नहीं होते कि वह काम अच्छा है या बुरा, लाभदायक है या हानिकारक। जब उसकी या उसके परिणाम की कोई ऐसी बात हमारी भावना में आती है जो आह्लाद, क्रोध, करुणा, भय, उत्कंठा आदि का संचार कर देती है तभी हम उस काम को करने या न करने के लिए उद्यत होते हैं। शुद्ध-ज्ञान या

विवेक में कर्म की उत्तेजना नहीं होती। कर्म-प्रवृत्ति के लिए मन में कुछ वेग का आना आवश्यक है। यदि किसी जनसमुदाय के बीच कहा जाय कि अमुक देश तुम्हारा इतना रुपया प्रतिवर्ष उठा ले जाता है तो संभव है कि उस पर कुछ प्रभाव न पड़े। पर यदि दारिद्र्य और अकाल का भीषण और करुण दृश्य दिखाया जाय, पेट की ज्वाला से जले हुए कंकाल कल्पना के सम्मुख रखे जाएँ और भूख में तड़पते हुए बालक के पास बैठी हुई माता का आर्त्त-क्रंदन सुनाया जाय तो बहुत से लोग क्रोध और करुणा से व्याकुल हो उठेंगे और इस दशा को दूर करने का यदि उपाय नहीं तो संकल्प अवश्य करेंगे। पहले ढंग की बात कहना राजनीतिक या अर्थशास्त्री का काम है और पिछले प्रकार का दृश्य भावना में लाना कवि का। अतः यह धारणा कि काव्य व्यवहार का बाधक है, उसके अनुशीलन से अकर्मण्यता आती है, ठीक नहीं। कविता तो भाव-प्रसार द्वारा कर्मण्य के लिए कर्मक्षेत्र का और विस्तार कर देती है।

उक्त धारणा का आधार यदि कुछ हो सकता है, तो यही कि जो भावुक या सहृदय होते हैं अथवा काव्य के अनुशीलन से जिनके भाव-प्रसार का क्षेत्र विस्तृत हो जाता है, उनकी वृत्तियाँ उतनी स्वार्थबद्ध नहीं रह सकतीं। कभी-कभी वे दूसरों का जी दुखाने के डर से, आत्मगौरव या कुलगौरव या जातिगौरव के ध्यान से अथवा जीवन के किसी पक्ष की उत्कर्ष-भावना में नग्न होकर अपने लाभ के कर्म में अतत्पर या उससे विरत देखे जाते हैं। अतः अर्थागम से 'हृष्ट, स्वकार्य साधयेत्' के अनुयायी काशी के ज्योतिषी और कर्मकांडी, कानपुर के बनिए और दलाल, कचहरियों के अमले और मुख्तार ऐसों को कार्य-भ्रंशकारी, मूर्ख, निरे निठल्ले या खब्त-उल-हवास समझ सकते हैं। जिनकी भावना किसी बात के मार्मिक पक्ष का चित्रानुभव करने में तत्पर रहती है, जिनके भाव चराचर के बीच किसी की भी आलंबनोपयुक्त रूप या दशा में पाते ही उसकी ओर दौड़ पड़ते हैं, वे सदा अपने लाभ के ध्यान से या स्वार्थ-बुद्धि द्वारा ही परिचालित नहीं होते। उसकी यही विशेषता अर्थपरायणों को—अपने काम से काम रखनेवालों को—एक त्रुटि-सी जान पड़ती है। कवि और भावुक हाथ-पैर न हिलाते हों, यह बात नहीं है। पर अर्थियों के निकट उनकी बहुत-सी क्रियाओं का कोई अर्थ नहीं होता।

मनुष्यता की उच्च भूमि

मनुष्य की चेष्टाओं और कर्मकलाप से भावों का मूल-संबंध निरूपित हो चुका है और यह भी दिखाया जा चुका है कि कविता इन भावों या मनोविकारों के क्षेत्र में विस्तृत करती हुई इनका प्रसार करती है। पशुत्व से मनुष्यत्व में जिस प्रकार अधिक ज्ञानप्रसार की विशेषता है उसी प्रकार अधिक भाव-प्रसार की भी। पशुओं के प्रेम की पहुँच प्रायः अपने जोड़े बच्चों या खिलाने-पिलानेवालों तक ही होती है। इसी

प्रकार उनका क्रोध भी अपने सतानेवालों तक ही जाता है स्वर्ग या पशुमात्र को सतानेवालों तक नहीं पहुँचता। अपने संबंधियों, अपने पड़ोसियों, अपने देशवासियों क्या मनुष्य मात्र और प्राणिमात्र तक से प्रेम करने भर की जगह उसके हृदय में बन गई है। मनुष्य की त्योरी मनुष्य को ही सतानेवाले पर नहीं चढ़ती, गाय-बैल और कुत्ते-बिल्ली को सतानेवाले पर भी चढ़ती है। पशु की वेदना देखकर भी उनके नेत्र सजल होते हैं। बंदर को शायद बंदरिया के मुँह में ही सौंदर्य दिखाई पड़ता होगा; पर मनुष्य पशु-पक्षी, फूल-पत्ते और रेत-पत्थर में भी सौंदर्य पाकर मुग्ध होता है। इस हृदय-प्रसार का स्मारक स्तंभ काव्य है जिसकी उत्तेजना से हमारे जीवन में एक नया जीवन आ जाता है। हम सृष्टि के सौंदर्य को देखकर रसमग्न होने लगते हैं, कोई निष्ठुर कार्य हमें असह्य होने लगता है, हमें जान पड़ता है कि हमारा जीवन कई गुना बढ़कर सारे संसार में व्याप्त हो गया है।

कवि-वाणी के प्रकार से हम संसार के सुख-दुःख, आनंद-क्लेश आदि का शुद्ध स्वार्थमुक्त रूप में अनुभव करते हैं। इस प्रकार के अनुभव के अभ्यास से हृदय का बंधन खुलता है और मनुष्यता की उच्च भूमि की प्राप्ति होती है। किसी अर्थपिशाच कृपण को देखिए, जिसने केवल अर्थलोभ के वशीभूत होकर क्रोध, दया, श्रद्धा, भक्ति आत्माभिमान आदि भावों को एकदम दबा दिया है और सांर के मार्मिक पक्ष से मुँह मोड़ लिया है। न सृष्टि के किसी रूप-माधुर्य को देख वह पैसों का हिसाब-किताब भूल कभी मुग्ध होता है, न किसी दीन-दुनिया को देख कभी करुणा से द्रवीभूत होता है, न कोई अपमान-सूचक बात सुनकर क्रुद्ध या क्षुब्ध होता है। यदि किसी लोमहर्षण अत्याचार की बात कही जाय तो वह मनुष्य धर्मानुसर क्रोध या घृणा प्रकट करने के स्थान पर रुखाई के साथ कहेगा कि "जाने दो, हमसे क्या मतलब; चलो अपना काम देखें।" यह महा भयानक मानसिक रोग है। इससे मनुष्य आधा मर जाता है। इसी प्रकार किसी महाक्रूर पुलिस कर्मचारी को जाकर देखिए जिसका हृदय पत्थर के समान जड़ और कठोर हो गया है, जिसे दूसरे के दुःख और क्लेश की भावना स्वप्न में भी नहीं होती है। ऐसों को सामने पाकर स्वभावतः यह मन में आता है कि क्या इनकी भी कोई दवा है? इनकी दवा कविता है।

कविता ही हृदय को प्रकृत दशा में लाती है और जगत् के बीच क्रमशः उसका अधिकाधिक प्रसार करती हुई उसे मनुष्यत्व की उच्च भूमि पर ले जाती है। भावयोग की सबसे उच्च कक्षा पर पहुँचे हुए मनुष्य का जगत् के साथ पूर्ण तादात्म्य हो जाता है, उसकी अलग भावसत्ता नहीं रह जाती, उसका हृदय विश्व-हृदय हो जाता है। उसकी अश्रुधारा में जगत् की अश्रुधारा का, उसके हास-विलास में जगत् के आनंद-नृत्य का, उसके गर्जन-तर्जन का आभास मिलता है।

भावना या कल्पना

इस निबंध के आरंभ में ही हम काव्यानुशीलन को भावयोग कह आए हैं और उसे कर्मयोग और ज्ञानयोग के समकक्ष बता आए हैं। यहाँ पर अब यह कहने की आवश्यकता प्रतीत होती है। कि 'उपासना' भावयोग का ही एक अंग है। पुराने धार्मिक लोग उपासना का अर्थ 'ध्यान' ही लिया करते हैं। जो वस्तु हमसे अलग है, हमसे दूर प्रतीत होती है, उसकी मूर्ति मन में लाकर उसके सामीप्य का अनुभव करना ही उपासना है। साहित्यवाले इसी को 'भावना' कहते हैं और आजकल के लोग 'कल्पना'। जिस प्रकार भक्ति के लिए उपासना या ध्यान की आवश्यकता होती है उसी प्रकार और भावों के प्रवर्तन के लिए भी भावना या कल्पना अपेक्षित होती है। जिनकी भावना या कल्पना शिथिल या अशक्त होती है, किसी कविता या सरस उक्ति को पढ़-सुनकर उनके हृदय में मार्मिकता होते हुए भी वैसी अनुभूति नहीं होती। बात यह है कि उनके अंतःकरण में चटपट वह सजीव और स्पष्ट मूर्ति-विधान नहीं होता जो भावों को परिचालित कर देता है। कुछ कवि किसी बात के सारे मार्मिक अंगों का पूरे ब्यौरे के साथ चित्रण कर देते हैं, पाठक या श्रोता की कल्पना के लिए बहुत कम काम छोड़ते हैं ओर कुछ कवि कुछ मार्मिक खंड रखते हैं जिन्हें पाठक की तत्पर कल्पना आप से आप पूर्ण करती है।

कल्पना दो प्रकार की होती है—विधायक और ग्राहक! कवि में विधायक कल्पना अपेक्षित होती है और श्रोता या पाठक में अधिकतर ग्राहक। अधिकतर कहने का अभिप्राय यह है जहाँ कवि पूर्ण चित्रण नहीं करता वहाँ पाठक या श्रोता को भी अपनी ओर से कुछ मूर्ति-विधान करना पड़ता है। योरोपीय साहित्य-मीमांसा में कल्पना को बहुत प्रधानता दी गई है। है भी यह काव्य का अनिवार्य साधन, पर है साधन ही, साध्य नहीं, जैसा कि उपर्युक्त विवेचन से स्पष्ट है। किसी प्रसंग के अंतर्गत कैसा ही विचित्र मूर्ति विधान हो पर यदि उसमें उपर्युक्त भाव संचार की क्षमता नहीं हो तो वह काव्य के अंतर्गत न होगा।

मनोरंजन

प्रायः सुनने में आता है कि कविता का उद्देश्य मनोरंजन है। पर जैसा कि हम पहले कह आए हैं कविता का अंतिम लक्ष्य जगत् के मार्मिक पक्षों का प्रत्यक्षीकरण करके उनके साथ मनुष्य-हृदय का सामंजस्य-स्थापन है। इतने गंभीर उद्देश्य के स्थान पर केवल मनोरंजन का हल्का उद्देश्य सामने रखकर जो कविता का पठन-पाठन या विचार करते हैं, वे रास्ते ही में रह जानेवाले पथिक के समान हैं। कविता पढ़ते समय मनोरंजन अवश्य होता है, पर उसके उपरांत कुछ और भी होता है और वही सब कुछ है। मनोरंजन वह शक्ति है जिससे कविता अपना प्रभाव जमाने के लिए मनुष्य की चित्तवृत्ति को स्थिर किए रहती है। इधर-धर जाने नहीं देती। अच्छी से अच्छी बात को भी कभी-कभी जो केवल कान से सुन भर लेते हैं, उनकी ओर उनका मनोयोग नहीं

होता। केवल यही कहकर कि 'परोपकार करो', 'दूसरों पर दया करो', 'चोरी करना महापाप है', हमें यह आशा कदापि न करनी चाहिए कि कोई अपकारी उपकारी, कोई क्रूर दयावान् या कोई चोर साधु हो जाएगा। क्योंकि ऐसे वाक्यों के अर्थ की पहुँच हृदय तक होती ही नहीं, वह ऊपर ही ऊपर रह जाता है। ऐसे वाक्यों द्वारा सूचित व्यापारों का मानव-जीवन के बीच कोई मार्मिक चित्र सामने न पाकर हृदय उनकी अनुभूति की ओर प्रवृत्त ही नहीं होता।

पर कविता अपनी मनोरंजन-शक्ति द्वारा पढ़ने या सुननेवाले का चित्त रमाए रहती है, जीवन-पट पर उक्त कर्मों की सुंदरता या विरूपता अंकित करके हृदय के मर्मस्थलों का स्पर्श करती है। मनुष्य कुछ कर्मों में जिस प्रकार दिव्य सौंदर्य और माधुर्य होता है, उसी प्रकार कुछ कर्मों में भीषण कुरूपता और भद्दापन होता है। इसी सौंदर्य का कुरूपता का प्रभाव मनुष्य के हृदय पर पड़ता है और इस सौंदर्य या कुरूपता का सम्यक् प्रत्यक्षीकरण कविता ही कर सकती है।

कविता की इसी रमानेवाली शक्ति को देखकर जगन्नाथ पंडितराज ने रमणीयता का पल्ला पकड़ा और उसे काव्य का साध्य स्थिर किया तथा योरोपीय समीक्षकों के 'आनंद' को काव्य का परम लक्ष्य ठहराया। इस प्रकार मार्ग को ही अंतिम गंतव्य स्थल मान लेने के कारण बड़ा गड़बड़झाला हुआ। मनोरंजन या आनंद तो बहुत-सी बातों में हुआ करता है। किस्सा-कहानी सुनने में भी तो पूरा मनोरंजन होता है, लोग रात-रात भर सुनते रह जाते हैं। पर क्या कहानी सुनना और कविता सुनना एक ही बात है? हम रसात्मक कथाओं या आख्यानों की बात नहीं कहते हैं; केवल घटना वैचित्र्य पूर्ण कहानियों की बात कहते हैं। कविता और कहानी का अंतर स्पष्ट है। कविता सुननेवाला किसी भाव में मग्न रहता है और कभी-कभी बार-बार एक ही पद्य सुनना चाहता है। पर कहानी सुननेवाला आगे की घटना के लिए आकुल रहता है। कविता सुननेवाला कहता है, "जरा फिर तो कहिए।" कहानी सुनेवाला कहता है, "हाँ! तब क्या हुआ।'

मन को अनुरंजित करना, उसे सुख या आनंद पहुँचाना ही यदि कविता का अंतिम लक्ष्य माना जाय तो कविता भी केवल विलास की एक सामग्री हुई। परंतु क्या कोई कह सकता है कि वाल्मीकि ऐसे मुनि और तुलसीदास ऐसे भक्त ने केवल इतना ही समझकर श्रम किया कि लोगों को समय काटने का एक अच्छा सहारा मिल जाएगा? क्या इससे गंभीर कोई उद्देश्य उनका न था? खेद के साथ कहना पड़ता है कि बहुत दिनों से बहुत-से लोग कविता को विलास की सामग्री समझते आ रहे हैं। हिंदी के रीति-काल के कवि तो मानो राजाओं-महाराजाओं की काम वासना उत्तेजित करने के लिए ही रखे जाते थे। एक प्रकार के कविराज तो रईसों के मुँह में मकरध्वज रस झोंकते थे, दूसरे प्रकार के कविराज कान में मकरध्वज रस की पिचकारी देते थे, पीछे से तो ग्रीष्मोपचार आदि के नुस्खे भी कवि लोग तैयार करने

लगे। गर्मी के मौसम के लिए एक कवि जी व्यवस्था करते हैं।

सीतल गुलाबजल भरि चहबच्चन में,
डार कै कमलदल न्हायबे को धँसिए।
कालिदास अंग-अंग अगर अतर संग,
केसर उसीर नीर घनसार धँसिए।
जेठ में गोविंद लाल चंदन के चहलन,
भरि-भरि गोकुल के महलन बसिए।

इसी प्रकार शिशिर के मसाले सुनिए—

गुलगुली गिलमैं, गलीचा हैं, गुनीजन हैं,
चिक हैं, चिराकैं हैं, चिरागन की माला हैं।
कहै पदमाकर है गजक गजा हू सजी,
सज्जा हैं, सुरा हैं, सुराही हैं सुप्याला हैं।
शिशिर के पाला को न व्यापत कसाला तिन्हें,
जिनके अधीन एते उचित मसाला हैं।

सौंदर्य

सौंदर्य बाहर की कोई वस्तु नहीं है, मन के भीतर की वस्तु है। योरोपीय कला समीक्षा की यह एक बड़ी ऊँची उड़ान या बड़ी दूर की कौड़ी समझी गई है। पर वास्तव में यह भाषा के गड़बलझाले के सिवा और कुछ नहीं है। जैसे, वीरकर्म से पृथक् वीरत्व कोई पदार्थ नहीं वैसे ही सुंदर वस्तु से पृथक् सौंदर्य कोई पदार्थ नहीं। कुछ रूप-रंग की वस्तुएँ ऐसी होती हैं जो हमारे मन में आते ही थोड़ी देर के लिए हमारी सत्ता पर ऐसा अधिकार कर लेती हैं कि उसका ज्ञान ही हवा हो जाता है और हम उन वस्तुओं की भावना के रूप में ही परिणत हो जाते हैं। हमारी अंतस्तता की यही तदाकार-परिणति सौंदर्य की अनुभूति है। इसके विपरीत कुछ रूप-रंग की वस्तुएँ ऐसी होती हैं जिनकी प्रतीति या जिनकी भावना हमारे मन में कुछ देर टिकने ही नहीं पाती और एक मानसिक आपत्ति-सी जान पड़ती है। जिस वस्तु के प्रत्यक्ष ज्ञान या भावना से तदाकार परिणति जितनी ही अधिक होगी, उतनी ही वह वस्तु हमारे लिए सुंदर कही जाएगी। इस विवेचन से स्पष्ट है कि भीतर-बाहर का भेद व्यर्थ है। जो भीतर है वही बाहर है।

यही बाहर हँसता-खेलता, रोता-गाता, खिलता-मुरझाता जगत् भीतर भी है। जिसे हम मन कहते हैं। जिस प्रकार यह जगत् रूपमय और गतिमय है उसी प्रकार मन भी। मन भी रूपगति का संघात ही है। रूप मन और इंदियों द्वारा संघटित है या मन और इंद्रियाँ रूपों द्वारा, इससे यहाँ प्रयोजन नहीं। हमें तो केवल यही कहना

है कि हमें अपने मन का और अपनी सत्ता का बोध रूपात्मक ही होता है।

किसी वस्तु के प्रत्यक्ष ज्ञान या भावना से हमारी अपनी सत्ता के क्रोध का जितना ही अधिक तिरोभाव और हमारे मन की उस वस्तु के रूप में जितनी ही पूर्ण परिणति होगी उतनी ही बढ़ी हुई हमारी सौंदर्य की अनुभूति कही जाएगी। जिस प्रकार की रूपरेखा या वर्ण-विन्यास से किसी की तदाकार परिणति होती है, उसी प्रकार की रुपरेखा या वर्ण- विन्यास उसके लिए सुदर है। मनुष्यता की सामान्य भूमि पर पहुँची हुई संसार की सब सभ्य जातियों में सौंदर्य के सामान्य आदर्श प्रतिष्ठित हैं। भेद अधिकतर अनुभूति के मात्रा में पाया जाता है। न सुंदर को कोई एकबारगी कुरूप कहता है और न बिल्कुल कुरूप को सुंदर। जैसा कि कहा जा चुका है, सौंदर्य का दर्शन मनुष्य ही में नहीं करता, प्रतयुत् पल्लव-गुंफित, पुष्पहास में पक्षियों के पक्षजाल में सिंदूराम सांध्य दिगंचल के हिरण्य-मेखला-मंडित में, तुषारावृत्त तुंग-गिरि-शिखर में, चंद्रकिरण से झलझलाते निर्झर में और न जाने कितनी वस्तुओं में वह सौंदर्य की झलक पाता है।

जिस सौंदर्य की भावना में मग्न होकर मनुष्य अपनी पृथक् सत्ता की प्रतीति का विसर्जन करता है वह अवश्य एक दिव्य विभूति है। भक्त लोग अपनी उपासना या ध्यान में इसी विभूति का अवलंबन करते हैं। तुलसी और सूर ऐसे सगुणोपासक भक्त राम और कृष्ण की सौंदर्य-भावना में मग्न होकर ऐसी मंगल-दशा का अनुभव कर गए हैं जिसके सामने कैवल्य या मुक्ति की कामना का कहीं पता नहीं लगता।

कविता केवल वस्तुओं के ही रंग-रूप में सौंदर्य की छटा नहीं दिलाती, प्रत्युत् कर्म और मनोवृत्ति के भी अत्यंत मार्मिक दृश्य सामने रखती है। वह जिस प्रकार विकसित कमल, रमणी के मुखमंडल आदि का सौंदर्य मन में लाती है उसी प्रकार उदारता, वीरता, त्याग, दया, प्रेमोत्कर्ष इत्यादि कर्मों और मनोवृत्तियों का सौंदर्य भी मन में जगाती है। जिस प्रकार वह शव को नोचते हुए कुत्तों और श‍ृगालों के बीभत्स व्यापार की झलक दिखाती है उसी प्रकार क्रूरों की हिंसावृत्ति और दुष्टों की ईर्ष्या आदि की कुरूपता से भी क्षुब्ध करती है। इस कुरूपता का अवस्थान सौंदर्य को पूर्ण और स्पष्ट अभिव्यक्ति के लिए ही समझना चाहिए। जिन मनोवृत्तियों का अधिकतर बुरा रूप हम संसार में देखा करते हैं उनका भी रूप सुंदर कविता ढूँढ़कर दिखाती है। दशवदन-निधनकारी राम के क्रोध के सौंदर्य पर कौन मोहित न होगा?

जो कविता रमणी के रूपमाधुर्य से हमें तृप्त करती है वही उसकी अंतर्वृत्ति की सुंदरता का आभास देकर हमें मुग्ध करती है। जिस बंकिम की लेखनी गढ़ने पर बैठी हुई राजकुमारी तिलोत्तमा के अंग-प्रत्यंग की सुषमा को अंकित किया है उसी ने नवाब-नंदिनी आयशा के अंतस् की अपूर्व सात्त्विकी ज्योति की झलक दिखाकर पाठकों को चमत्कृत किया है। जिस प्रकार बाह्य प्रकृति के बीच वन, पर्वत, नदी-निर्झर

आदि की रूप-विभूति से हम सौंदर्य-मग्न होते हैं उसी प्रकार अंतःप्रकृति में दया, दक्षिण्य, श्रद्धा, भक्ति आदि वृत्तियों की स्निग्ध शीतल आभा में सौंदर्य लहराता हुआ पाए हैं। यदि कहीं बाह्य और अभ्यंतर दोनों सौंदर्य का योग दिखाई पड़े तो फिर क्या कहना है? यदि किसी अत्यंत सुंदर पुरुष की धीरता, वीरता, सत्यप्रियता आदि अथवा किसी प्रत्यंत रूपवती स्त्री की सुशीलता, कोमलता और प्रेमपरायणता आदि भी सामने रख दी जाए तो सौंदर्य की भावना सर्वांग पूर्ण हो जाती है।

सुंदर और कुरूप-काव्य में बस ये ही दो पक्ष हैं। भला-बुरा, शुभ-अशुभ, पाप-पुण्य, मंगल-अमंगल, अनुपयोगी-उपयोगी-से सब शब्द काव्यक्षेत्र के बाहर के हैं। ये नीति, धर्म व्यवहार, अर्थशास्त्र आदि के शब्द हैं। शुद्ध काव्य-क्षेत्र में न कोई बात भली कही जाती है न बुरी, न शुभ, न अशुभ, न अनुपयोगी। सब बातें केवल दो रूपों में दिखाई जाती हैं—सुंदर और असुंदर। जिसे धार्मिक शुभ या मंगल कहता है, कवि उसके सौंदर्य-पद्य पर आप ही मुग्ध रहता है और दूसरों को भी मुध करता है। जिसे धर्मज्ञ अपनी दृष्टि के अनुसार शुभ या मंगल समझता है, उसी को कवि अपनी दृष्टि के अनुसार सुंदर कहता है। दृष्टिभेद अवश्य है। धार्मिक की दृष्टि जीव के कल्याण, परलोक में सुख, भवबंधन से मोक्ष आदि की ओर होती है। पर कवि की दृष्टि इन सब बातों की ओर नहीं रहती। वह उधर देखता है जिधर सौंदर्य दिखाई पड़ता है। इतनी-सी बात ध्यान में रखने से ऐसे-ऐसे झमेलों में पड़ने की आवश्यकता बहुत कुछ दूर हो जाती हे कि 'कला में सत्-असत्, धर्माधर्म का विचार होना चाहिए या नहीं'', ''कवि को उपदेशक बनना चाहिए या नहीं।''

कवि की दृष्टि तो सौंदर्य की ओर जाती है चाहे वह जहाँ हो—वस्तुओं के रूप-रंग में अथवा मनुष्यों के मन, वचन और कर्म में। उत्कर्ष-साधन के लिए, प्रभाव की वृद्धि के लिए, कवि लोग कई प्रकार के सौंदर्यों का मेल भी किया करते हैं। राम की रूपमाधुरी और रावण की विकरालता भीतर का प्रतिबिंब -सी जान पड़ती है। मनुष्य के भीतरी-बाहरी सौंदर्य के साथ चारों ओर की प्रकृति के सौंदर्य को भी मिला देने से वर्णन का प्रभाव कभी-कभी बहुत बढ़ जाता है। चित्रकूट ऐसे रम्य स्थान में राम और भरत ऐसे रूपवानों की रम्य अंतःप्रकृति की छटा का क्या कहना है।

चमत्कारवाद

काव्य के संबंध में चमत्कार' अनूठापन आदि शब्द बहुत दिनों से लाए जाते हैं। चमत्कार मनोरंजन की सामग्री है, इसमें संदेह नहीं, इसमें जो लोग मनोरंजन को ही काव्य का लक्ष्य समझते हैं, वे यदि कविता में चमत्कार ही ढूँढ़ा करें तो कोई आश्चर्य की बात नहीं। पर जो लोग इससे ऊँचा और गंभीर लक्ष्य समझते हैं वे चमत्कार मात्र को काव्य नहीं मान सकते। चमत्कार से हमारा अभिप्राय यहाँ प्रस्तुत वस्तु के

अद्भुतत्व या वैलक्षण्य से नहीं जो अद्भुत रस के आलंबन में होता है। 'चमत्कार' से हमारा तात्पर्य उक्ति के चमत्कार से है, जिसके अंतर्गत वर्ण-विन्यास की विशेषता (जैसे, अनुप्रास में), शब्दों की क्रीड़ा (जैसे श्लेष, यमक आदि में) वाक्य की वक्रता या वचनभंगी (जैसे, काव्यार्थापति, परिसंख्या, विरोधाभास, असंगति इत्यादि में), तथा अप्रस्तुत वस्तुओं का अद्भुतत्व अथवा प्रस्तुत वस्तुओं के साथ उनके सादृश्य का संबंध की अनहोनी या दूरारूढ़ कल्पना (जैसे उत्प्रेक्षा, अतिशयोक्ति आदि में) इत्यादि बातें आती हैं।

चमत्कार का प्रयोग भावुक कवि भी करते हैं, पर किसी भाव की अनुभूति को तीव्र करने के लिए। जिस रूप या जिस मात्रा में भाव की स्थिति है उसी रूप और उसी मात्रा में उसकी व्यंजना के लिए प्रायः कवियों की व्यंजना का कुछ असामान्य ढंग पकड़ना पड़ता है। बातचीत में भी देखा जाता है कि कभी-कभी हम किसी को मूर्ख न कहकर 'बैल' कह देते हैं। इसका मतलब यही है कि उसकी मूर्खता की जितनी गहरी भावना मन में है वह 'मूर्ख' शब्द से नहीं व्यक्त होती। इसी बात को देखकर कुछ लोगों ने यह निश्चय किया कि यही चमत्कार या उक्तिवैचित्र्य ही काव्य का नित्य लक्षण है। इसी निश्चय के अनुसार कोई वाक्य, चाहे वह कितना ही मर्मस्पर्शी हो, यदि उक्तिवैचित्र्य शून्य है तो काव्य के अंतर्गत न होगा और कोई वाक्य जिसमें किसी भय या कर्म-'विचार की व्यंजना कुछ भी न हो पर उक्तिवैचित्र्य हो, वह खासा काव्य कहा जाएगा। उदाहरण के लिए पद्माकर का यह सीधा-साधा वाक्य लीजिए–

"नैन नचाय कही मुसुकाय 'लला फिर अइयो खेलन होरी'।"

अथवा मंडन का यह सवैया जीलिए–

अलि! हौं तो गई जमुना-जल को,
सो कहा कहौं, वीर! विपत्ति परी।
घहराय कै कारी घटा उनई,
इतनेई में गागर सीस धरी॥
रपट्यो पग, घाट चढ्यौ न गयो,
कवि मंडन ह्वै कै विहाल गिरी।
चिरजीवहु नंद को बारो अरी,
गहि बाँह गरीब ने ठाढ़ी करी॥

इसी प्रकार ठाकुर की यह अत्यंत स्वाभाविक वितर्क-व्यंजना देखिए–

वा निरमोहिन रूप की रासि जऊ उर हेतु न ठानति ह्वै है।
बारहिं बार बिलोक घरी-घरी सूरति तो पहिचानति ह्वै है।

ठाकुर या मन को परतीति है, जो पै सनेह न मानति है है।
आवत है नित मेरे लिए, इतनों तो विशेष कै जानति है है।

मंडन ने प्रेम-गोपन को जो वचन कहलाए हैं, वे ऐसे ही हैं जैसे जल्दी में स्वभावंतः मुँह से निकल पड़ते हैं। उनमें विदग्धता की अपेक्षा स्वाभाविकता कहीं अधिक झलक रही है। ठाकुर के सवैए में भी अपने प्रेम का परिचय देने के लिए आतुर नए प्रेमी के चित्त के वितर्क की बड़े सीधे-सादे शब्दों में, बिना किसी वैचित्र्य या लोकोत्तर या चमत्कार के, व्यंजना की गई है। क्या कोई सहृदय वैचित्र्य के अभाव के कारण कह सकता है कि इनमें काव्यत्व नहीं है?

अब इनके सामने उन केवल चमत्कारवाली उक्तियों का विचार कीजिए जिनमें कहीं कोई कवि किसी राजा की कीर्ति की धवलता चारों ओर फैलती देख यह आशंका प्रकट करता है कि कहीं मेरी स्त्री के बाल भी सफेद न हो जाएँ अथवा प्रभात होने पर कौवों के काँव-काँव का कारण यह भय बताता है कि कालिमा या अंधकार का नाश करने में प्रवृत्त सूर्य कहीं कवियों को उस पर अपने भावों का आरोप करने की आवश्यकता प्रायः नहीं होती। उन्हें काला देख उनका भी नाश न कर दे। भोज-प्रबंध तथा और-और सुभाषित संग्रहों में इस प्रकार की उक्तियाँ भरी पड़ी हैं। केशव की रामचंद्रिका ऐसे पद्य हैं जिनमें अलंकारों की भद्दी भरती के चमत्कार के सिवा हृदय को स्पर्श करनेवाली या किसी भावना में मग्न करनेवाली कोई बात न मिलेगी। उदाहरण के लिए पताका और पंचवटी के ये वर्णन लीजिए—

पताका

अति सुंदर अति साधु! थिर न रहति पल आधु।
परम तपोमय मानि। दंडंधारिणी जानि॥

पंचवटी

बेर भयानक सी अति लगै। अर्क समूह जहाँ जगमगै।
पांडव की प्रतिमा सम लेखौ। अर्जुन भीम महामति देखौ।
है सुभगा रस दीपति पूरी। सिंदुर और तिलकावलि रूरी।
राजति है यह ज्यौं कुलकन्या। धाय विराजित है संग धन्या॥

क्या कोई भावुक इन उक्तियों को शुद्ध काव्य कह सकता है? क्या यह उसके मर्म का स्पर्श कर सकता है।

ऊपर दिए अवतरणों में हम स्पष्ट देखते हैं कि किसी उक्ति की तह में उसके प्रवर्तक के रूप में यदि कोई भाव या मार्मिक अंतर्वृत्ति छिपी है तो चाहे वैचित्र्य हो या चमत्कार ही चमत्कार है तो थोड़ी देर के लिए कुछ कुतूहल या मन-बहलाव चाहे

हो जाय पर काव्य को लीन करनेवाली सरसता न पाई जाएगी। केवल कुतूहल तो बालवृत्ति है। कविता सुनना और तमाशा देखना एक ही बात नहीं है। यदि सब प्रकार की कविता में केवल आश्चर्य या कुतूहल का ही संचार मानें तब तो अलग-अलग स्थायी भावों की रसरूप में अनुभूति और भिन्न-भिन्न भावों के आश्रयों के साथ तादात्म्य का कहीं प्रयोजन ही नहीं रह जाता है।

यह बात ठीक है कि हृदय पर जो प्रभाव पड़ता है, उसके मर्म का जो स्पर्श होता है, वह उक्ति ही के द्वारा। पर उक्ति के लिए यह आवश्यक नहीं कि वह सदा विचित्र, अद्भुत या लोकोत्तर हो-ऐसी हो जो सुनने में नहीं आया करती या जिसमें बड़ी दूर की सूझ होती है। ऐसी उक्ति जिसे सुनते ही मन किसी भाव या मार्मिक भावना (जैसे प्रस्तुत वस्तु का सौंदर्य आदि) में लीन न होकर एकबारगी कथन के अनूठे ढंग वर्ण-विन्यास या पद-प्रयोग की विशेषता, दूर की सूझ, कवि की चातुरी या निपुणता इत्यादि का विचार करने लगे, वह काव्य नहीं, सूक्ति है। बहुत से लोग काव्य और सूक्ति को एक ही समझा करते हैं। पर इन दोनों का भेद सदा ध्यान में रहना चाहिए। जो उक्ति हृदय में कोई भाव जागरित कर दे या उसे प्रस्तुत या तथ्य की मार्मिक भावना में लीन कर दे, वह तो है काव्य। जो उक्ति केवल कथन के ढंग के अनूठेपन, रचना-वैचित्र्य, चमत्कार, कवि के श्रम या निपुणता के विचार में ही प्रवृत्त करे, वह है सूक्ति।

किसी उक्ति में रसात्मकता और चमत्कार दोनों हों तो प्रधानता का विचार करके सूक्ति या काव्य का निर्णय हो सकता है। जहाँ उक्ति में अनूठापन अधिक मात्रा में होने पर भी उसकी तह में रहनेवाला भाव आच्छन्न नहीं हो जाता, वहाँ भी काव्य ही माना जाएगा। जैसे, देव का यह सवैया लीजिए–

साँसन में ही समीर गयो अरु आँसुन ही सब नीर गयो ढरि।
तेज गयो गुन लै अपने अरु भूमि गई तक की तनुता करि॥
देव जियै मिलिबेई की आस कै, आसहु पास अकाल रह्यो भरि।
जा दिन में मुख फेरि हरै हँसि हेरि हियो जो लिए हरि जू हरि॥

सवैए का अर्थ यह है कि वियोग में उस नायिका के शरीर को संघटित करने वाले पंचभूत धीरे-धीरे निकलते जा रहे हैं। वायु दीर्घ निःश्वासों के द्वारा निकल गयी, जलतत्त्व सारा आँसुओं ही आँसुओं में ढल गया, तेल भी न रह गया–शरीर की सारी दीप्ति या कांति जाती रही, पार्थिव तत्त्व के निकल जाने से शरीर भी क्षीण हो गया; अब तो उसके चारों ओर आकाश ही आकाश रह गया है–चारों ओर शून्य दिखाई पड़ रहा है। जिस दिन से श्रीकृष्ण ने उसकी ओर मुँह फेरकर ताका है और मंद-मंद हँसकर उसके मन को हर लिया है, उसी दिन से उनकी यह दशा है।

इस वर्णन में देव जी ने विरह की भिन्न-भिन्न दशाओं में चार भूतों को निकलने

की बड़ी सटीक उद्भावना की है। आकाश का अस्तित्व भी बड़ी निपुणता से चरितार्थ किया है। यमक, अनुप्रास आदि भी हैं। सारांश यह कि उनकी उक्ति में एक पूरी सावयव कल्पना है, मजमून की पूरी बंदिश है, पूरा चमत्कार या अनूठापन है। पर इस चमत्कार के बीच में भी विरह वेदना स्पष्ट झलक रही है, उसकी चकाचौंध में अदृश्य नहीं हो गई है। इसी प्रकार मतिराम के इस सवैए की पिछली दो पंक्तियों में वर्षा के रूपक का जो व्यंग्य चमत्कार है वह भाव-सबलता के साथ अनूठे ढंग से गुंफित है—

दोऊ अनंद सों आँगन माँझ
बिराजै असाढ़ की साँझ सुहाई
प्यारी के बूझत और तिया को
अचानक नाम लियो रसिकाई
आई उनै मुँह में हँसी, कोहि
तिया पुनि चाप सी भौंह चढ़ाई।
आँखिन ते गिरे आँसू के बूँद,
सुहास गयो उड़ि हंस की नाई॥

इसके विरुद्ध बिहारी की उन उक्तियों में जिनमें विरहिणी के शरीर के पास ले जाते शीशी का गुलाबजल सूख जाता है, उसके विरह-ताप की लपट के मारे माघ के महीने में भी पड़ोसियों का रहना कठिन हो जाता है, कृशता के कारण विरहिणी साँस खींचने के साथ दो-चार हाथ पीछे और साँस छोड़ने के साथ दो-चार हाथ आगे उड़ जाती है, अत्युक्ति का एक बड़ा तमाशा ही खड़ा किया गया है। कहाँ यह सब मजाक, कहाँ विरह की वेदना।

यह कहा जा चुका है कि उमड़ते हुए भाव की प्रेरणा के अक्सर कथन के ढंग में कुछ वक्रता आ जाती है। ऐसी वक्रता काव्य की प्रक्रिया के भीतर रहती है। उसका अनूठापन भाव-विधान के बाहर की वस्तु नहीं। उदाहरण के लिए दास जी की यह विरहदशा सूचक उक्तियाँ लीजिए—

अब तौ बिहारी के वे बानक गए री,
तेरी तनदुति-केसर को नैन कसमीर भो।
श्रौन तब बानी स्वाति-बूदँन के चातक भे,
साँसन को भरिबो द्रुपदजा को चीर भो॥
हिय को हरष मन धरिन को नीर भो,
री! जियरो मनोभव-शरन को तुनीर भो।
एरी! बेगि करिकै मिलापु थिर थापु,

न तौ आपु अब चहत अतनु को सरीर
ः ा ा ॥

ऐसी ही भाव-प्रेरित वक्रता द्विजदेव की इस मनोहर उक्ति में है—

तू जो कही, सखि! लोनो सरूप,
सो मो अँखियान को लोनी गई लगि।

प्रेम फे स्फुरण की विलक्षण अनुभूति नायिका को हो रही है—कभी आँसू आते हैं, कभी अपनी दशा पर आप अचरज होता है, कभी हल्की-सी हँसी भी आ जाती है कि अच्छी बला मैंने मोल ली। इसी बीच अपनी अंतरंग सखी को समाने पाकर किंचित् विनोद-चातुरी की भी प्रवृत्ति होती है। ऐसी जटिल अंतर्वृत्ति द्वारा प्रेरित उक्ति में विचित्रता आ ही जाती है। ऐसी चित्त-वृत्तियों के अवसर घड़ी-घड़ी नहीं आया करते। सूरदास जी का 'भ्रमरगीत' ऐसी भावप्रेरित वक्र उक्तियों से भरा पड़ा है।

उक्ति की वहीं तक की वचनभंगी या वक्रता के संबंध में हमसे कुंतल जी का 'वक्रोक्तिः काव्यजीवितम्' मानते बनता है, जहाँ तक कि वह भावानुमोदित हो या किसी मार्मिक अंतर्वृत्ति से संबद्ध हो; उसके आगे नहीं। कुंतल जी की वक्रता बहुत व्यापक है जिसके अंतर्गत वे वाक्य-वैचित्र्य की वक्रता और वस्तु-वैचित्र्य की वक्रता दोनों लेते हैं। सालंकृत वक्रता के चमत्कार ही में वे काव्यत्व मानते हैं। योरप में भी आजकल क्रोचे के प्रभाव से एक प्रकार का वक्रोक्तिवाद में ही, उक्ति के अनूठे स्वरूप में ही, बहुत से लोग वहाँ कविता मानने लगे हैं। उक्ति ही काव्य होती है, यह तो सिद्ध बात है। हमारे यहाँ की व्यंजना वाक्य ही काव्य माना जाता है। अब प्रश्न यह है कि कैसी उक्ति, किस प्रकार की व्यंजना करनेवाला? वक्रोक्तिवादी कहेंगे कि ऐसी उक्ति जिसमें कुछ वैचित्र्य या चमत्कार हो, व्यंजना चाहे जिसकी हो, या किसी ठीक-ठीक बात की न भी हो पर जैसा कि हम कह चुके हैं, मनोरंजनमात्र काव्य का उद्देश्य न माननेवाले इस बात का समर्थन करने में असमर्थ होंगे। वे किसी लक्षण में उसका प्रयोजन अवश्य ढूँढ़ेंगे।

कविता की भाषा

कविता में कही गई बात चित्र-रूप में हमारे सामने आनी चहिए, यह हम पहले कह आए हैं। अतः उसमें गोचन-रूपों का विधान अधिक होता है। वह प्रायः ऐसे रूपों और व्यापारों को ही लेती है जो स्वाभाविक होते हैं और संसार में सबसे अधिक मनुष्यों को सबसे अधिकतर दिखाई पड़ते हैं।

अगोचर बातों या भावनाओं को भी, जहाँ तक हो सकता है, कविता स्थूल

गोचर रूप में रखने का प्रयास करती है। इस मूर्ति-विधान के लिए वह भाषा की लक्षणा-शक्ति से काम लेती है। जैसे, ''समय बीता जाता है'' कहने की अपेक्षा ''समय भागा जाता हैं'' कहना वह अधिक पसंद करेगी। किसी काम से हाथ खींचना, किसी का रुपया खा जाना, कोई बात पी जाना, दिन ढलना या डूबना, मन मारना, मन छूना, शोभा बरसना, उदासी टपकना इत्यादि ऐसी ही कवि-समय-सिद्ध उक्तियाँ हैं जो बोलचाल में रूढ़ि होकर आ गई हैं। लक्षणा-द्वारा स्पष्ट और सजीव आकार-प्रदान का विधान प्रायः सब देशों के कवि-कर्म में पाया जाता है।

कुछ उदाहरण देखिए–

(क) **धन्य भूमि बनपंथ पहारा। जहँ जहँ नाथ पाँव तु धारा।–तुलसी**

(ख) **मनहु उमगि अँग-अँग छबि छलकै।–तुलसी**

(ग) **चनरि चारु चुई सी परै।**

(घ) **बनन में बागन में बगरो बसंत है।–पद्माकर**

(ड.) **वृंदावन बागन पै बसंत बरसो परै।–पद्माकर**

(च) **हौं तो श्यामरंग में चोराय, चित्त चोरा-चोरी**
बोरत तो बोइयों पै निचोरत बनै नहीं–पद्माकर

(छ) **एहो नंद लाल ऐसी व्याकुल परी है बाल,**
हाल ही चलौ तो चलौ, जोरे, जुरि जाएगी।
कहै पद्माकर नहीं तो ये झकोरे लगे,
ओरे लौं अचाका बिनु घोरे घुरि जाएगी।
तौ ही लगि चैन जौलौं चेतिहैं न चंद्रमुखी,
चेतैगी कहूँ तौ चाँदनी में चुरि जाएगी।

इन उदाहरणों से स्पष्ट है कि वस्तु या तथ्य के पूर्ण प्रत्यक्षीकरण तथा भाव या मार्मिक अंतर्वृत्ति के अनुरूप व्यंजना के लिए लक्षणा का बहुत कुछ सहारा कवि को लेना पड़ता है।

भावना को मूर्त्त रूप में रखने की आवश्कता के कारण कविता की भाषा में दूसरी विशेषता यह रहती है कि उसमें जाति संकेतवाले शब्दों की अपेक्षा विशेष-रूप-व्यवहार सूचक शब्द अधिक रहते हैं। बहुत से ऐसे शब्द होते हैं जिनसे किसी एक का नहीं बल्कि बहुत से रूपों का या व्यापारों का एक साथ चलता-सा अर्थ ग्रहण हो जाता है। ऐसे शब्दों को हम जाति-संकेत कह सकते हैं। ये मूर्त्त विधान के प्रयोजन के नहीं होते। किसी ने कहा, ''वहाँ बड़ा अत्याचार हो रहा है''। इस अत्यार शब्द के अंतर्गत' मारना-पीटना, डाँटना-डपटना, लूटना-पाटना इत्यादि बहुत से व्यापार हो सकते हैं, अतः 'अत्याचार' शब्द सुनने से उन सब व्यापारों की एक मिली-जुली अस्पष्ट भावना थोड़ी देर के लिए मन में आ जाती है; कुछ विशेष व्यापारों का स्पष्ट चित्र या मूर्त रूप नहीं खड़ा होता। इससे ऐसे शब्द कविता के उतने काम

के नहीं। ये तत्त्व-निरूपण, शास्त्रीय विचार आदि में ही अधिक उपयोगी होते हैं। भिन्न-भिन्न शास्त्रों में बहुत से शब्द तो विलक्षण ही अर्थ देते हैं और पारिभाषिक कहलाते हैं। शास्त्र-मीमांसक या तत्त्व-निरूपक को किसी सामान्य तथ्य या तत्त्व तक पहुँचाने की जल्दी रहती है, इससे वह किसी सामान्य धर्म के अंतर्गत आनेवाली बहुत सी बातों को एक मानकर अपना काम चलाता है; प्रत्येक का अलग-अलग दृश्य देखने-दिखाने में नहीं उलझता।

पर कविता कुछ वस्तुओं और व्यापारों को मन के भीतर मूर्त्त रूप में लाना और प्रभाव उत्पन्न करने के लिए कुछ देर रखना चाहती है। अतः उक्त प्रकार के व्यापक अर्थ-संकेतों से ही उसका काम नहीं चल सकता। इससे जहाँ उसे किसी स्थिति का वर्णन करना चाहता है, वहाँ वह उसके अंतर्गत सबसे अधिक मर्मस्पर्शिनी कुछ वस्तुओं या व्यापारों को लेकर उनका चित्र खड़ा करने का आयोजन करती है। यदि कहीं के घोर अत्याचार का वर्णन करना होगा, तो वह कुछ निरपराध व्यक्तियों के वध, भीषण यंत्रणा, स्त्री-बच्चों पर निष्ठुर प्रहार आदि क्षोभकारी दृश्य सामने रहेगी। ''वहाँ घोर अत्याचार हो रहा है'' इस वाक्य द्वारा वह कोई प्रभाव नहीं उत्पन्न कर सकती। अत्याचार शब्द के अंतर्गत न जाने कितने व्यापार आ सकते हैं, अतः उसे सुनकर या पढ़कर संभव है कि भावना में एक भी व्यापार स्पष्ट रूप से न आए या आए भी तो ऐसा जिसमें मर्म को क्षुब्ध करने की शक्ति न हो।

उपर्युक्त विचार से ही किसी व्यवहार या शास्त्र के पारिभाषिक शब्द भी काव्य में लाए जाने योग्य नहीं माने जाते। हमारे यहाँ के आचार्यों ने पारिभाषिक शब्दों के प्रयोग को 'अप्रतीत्व' दोष माना है। पर दोष स्पष्ट होते हुए भी चमत्कार के प्रेमी कब मान सकते हैं? संस्कृत के अनेक कवियों ने वेदांत, आयुर्वेद, न्याय के पारिभाषिक शब्दों को लेकर बड़े-बड़े चमत्कार खड़े किए हैं या अपनी बहुज्ञता दिखाई है। हिंदी के किसी मुकदमेबाज कवित्त करनेवाले ने ''प्रेम फौजदारी'' नाम की एक छोटी सी पुस्तक में शृंगाररस की बातें अदालती कार्रवाइयों पर घटाकर लिखी हैं। ''एक तरफा डिगरी'', 'तनकीह' ऐसे-ऐसे शब्द चारों ओर अपनी बहार दिखा रहे हैं, जिन्हें सुनकर कुछ अशिक्षित या भद्दी रुचिवाले वाह-वाह भी कर देते हैं।

शास्त्र के भीतर निरूपित तथ्य को भी जब कोई कवि अपनी रचना के भीतर लेता है, तब वह पारिभाषिक तथा अधिक व्याप्तिवाले जाति-संकेत शब्दों को हटाकर उस तथ्य को व्यंजित करनेवाले कुछ विशेष मार्मिक रूपों और व्यापारों का चित्रण करता है। कवि गोचर और मूर्त्त रूपों के द्वारा ही अपनी बात कहता है। उदाहरण के लिए गोस्वामी तुलसीदास जी के ये वचन लीजिए—

जेहि निसि सफल जीव सूतिहिं तब कृपापात्र जन जागै।

इसमें माया में पड़े हुए जीवन की अज्ञान दशा का काव्य-पद्धति पर कथन है। और

देखिए-प्राणी आयु भर क्लेश-निवारण और सुख-प्राप्ति का प्रयास करता रह जाता है और कभी वास्तविक सुख-शांति प्राप्त नहीं करता; इस बात को गोस्वामी जी यों सामने रखते हैं–

डासत ही गई बीति निसा सब,
कबहुँ न नाथ! नींद भर सोयो।

भविष्य का ज्ञान अत्यंत और रहस्यमय है। जिसके कारण प्राणी आनेवाली विपत्ति की कुछ भी भावना न करके अपनी दशा में मग्न रहता है। इस बात को गोस्वामी जी ने "चरै हरित तृन बलिपशु" इस चित्र द्वारा व्यक्त किया है। अंग्रेज कवि पोप ने भी भविष्य के अज्ञान का यही मार्मिक चित्र लिया है, यद्यपि उसने इस अज्ञान को ईश्वर का बड़ा भारी अनुग्रह कहा है–

उस बलिपशु को देख आज जिसका तू रे नर।
अपने रंग में रक्त बहायेगा बेदी पर।
होता उसको ज्ञान कहीं तेरा है जैसा,
क्रीड़ा करता कभी उछलता फिरता ऐसा!
अंतकाल तक हरा-भरा चारा चभलाता।
हनन हेतु उस उठे हाथ को चांटे जाता॥
आगम का अज्ञान ईश का परम अनुग्रह॥[1]

बातचीत में भी जब किसी को अपने कथन द्वारा कोई मार्मिक प्रभाव उत्पन्न करना होता है, तब वह इसी पद्धति का अवलंबन करता है। यदि अपनी पत्नी पर अत्याचार करनेवाले किसी व्यक्ति को उसे समझाना है तो वह कहेगा कि "तुमने इसका हाथ पकड़ा है।" यह न कहेगा कि "तुमने इसके साथ विवाह किया है"। विवाह शब्द के अंतर्गत न जाने कितने विधि-विधान हैं जो सब-के-सब एकबारगी मन में आ भी नहीं सकते और उतने व्यंजक या मर्मस्पर्शी भी नहीं होते। अतः कहनेवाला उनमें से जो सबसे अधिक व्यंजक और स्वाभाविक व्यापार 'हाथ पकड़ना' है, जिससे सहारा देने का चित्र सामने आता है, उसे भावना में लाता है ।

तीसरी विशेषता कविता की भाषा में वर्ण-विन्यास की है। "शुष्को वृक्षस्तिष्ठत्यग्रे' और 'नीरस तरुरिह बिलसति पुरतः' का भेद हमारी पण्डित मंडली में बहुत दिनों से प्रसिद्ध चला जाता है। काव्य एक बहुत ही व्यापक कला है। जिस प्रकार मूर्त्त विधान के लिए कविता चित्र-विद्या की प्रणाली का अनुसरण करती है

---

1. The lamp thy riot dooms to bleed today,
Had he the reason, would he skip and play ?

Pleased to the last he crops the flow'ry, food,
And licks the hand just raised to shed his blood,
The blindness to the future kindly given.

—Essay on man.

उसी प्रकार नादसौष्ठव के लिए वह संगीत का कुछ-कुछ सहारा लेती है। श्रुति-कटु मानकर कुछ वर्णों का त्याग, वृत्तिविधान, लय, अन्त्यानुप्रास आदि नाद सौंदर्य-साधन के लिए ही हैं। नादसौष्ठव के निमित्त निरूपित-वर्ण विशिष्टता को हिंदी के हमारे कुछ पुराने कवि इतनी दूर तक घसीट ले गए कि उनकी बहुत सी रचना बेडौल और भावशून्य हो गई। उसमें अनुप्रास की लंबी लड़ी-वर्ण-विशेष की निरंतर आवृत्ति-के सिवा और किसी बात पर ध्यान नहीं जाता जो बात भाव या रस की धारा का मन के भीतर अधिक प्रसार करने के लिए थी, वह अलग चमत्कार या तमाशा खड़ा करने के लिए काम में लाई गई।

नाद-सौंदर्य से कविता की आयु बढ़ती है। तालपत्र भोजपत्र, कागज आदि का आश्रय छूट जाने पर भी वह बहुत दिनों तक लोगों की जिह्वा पर नाचती रहती है। बहुत सी उक्तियों को लोग, उनके अर्थ की रमणीयता इत्यादि की ओर ध्यान ले जाने का कष्ट उठाए बिना ही, प्रसन्न-चित्त रहने पर गुनगुनाया करते हैं। अतः नाद-सौंदर्य का योग भी कविता का पूर्ण स्वरूप खड़ा करने के लिए कुछ-कुछ आवश्यक होता है। इसे हम बिल्कुल हटा नहीं सकते। जो अन्त्यानुप्रास को फालतू समझते हैं, वे छंद को पकड़े रहते हैं; जो छंद को भी फालतू समझते हैं, वे लय में लीन होने का प्रयास करते हैं। संस्कृत से संबंध रखनेवाली भाषाओं में नाद-सौंदर्य के समावेश के लिए बहुत अवकाश रहता है। अतः अंग्रेजी आदि अन्य भाषाओं की देखा देखी, जिनमें इसके लिए कम जगह है, अपनी कविता को हम इस विशेषता से वंचित कैसे कर सकते हैं?

हमारी काव्य भाषा में एक चौथी विशेषता भी है जो संस्कृत से ही आई है। वह यह है कि कहीं-कहीं व्यक्तियों के नामों के स्थान पर उनके रूप-गुण या कार्यबोधक शब्दों का व्यवहार किया जाता है, ऊपर से देखने में तो पद्य के नपे हुए चरणों में शब्द खपाने के लिए ही ऐसा किया जाता है, पर थोड़ा विचार करने पर इसमें गुरुतर उद्देश्य प्रकट होता है। सच पूछिए तो यह बात कृत्रिमता बचाने के लिए की जाती है। मनुष्यों के नाम यथार्थ में कृत्रिम संकेत है जिनमें कविता की पूर्ण परिपोषकता नहीं होती। अतएव कवि मनुष्यों के नामों के स्थान पर कभी-कभी उनके ऐसे रूप, गुण या व्यापार की ओर इशारा करता है जो स्वाभाविक और अर्थगर्भित होने के क़ारण सुननेवाले की भावना के निर्माण में योग देते हैं। गिरिधर, मुरारि, त्रिपुरारि, दीनबंधु, चक्रपाणि, मुरलीधर सव्यसाची इत्यादि शब्द ऐसे ही हैं।

ऐसे शब्दों को चुनते समय इस बात का ध्यान रखना चाहिए कि वे प्रकरण

विरुद्ध या अवसर के प्रतिकूल न हों। जैसे, यदि कोई मनुष्य किसी दुर्धर्ष अत्याचारी के हाथ से छुटकारा पाना चाहता हो तो उसके लिए "हे गोपिकारमण! हे वृंदावन-बिहारी!" आदि कहकर कृष्ण को पुकारने की अपेक्षा "हे मुरारि! हे कंसनिकंदन!" आदि संबोधनों से पुकारना अधिक उपयुक्त है; क्योंकि श्रीकृष्ण के द्वारा कंस आदि दुष्टों का मारा जाना देखकर उसे अपनी रक्षा की आशा होती है, न कि उनका वृंदावन में गोपियों के साथ विहार करना देखकर। इसी तरह किसी आपत्ति से उद्धार पाने के लिए कृष्ण को 'मुरलीधर' कहकर पुकारने की अपेक्षा " गिरधर" कहना अधिक अर्थसंगत है।

अलंकार

कविता में भाषा की सब शक्तियों से काम लेना पड़ता है। वस्तु या व्यापार की भावना चटकीली करने और भाव को अधिक उत्कर्ष पर पहुँचाने के लिए कभी किसी वस्तु का आकार या गुण बहुत बढ़ाकर दिखाना पड़ता है, कभी उसके रूप-रंग या गुण की भावना को उसी प्रकार के और रूप-रंग मिलाकर तीव्र करने के लिए समान रूप और धर्मशाली और-और वस्तुओं को सामने लाकर रखना पड़ता है। कभी-कभी बात को भी घुमा-फिराकर कहना पड़ता है। इस तरह के भिन्न-भिन्न विधान और कथन के ढंग अलंकार कहलाते हैं। इनके सहारे से कविता अपना प्रभाव बहुत कुछ बढ़ाती है। कहीं-कहीं तो इनके बिना काम ही नहीं चल सकता। पर साथ ही यह भी स्पष्ट है कि ये साधन हैं, साध्य नहीं। साध्य को भुलाकर इन्हीं को साध्य मान लेने से कविता का रूप कभी-कभी इतना विकृत हो जाता है कि वह कविता ही नहीं रह जाती। पुरानी कविता में कहीं-कहीं इस बात के उदाहरण मिल जाते हैं।

अलंकार चाहे अप्रस्तुत वस्तु-योजना के रूप में हों (जैसे, उपमा, रूपक, उत्प्रेक्षा इत्यादि में), चाहे वाक्य-वक्रता के रूप में (जैसे, अप्रस्तुत-प्रशंसा, परिसंख्या, ब्याज-स्तुति, विरोध इत्यादि में), चाहे वर्ण-विन्यास के रूप में (जैसे, अनुप्रास में) लाए जाते हैं, वे प्रस्तुत भाव या भावना के उत्कर्ष-साधन के लिए ही मुख के वर्णन में जो कमल, चंद्र आदि सामने रखे जाते हैं वह इसीलिए जिनमें इनकी वर्ण-रुचिरता, कोमलता, दीप्ति इत्यादि के योग से सौंदर्य की भावना और बढ़े। सादृश्य या साधर्म्य दिखाना उपमा, उत्प्रेक्षा इत्यादि का प्रकृत लक्ष्य नहीं है। इस बात को भूलकर कवि-परंपरा में बहुत से ऐसे उपमान चला दिए गए हैं जो प्रस्तुत भावना में सहायता पहुँचाने के स्थान पर बाधा डालते हैं, जैसे, नायिका का अंग-वर्णन सौंदर्य की भावना प्रतिष्ठित करने के लिए ही किया जाता है। ऐसे वर्णन में यदि कटि का प्रसंग आने पर भिड़ या सिंह की कमर सामने कर दी जाएगी, तो सौंदर्य की भावना में क्या वृद्धि होगी? प्रभात के सूर्यबिंब के संबंध में इस कथन से कि "है शोणित-कलित

कपाल यह किल कापालिक काल को" अथवा शिखर की तरह उठे हुए मेघखंड के ऊपर उदित होते हुए चंद्रबिंब के संबंध में इस उक्ति से कि "मनहुँ क्रमेलक-पीठि पैर धर्‌यो गोल घंटा लसत", दूर की सूझ चाहे प्रकट हो, पर प्रस्तुत सौंदर्य की भावना की कुछ भी पुष्टि नहीं होती।

पर जो लोग चमत्कार ही को काव्य का स्वरूप मानते हैं, वे अलंकार को काव्य का सर्वस्व कहा ही चाहें। चंद्रालोककार तो कहते हैं—

अंगीकरोति यः काव्यं शब्दार्थवनलंकृति।
असौ न मन्यते कस्मादनुष्णः मनलंकृती॥

भरत मुनि ने रस की प्रधानता की ओर ही संकेत किया था; पर भामह, उद्‌भट आदि कुछ प्राचीन आचार्यों ने वैचित्र्य का पल्ला पकड़ अलंकार को प्रधानता दी। इनमें बहुतेरे आचार्यों ने अलंकार शब्द का प्रयोग व्यापक अर्थ में-रस, रीति, गुण आदि काव्य में प्रयुक्त होनेवाली सारी सामग्री के अर्थ में-किया है। पर ज्यों-ज्यों शास्त्रीय विचार गंभीर और सूक्ष्म होता गया त्यो-त्यों साध्य और साधनों को विविक्त करके काव्य के नित्य स्वरूप या मर्म-शरीर के अलग निकालने का प्रयास बढ़ता गया। रुद्रट और मम्मट के समय से ही काव्य का प्रकृत स्वरूप उभरते-उभरते विश्वनाथ महापात्र के साहित्य-दर्पण में साफ ऊपर आ गया।

प्राचीन गड़बड़झाला मिटे बहुत दिन हो गए। वर्ण्य-वस्तु और वर्णन-प्रणाली बहुत दिनों से एक-दूसरे से अलग कर दी गई है। प्रस्तुत-अप्रस्तुत के भेद ने बहुत-सी बातों के विचार और निर्णय के सीधे रास्ते खोल दिए हैं। अब यह स्पष्ट हो गया है कि अलंकार प्रस्तुत वर्ण्य वस्तु नहीं, बल्कि वर्णन की भिन्न-भिन्न प्रणालियाँ हैं, कहने के खास-खास ढंग हैं। पर प्राचीन अव्यवस्था के स्मारक- स्वरूप कुछ अलंकार ऐसे चले आ रहे हैं, जो वर्ण्य-वस्तु का निर्देश करते हैं, और अलंकार नहीं कहे जा सकते—जैसे, स्वभावेक्ति, उदात्त, अत्युक्ति। स्वभावोक्ति को लेकर कुछ अलंकार-प्रेमी कह बैठते हैं कि प्रकृति का वर्णन भी तो स्वभावोक्ति अलंकार ही है। पर स्वभावोक्ति कोटि में आ ही नहीं सकती। अलंकार वर्णन करने की प्रणाली है। चाहे जिस वस्तु या तथ्य के कथन को हम किसी अलंकार-प्रणाली के अंतर्गत ला सकते हैं। किसी वस्तु-विशेष से किसी अलंकार प्रणाली का संबंध नहीं हो सकता। किसी तथ्य तक वह परिमित नहीं रह सकती। वस्तु-निर्देश अलंकार का काम नहीं, रस-व्यवस्था का विषय है। किन-किन वस्तुओं, चेष्टाओं या व्यापारों का वर्णन किन-किन रसों के विभावों और अनुभावों के अंतर्गत आएगा, इसकी सूचना रसनिरूपण के अंतर्गत ही हो सकती है।

अलंकारों के भीतर स्वभावोक्ति का ठीक-ठीक लक्षण-निरूपण हो भी नहीं सकता है। काव्यप्रकाश की कारिका में यह लक्षण दिया गया है—

स्वभावोक्तिस्तु डिंभावेः स्वक्रिया रूप-वर्णनम्

अर्थात् जिसमें बालकादिकों की निज की क्रिया या रूप का वर्णन हो वह स्वभावोक्ति है। प्रथम तो बालकादिक पद का व्याप्ति कहाँ तक है, यही स्पष्ट नहीं। अतः यही समझा जा सकता है कि सृष्टि की वस्तुओं के रूप और व्यापार का वर्णन स्वभावेक्ति है। खैर, बालक की रूपचेष्टा को लेकर ही स्वभावोक्ति की अलंकारता पर विचार कीजिए। वात्सल्य में बालक के रूप आदि का वर्णन आलंबन विभाव के अंतर्गत और उनकी चेष्टाओं का वर्णन उद्दीपन विभाव के अंतर्गत होगा। प्रस्तुत वस्तु की रूप-क्रिया आदि के वर्णन को रस-क्षेत्र से घसीटकर अलंकार-क्षेत्र में हम कभी नहीं ले जा सकते। मम्मट ही के ढंग के और आचार्यों के लक्षण भी हैं। अलंकार-सर्वस्वकार राजानक रुय्यक कहते हैं।

सूक्ष्म-वस्तु-स्वभाव-यथावद्वर्णनं स्वभावोक्तिः।

आचार्य दंडी ने अवस्था की योजना करके यह लक्षण लिखा है—

नानावस्थं पदार्थानां रूपं साक्षाद्विवृण्वती।
स्वभावोक्तिश्च जातिश्चेत्याद्या सालंकृतिर्यथा।

बात यह है कि स्वभावोक्ति अलंकारों के भीतर आ नहीं सकती। वक्रोक्तिवादी कुंतल ने भी इसे अलंकार नहीं माना है।

जिस प्रकार एक कुरूप स्त्री अलंकार लादकर सुंदर नहीं हो सकती, उसी प्रकार प्रस्तुत या तथ्य की रमणीयता के अभाव में अलंकारों का ढेर काव्य का सजीव स्वरूप नहीं खड़ा कर सकता। केशवदास के पचीसों पद्य ऐसे रखे जा सकते हैं जिनमें यहाँ से वहाँ तक उपमाएँ और उत्प्रेक्षाएँ भरी हैं, शब्दसाम्य के बड़े खेल-तमाशे जुटाए गए हैं, पर उनके द्वारा कोई मार्मिक अनुभूति नहीं उत्पन्न होती। इन्हें सहृदय या भावुक काव्य न कहेगा। आचार्यों ने भी अलंकारों को 'काव्य-शोभाकार', ''शोभातिशायी' आदि ही कहा है। महाराज भोज भी अलंकार को 'अलमर्थमलङ्कर्तुः ही कहते हैं। पहले से सुंदर अर्थ को ही अलंकार शोभित कर सकता है। सुंदर अर्थ की शोभा बढ़ाने में जो अलंकार प्रस्तुत नहीं वे काव्यालंकार नहीं। ऐसे ही हैं जैसे शरीर पर से उतार कर किसी अलग कोने में रखा हुआ गहनों का ढेर। किसी भाव या मार्मिक भावना से असंपृक्त अलंकार चमत्मार या तमाशे हैं। चमत्कार विवेचन पहले हो चुका है।

अलंकार है क्या? सूक्ष्म दृष्टिवालों ने काव्यों के सुंदर-सुंदर स्थल चुने और उनकी रमणीयता के कारणों की खोज करने लगे। वर्णन शैली या कथन की पद्धति में ऐसे लोगों को जो-जो विशेषताएँ मालूम होती गईं, उनका वे नामकरण करते गए।

जैसे, 'विकल्प' अलंकार का निरूपण पहले-पहल राजानक रुय्यक ने किया। कौन कह सकता है कि काव्यों में जितने रमणीक स्थल हैं, सब ढूँढ़ डाले गए, वर्णन की जितनी सुंदर प्रणालियाँ हो सकती हैं सब निरूपित हो गईं अथवा जो-जो स्थल रमणीय लगे, उनकी रमणीयता का कारण वर्णन प्रणाली ही थी। आदि काव्य रामायण से लेकर इधर तक के काव्यों में न जाने कितनी विचित्र वर्णन प्रणालियाँ भरी पड़ी हैं जो न निर्दिष्ट की गई हैं और न जिनके कुछ नाम रखे गए हैं।

कविता पर अत्याचार

कविता पर अत्याचार भी बहुत कुछ हुआ है। लोभियों, स्वार्थियों और खुशामदियों ने उसका गला दबाकर कहीं अपात्रों की-आसमान पर चढ़नेवाली स्तुति कराई है, कहीं द्रव्य न देनेवालों की निराधार निंदा। ऐसी तुच्छ वृत्तिवालों का अपवित्र हृदय है। कविता के निवास के योग्य नहीं। कविता देवी के मंदिर ऊँचे खुले, विस्तृत और पुनीत हृदय हैं। सच्चे कवि राजाओं की सवारी, ऐश्वर्य की सामग्री में ही सौंदर्य नहीं ढूँढ़ा करते। वे फूल के झोंपड़ों, धूल-मिट्टी में सने किसानों, बच्चों के मुँह में चारा डालते हुए पक्षियों, दौड़ते हुए कुत्तों और चोरी करती हुई बिल्लियों में कभी-कभी सौंदर्य का दर्शन करते हैं जिसकी छाया भी महलों और दरबारों तक नहीं पहुंच सकती। श्रीमानों के शुभागमन पर पद्य बनाना, बात-बात में उनको बधाई देना, कवि का काम नहीं। जिनके रूप या कर्मकलाप जगत् और जीवन के बीच में उसे सुंदर लगते हैं, उन्हीं के वर्णन में वह 'स्वांतः सुखाय' प्रवृत्त होता है।

कविता की आवश्यकता

मनुष्य के लिए कविता प्रयोजनीय वस्तु है कि संसार की सभ्य-असभ्य सभी जातियों में, किसी-न-किसी रूप में पाई जाती है। चाहे इतिहास न हो, विज्ञान न हो, दर्शन न हो, पर कविता का प्रचार अवश्य रहेगा। बात यह है कि मनुष्य अपने ही व्यापारों का ऐसा सघन और जटिल मंडल बाँधता चला आ रहा है। जिसके भीतर बँध-बँध वह शेष सृष्टि के साथ अपने हृदय का संबंध भूला-सा रहता है। इस परिस्थिति में मनुष्य को अपनी मनुष्यता खोने का डर बराबर रहता है। इसी की अंतःप्रकृति में मनुष्यता को समय-समय पर जगाते रहने के लिए कविता मनुष्य जाति के साथ लगी चली आ रही है और चली चलेगी। जानवरों को इसकी जरूरत नहीं।

भारतेंदु हरिश्चंद्र

हिंदी-गद्य-साहित्य का सूत्रपात करनेवाले चार महानुभाव कहे जाते हैं—मुंशी सदासुखलाल, इंशाअल्ला खाँ, लल्लू लाल और सदल मिश्र। ये चारों संवत् 1860 के आस-पास वर्तमान थे। सच पूछिए तो ये गद्य के नमूने दिखानेवाले ही रहे; अपनी परंपरा प्रतिष्ठित करने का गौरव इनमें से किसी को भी प्राप्त न हुआ। हिंदी-गद्य-साहित्य की अखंड परंपरा का प्रवर्तन इन चारों लेखकों के 70-72 वर्ष पीछे हुआ। विक्रम की बीसवीं शताब्दी का प्रथम चरण समाप्त हो जाने पर जब भारतेंदु ने हिंदी-गद्य की भाषा को सुव्यवस्थित और परिमार्जित करके उसका स्वरूप स्थिर कर दिया तब से गद्य-साहित्य की परंपरा लगातार चली। इसी दृष्टि से भारतेंदु जी जिस प्रकार वर्तमान गद्य-भाषा के स्वरूप के प्रतिष्ठापक थे, उसी प्रकार वर्तमान साहित्य-परंपरा के प्रवर्तक।

राजा शिवप्रसाद के उर्दू की ओर एकबारगी झुक पड़ने के पहले ही राजा लक्ष्मण सिंह अपने 'शकुंतला नाटक' द्वारा संवत् 1919 में थोड़ी संस्कृत मिली ठेठ और विशुद्ध हिंदी सामने रख चुके थे, जिसमें अरबी-फारसी के शब्द नहीं थे। उसका कुछ अंश राजा शिवप्रसाद ने अपने 'गुटका' में दाखिल किया था। पीछे जब वे उर्दू की ओर झुके तब राजा लक्ष्मण सिंह ने अपने 'रघुवंश' के अनुवाद के प्राक्कथन में भाषा के संबंध में अपना मत इस प्रकार प्रकट किया—

"हमारे मत में हिंदी और उर्दू दो बोली-न्यायी-न्यारी हैं। हिंदी इस देश के हिंदू बोलते हैं और उर्दू यहाँ के मुसलमानों और फारसी पढ़े हुए हिंदुओं की बोलचाल है। हिंदी में संस्कृत के पद बहुत आते हैं; उर्दू में अरबी-फारसी के। परंतु कुछ आवश्यक नहीं है अरबी-फारसी के शब्दों के बिना हिंदी न बोली जाय और न हम उस भाषा को हिंदी कहते हैं जिसमें अरबी-फारसी के शब्द भरे हों।"

ऊपर के अवतरण से स्पष्ट है कि जिस समय राजा लक्ष्मण सिंह और राजा शिवप्रसाद मैदान में आए थे, उस समय खींचतान बनी थी; भाषा के स्वरूप को स्थिरता नहीं प्राप्त हुई थी। वह भाषा का प्रस्तावकाल था। प्रवर्तन-काल का आरंभ भारतेंदु की कुछ रचनाओं के निकल जाने के उपरांत संवत् 1930 के लगभग हुआ। यद्यपि

इसके पहले 'विद्यासुंदर' (संवत् 1925) तथा और, कई नाटक भारतेंदु जी लिख चुके थे, पर वर्तमान हिंदी गद्य के उदय का समय उन्होंने 'हरिश्चंद्र मैगजीन' के निकलने पर, अर्थात् संवत् 1930 से माना है।

भारतेंदु की भाषा में ऐसी क्या विशेषता पाई गई कि उसका इतना चलन उन्हीं के सामने हो गया, इसका थोड़ा विचार कर लेना चहिए। संवत् 1860 में खड़ी बोली के गद्य का सूत्रपात करने वालों में मुंशी सदासुख और सदल मिश्र ने ही व्यवहार-योग्य चलती भाषा का नमूना तैयार किया था। पर इन दोनों की रचनाओं में सफाई नहीं थी। बहुत कूड़ा-करकट भरा था। मुंशी सदासुख भगवद् भक्त पुरुष थे और पंडितों और साधु-संतों के सत्संग में रहा करते थे। इससे उनके 'सुखसागर' की भाषा में बहुत कुछ पंडिताऊपन है। उनकी खड़ी बोली उस ढंग की है जिस ढंग की संस्कृत विद्वान् पंडित काशी, प्रयाग आदि पूरब के नगरों में बोलते थे और अब भी बोलते हैं। यद्यपि मुंशी जी खास दिल्ली के रहनेवाले थे और उर्दू के अच्छे कवि और लेखक थे; पर हिंदी-गद्य के लिए उन्होंने पंडितों की बोली ही ग्रहण की। "स्वभाव करके वे दैत्य कहलाए", "उसे दुःख हो गया" "बहकानेवाले बहुत हैं"। इस प्रकार के प्रयोग उन्होंने बहुत किए हैं। रहे सदल मिश्र; उनकी भाषा में पूरबीपन बहुत अधिक है। 'जो' के स्थान पर 'जौन', 'माँ' के स्थान पर 'मतारी' 'यहाँ' के स्थान पर 'इहाँ', 'देखूँगी' के स्थान पर 'देखौंगी' ऐसे शब्द बराबर मिलते हैं। इसके अतिरिक्त ब्रजभाषा या काव्य-भाषा के ऐसे-ऐसे प्रयोग जैसे 'फूलन्ह के', "चहुं दिशि", 'सुनि' भी लगे रह गए हैं।

इन दोनों के पीछे राजा शिवप्रसाद और लक्ष्मण सिंह का समय आता है।

राजा शिवप्रसाद के गद्य में अधिक खटकनेवाली बात थी उर्दूपन, जो दिन-दिन बढ़ती गई। इसी प्रकार राजा लक्ष्मण सिंह के गद्य में खटकनेवाली बात थी आगरे के बोलचाल का पुट। दूसरी बात यह थी कि विशुद्धता का जो आदर्श लेकर राजा लक्ष्मण सिंह चले थे, वह एक चलती व्यावहारिक भाषा के उपयुक्त न था। फारसी अरबी के जो शब्द लोगों की जबान पर नाचा करते थे उन्हें एकदम छोड़ देना भाषा की संचित शक्ति को घटाना था। हँसी-मजाक के लिए कुछ अरबी-फारसी के चलते शब्द कभी-कभी कितना अच्छा काम देते हैं। यह हम लोग बराबर देखते हैं।

ऊपर लिखी त्रुटियों को ध्यान में रखते हुए जब हम भारतेंदु की भाषा पर विचार करने बैठते हैं, तब इस बात का समझना कुछ सुगम हो जाता है कि उन्होंने हिंदी गद्य का क्या संस्कार किया। उनकी भाषा में न तो उल्लू लाल का ब्रजभाषापन आने पाया, न मुंशी सदासुख का पंडिताऊपन, न सदल मिश्र का पूरबीपन, न राजा शिवप्रसाद का उर्दूपन, और न राजा लक्ष्मणसिंह का खालिसपन और आगरापन। इतने 'पनों' से एक साथ पीछा छुड़ाना भाषा के संबंध में बहुत ही परिष्कृत रुचि का परिचय देता है। संस्कृत-शब्दों के रहने पर भी भाषा का सुबोध बना रहना, फारसी-अरबी

के शब्द आने पर भी साथ-साथ उर्दूपन न आना, हिंदी के स्वतंत्र सत्ता का प्रमाण था। उनका भाषा संस्कार शब्दों की काट-छाँट तक ही नहीं रहा। वाक्य-विन्यास में भी वे सफाई लाए। उनकी लिखावट में एक साथ न जुड़ सकनेवाले वाक्य एक में गुँथे हुए प्रायः नहीं पाए जाते। तात्पर्य कि उपर्युक्त संयोजक अव्ययों का व्यवहार जैसा उन्होंने चलाया, वैसा उनके पहले न था। विराम की परख भी उन्हें राजा लक्ष्मण सिंह और राजा शिवप्रसाद से कहीं अच्छी थी।

चली आती हुई काव्यभाषा के स्वरूप पर भी उनकी दृष्टि गई। उन्होंने देखा कि बहुत से ऐसे शब्द, जिन्हें बोलचाल से उठे कई सौ वर्ष हो गए थे, कविताओं में बराबर लाए जाते हैं जिसमें वे सर्वसाधारण के लगाव से कुछ दूर पड़ती जाती है 'चक्कवै', 'ठायो', 'करसायल', 'ईठ', 'दिह', 'लोय' आदि के कारण बहुत से लोग हिंदी कविता की अपने से कुछ दूर की चीज समझने लगे थे। दूसरा दोष जो बढ़ते-बढ़ते बुरी हद तक पहुँच गया था, वह शब्दों का तोड़-मरोड़ था। जैसे कपियों का स्वभाव 'रुख तोड़ना' तुलसीदास जी ने बताया है, वैसे ही कवियों का स्वभाव शब्द तोड़ना-मरोड़ना हो गया था। भाषा की सफाई पर बहुत कम ध्यान रहता था। बाबू हरिश्चंद्र द्वारा इन बातों का भी बहुत कुछ सुधार-चाहे जान में या अनजान में-हुआ। इस प्रकार काव्य की ब्रजभाषा के लिए भी उन्होंने बहुत अच्छा रास्ता दिखाया। अपने रसीले कवित्तों और और सवैयों में उन्होंने चलती भाषा का व्यवहार किया है जैसे–

आजु लौं जौ न मिले तो कहा, हम तो तुम्हरे सब भाँति कहावैं
मेरे उराहनों है कुछ नाहिं, सबै फल आपने भाग को पावैं॥
जो हरिचंद भई सो भई, अब प्रान चले चहैं तासों सुनावैं।
प्यारे जू! है जग की यह रीति, विदा के समय सब कंठ लगावैं॥

इसी कारण उनकी कविता का प्रचार भी देखते-देखते हो गया। लोगों के मुँह से उनके सवैए भी चारों ओर सुनाई देने लगे, उनके बनाए गीत स्त्रियाँ तक घर-घर में गाने लगीं। उनकी रचना लोकप्रिय हुई। उनके समय में जो संग्रह-ग्रंथ बने, उन सबमें उनकी कविताएँ विशेषतः सवैये भी रखे गए। लीक पीटनेवालों की पुरानी पड़ी हुई शब्दावली हटा देने से उनकी काव्य-भाषा में भी बड़ी सफाई दिखाई पड़ी।

यह तो हुई भाषा की रूप-प्रतिष्ठा की बात। इससे भी बढ़कर काम उन्होंने हिंदी-साहित्य को एक नए मार्ग पर खड़ा करके किया। वे साहित्य के नए युग के प्रवर्तक हुए। यद्यपि देश में नए-नए विचारों और भावनाओं का संचार हो गया था, पर हिंदी उनसे दूर थी। लोगों की अभिरुचि बदल चली थी, पर हमारे साहित्य पर उसका कोई प्रभाव नहीं दिखाई पड़ता था। शिक्षित लोगों के विचारों और व्यापारों ने तो दूसरा मार्ग पकड़ लिया था, पर उनका साहित्य उसी पुरानी मार्ग पर था। वे लोग समय के साथ आप तो कुछ आगे बढ़ आए थे, पर जल्दी में अपने साहित्य को साथ न ले सके थे। उसका साथ छूट गया था। और वह उनके विचार-क्षेत्र दोनों

से अलग पड़ गया था। प्रायः सभी जातियों का साहित्य उनके विचारों और व्यापारों से लगा हुआ चलता है। यह नहीं कि उनकी चिंताओं कार्यों का प्रवाह एक ओर जा रहा हो और उनके साहित्य का प्रवाह दूसरी ओर।

फिर यह विचित्र घटना यहाँ कैसे हुई? बात यह भी कि जिन लोगों के मन में नई शिक्षा के प्रभाव से नए विचार उत्पन्न हो रहे थे, जो अपनी आँखों काल की गति देख रहे थे और देश की आवश्यकताओं को समझ रहे थे, उनमें अधिकांश तो ऐसे थे जिनका कई कारणों से-विशेषतः उर्दू के बीच में पड़ जाने से हिंदी-साहित्य से लगाव छूट-सा गया था और शेष-जिनमें नवीन भावों की कुछ प्रेरणा और विचारों की कुछ स्फूर्ति थी—ऐसे थे जिन्हें हिंदी-साहित्य का क्षेत्र इतना परिमित दिखाई देता था कि नए-नए विचारों को सन्निविष्ट करने के लिए स्थान ही नहीं सूझता था। उस समय एक ऐसे सामंजस्य पटु, साहसी और प्रतिभा-संपन्न पुरुष की आवश्यकता थी जो कौशल से उन बढ़ते हुए विचारों का मेल देश के परंपरागत साहित्य से करा देता। ऐसे ही पुरुष के रूप में बाबू हरिश्चंद्र साहित्य-क्षेत्र में उतरे। उन्होंने हमारे जीवन के साथ हमारे साहित्य को फिर से लगा दिया। बड़े भारी विच्छेद से उन्होंने हमें बचाया।

वे सिद्ध-वाणी के अत्यंत सरस हृदय कवि थे। इससे एक ओर तो उनकी लेखनी से श्रृंगाररस के ऐसे रसपूर्ण और मर्मस्पर्शी कवित्त-सवैए निकलते थे, जो उनके जीवनकाल में ही इधर-उधर लोगों के मुँह से सुनाई पड़ने लगे थे और दूसरी ओर स्वदेश प्रेम में भरे हुए उनके लेख और कविताएँ चारों ओर देश के मंगल का मंत्र-सा फूँकती थीं। अपनी सर्वतोमुखी प्रतिभा के बल से एक ओर तो वे पद्माकर और द्विजदेव की परंपरा में दिखाई पड़ते थे, दूसरी ओर बंगदेश के मधुसूदनदत्त और हेमचंद्र की श्रेणी में, एक ओर तो राधा-कृष्ण की भक्ति में झूमते हुए 'नई भक्तमाल' गूँथते दिखाई देते थे, दूसरी ओर टीकाधारी बगला भगतों की हंसी उड़ाते तथा स्त्री-शिक्षा, समाज-सुधार आदि पर व्याख्यान देते पाए जाते थे। प्राचीन और नवीन का यही सुंदर सामंजस्य भारतेंदु की कला का विशेष माधुर्य हैं। साहित्य के एक नवीन युग के आदि में प्रवर्तक के रूप में खड़े होकर उन्होंने यह भी प्रदर्शित किया कि नए-नए या बाहरी भावों को पचाकर इस ढंग से मिलाना चाहिए कि वे अपने ही साहित्य के विकसित अंग से लगें। प्राचीन और नवीन के उस संधिकाल में जैसी शीतल और मृदुल कला का संचार उपेक्षित था, वैसी ही शीतल और मृदुल कला के साथ भारतेंदु का उदय हुआ; इसमें संदेह नहीं।

कविता की नवीन धारा के बीच भारतेंदु की वाणी का सबसे ऊँचा स्वर देशभक्ति का था। नीलदेवी, भारतदुर्दशा आदि नाटकों के भीतर आई हुई कविताओं में देशदशा की जो मार्मिक व्यंजना है, वह तो है ही; बहुत-सी स्वतंत्र कविताएँ भी उन्होंने लिखीं जिनमें कहीं देश के अतीत गौरव गाथा का गर्व, कहीं वर्तमान अधोगति की क्षोभ

भरी वेदना, कहीं भविष्य की भावना से जगी हुई चिंता इत्यादि अनेक पुनीत भावों का संचार पाया जाता है। 'विजयिनी विजय वैजयंती' में जो मिस्र में, भारतीय सेना की विजय-प्राप्ति पर लिखी गई थी, देश-प्रेम-व्यंजक कैसे भिन्न-भिन्न संचारी भावों के उद्‌गार हैं। कहीं गर्व, कहीं क्षोभ, कहीं विषाद!''सहसन-बरसन सों सुन्यों जो सपने नहिं कान, सो जय-आरज-शब्द'' को सुन और 'फरकि उठी उसकी भुजा, खरकि उठी तलवार। क्यों आपुहि ऊँचे भये आर्य मोंछ के बार'' का कारण जान प्राचीन आर्य गौरव का गर्व कुछ आ ही रहा था कि वर्तमान अधोगति का दृश्य ध्यान में आया और फिर भी वही-हाय-भारत!' की धुन--

हाय वहै भारत भुव भारी। सबही विधि सों भई दुखारी॥
हाय पंचनद! हा पानीपत! अजहूँ रहे तुम धरनि विराजत॥
हाय चित्तोर! निलज तू भारी। अजहु खरो भारतहि मंझारी॥
तुममें जल नहिं जामुन गंगा। बढ़हु बेगि किन प्रबल तरंगा॥
बोरहु किन झट मथुरा कासी। धोवहु वह ललंक की रासी॥

'चितौर', 'पानीपत' इन नामों में ही इतिहासविज्ञ हिंदू-हृदय के लिए कितने भावों की व्यंजना भरी है। उनके लिए ये नाम ही काव्य हैं। यदि कोई कवि केवल इन दो-चार नामों को एक साथ ले ले तो वह अपना बहुत कुछ काम कर चुका। ये आप ही कल्पना के कपाट खोल ऐसे-ऐसे दृश्य सामने ला देंगे जिनसे क्षुब्ध होकर हृदय अनेक गंभीर भावनाओं में मग्न हो जाएगा।

''भारत दुर्शशा' में आलस्य आदि को लाकर इस कवि ने देशदशा को इस ढंग से झलकाया है कि नए और पुराने ढाँचों के लोगों का मन लगे। इस कलाकार में बड़ा भारी गुण यह था कि इसने नए और पुराने विचारों को अपनी रचनाओं में इस सफाई से मिलाया कि कहीं से जोड़ मालूम न हुआ। पुराने भावों और आदर्शों को लेकर इन्होंने नए आदर्श खड़े किए। देखिए, ''नीलदेवी' ने एक देवता के मुँह से भारतवर्ष का कैसा मर्मभेदी भविष्य कहलाया—

सब भाँति दैव प्रतिकूल होय एहि नासा।
अब तजहु वीर वर भारत की सब आसा॥
अब सुख-सूरज को उदय नहीं इत है है।
मंगलमय भारत-भुव मसान है जै है॥

राजा सूरजदेव के मारे जाने पर रानी नीलदेवी ने जिस रीति से भगवान को पुकारा है वह कोई नई बात नहीं। वह वही रीति है जिससे द्रौपदी ने भगवान् को पुकारा था। भेद इतना ही है कि द्रौपदी ने अपनी लज्जा रखने के लिए, अपना संकट हटाने के लिए, पुकार मचाई थी; नीलदेवी ने देश की लज्जा रखने के लिए, देश का संकट दूर करने के लिए पुकारा है—

कहाँ करुनानिधि केशव सोए?
जागत नाहिं, अनेक जतन कर भारतवासी रोए॥

बड़ा भारी काम भारतेन्दु ने यह किया कि स्वदेशाभिमान, स्वजाति-प्रेम, समाज-सुधार आदि की आधुनिक भावनाओं के प्रवाह के लिए हिंदी को चुना तथा इतिहास, विज्ञान, उपन्यास, पुरावृत्त इत्यादि अनेक समयानुकूल विषयों की ओर हिंदी को दौड़ा दिया। अब यह देखना है कि यदि वे कवि थे तो किस ढंग के थे? विषय-क्षेत्र के विचार से देखते हैं तो प्रायः तीन ढंग के कवि पाए जाते हैं, कुछ तो नर-प्रकृति के वर्णन में ही अधिकतर लीन रहते हैं, कुछ बाह्य प्रकृति के वर्णन में और कुछ दोनों में समान रुचि रखते हैं। पिछले वर्ग में वाल्मीकि, कालिदास, भवभूति इत्यादि संस्कृत के प्राचीन कवि ही आते हैं।

बाबू हरिश्चंद्र अधिकांश भाषा-कवियों के समान प्रथम प्रकार के कवियों में थे। यद्यपि इन्होंने अपनी कविता द्वारा-नये संस्कार, उत्पन्न किए; पर उसके स्वरूप को परंपरानुसार ही रखा। मानवी वृत्तियों ही के मर्मस्पर्शी अंशों को छाँटकर उन्होंने मनोविकारों को तीव्र और परिष्कृत करने का प्रयत्न किया, दूसरी प्राकृतिक वस्तुओं और व्यापारों की मर्मस्पर्शिनी शक्ति पर बहुत कम ध्यान दिया। इन्होंने मनुष्य को सारी सृष्टि के बीच रखकर नहीं देखा, उसे उसी के उठाए हुए घेरे में रखकर देखा। मनुष्य की दृष्टि को उसके फैलाए हुए प्रपंचावरण से बाहर प्रकृति के विस्तृत क्षेत्र की ओर ले जाने का प्रयास इन्होंने नहीं किया। बात यह है कि हिंदी-साहित्य का उत्थान ही ऐसे समय में हुआ जब लोगों की दृष्टि बहुत कुछ संकुचित हो चुकी थी। वाल्मीकि, कालिदास और भवभूति के आदर्श लोगों के सामने से हट चुके थे।

हमारे आदिकवि वाल्मीकि के हृदय में जो भावुकता थी, वह कुछ काल पीछे मंद पड़ने लगी। जिस तन्मयता के साथ उन्होंने प्रकृति का निरीक्षण किया है, उसकी परंपरा कालिदास, भवभूति तक पाई जाती है। वाल्मीकि के हेमंत-वर्णन में कैसा सूक्ष्म प्रकृति निरीक्षण है। उनके वर्षा-वर्णन में भी यही बात है—

क्वचित्प्रकाशं क्वचिदप्रकाशं,
नभः प्रकीर्णाम्बुधनं विभाति।
क्वचित् क्वचित्पर्वत-सन्निरुद्धं
रूपं यथा शांतमहार्णवस्य॥
व्यामिश्रितं सर्जकदंब-पुष्पै—
र्नवं जल पर्वत-धातु-ताम्रम्।
मयूरकेकाभिरनुप्रयातं
शैवापगाः शीघ्रतरं वहंति।

उपर्युक्त वर्णन में किसी सूक्ष्मता के साथ कविकुल-गुरु ने ऐसे प्राकृतिक व्यापारों का निरीक्षण किया है जिनको बिना किसी अनूठी उक्ति के गिना देना ही कल्पना को परिष्कार और भाव को संचार करने के लिए बहुत है। कालिदास के कुमारसंभव का हिमालय-वर्णन रघुवंश में उस वन का वर्णन जहाँ नंदिनी को लेकर दिलीप गए

हैं, तथा मेघदूत में यक्ष के बताए हुए मार्ग का वर्णन बार-बार पढ़ने योग्य है। भवभूति का तो कहना ही क्या है। देखिए–

एते त एव गिरयो विरुवन्मयूरा–
स्तान्येव मत्तहंरिणानि वनस्थलानि।
आमज्ज-वञ्जुल-लतानि च तान्यमूनि,
नीरंध्र-नील-निचुलानि सरित्तटानि॥

इन महाकवियों ने कथा-प्रसंग के अतिरिक्त जहाँ वर्णन की रोचकता के लिए मनुष्य-व्यापार दिखाए हैं, वहाँ इन्होंने ऐसे ही स्थलों के व्यापारों को दिखलाया है जहाँ मनुष्य के प्रकृति की सन्निकटता है–जैसे ग्रामों के आस-पास किसानों का खेत जोतना या काटना, ग्वालों का गाय चराना इत्यादि-इत्यादि। जैसे मेघदूत में यक्ष मेघ से कहता है–

(क) **त्वय्यायतं कृषिफलमिति भ्रूविकारानभिज्ञैः**
प्रीतिस्निग्धैर्जनपदवधूलोचनैः पीयमानः।
सद्यस्सीरोत्कर्षण-सुरभि क्षेत्रमारुह्य मालं
किञ्चित्पश्चाद व्रज लघुगतिः किञ्चिदेवोत्तरेण।

(ख) **कृषी निरावहिं चतुर किसाना।**
जिमि बुध तजहिं मोह मद माना॥

सच्चे कवि ऋतु आदि के वर्णन में ऐसे ही व्यापारों को सामने लाए हैं। ऐसे कवि ग्रीष्म में छाया के नीचे बैठकर हाँफते हुए कुत्तों और पानी में बैठी हुई भैसों का उल्लेख चाहे भले ही कर जाएँ, पर पसीने से तर रोकड़ मिलाते हुए मुनीम जी की ओर ध्यान न देंगे।

मनुष्य के व्यापार परिमित और संकुचित हैं। अतः बाह्य प्रकृति के अनंत और असीम व्यापारों के सूक्ष्म-से-सूक्ष्म अंशों को सामने करके भावना या कल्पना को शुद्ध और विस्तृत करना भी कवि का धर्म है, धीरे-धीरे लोग इस बात को भूल चले। इधर उच्च श्रेणी के भी जो कवि हुए, उन्होंने अधिकतर मनुष्य की चित्त-वृत्तियों के विविध रूपों को कौशल और मार्मिकता के साथ दिखाया, पर बाह्य प्रकृति की स्वच्छंद क्रीड़ा की ओर कम ध्यान दिया। पीछे से तो राजाश्रयलोलुप माँगते कवियों के कारण कविता केवल वाक्पटुता या शब्दों का शतरंज बन गई; विषयी लोगों के काम की चीज हो गई। भर्तृहरि के समय ही से यह दुरवस्था आरंभ हो गई थी जिस पर उन्होंने दुःख के साथ कहा था–

पुरा विद्वत्तासीदुपशमवतां क्लेशहतये
गता कालेनासौ विषयसुख-सिद्ध्यै विषयिणाम्।

वन, नदी, पर्वत आदि इन याचक कवियों को क्या दे देते जो वे उनका वर्णन करने जाते। सूर और तुलसी आदि स्वच्छंद कवियों ने हिंदी कविता को उठाकर खड़ा

ही किया था कि रीतिकाल से शृंगारी कवियों ने उसके पैर छानकर उसे गंदी गलियों में भटकने के लिए छोड़ दिया। फिर क्या था, नायिकाओं के पैरों में मखमल से सुर्ख बिछौने गड़ने लगे। यदि कोई षड्ऋतु की लीक पीटने खड़े हुए तो कहीं शरद् की चाँदनी से किसी विरहिणी का शरीर जलाया, कहीं कोयल की कूक से कलेजों के टूक किए, कहीं किसी का प्रमोद से प्रमत्त किया। उन्हें तो इन ऋतुओं को उद्दीपन मात्र मान संयोग या वियोग की दशा का वर्णन करना रहता था। उनकी दृष्टि प्रकृति के इन व्यापारों पर तो जमती नहीं थी, नायक या नायिका ही पर दौड़-दौड़कर जाती थी अतः उनके नायक या नायिका की अवस्था-विशेष का प्रकृति की दो-चार इनी-गिनी वस्तुओं से जो संबंध होता था, उसी को दिखाकर वे किनारे हो जाते थे।

बाबू हरिश्चंद्र ने यद्यपि समयानुकूल प्रसंग छेड़ नए-नए संस्कार उत्पन्न किए पर उन्होंने भी प्रकृति पर प्रेम न दिखाया। उनका जीवन-वृत्तांत पढ़ने से भी पता लगता है कि वे प्रकृति के उपासक न थे। उन्हें जंगल, पहाड़, नदी आदि को देखने का उतना शौक न था। वे अपने भाव "दस तरह के आदमियों के साथ उठ-बैठकर" प्राप्त करते थे। इसी से मनुष्यों की भीतरी-बाहरी वृत्तियाँ अंकित करने में ही वे तत्पर रहे हैं और नाटकों की ओर उन्होंने विशेष रुचि दिखाई है। भारत-दुर्दशा, नीलदेवी, वैदिकी हिंसा-हिंसा न भवति, विषस्य विषमौषधम् आदि देखने से यह बात अच्छी तरह मन में बैठ जाएगी।

ऐसा भी कहा जाता है कि एक दिन उसके यहाँ बैठकर एक वेश्या गा रही थी। उसे देखकर उन्होंने कविता बनाई और पास के लोगों से कहा—"देखो यदि हम इनका सत्संग न रखें तो ये भाव कहाँ से सूझे?" वे उर्दू कविता के भी प्रेमी थे जिसमें बाह्य प्रकृति के सूक्ष्म निरीक्षण की चाल ही नहीं और जिसमें कल्पना के सामने आनेवाले चित्रों (lmagery) के बीभत्स और घिनौने होने कुछ परवा न कर भावों के उत्कर्ष की ही ओर ध्यान रखा जाता है। यदि ऐसा न होता तो "मरे हूँ पै आँखें ये खुली ही रहि जाएँगी" ऐसे पद्य वे न लिखते। भावों का उत्कर्ष उन्होंने अच्छा दिखलाया है। वन, नदी, पर्वत आदि के चित्रों द्वारा मनुष्य की कल्पना को स्वच्छ और स्वस्थ करने का भार उन्होंने अपने ऊपर नहीं लिया था।

उनकी रचनाओं में विशुद्ध प्राकृतिक वर्णनों का अभाव बराबर पाया जाता है। वस्तु-वर्णन में उन्होंने मनुष्यों की कृति ही की ओर अधिक रुचि दिखाई। जैसे 'सत्य हरिश्चंद्र' के गंगा के इस वर्णन में—

नव उज्जल जलधार हार हीरक सी सोहति।
बिज-बिज छहरत बूँद मध्य मुक्ता मनु पोहति॥
लोल लहर लहि पवन एक पै इक इमि आवत।
जिमि नरगन मन विविध मनोरथ करत मिटावत॥
कासी कहँ प्रिय जानि ललकि भेंट्यों उठि धाई।

सपनेहू नहिं तजी रही अंकम लपटाई॥
कहूँ बँधे नवघाट उच्च गिरिवर सम सोहत।
कहुँ छतरी, कहुँ मढ़ी-बढ़ी मन मोहत जोहत॥
धवल धाम चहुँ ओर फरहरत धुजा पताका।
घहरित घंटा धुनि, धमकत धौंसा करि साका॥
मधुरी नौबत बजति, कहूँ नारी नर गावत।
वेद पढ़त कहुँ द्विज, कहुँ जोगी ध्यान लगावत॥

काशी के लोगों के विलक्षण स्वभाव तथा ऊँची-ऊँची हवेलियों और तंग गलियों का वर्णन करने ही के लिए ''काशी छायाचित्र लिखा गया।

''चंद्रावली नाटिका' में एक जगह यमुना के तट पर वर्णन आया है। पर वह भी परंपरा (Conventional) ही हैं। उसमें उपमानों और उत्प्रेक्षाओं आदि की भरमार इस बात को सूचित करती है कि कवि का मन प्रस्तुत प्राकृतिक वस्तुओं पर रमता नहीं था, हट-हट जाता था। कुछ अंश देखिए—

1. तरनि-तनूजा-तट-तमाल-तरुवर बहु छाए।
झुके कूल सों जल परसन हित मनहुँ सुहाए।
किधौं मुकुर मैं लखत उझकि सब निज-निज सोभा।
कैं प्रनवत जल जानि परम पावन फल लोभा॥
मनु आतप-वारन तीर को सिमिटि सबै छाए रहत।
कैं हरि-सेवा हित नै रहे, निरखि नैन मन सुख लहत॥

2. कहूँ तीर पर कमल अमल सोभित बहु भाँतिन।
कहुँ सैवालन मध्य कुमुदिनी लगि रहि पाँतिन॥
मनु दृग धारि अनेक जमुन निरखति ब्रज सोभा।
कै उमगे पिय-प्रिया-प्रेम के अगनित गोभा॥
कै करिकै कर बहु, पीय को टेरत निज ढिग सोहई।
कै पूजन को उपचार लै चलति मिलन मन मोहई॥

3. कै पिय-पद उपमान जानि यहि निज उर धारत।
कै मुखि कर बहु भृंगन मिस अस्तुति उच्चारत॥
कै ब्रज तियगन-बदन कमल की झलकति झाँई।
कै ब्रज हरिपद-परस हेतु कमला बहु आई॥
कै सात्त्विक अरु अनुराग दोउ ब्रजमंडल बगरे फिरत।
कै जानि लच्छमी—भौन यहि करि सतधा निजबलधरत॥

तुलसी का भक्ति-मार्ग

भक्ति-रस का पूर्ण परिपाक जैसा तुलसीदास जी में देखा जाता है वैसा अन्यत्र नहीं। भक्ति में प्रेम के अतिरिक्त आलंबन के महत्त्व और अपने दैन्य का अनुभव परम आवश्यक अंग है। तुलसी के हृदय से इन दोनों अनुभवों के ऐसे निर्मल शब्द-स्रोत निकले हैं, जिनमें अवगाहन करने से मन की मैल कटती है और अत्यंत पवित्र प्रफुल्लता आती है। गोस्वामी जी के भक्ति-क्षेत्र में शील, शक्ति और सौंदर्य तीनों की प्रतिष्ठा होने के कारण मनुष्य की संपूर्ण भावात्मिका प्रकृति का परिष्कार और प्रसार के लिए मैदान पड़ा हुआ है। वहाँ जिस प्रकार लोक-व्यवहार से अपने को अलग करके आत्म-कल्याण की ओर अग्रसर होने वाले काम, क्रोध आदि शत्रुओं से बहुत दूर रहने का मार्ग पा सकते हैं, उसी प्रकार लोक-व्यवहार में मग्न रहनेवाले अपने भिन्न-भिन्न कर्तव्यों के भीतर ही आनंद की वह ज्योति पा सकते हैं जिससे इस जीवन में दिव्य जीवन का आभास मिलने लगता है और मनुष्य के वे सब कर्म, वे सब वचन और वे सब भाव-क्या डूबते हुए को बचाना, क्या अत्याचारों पर शस्त्र चलाना? क्या स्तुति करना, क्या निंदा करना, क्या दया से आर्द्र होना क्या क्रोध से तमतमाना-जिनसे लोक का कल्याण होता आया है, भगवान् के लोक पालन करनेवाले कर्म, वचन और भाव दिखाई पड़ते हैं।

यह प्राचीन भक्ति-एकदेशीय आधार पर स्थिति नहीं, यह एकांगदर्शी नहीं। यह हमारे हृदय को ऐसा नहीं करना चाहता कि हम केवल व्रत-उपवास करनेवालों और उपदेश करनेवालों ही पर श्रद्धा रखें और जो लोग संसार के पदार्थों का उचित उपयोग करके अपनी विशाल भुजाओं से रणक्षेत्र में अत्याचारियों का दमन करते हैं, या अपनी अंतर्दृष्टि की साधना और शारीरिक अध्यवसाय के बल से मनुष्य-जाति के ज्ञान की वृद्धि करते हैं, उनके प्रति उदासीन रहें। गोस्वामी जी की रामभक्ति वह दिव्य वृत्ति है जिससे जीवन में शक्ति सरसता, प्रफुल्लता, पवित्रता, सब कुछ प्राप्त हो सकती है। आलंबन की महत्त्व-भावना से प्रेरित दैन्य के अतिरिक्त भक्ति के और जितने अंग हैं-भक्ति के कारण अंतःकरण की जो और-और शुभ वृत्तियाँ

प्राप्त होती हैं—सब की अभिव्यंजना गोस्वामी जी के ग्रंथों के भीतर हम पा सकते हैं। राम में सौंदर्य, शक्ति और शील तीनों की चरम अभिव्यक्ति एक साथ समन्वित होकर मनुष्य के संपूर्ण हृदय को-उसके किसी एक ही अंश को नहीं-आकर्षित कर लेती है। कोरी साधुता का उपदेश पाखंड है, कोरी वीरता का उपदेश उद्दंडता है, कोरे ज्ञान का उपदेश आलस्य है और कोरी चतुराई का उपदेश धूर्तता है।

सूर और तुलसी को हमें उपदेशक के रूप में न देखना चाहिए। वे उपदेशक नहीं हैं, अपनी भावुकता और प्रतिभा के बल से लोक-व्यापार के भीतर भगवान् की मनोहर मूर्ति प्रतिष्ठित करनेवाले हैं। हमारा प्राचीन भक्ति-मार्ग उपदेशकों की सृष्टि करनेवाला नहीं है। सदाचार और ब्रह्मज्ञान के रूखे उपदेशों द्वारा इसके प्रचार की व्यवस्था नहीं है। न भक्तों के राम और कृष्ण उपदेशक, न उसके अनन्य भक्त तुलसी और सूर। लोक-व्यवहार में मग्न होकर जो मंगल-ज्योति इन अवतारों ने उसके भीतर जगाई, उसके माधुर्य का अनेक रूपों में साक्षात्कार करके मुग्ध होना और मुग्ध करना ही इन भक्तों का प्रधान व्यवसाय है। उनका शास्त्र भी मानव-हृदय है और लक्ष्य भी। उपदेशों का ग्रहण ऊपर ही ऊपर से होता है। न वे हृदय के मर्म को ही भेद सकते हैं, न बुद्धि की कसौटी पर ही स्थिर भाव से जमे रह सकते हैं। हृदय तो उसकी ओर मुड़ता ही नहीं और बुद्धि उनको लेकर अनेक दार्शनिक वादों के बीच जा उलझती है। उपदेशवाद या तर्क गोस्वामी जी के अनुसार 'वाक्यज्ञान' मात्र कराते हैं, जिससे जीव कल्याण का लक्ष्य पूरा नहीं होगा—

वाक्य-ज्ञान अत्यंत निपुन भव पार न पावै कोई।
निसि गृह मध्य दीप की बातन तम निवृत्त नहिं होई॥

'वाक्य-ज्ञान' और बात है, 'अनुभूति' और बात। इसी से प्राचीन परंपरा के भक्त लोग उपदेश, वाद या तर्क की अपेक्षा चरित्र-श्रवण और चरित्र-कीर्तन आदि का ही अधिक नाम लिया करते हैं।

प्राचीन भागवत संप्रदाय के बीच भगवान् के उस लोक-रंजनकारी रूप की प्रतिष्ठा हुई जिसके अवलंबन से मानव-हृदय अपने पूर्ण भाव संघात के साथ कल्याण मार्ग की ओर आप से आप आकर्षित हो सके। इसी लोक-रंजनकारी रूप का प्रत्यक्षीकरण प्राचीन परंपरा के भक्तों का लक्ष्य है; उपदेश देना नहीं। उसी मनोहर रूप की अनुभूति से गद्गद और पुलकित होना उसी रूप की एक-एक छटा को औरों के सामने भी रखकर उन्हें मानव-जीवन के सौंदर्य-साधन में प्रवृत्त करना, भक्तों का काम है।

गोस्वामी जी ने अनंत सौंदर्य का साक्षात्कार करके उसके भीतर ही अनंत शक्ति और अनंत शील की वह झलक दिखाई है जिसके प्रकाश में लोक का प्रमोद पूर्ण परिचालन हो सकता है। सौंदर्य, शक्ति और शील तीनों में मनुष्य मात्र के लिए आकर्षण विद्यमान है। रूप-लावण्य के बीच प्रतिष्ठित होने से शक्ति और शील को और भी

अधिक सौंदर्य प्राप्त हो जाता है, उनमें एक अपूर्व मनोहरता आ जाती है। जिसे शक्ति-सौंदर्य की झलक मिल गई, उसके हृदय में सच्चे वीर होने की अभिलाषा जीवन भर के लिए जग गई, जिसने शील, सौंदर्य की यही झाँकी पाई उसके आचरण पर इसके मधुर प्रतिबिंब की छाप बैठी । प्राचीन भक्ति के इन तत्त्व की ओर ध्यान न देकर जो लोग भगवान् की लोक मंगलविभूति के द्रष्टा तुलसी को कबीर, दादू आदि की श्रेणी में रखकर देखते हैं वे बड़ी भारी भूल करते हैं।

अनंत-शक्ति-सौंदर्य-समन्वित अनंत शील की प्रतिष्ठा करके गोस्वामी जी को पूर्ण आशा होती है कि उसका आभास पाकर जो पूरी मनुष्यता को पहुँचा हुआ हृदय होगा वह अवश्य द्रवीभूत होगा—

सुनि सीतापति शील सुभाउ।
मोद न मन, तन पुलक, नयन जल सो नर खेहर खाउ॥

इसी हृदय द्वारा ही मनुष्य में शील और सदाचार का स्थायी संस्कार जम सकता है। दूसरी कोई पद्धति है ही नहीं। अनंत शक्ति और अनंत सौंदर्य के बीच से अनंत शील की आभा फूटती देख जिसका मन मुग्ध न हुआ, जो भगवान् की लोकरंजन मूर्ति मधुर ध्यान में कभी लीन न हुआ, उसकी प्रकृति की कटुता बिलकुल नहीं दूर हो सकती।

सूर, सुजान, सपूत, सुलच्छन, गनियत गुन गुरुआई।
बिनु हरिभजन इँदारुन के फल, तजत नहीं करुआई॥

चरम महत्त्व के इस भव्य-मनुष्य-ग्राह्य रूप के सम्मुख भावविह्वल भक्त-हृदय के बीच जो-जो तरंगें उठती हैं उन्हीं की माला विनय-पत्रिका है। महत्त्व के नाना रूप और इन भाव-तरंगों की स्थिति परस्पर बिंब-प्रतिबिंब समझनी चाहिए। भक्ति में दैन्य, आशा, उत्साह, आत्मग्लानि, अनुताप, आत्मनिवेदन आदि की गंभीरता उस महत्त्व की अनुभूति की मात्रा के अनुसार समझिए। महत्त्व का जितना ही सान्निध्य प्राप्त होता जाएगा-उसका जितना ही स्पष्ट साक्षात्कार होता जाएगा-उतना ही अधिक स्फुट भावों का विकास होता जाएगा, और इन पर भी महत्त्व की आभा चढ़ती जाएगी। मानो ये भाव महत्त्व की ओर बढ़ते जाते हैं और महत्त्व इन भावों की ओर बढ़ता जाता है। इस प्रकार लघुत्व का महत्त्व में लय हो जाता है।

सारांश यह कि भक्ति का मूल तत्त्व है महत्त्व की अनुभूति। इस अनुभूति के साथ ही दैन्य अर्थात् अपने लघुत्व की भावना का उदय होता है। इस भावना को दो ही पंक्तियों में गोस्वामी जी ने बड़े ही सीधे-सादे ढंग से व्यक्त कर दिया है—

राम सों बड़ो है कौन, मोसों कौन छोटो?
राम सों खरो है कौन, मोसों कौन खोटो?

प्रभु के महत्त्व के सामने होते ही भक्त के हृदय में अपने लघुत्व का अनुभव होने लगता है। उसे जिस प्रकार प्रभु का महत्त्व वर्णन करने में आनंद आता है, उसी प्रकार अपना लघुत्व-वर्णन करने में भी। प्रभु की अनंत शक्ति के प्रकाश में उसकी असामर्थ्य का, उसकी दशा का बहुत साफ चित्र दिखाई पड़ता है, और वह अपने ऐसा दीन-हीन संसार में किसी को नहीं देखता। प्रभु के अनंत शील और पवित्रता के समान उसे अपने में दोष ही दोष और पाप दिखाई पड़ने लगते हैं। इस अवस्था को प्राप्त भक्त अपने दोषों, पापों और त्रुटियों को अत्यंत अधिक परिमाण में देखता है और उनका जी खोलकर वर्णन करने में बहुत कुछ संतोष लाभ करता है। दंभ, अभिमान, छल, कपट आदि में से कोई उस समय बाधक नहीं हो सकता। इस प्रकार अपने पापों की पूरी सूचना देने से जी का बोध ही नहीं, सिर का बोझ भी कुछ हल्का हो जाता है। भक्त के सुधार का भार उसी पर न रहकर बँट-सा जाता है।

ऐसी उच्च मनोभूमि की प्राप्ति, जिसमें अपने दोषों को झुक-झुककर देखने ही की नहीं, उठा-उठाकर दिखाने की भी प्रवृत्ति होती है; ऐसी नहीं जिसे कोई कहे कि यह कौन बड़ी बात है लोक की सामान्य प्रवृत्ति तो प्रायः इसके विपरीत ही होती है, जिसे अपनी ही मानकर गोसाईं जी कहते हैं–

जानत हू निज पाप जलधि जिय,
जल-सीकर सम सुनत लरौं।
रज सम पर-अवगुन सुमेरु करि,
गुन गिर सम रज तें निदरौं।

ऐसे बचनों के संबंध में यह समझ रखना चाहिए कि ये दैन्य भाव के उत्कर्ष की व्यंजना करनेवाले उद्‌गार हैं। ऐतिहासिक खोज की धुन में इन्हें आत्म-वृत्त समझ बैठना ठीक न होगा। इन शब्द-प्रवाहों में लोक की सामान्य प्रवृत्ति की व्यंजना हो जाती है, इससे इनके द्वारा प्रत्येक मनुष्य अपने दोषों और बुराइयों की ओर दृष्टि से जाने का साहस प्राप्त कर सकता है। दैन्य भक्तों का बड़ा भारी बल है।

परम महत्त्व के सान्निध्य से हृदय में उस महत्त्व में लीन होने के जो अनेक प्रकार के आंदोलन उत्पन्न होते हैं, वे ही भक्तों के भाव हैं। कभी भक्त अनंत रूपराशि के अनुभव से प्रेम-पुलकित हो जाता है, कभी अनंत शक्ति की झलक पाकर आश्चर्य और उत्साह से पूर्ण होता है, कभी अनंत शील की भावना से अपने कर्मों पर पछताता है और कभी प्रभु के दया-दाक्षिण्य को देख मन में इस प्रकार का ढाढ़स बाँधता है–

कहा भयो जो मन मिलि कलिकालहि कियों भौंतवा भौंर को हैं
तुलसिदास सीतल नित एहि बल, बड़े ठेकाने ठौर को है॥

दिन-रात स्वामी के पास रहते-रहते जिस प्रकार सेवक की कुछ धड़क खुल

जाती है, उसी प्रकार प्रभु के सतत ध्यान से जो सान्निध्य की अनुभूति भक्त के हृदय में उत्पन्न होती है, उसके कारण वह कभी-कभी मीठा उपालंभ भी देता है।

भक्ति में लेन-देन का भाव नहीं रह जाता। भक्ति के बदले में उत्तम गति मिलेगी, इस भावना को लेकर भक्ति हो ही नहीं सकती। भक्त के लिए भक्ति का आनंद ही उसका फल है। वह शक्ति, सौंदर्य और शील के अनंत समुद्र के तट पर खड़ा होकर नहीं लेने में ही जीवन का परम फल मानता है।

गोस्वामी जी एक बार वृंदावन गए थे। वहाँ किसी कृष्णोपासक ने उन्हें छेड़कर कहा—"आपके राम तो बारह ही कला के अवतार हैं। आप श्रीकृष्ण की भक्ति क्यों नहीं करते जो सोलह कला के अवतार हैं?" गोस्वामी जी बड़े भोलेपन के साथ बोले—"हमारे राम अवतार भी हैं, यह हमें आज मालूम हुआ" राम भगवान् के अवतार हैं, इससे उत्तम फल या गति दे सकते हैं, बुद्धि के इस निर्णय पर तुलसी राम की भक्ति करने लगे हों, यह बात नहीं है। राम तुलसी को अच्छे लगते हैं, उनके प्रेम का यदि कोई कारण है तो यही।

जो जगदीश तौ अति भलों, जौ महीस तौ भाग।
तुलसी चाहत जनम भरि, रामचरन अनुराग॥

तुलसी को राम का लोकरंजन रूप वैसा ही प्रिय लगता है जैसा चातक को मेघ का लोकसुखदायी रूप। राम प्रिय लगने लगे, राम की भक्ति प्राप्त हो गई, इसका पता कैसे लग सकता है? इसका लक्षण है मन का आप से आप सुशीलता की ओर ढल पड़ना—

तुम अपनायो, तब जनिहौं जब मन फिर परिहै।

इस प्रकार शील को राम-प्रेम का लक्षण ठहराकर गोस्वामी जी ने अपने व्यापक भक्ति-क्षेत्र के अंतर्भूत कर लिया है।

भक्त यही चाहता है कि प्रभु के सौंदर्य, शक्ति आदि की अनंतता की जो मधुर भावना है वह अबाध रहे—उसमें किसी भी प्रकार की कसर न आने पाए। अपने ऐसे पापी की सुगति को वह प्रभु की शक्ति का एक चमत्कार समझता है। अतः उसे यदि सुगति न प्राप्त हुई तो उसे इसका पछतावा न होगा, पछतावा होगा इस बात का कि प्रभु की अनंत शक्ति की भावना बाधित हो गई—

नाहिन नरक परत मो कहँ डर जद्यपि हौं अति हारो।
यहि बड़ि त्रास दास तुलसी कहँ नामहु पाप न जारों॥

प्रभु के सर्वगत होने का ध्यान करते-करते भक्त अंत में जाकर उस अवस्था को प्राप्त करता है जिसमें वह अपने साथ-साथ समस्त संसार को उस एक अपरिछिन्न

सत्ता में लीन होता हुआ देखने लगता है, और दृश्य भेदों का उसके ऊपर उतना जोर नहीं रह जाता। तर्क या युक्ति ऐसी अवस्था की सूचना भर दे सकती है—'वाक्य-ज्ञान' भर करा सकती है। संसार में परोपकार और आत्म-त्याग के जो उज्ज्वल दृष्टांत कहीं-कहीं दिखाई पड़ा करते हैं, वे इसी अनुभूति मार्ग में कुछ-न-कुछ अग्रसर होने के हैं। यह अनुभूति मार्ग या भक्तिमार्ग बहुत दूर तक तो लोक-कल्याण की व्यवस्था करता दिखाई पड़ता है; पर और आगे चलकर यह निस्संग साधक को सब भेदों से परे ले जाता है।

'मानस' की धर्म-भूमि

धर्म की रसात्मक अनुभूति का नाम भक्ति है, यह हम कहीं पर कह चुके हैं। धर्म है ब्रह्म के सत्स्वरूप की व्यक्त प्रवृत्ति, जिसकी असीमता का आभास अखिल विश्वस्थिति में मिलता है। इस प्रवृत्ति का साक्षात्कार परिवार और समाज ऐसे छोटे क्षेत्रों से लेकर भू-मंडल और अखिल विश्व तक के बीच किया जा सकता है। परिवार और समाज की रक्षा की, लोक के परिचालन में और समष्टि रूप में, अखिल विश्व की शास्वत स्थिति में सत् की इसी प्रवृत्ति के दर्शन होते हैं। ध्यान देने की बात यह है कि सत्स्वरूप की इस प्रवृत्ति का साक्षात्कार जितने ही विस्तृत क्षेत्र के बीच हम करते हैं, भगवत्स्वरूप की ओर उतनी ही बढ़ी हुई भावना हमें प्राप्त होती है। कुल-विशेष के भीतर ही जो प्रवृत्ति का अनुभव करेंगे उनकी भावना कुल-नायक या कुल-देवता तक ही पहुँचेगी; किसी जाति या देश-विदेश के भीतर जो करेंगे, उनकी भावना उस जाति या देश के नेता अथवा उपास्य देवता तक पहुँकर रह जाएगी। भक्त की भावना इतनी ही दूर जाकर संतुष्ट नहीं होती। वह अखिल विश्व के बीच 'सत्' की इस प्रवृत्ति के साक्षात्कार की साधना करता है। उसके भीतर का 'चित्' जब बाहर 'सत्' का साक्षात्कार करता है। तब आनंद का आविर्भाव होता है। इस साधना द्वारा वह भगवान् का सामीप्य लाभ करता चला जाता है। इसी से तुलसी को राम 'अंतरजामिहु ते बड़ बाहिरजामी' लगते हैं।

ऊपर जो कुछ कहा गया है उससे सत्स्वरूप की व्यक्त प्रवृत्ति अर्थात् धर्म की ऊँची-नीची कई भूमियाँ लक्षित होती हैं—जैसे—गृहधर्म, कुलधर्म, समाजधर्म, लोकधर्म और विश्वधर्म या पूर्णधर्म। किसी परिमित वर्ग से कल्याण से संबंध रखनेवाली धर्म की अपेक्षा विस्तृत जनसमूह के कल्याण से संबंध रखनेवाला धर्म, उच्च कोटि का है। धर्म की उच्चता उसके लक्ष्य के व्यापकत्व के अनुसार समझी जाती है। गृहधर्म या कुलधर्म से समाजधर्म श्रेष्ठ है, समाज-धर्म से लोकधर्म लोकधर्म से विश्वधर्म, जिसमें धर्म अपने शुद्ध और पूर्ण स्वरूप में दिखाई पड़ता है। यह पूर्ण धर्म अंगी है और शेष धर्म अंग। पूर्ण धर्म, जिसका संबंध अखिल विश्व की स्थिति रक्षा से

है, वस्तुतः पूर्ण पुरुष या पुरुषोत्तम में ही रहता है, जिसकी मार्मिक अनुभूति सच्चे भक्तों को ही हुआ करती है, इसी अनुभूति के अनुरूप उनके आचरण का भी उत्तरोत्तर विकास हो जाता है। गृहधर्म पर दृष्टि रखनेवाला किसी परिवार की रक्षा देखकर, वर्गधर्म पर दृष्टि रखनेवाला, किसी वर्ग या समाज की रक्षा देखकर और लोक धर्म पर दृष्टि रखनेवाला या समस्त-जाति की रक्षा देखकर आनंद का अनुभव करता है। पूर्ण या शुद्ध धर्म का स्वरूप सच्चे भक्त ही अपने और दूसरों के सामने लाया करते हैं जिनके भगवान् पूर्ण धर्मस्वरूप हैं, अतः ये कीटपतंग से लेकर मनुष्य तक सब प्राणियों की रक्षा देखकर आनंद प्राप्त करते हैं। विषय की व्यापकता के अनुसार उनका आनंद भी उच्च कोटि का होता है।

धर्म की जो ऊची-नीची भूमियाँ ऊपर कही गई हैं वे उसके स्वरूप के संबंध में; उसके पालन के स्वरूप के संबंध में नहीं। पालन का स्वरूप और बात है। उच्च से उच्च भूमि के धर्म का आचरण अत्यंत साधारण कोटि का हो सकता है। इसी प्रकार निम्न भूमि के धर्म का आचरण अत्यंत साधारण कोटि का हो सकता है। गरीबों का गला काटने-वाले चीटियों के बिलों पर आटा फैलाते देखे जाते हैं; अकाल-पीड़ितों की सहायता में एक पैसा चंदा न देनेवाले अपने डूबते मित्र को बचाने के लिए प्राण संकट में डालते देखे जाते हैं।

यह हम कई जगह दिखा चुके हैं कि ब्रह्म के सत्य रुकी अभिव्यक्ति और प्रवृत्ति को लेकर गोस्वामी जी की भक्ति पद्धति चली जाती है। उनके राम पूर्ण धर्मस्वरूप हैं। राम के लीला-क्षेत्र के भीतर धर्म के विविध रूपों का प्रकाश उन्होंने देखा है। धर्म का प्रकाश अर्थात् ब्रह्म के सत्स्वरूप का प्रकाश इसी नाम-रूपात्मक व्यक्त जगत् के बीच होता है। भगवान् की इस स्थिति-विधायिनी व्यक्त कला में हृदय न रमाकर, बाह्य जगत् के नाना कर्मक्षेत्रों के किसी कोने में ही ईश्वर को ढूँढ़ा करते हैं उनके मार्ग में गोस्वामी जी का भक्तिमार्ग अलग है। उनका मार्ग ब्रह्म का सत्स्वरूप पकड़कर, धर्म की नाना भूमियों पर से होता हुआ जाता है। लोक में जब कभी भक्त धर्म के स्वरूप को तिरोहित या आच्छादित देखता है तब मानो भगवान् उसकी दृष्टि-से खुली हुई आंखों के सामने से ओझल हो जाते हैं और वह वियोग की आकुलता का अनुभव करता है। फिर जब अधर्म का अंधकार फाड़कर धर्मज्योति फूट पड़ती है तब मानो उसके प्रिय भगवान् का मनोहर रूप सामने आ जाता है और वह पुलकित हो उठता है।

हमारे यहाँ धर्म से अभ्युदय और निःश्रेयस दोनों की सिद्धि कही गई है। अतः मोक्ष का—किसी ढंग के मोक्ष का—मार्ग धर्ममार्ग से बिल्कुल अलग-अलग नहीं जा सकता। धर्म का विकास इसी लोक के बीच हमारे परस्पर व्यवहार के भीतर होता है। हमारे परस्पर व्यवहारों का प्रेरक हमारा रागात्मक या भावात्मक हृदय होता है। अतः हमारे जीवन की पूर्णता कर्म (धर्म), ज्ञान और भक्ति तीनों के समन्वय में है।

साधना किसी प्रकार की हो, साधक की पूरी सत्ता के साथ होनी चाहिए—उसके किसी अंग को सर्वथा छोड़कर नहीं। यह हो सकता है कि कोई ज्ञान को प्रधान रखकर धर्म और उपासना को, अंगरूप में लेकर चले; कोई भक्ति को प्रधान रखकर धर्म और उपासना को, अंगरूप में लेकर चले; कोई भक्ति को प्रधान रखकर ज्ञान और कर्म को अंगरूप में रखकर चले। तुलसीदास जी भक्ति को प्रधान रखकर चलनेवाले अर्थात् भक्तिमार्गी थे। उनकी भक्ति-भावना में यद्यपि तीनों का योग है, पर धर्म का योग पूर्ण परिमाण है। धर्म-भावना का उनकी भक्ति-भावना से नित्य संबंध है।

'रामचरितमानस' में धर्म की ऊँची-नीची विविध भूमियों की झाँकी हमें मिलती है। इस वैविध्य के कारण कहीं-कहीं कुछ शंकाएँ भी उठती हैं। उदाहरण के लिए भरत और विभीषण के चरित्रों को लीजिए।

जिस भरत के लोकपावन चरित्र की दिव्य-दीप्ति से हमारा हृदय जगमगा उठता है, उन्हीं को अपनी माता को चुन-चुन कर कठोर वचन सुनाते देख कुछ लोग संदेह में पड़ जाते हैं। जो तुलसीदास लोकधर्म या शिष्ट मर्यादा का इतना धन रखते थे, उन्होंने अपने सर्वोत्कृष्ट पात्र द्वारा उसका उल्लंघन कैसे कराया? धर्म की विविध भूमियों के संबंध में जो विचार हम ऊपर प्रकट कर आए हैं उन पर दृष्टि रखकर यदि समझा जाए तो इसका उत्तर शीघ्र मिल जाता है। यह हम कह आए हैं कि धर्म जितने ही अधिक विस्तृत जन-समूह के सुख-दुःख से संबंध रखनेवाला होगा, उतनी ही उच्च श्रेणी का माना जाएगा। धर्म के स्वरूप की उच्चता उसके लक्ष्य की व्यापकता के अनुसार समझी जाती है। जहाँ धर्म की पूर्ण, शुद्ध और व्यापक भावना का तिरस्कार दिखाई पड़ेगा वहाँ उत्कृष्ट पात्र के हृदय में भी रोष का आविर्भाव स्वाभाविक है। राम पूर्ण धर्मस्वरूप हैं क्योंकि अखिल विश्व की स्थिति उन्हीं से है। धर्म का विरोध और राम का विरोध और ही बात है। जिसे राम प्रिय नहीं उसे धर्म प्रिय नहीं, इसी से गोस्वामी जी कहते हैं—

जाके प्रिय न राम बैदेही।
सो नर तजिअ कोटि बैरी सम यद्यपि परम सनेही॥

इस राम-विरोध या धर्म-विरोध का व्यापक दुष्परिणाम भी आगे आता है। राम-सीता के घर से निकलते ही सारी प्रजा शोकमग्न हो जाती है; दशरथ प्राण-त्याग करते हैं। भरत कोई संसार-त्यागी विरक्त नहीं थे कि धर्म का ऐसा तिरस्कार और उस तिरस्कार का ऐसा कटु परिणाम देखकर भी क्रोध न करते या साधुता के प्रदर्शन के लिए उसे पी जाते। यदि वे अपनी माता को, माता होने के कारण, कटु वचन तक न कहते तो उनके राम-प्रेम का, उनके धर्म-प्रेम का, उनकी मनोवृत्तियों के बीच क्या स्थान दिखाई पड़ता? जो प्रिय का तिरस्कार और पीड़न देख क्षुब्ध न हो, उनके

प्रेम का पता कहाँ लगाया जाएगा? भरत धर्म-स्वरूप भगवान् रामचंद्र के सच्चे प्रेमी और भक्त के रूप में हमारे सामने रखे गए हैं। अतः काव्य दृष्टि से भी यदि देखिए तो इस अमर्ष के द्वारा उनके राम-प्रेम की जो व्यंजन हुई है वह अपना एक विशेष लक्ष्य रखती है। महाकाव्य या खंडकाव्य के भीतर जहाँ धर्म पर क्रूर और निष्ठुर आघात सामने आता है वहाँ श्रोता या पाठक का हृदय अन्यायी का उचित दंड-धिग्दंड के रूप में सही-देखने के लिए छटपटाता है। यदि कथा-वस्तु के भीतर उसे दंड देनेवाला पात्र मिल जाता है तो पाठक या श्रोता की भावना तुष्ट हो जाती है। इसके लिए भरत से बढ़कर उपयुक्त और कौन पात्र हो सकता था? जिन भरत के लिए ही कैकेयी ने सारा अनर्थ खड़ा किया वे ही जब उसे धिक्कारते हैं, तब कैकेयी को कितनी आत्मग्लानि हुई होगी। ऐसी आत्मग्लानि उत्पन्न करने की ओर भी कवि का लक्ष्य था। इस दरजे की आत्मग्लानि और किसी युक्ति से उत्पन्न नहीं की जा सकती थी।

सारांश यह कि यदि कहीं मूल या व्यापक लक्ष्यवाले धर्म की अवहेलना हो तो उसके मार्मिक और प्रभावशील विरोध के लिए किसी परिमित क्षेत्र के धर्म या मर्यादा का उल्लंघन असंगत नहीं। काव्य में तो प्रायः ऐसी अवहेलना से उत्पन्न क्षोभ की अबोध व्यंजना के लिए मर्यादा का उल्लंघन आवश्यक हो जाता है।

अब विभीषण को लीजिए, जिसे गृहनीति या कुलधर्म की स्थूल और संकुचित दृष्टि के लोग 'घर का भेदिया' या भ्रातृद्रोही कह सकते हैं। तुलसीदास जी ने उसे भगवद्भक्त के रूप में लिया है। उसे भक्तों की श्रेणी में दाखिल करते समय गोस्वामी जी की दृष्टि गृहनीति या कुलधर्म की संकुचित सीमा के भीतर बँधी न रहकर व्यापक लक्ष्यवाले धर्म की ओर थी। धर्म की उच्च और व्यापक भावना के अनुसार विभीषण को भक्त का स्वरूप प्रदान किया गया है। रावण लोकपीड़क है, उसके अत्याचार से तीनों लोक व्याकुल हैं, उसके अनुयायी अकारण लोगों को सताते हैं और ऋषियों-मुनियों का वध करते हैं। विभीषण को इन सब बातों से अलग दिखाया गया है। वह रावण का भाई होकर भी लंका के एक कोने में साधु-जीवन व्यतीत करता है। उसके हृदय में अखिल लोकरक्षक भगवान् की भक्ति है।

सीताहरण होने पर रावण का अधर्म पराकष्ठा को पहुँचा दिखाई पड़ता है। हनुमान से भेंट होने पर उसे धर्मस्वरूप भगवान् के अवतार हो जाने का आभास मिलता है। उसकी उच्च धर्म भावना और भी जग पड़ती है। वह अपने बड़े भाई रावण को समझाता है। जब वह किसी प्रकार नहीं मानता, तब उसके सामने धर्मों के पालन का सवाल आता है—एक ओर गृहधर्म या कुलधर्म के पालन का, दूसरी ओर उससे अधिक उच्च और व्यापक धर्म के पालन का। भक्त की धर्मभावना अपने गृह या कुल के तंग घेरे के भीतर बद्ध नहीं रह सकती। वह समस्त विश्व के कल्याण का व्यापक लक्ष्य रखकर प्रवृत्त होता है। अतः वह चट लोक-कल्याण विधायक धर्म

का अवलंबन करता है। और धर्ममूर्ति भगवान् श्रीराम की शरण में जाता है।

काव्य में लोक-मंगल की साधनावस्था

तदेजति तन्नैजति-ईशावस्योपनिषद्

आत्मबोध और जगद्बोध के बीच ज्ञानियों ने गहरी खाई खोदी, पर हृदय ने कभी उसकी परवाह न की; भावना दोनों को एक ही मानकर चलती रही। इस जगत् के बीच जिस आनंद-मंगल की विभूति का साक्षत्कार होता रहा उसी दृश्य के स्वरूप की नित्य और चरम भावना द्वारा भक्तों के हृदय में भगवान् के स्वरूप की प्रतिष्ठा हुई। लोक में इसी स्वरूप के प्रकाश को किसी ने 'रामराज्य' कहा, किसी ने 'आसमान की बादशाहत'। यद्यपि मूसाइयों और उनके अनुगामी ईसाइयों की धर्म-पुस्तक में आदम को खुदा की प्रतिमूर्ति बताया गया, पर लोक के बीच नर में नारायण की दिव्य कला का सम्यक् दर्शन और उसके प्रति हृदय का पूर्ण निवेदन भारतीय भक्ति मार्ग में ही दिखाई पड़ा।

सत्, चित् आनंद-ब्रह्म के उन तीनों स्वरूपों में से काव्य और भक्ति-मार्ग 'आनंद' स्वरूप को लेकर चले। विचार करने पर लोक में इस आनंद की अभिव्यक्ति की दो अवस्थाएँ पाई जाएँगी-साधनावस्था और सिद्धावस्था। अभिव्यक्ति के क्षेत्र में ब्रह्म के 'आनंद' स्वरूप का सतत आभास नहीं रहता, उसका आविर्भाव और तिरोभाव होता रहता है। इस जगत् में न तो सदा और सर्वत्र लहलहाता वसंत-विकास रहता है, न सुख-समृद्धि-पूर्ण हास-विलास। शिशिर के आतंक से सिमटी और झोंके झेलती वनस्थली की खिन्नता और हीनता के बीच से ही क्रमशः आनंद की अरुण आभा धुँधली-धुँधली फूटती हुई अंत में बसंत की पूर्ण प्रफुल्लता और प्रचुरता के रूप में फैल जाती है, इसी प्रकार लोक की पीड़ा, बाधा, अन्याय, अत्याचार के बीच दबी हुई आनंद-ज्योति भीषण शक्ति में परिणत होकर अपना मार्ग निकालती है और फिर लोकमंगल और लोकरंजन के रूप में अपना प्रकाश करती है।

कुछ कवि और भक्त तो जिस प्रकार आनंद-मंगल के सिद्ध या आविर्भूत स्वरूप को लेकर सुख-सौंदर्यमय, माधुर्य सुषमा, विभूति उल्लास, प्रेम-व्यापार इत्यादि उपभोग पक्ष की ओर आकर्षित होते हैं उसी प्रकार आनंद-मंगल की साधनावस्था या प्रयत्नपक्ष

को लेकर पीड़ा, बाधा, अन्याय, अत्याचार आदि के दमन में तत्पर शक्ति के संचरण में भी। उत्साह, क्रोध, करुणा भय, घृणा इत्यादि की गतिविधि में भी पूरी रमणीयता देखते हैं। वे जिस प्रकार प्रकाश को फैला हुआ देखकर मुग्ध होते हैं उसी प्रकार फैलने के पूर्व उसके अंधकार को हटाना देखकर भी। ये ही पूर्ण कवि हैं, क्योंकि जीवन की अनेक परिस्थितियों के भीतर ये सौंदर्य का साक्षात्कार करते हैं। साधनावस्था या प्रयत्न-पक्ष को ग्रहण करनेवाले कुछ ऐसे कवि भी होते हैं जिनका मन सिद्धावस्था या उपभोग पक्ष की ओर नहीं जाता, जैसे, भूषण। इसी प्रकार कुछ कवि या भावुक आनंद के केवल सिद्धस्वरूप या उपभोग-पक्ष में ही अपनी वृत्ति रमा सकते हैं। उनका मन सदा सुख सौंदर्यमय, माधुर्य, दीप्ति, उल्लास, प्रेम-क्रीड़ा इत्यादि के प्राचुर्य ही की भावना में लगता है। इसी प्रकार की भावना या कल्पना उन्हें कला-क्षेत्र के भीतर समझ पड़ती है।

उपर्युक्त दृष्टि से हम काव्यों के दो विभाग कर सकते हैं—

(1) आनंद की सिद्धावस्था या प्रयत्न-पक्ष को लेकर चलनेवाले।

(2) आनंद की सिद्धावस्था या उपभोग-पक्ष को लेकर चलने वाले।

डंटन (Theodore Watts-Dunton)ने जिसे शक्ति काव्य (Poetry as an energy) कहा है, वह हमारे प्रथम प्रकार के अंतर्गत आ जाता है। जिसमें लोक प्रवृत्ति को परिचालित करनेवाला प्रभाव होता है, जो पाठकों या श्रोताओं के हृदय के भावों को स्थायी प्रेरणा उत्पन्न कर सकता है। पर डंटन ने शक्ति-काव्य से भिन्न जो कला-काव्य (Poetry as an art) कहा है, वह कला का उदेश्य केवल मनोरंजन मानकर। वास्तव में कला की दृष्टि दोनों प्रकार के काव्यों में अपेक्षित है। साधनावस्था या प्रयत्न-पक्ष को लेकर चलनेवाले काव्यों में भी यदि कला में चूक हुई तो लोकगति को परिचालित करनेवाला स्थायी प्रभाव न उत्पन्न हो सकेगा। यहीं तक नहीं, व्यंजित भावों के साथ पाठकों की सहानुभूति या साधारणीकरण तक, जो रस की पूर्ण अनुभूति के लिए आवश्यक है, न हो सकेगा। यदि 'कला' का वही अर्थ लेना है जो कामशास्त्र की चौंसठ कलाओं में है—अर्थात् मनोरंजन या उपभोग-मात्र का विधायक-तो काव्य के संबंध में दूर ही से इस शब्द को नमस्कार करना चाहिए। काव्य-समीक्षा में फ्रांसीसियों की प्रधानता के कारण इस शब्द को इसी अर्थ में ग्रहण करने से योरप में काव्य-दृष्टि इधर कितनी संकुचित हो गई, इसका निरूपण हम किसी अन्य प्रबंध में करेंगे।

आनंद की साधनावस्था या प्रयत्न-पक्ष को लेकर चलनेवाले काव्यों के उदाहरण—रामायण, महाभारत, रघुवंश, शिशुपालवध, किरातार्जुनीय, हिंदी में रामचरितमानस, पद्मावत (उत्तरार्द्ध), हंमीररासो, पृथ्वीराजरासो, छत्रप्रकाश इत्यादि प्रबंध काव्य; भूषण आदि कवियों के वीर रसात्मक मुक्तक तथा आल्हा आदि प्रचलित वीरगाथात्मक गीत, उर्दू के वीररसात्मक मरसिए। योरोपीय भाषाओं में इलियड, ओडेसी,

पैराडाइज लास्ट, रिवोल्ट ऑफ इस्लाम इत्यादि प्रबंध काव्य तथा पुराने बैलड (Ballads)।

आनंद की सिद्धावस्था या उपभोग पक्ष को लेकर चलनेवाला काव्यों के उदाहरण हैं—आर्य्यासप्तशती, गाथासप्तशती, अमरूशतक, गीतगोविंद तथा शृंगाररस के फुटकैल पद्य। हिंदी में सूरसागर, कृष्ण-भक्त कवियों की पदावली, बिहारी-सतसई, रीतिकाल के कवियों के फुटकल शृंगारी पद्य, रास-पंचाध्यायी ऐसे वर्णनात्मक काव्य तथा आजकल की अधिकांश कविताएँ, फारसी उर्दू के शेर और गजलें। अंग्रेजी की लीरिक (Lyrics) कविताएँ तथा कई प्रकार की वर्णनात्मक कविताएँ।

आनंद की साधनावस्था

लोक में फैली दुःख की छाया को हटाने में ब्रह्म की आनंदकला, जो शक्तिमय रूप धारण करती है, उसकी भीषणता में भी अद्भुत मनोहरता, कटुता में भी अपूर्व मधुरता, प्रचंडता में भी गहरी आर्द्रता साथ लगी रहती है। विरुद्धों का यही सामंजस्य कर्मक्षेत्र का सौंदर्य है जिसकी ओर आकर्षित हुए बिना मनुष्य का हृदय नहीं रह सकता। इस सामंजस्य का और कई रूपों में भी दर्शन होता है। किसी कोट-पतलून-हैटवाले को धारा प्रवाह संस्कृत बोलते अथवा किसी पंडित-वेशधारी सज्जन को अंग्रेजी की प्रगल्भ वक्तृता का यही सौंदर्य समझना चाहिए। भीषणता और सरसता, कोमलता और कठोरता, कटुता और मधुरता प्रचंडता और मृदुता का सामंजस्य की लोकधर्म का सौंदर्य है। आदि-कवि बाल्मीकि वाणी इसी सौंदर्य के उद्घाटन महोत्सव का दिव्य संगीत है। सौंदर्य का यह उद्घाटन असौंदर्य का आवरण हटाकर होता है। धर्म और मंगल की वह ज्योति अधर्म और अमंगल की घटा को फाड़ती हुई फटती है। इससे कवि हमारे सामने असौंदर्य, अमंगल, अत्याचार, क्लेश इत्यादि भी रखता है; रोष, हाहाकार और ध्वंस का दृश्य भी लाता है। पर सारे भाव, सारे रूप और सारे व्यापार-भीतर आनंद-काल के विकास में ही योग देते पाए जाते हैं। यदि किसी ओर उन्मुख ज्वलंत रोष है तो उसके और सब और करुण दृष्टि फैली दिखाई पड़ती है। यदि किसी ओर ध्वंस और हाहाकार है तो सब ओर उसका सहगामी रक्षा और कल्याण है। व्यास ने भी अपने 'जयकाव्य' में अधर्म के पराभव और धर्म की जय का सौंदर्य प्रत्यक्ष किया था।

वह व्यवस्था या वृत्ति, जिससे लोक में मंगल का विधान होता है, 'अभ्युदय' की सिद्धि होती है, धर्म है। अतः अधर्म-वृत्ति को हटाने में धर्म-वृत्ति की तत्परता-चाहे वह उग्र और प्रचंड हो, चाहे कोमल और मधुर-भगवान् का आनंद-कला के विकास की ओर बढ़ती हुई गति है। वह गति यदि सफल हुई तो 'धर्म की जय' कहलाती है। इस गति में भी सुंदरता है और इसकी सफलता में भी। यह बात नहीं है, जब यह गति सफल होती है। तभी इसमें सुंदरता आती है। गति में सुंदरता रहती ही

है; आगे चलकर चाहे वह सफल हो, चाहे विफल-विफलता में भी एक निराला ही विषण्ण सौंदर्य होता है। तात्पर्य यह कि गति आदि से अंत तक सुंदर होती है—अंत सफलता के रूप में हो, चाहे विफलता के। उपर्युक्त दोनों आर्ष कवियों ने पूर्णता के विचार से धर्म की गति का सौंदर्य दिखाते हुए उसका सफलता में पर्यवसान किया है। ऐसा उन्होंने उपदेशक की बुद्धि से नहीं किया है; धर्म की जय के बीच भगवान् की मूर्ति के साक्षात्कार पर मुग्ध होकर किया है। यदि राम द्वारा रावण का वध तथा कृष्ण के साहाय्य द्वारा जरासंध और कौरवों दमन न हो सकता तो भी राम कृष्ण की गतिविधि में पूरा सौंदर्य रहता, पर उनमें भगवान् की पूर्ण कला का दर्शन न होता, क्योंकि भगवान् की शक्ति अमोघ है।

आनंद-कला के प्रकाश की ओर बढ़ती हुई गति विफलता में भी सौंदर्य का दर्शन करनेवाले अनेक कवि हुए हैं। अंग्रेज कवि शैली संसार में फैले पाषण्ड, अन्याय और अत्याचार के दमन तथा मनुष्य-मनुष्य के बीच सीधे सरल प्रेमभाव के सार्वभौम संसार का स्वप्न देखनेवाले कवि थे। उन्होंने 'इस्लाम का विप्लव' (The Revolt of Islam) नामक द्वादशसर्ग-बद्ध महाकाव्य में मनुष्य-जाति के उद्धार में रत नायक और नायिका (Laon and Cythna) में मंगल-शक्ति के अपूर्व संचय की छटा दिखाकर तथा उनके द्वार एक बार दुर्दांत अत्याचार के पराभव के मनोरम आभास से अनुरंजित करके अंत में उस शक्ति की विफलता की विषदमयी छाया से लोक को फिर आवृत्त दिखाकर छोड़ दिया है।

जैसे ऊपर कह आए हैं, मंगल-अमंगल के द्वंद्व में कवि लोग अंत में मंगल शक्ति की जो सफलता दिखा दिया करते हैं उसमें सदा शिक्षावाद (Didacticism) या अस्वाभाविकता की गंध समझकर नाक-भौं सिकोड़ना ठीक नहीं। अस्वाभाविकता तभी आएगी जब बीच का विधान ठीक न होगा अर्थात् जब प्रत्येक अवसर पर सत्पात्र सफल और दुष्ट पात्र विफल या ध्वस्त दिखाए जाएँगे पर सच्चे कवि ऐसा कभी नहीं करते। इस जगत् में अधर्म प्रायः दुर्दमनीय शक्ति प्राप्त करता है जिसके सामने धर्म की शक्ति बार-बार उठकर व्यर्थ होती रहती है। कवि जहाँ मंगलशक्ति की सफलता दिखाता है, वहाँ कला की दृष्टि से सौंदर्य का प्रभाव डालने के लिए; धर्म-शासक की हैसियत से डराने के लिए नहीं कि यदि ऐसा कर्म करोगे तो ऐसा फल पाओगे। कवि कर्म-सौंदर्य के प्रभाव द्वारा प्रवृत्ति या निवृत्ति अंतःप्रकृति में उत्पन्न करता है। उसका उपदेश नहीं देता।

कवि सौंदर्य से प्रभावित रहता है। और दूसरों को भी प्रभावित करना चाहता है। किसी रहस्यमयी प्रेरणा से उसकी कल्पना में कई प्रकार के सौंदर्यों का जो मेल आप से आप हो जाया करता है उसे पाठक के सामने भी वह प्रायः रख देता है जिस पर कुछ-लोग कह सकते हैं कि ऐसा मेल क्या संसार में बराबर देखा जाता है। मंगल-शक्ति के अधिष्ठान राम और कृष्ण जैसे पराक्रमशाली और धीर हैं वैसा

ही उनका रूप-माधुर्य और उनका शील भी लोकोत्तर है। लोक-हृदय आकृति और गुण, सौंदर्य और सुशीलता एक ही अधिष्ठान में देखना चाहता है। इसी से 'यत्राकृतिस्तत्र गुणा बसंति' सामुद्रिक की यह उक्ति लोकोक्ति के रूप में चल पड़ी। 'नैषध' में नल हंस से कहते हैं—

न तुला-विषये तवाकृतिनं वचों वर्त्मनि ते सुशीलता।
त्वदुदाहरणाऽकृतौ गुणा इति सामुद्रिक-सार-मुद्रणा।

भीतर और बाहरी सौंदर्य, रूप-सौंदर्य और कर्म-सौंदर्य के मेल की यह आदत धीरोदात्त आदि भेद-निरूपण से बहुत पुरानी है और बिलकुल छूट भी नहीं सकती। यह हृदय की एक भीतरी वासना की तुष्टि के हेतु कला की रहस्यमयी प्रेरणा है। 19वीं शताब्दी के कवि शैली-जो राजशासन धर्म-शासन, समाज-शासन आदि सब प्रकार की शासन-व्यवस्था के घोर विरोधी थे—इस प्रेरणा से पीछा न छुड़ा सके। उन्होंने भी अपने प्रबंध काव्यों के रूप-सौंदर्य और कर्म-सौंदर्य का ऐसा ही मेल किया है। उनके नायक (या नायिका) जिस प्रकार पीड़ा, अत्याचार आदि से मनुष्य जाति का उद्धार करने के लिए अपना प्राण तक उत्सर्ग करनेवाले, घोर से घोर कष्ट और यंत्रणा से मुँह न मोड़नेवाले, पराक्रमी, दयालु और धीरे हैं, उसी प्रकार रूप-माधुर्य-सम्पन्न भी।[1]

आज भी किसी कवि से राम की शारीरिक सुंदरता कुंभकर्ण को और कुंभकर्ण की कुरूपता राम को न देते बनेगी। माइकेल मधुसूदन दत्त ने मेघनाद को अपने काव्य का रूप-गुण-सम्पन्न नायक बनाया पर लक्ष्मण को वे कुरूप न कर सके। उन्होंने जो उलट-फेर किया, वह कला या काव्यानुभूति की किसी प्रकार की प्रेरणा से नहीं, बल्कि एक पुरानी धारणा तोड़ने की बहादुरी दिखाने के लिए, जिसका शौक किसी विदेशी नई शिक्षा के पहले पहल प्रचलित होने पर प्रायः सब देशों में कुछ दिन रहा करता है। इसी प्रकार बंगभाषा के एक दूसरे कवि नवीनचंद्र ने अपने 'कुरुक्षेत्र' नामक काव्य में कृष्ण का आदर्श ही बदल दिया है। उसमें वे ब्राह्मणों के अत्यचार से पीड़ित जनता के उद्धार के लिए उठ खड़े हुए एक क्षत्रिय महात्मा के रूप में अंकित किए गए हैं। अपने समय में उठी हुई किसी खास हवा की झोंक में प्राचीन आर्ष काव्यों के पूर्णतया निर्दिष्ट स्वरूपवाले आदर्श पात्रों को एकदम कोई नया मनमाना रूप देना भारती के पवित्र मंदिर में व्यर्थ गड़बड़ मचाना है।

शुद्ध मर्मानुभूति द्वारा प्रेरित कुशल कवि भी प्राचीन आख्याओं को बराबर लेते आए हैं और जब भी लेते हैं। वे उनके पात्रों में अपनी नवी उद्भावना का, अपनी नई कल्पित बातों का बराबर आरोप करते हैं, पर बातें उन पात्रों के चिर प्रतिष्ठित

---

1. Certain it is that With Shelly goodness is ever near to sensuous beauty and passes easily into passion. Hence his choice of heroic type rather than simple ones of laon and

Cythna and

आदर्शों के मेल में होती हैं। केवल अपने समय की परिस्थिति-विशेष को लेकर जो भावनाएँ उठती हैं। उनके आश्रय के लिए जब कि नए आख्यानों और नए पात्रों की उद्‌भावना स्वच्छंदतापूर्वक की जा सकती है, तब पुराने आदर्शों को विकृत या खंडित करने की क्या आवश्यकता है?

कर्म-सौंदर्य के जिस स्वरूप पर मुग्ध होना मनुष्य के लिए स्वाभाविक है और जिसका विधान कवि-परंपरा बराबर करती चली आ रही है, उसके प्रति उपेक्षा प्रकट करने और कर्म-सौंदर्य के एक दूसरे पक्ष में ही केवल प्रेम और भ्रातृभाव के प्रदर्शन और आचरण में ही काव्य का उत्कर्ष मानने का जो एक नया फैशन टालस्टाय के समय से चला है वह एकदेशीय है। दीन और असहाय जनता को निरंतर पीड़ा पहुँचाते चले जाने वाले क्रूर आततायियों को उपदेश देने, उनसे दया की भिक्षा माँगने और प्रेम जताने तथा उनकी सेवा-शुश्रूषा करने में ही कर्तव्य की सीमा नहीं मानी जा सकती, कर्मक्षेत्र का एकमात्र सौंदर्य नहीं कहा जा सकता। मनुष्य के शरीर के जैसे दक्षिण और वाम दो पक्ष हैं, वैसे ही उसके हृदय के भी कोमल और कठोर, मधुर और तीक्ष्ण, दो पक्ष हैं और बराबर रहेंगे। काव्य-कला की पूरी रमणीयता इन दोनों पक्षों के समन्वय के बीच मंगल या सौंदर्य के विकास में दिखाई पड़ती है।

भावों की प्रक्रिया की समीक्षा से पता चलता है कि उदय से अस्त तक भावमंडल का कुछ भाग तो आश्रय की चेतना के प्रकाश में (Consicius) रहता है और कुछ अंतस्संज्ञा के क्षेत्र (Sun-conscious region) में छिपा रहता है। संचारी भावों के संचरण-काल में कभी- कभी उनके स्थायी भाव कारणरूप में अंतस्संज्ञा के भीतर पड़ जाते हैं। रतिभाव में संचारी होकर आई हुई असूया या ईर्ष्या ही को लीजिए। जिस क्षण में वह अपनी चरम सीमा पर पहुँचती हुई होती है, उस क्षण में आश्रय को ही रति भाव की कोमल सत्ता का ज्ञान नहीं रहता, उस क्षण में उसके भीतर ईर्ष्या की ही तीक्ष्ण प्रतीति रहती है। और बाहर ईर्ष्या के ही लक्षण दिखाई देते हैं। जिस प्रकार किसी आश्रय के भीतर कोई एक भाव स्थायी रहता है और अनेक भाव तथा अंतर्दशाएँ उसके संचारी के रूप में आती हैं उसी प्रकार किसी प्रबंध काव्य के प्रधान पात्र में कोई मूल प्रेरक भाव का बीज भाव रहता है जिसकी प्रेरणा से घटना-चक्र चलता है और अनेक भावों के स्फुरण के लिए जगह निकलती चलती है। इस बीजभाव को साहित्य ग्रंथों के निरूपित स्थायी भाव और अंगीभाव दोनों से भिन्न समझना चाहिए।

---

prometheus rather than Michael, Mathew etc. Laon Cythna possess youth, strength and beauty no less than courage and instinct for self-sacrifice and their passion for freedom. A further admirable instance of this harmony of goodness and beauty is seen in the description of Lady Beneficient Who tended the garden of "The sensitive plant"

—Studies in Shelly by A. T. Strong

बीजभाव द्वारा स्फुरित भावों में कोमल और मुधर-कठोर और तीक्ष्ण-दोनों प्रकार के भाव रहते हैं। यदि बीजभाव की प्रकृति मंगलविधायिनी होती है तो उसकी व्यापकता और निर्विशेषता के अनुसार सारे प्रेरित भाव तीक्ष्ण और कठोर होने पर भी सुंदर होते हैं। ऐसे बीजभाव की प्रतिष्ठा जिस पात्र में होती है उसके सब भावों के साथ पाठकों की सहानुभूति होती है। अर्थात् पाठक या श्रोता भी रसरूप में उन्ही भावों का अनुभव करते हैं जिन भावों की वह व्यंजना करता है। ऐसे पात्र की गति में बाधा डालनेवाले पत्रों के उग्र या तीक्ष्ण भावों के साथ पाठकों का वास्तव में तादात्म्य नहीं होता, चाहे उनकी व्यंजना में रस की निष्पत्ति करनेवाले तीनों अवयव वर्तमान हों। राम यदि रावण के प्रति क्रोध या घृणा की व्यंजना करेंगे तो पाठक या श्रोता का भी हृदय उस क्रोध या घृणा की अनुभूति में योग देगा। इस क्रोध या घृणा में भी काव्य का पूर्ण सौंदर्य होगा। पर रावण यदि राम के प्रति क्रोध या घृणा की व्यंजना करेगा तो रस के तीनों अवयवों के कारण 'शास्त्र-स्थिति-संपादन'[1] चाहे हो जाय पर उस व्यंजित भाव के साथ पाठक के भाव का तादात्म्य कभी न होगा। पाठक केवल चरित्र-द्रष्टा मात्र रहेगा; उसका केवल मनोरंजन होगा; भाव में लीन करनेवाली प्रथम कोटि की रसानुभूति उसकी न होगी।

ऊपर कहा गया है कि किसी शुभ बीज भाव की प्रेरणा से प्रवर्तित तीक्ष्ण और उग्र भावों की सुंदरता की मात्रा उस बीजभाव की निर्विशेषता और व्यापकता के अनुसार होती है। जैसे, यदि करुणा किसी व्यक्ति की विशेषता पर अवलंबित होगी-कि पीड़ित व्यक्ति हमारा कुटुंबी मित्र आदि है-तो उस करुणा के द्वारा प्रवर्तित तीक्ष्ण या उग्र भावों में उतनी सुंदरता न होगी। पर बीजरूप अंतस्संज्ञा में स्थित करुणा यदि इस ढंग की होगी कि इतने पुरवासी, इतने देशवासी या इतने मुनष्य पीड़ा पा रहे हैं तो उसके द्वारा प्रवर्तित तीक्ष्ण या उग्र भावों का सौंदर्य उत्तरोत्तर अधिक होगा।

यदि किसी काव्य में वर्णित दो पात्रों में से एक तो अपने भाई को अत्याचार और पीड़ा से बचाने के लिए अग्रसर हो रहा है और दूसरा किसी बड़े भारी जन-समूह को तो गति में बाधा डालनेवाले के प्रति दोनों क्रोध के सौंदर्य के परिणाम में बहुत अंतर होगा।

भावों की छानबीन करने पर मंगल का विधान करनेवाले दो भाव ठहरते हैं—करुणा और प्रेम। करुणा की गति रक्षा की ओर होती है और प्रेम की रंजन की ओर। लोक में प्रथम साध्य रक्षा है। रंजन का अवसर उसके पीछे आता है। अतः साधनावस्था या प्रयत्नपक्ष को लेकर चलनेवाले काव्यों का बीजभाव करुणा ही ठहरता है। इसी से शायद अपने दो नाटकों में रामचरित को लेकर चलनेवाले महाकवि भवभूति के 'करुण' को ही एकमात्र रस कह दिया। रामायण का बीजभाव करुणा है कि जिसका

---

1. रसव्यक्तिमपेक्ष्यैषामङ्गानां सन्निवेशनम्।

नतु केवलाय शास्त्र-स्थिति-संपादनेच्छया॥

साहित्यदर्पण

संकेत क्रौंच को मारनेवाले निषाद के प्रति वाल्मीकि के मुँह से निकले वचन द्वारा आरंभ ही में मिलता है। उसके उपरांत भी बालकांड 15 वें सर्ग में इसका आभास दिया गया है जहाँ देवताओं ने ब्रह्मा से रावण-द्वारा पीड़ित लोक की निवेदन किया है। उक्त आदि-काव्य के भीतर लोक-मंगल की शक्ति के उदय का आभास ताड़का और मारीच के दमन के प्रसंग में ही मिल जाता है। पंचवटी से वह शक्ति जोर पकड़ती दिखाई देती है। सीताहरण होने पर उसमें आत्मगौरव और दांपत्य प्रेम की प्रेरणा का भी योग हो जाता है। ध्यान देने की बात यह है कि इस आत्म-गौरव और दांपत्य प्रेम की प्रेरणा बीच से प्रकट होकर उस विराट मंगलोन्मुखी गति में समन्वित हो जाती है। यदि राक्षसराज पर चढ़ाई करने का मूल कारण केवल आत्मगौरव या दांपत्य प्रेम होता तो राम के 'कालाग्नि-सदृश क्रोध' में काव्य का वह लोकोत्तर सौंदर्य न होता। लोक के प्रति करुणा जब सफल हो जाती है, लोक जब पीड़ा और विघ्नबाधा से मुक्त हो जाता है तब रामराज्य में जाकर लोक के प्रति प्रेम-प्रवर्तन का, प्रजा के रंजन का, उसके अधिकाधिक सुख के विधान का अवकाश मिलता है।

जो कुछ ऊपर कहा गया है उससे यह स्पष्ट है कि काव्य का उत्कर्ष केवल प्रेमभाव की कोमल व्यंजना में ही नहीं माना जा सकता जैसा कि टाल्सटाय के अनुयायी या कुछ कलावादी कहते हैं। क्रोध आदि उग्र और प्रचंड भावों के विधान में भी, यदि उनकी तह में करुण-भाव व्यक्त रूप में स्थित हो, पूर्ण सौंदर्य का साक्षात्कार होता है। स्वतंत्रता के उन्मत्त उपासक, घोर परिवर्तनवादी शैली के महाकाव्य The Revolt of lslam' के नायक-नायिका अत्याचारियों के पास जाकर उपदेश देनेवाले, गिड़िगिड़ानेवाले, अपनी साधुता, सहनशीलता और शांत वृत्ति का चमत्कारपूर्ण प्रदर्शन करनेवाले नहीं हैं। वे उत्साह की उमंग में प्रचंड वेग से युद्ध-क्षेत्र में बढ़नेवाले, पाखंड, लोक पीड़ा और अत्याचार देख पुनीत क्रोध के सात्त्विक तेज से तमतमानेवाले, भय या स्वार्थवश आततायियों की सेवा स्वीकार करनेवालों के प्रति अपेक्षा प्रकट करनेवाले हैं। शैली ने भी काव्यकला का मूलतत्त्व प्रेम भाव ही माना था, पर अपने को सुख-सौंदर्य-मय माधुर्य भाव तक ही बद्ध न रखकर प्रबंधक्षेत्र में भी अच्छी तरह घुसकर भावों की अनेकरूपता का विन्यास किया था। स्थिर (static) सौंदर्य और गत्यात्मक (dynamic) सौंदर्य, उपभोग-पक्ष और प्रयत्न-पक्ष दोनों उनमें पाए जाते हैं।

टाल्सटाय के मनुष्य-मनुष्य में भ्रातृ-प्रेम-संचार को ही एकमात्र काव्यतत्त्व कहने का बहुत कुछ कारण सांप्रदायिक था। इसी प्रकार कलावादियों को केवल और मधुर की लीक पकड़ना मात्र ही हल्की रुचि और दृष्टि की परिमित का कारण समझना चाहिए। टाल्सटाय के अनुयायी प्रयत्नपक्ष को लेते अवश्य हैं पर केवल पीड़ितों की

सेवा-शुश्रूषा की दौड़-धूप, आततायियों पर प्रभाव डालने के लिए साधुता के लोकोत्तर प्रदर्शन त्याग कष्ट सहिष्णुता इत्यादि में ही उसका सौंदर्य स्वीकार करते हैं। साधुता की इस मृदुल गति को वे 'आध्यात्मिक शक्ति' कहते हैं। पर भारतीय दृष्टि से हम इसे भी प्राकृतिक शक्ति-मनुष्य की अंतःप्रकृति की सात्त्विक विभूति-मानते हैं। विदेशी अर्थ में इस 'आध्यात्मिक' शब्द का प्रयोग हमारी देश-भाषाओं में भी प्रचार पा रहा है। 'अध्यात्म' शब्द की, मेरी समझ में, काव्य या कला के क्षेत्र में कहीं कोई जरूरत नहीं है।

पूर्ण प्रभविष्णुता के लिए काव्य में हम भी सत्त्वगुण की सत्ता आवश्यक मानते हैं, पर दोनों रूपों में—दूसरे भावों की तह में अर्थात् अंतस्संज्ञा में स्थिति बीज रूप में भी और प्रकाश रूप में भी। हम पहले कह आए हैं कि लोक में मंगलविधान की ओर प्रवृत्त करनेवाले दो भाव हैं—करुणा और प्रेम। यह भी दिखा आए हैं कि क्रोध, युद्धोत्साह आदि प्रचंड और उग्र वृत्तियों की तह में यदि इन दोनों में से कोई भाव बीजरूप में स्थित होगा, तभी सच्चा साधारणीकरण और पूर्ण सौंदर्य का प्रकाश होगा। उच्च दशा का प्रेम और करुणा दोनों सत्त्वगुण-प्रधान हैं। त्रिगुणों में सत्त्वगुण सबके ऊपर है। यहाँ तक कि उसकी ऊपरी सीमा नित्य पारमार्थिक सत्ता के पास तक-व्यक्त और अव्यक्त की संधि तक—जा पहुँचती है। इसी से शायद बल्लभाचार्य जी ने सच्चिदानंद के सत् स्वरूप को प्रकाश करनेवाली शक्ति की 'संधिनि' कहा है। व्यवहार में भी 'सत्' शब्द के दो अर्थ लिये जाते हैं—'जो वास्तव में हो तथा 'अच्छा या शुभ'।

जब कि अव्यक्तावस्था से छूटी हुई प्रकृति के व्यक्त स्वरूप जगत् में आदि से अंत तक सत्त्व, रजस् और तमस् तीनों गुण रहेंगे तब समष्टिरूप में लोक के बीच मंगल का विधान करनेवाली ब्रह्म की आनंद-कला के प्रकाश की यही पद्धति हो सकती है कि तमोगुण और रजोगुण दोनों सत्त्वगुण के अधीन होकर उसके इशारे पर काम करें। इस दशा में किसी ओर अपनी प्रवृत्ति के अनुसार करने पर भी समष्टि रूप में और सब ओर वे सत्त्वगुण के लक्ष्य की ही पूर्ति करेंगे सत्त्वगुण के इस शासन में कठोरता, उग्रता और प्रचंडता भी सात्त्विक तेज के रूप में भासित होगी। इसी से अवतार रूप में हमारे यहाँ भगवान् की मूर्ति एक ओर तो 'वज्रादपि' कठोर और दूसरी ओर 'कुसुमादपि' मृदु रखी गई है—

'कुलिसहु चाहि कठोर अति, कोमल कुसुमहु चाहि।'

साधारणीकरण और व्यक्ति-वैचित्र्यवाद

किसी काव्य का श्रोता या पाठक जिन विषयों को मन में लाकर रति, करुणा, क्रोध, उत्साह इत्यादि भावों तथा सौंदर्य, रहस्य, गांभीर्य आदि भावनाओं का अनुभव करता है वे अकेले उसी के हृदय से संबंध रखनेवाले नहीं होते, मनुष्य-मात्र की भावात्मक सत्ता पर प्रभाव डालनेवाले होते हैं। इसी से उक्त काव्य को एक साथ पढ़ने या सुननेवाले सहस्रों मनुष्य उन्हीं भावों या भावनाओं का थोड़ा बहुत अनुभव कर सकते हैं। जब तक किसी भाव का कोई विषय इस रूप में नहीं लाया जाता कि वह सामान्यतः सबसे उसी भाव का अवलंबन हो सके तब तक उसमें रसोब्दोधन की पूर्ण शक्ति नहीं आती। इसी रूप में लाया जाना हमारे यहाँ 'साधारणीकरण' कहलाता है। यह सिद्धांत यह घोषित करता है कि सच्चा कवि वही है जिसे लोक हृदय की पहचान हो जो अनेक विशेषताओं और विचित्रताओं के बीच मनुष्य जाति के सामान्य हृदय को को देख सके। इसी लोक हृदय में हृदय के लीन होने की दशा का नाम रस दशा है।

किसी काव्य में वर्णित किसी पात्र का किसी कुरूप और दुःशील स्त्री पर प्रेम हो सकता है, पर उसी स्त्री के वर्णन द्वारा श्रृंगार रस का आलंबन नहीं खड़ा हो सकता। अतः ऐसा काव्य केवल भाव प्रदर्शक ही होगा, विभाव-विधायक कभी नहीं हो सकता। इसी प्रकार रौद्र रस के वर्णन में जब तक आलंबन का चित्रण इस रूप में न होगा कि वह मनुष्य मात्र के क्रोध का पात्र हो सके, तब तक यह वर्णन भाव प्रदर्शक मात्र रहेगा, उसका विभाव पक्ष या तो शून्य अथवा अशक्त होगा। पर भाव और विभाव दोनों पक्षों के सामंजस्य के बिना पूरी और सच्ची रसानुभूति नहीं हो सकती। केवल भाव प्रदर्शक काव्यों में भी होता यह है कि पाठक या श्रोता अपनी ओर से अपनी भावना के अनुसार आलंबन का आरोप किए रहता है।

काव्य का विषय सदा 'विशेष' होता है, 'सामान्य' नहीं, वह 'व्यक्ति' सामने लाता है, 'जाति' नहीं। यह बात आधुनिक कला समीक्षकों के क्षेत्र में पूर्णतया स्थिर हो चुकी है। अनेक व्यक्तियों के रूपगुण आदि के विवेचन द्वारा कोई वर्ग या जाति ठहराना, बहुत-सी बातों को लेकर कोई सामान्य सिद्धांत प्रतिपादित करना, यह सब

तर्क और विज्ञान का काम है—निश्चयात्मिका बुद्धि का व्यवसाय है। काव्य का काम है कल्पना में 'बिम्ब' (Images) या मूर्त्त भावना उपस्थित करना, बुद्धि के सामने कोई विचार (Concept) लाना नहीं। 'बिम्ब' जब होगा तब विशेष या व्यक्ति का ही होगा, सामान्य या जाति का नहीं।[1]

इस सिद्धांत का तात्पर्य यह है कि शुद्ध काव्य की उक्ति सामान्य तथ्य कथन या सिद्धांत के रूप में नहीं होती। कविता वस्तुओं और व्यापारों का बिम्ब ग्रहण कराने का प्रयत्न करती है, अर्थ ग्रहण मात्र से उसका काम नहीं चलता। बिम्ब ग्रहण जब होगा तब विशेष या व्यक्ति का ही होगा, सामान्य या जाति का नहीं। जैसे, यदि कहा जाय कि क्रोध से मनुष्य बावला हो जाता है तो यह काव्य की उक्ति न होगी। काव्य की उक्ति तो किसी क्रुद्ध मनुष्य के उग्र वचनों और उन्मत्त चेष्टाओं की कल्पना में उपस्थिति भर कर देगी। कल्पना में जो कुछ उपस्थित होगा वह व्यक्ति या वस्तु विशेष ही होगा। सामान्य या 'जाति' की तो मूर्त्त भावना हो ही नहीं सकती।[2]

अब यह देखना चाहिए कि हमारे यहाँ विभाजन व्यापार में जो 'साधारणीकरण' कहा गया है, उसके विरुद्ध तो यह सिद्धांत नहीं जाता। विचार करने पर स्पष्ट हो जाएगा कि दोनों में कोई विरोध नहीं पड़ता। विभावादि साधारणतया प्रतीत होती है, इस कथन का अभिप्राय यह नहीं है कि रसानुभूति के समय श्रोता या पाठक के मन में आलंबन आदि विशेष व्यक्ति या विशेष वस्तु की मूर्त भावना के रूप में न आकर सामान्यतः व्यक्ति मात्र का वस्तु मात्र (जाति) के अर्थ संकेत के रूप में आते हैं। 'साधारणीकरण' का अभिप्राय यह है कि पाठक या श्रोता के मन में जो व्यक्ति विशेष या वस्तु विशेष

---

1. अभिव्यंजनावाद (Expressionism) के प्रवर्तक क्रोचे (Benedetto Croce) ने कला के बोध पक्ष और तर्क के बोध पक्ष को इस प्रकार अलग-अलग दिखाया है—(क) Intutive knowledge-knowledge obained through the imagination, knowledge of the individual or individual things. (ख) Logical knowledge-knowledge obtained through the intellect; knowledge of the universal-knowledge of the between individual things.
—Aesthetics by? Benedetto Croce.
2. साहित्य शास्त्र में नैयायिकों की बातें ज्यों की त्यों ले लेने से काव्य के स्वरूप निर्णय में जो बाधा पड़ी है, उसका एक उदाहरण 'शक्तिग्रह' का प्रसंग है। उसके अंतर्गत कहा गया है कि संकेतग्रह 'व्यक्ति' का नहीं होता है, 'जाति' का होता है। तर्क में भाषा के संकेत पक्ष (Symbolic aspect) से ही काम चलता है जिसमें अर्थग्रहण मात्र पर्याप्त होता है। अतः न्याय में तो जाति का संकेतग्रह कहना ठीक है। पर काव्य में भाषा के प्रत्यक्षीकरण (Presentative aspect) से काम लिया जाता है जिसमें शब्द द्वारा सूचित वस्तु का बिंब ग्रहण होता है—अर्थात् उसकी मूर्ति कल्पना में खड़ी हो जाती है। काव्य मीमांसा के क्षेत्र में न्याय का यह हाथ बढ़ाया डॉक्टर सतीशचंद्र विद्याभूषण को भी खटका है। उन्होंने कहा—It is however, to be regretted that during the last 500 years the Nyaya has been mixed up With law Rhetoric, etc. and the growth of those branches of knowledge upon Which it has grown up as a sort of patasite.

आती है, वह जैसे काव्य में वर्णित 'आश्रय' के भाव का अवलंबन होती है, वैसे ही सब सहृदय पाठकों या श्रोताओं के भाव का आलंबन हो जाता है। जिस व्यक्ति विशेष के प्रति किसी भाव की व्यंजना कवि या पात्र करता है, पाठक या श्रोता की कल्पना में यह व्यक्ति विशेष उपस्थित रहता है। हाँ कभी-कभी ऐसा भी होता है कि पाठक या श्रोता की मति या संस्कार के कारण वर्णित व्यक्ति विशेष के स्थान पर कल्पना में उसी के समान धर्मवाली कोई मूर्ति विशेष आ जाती है। जैसे, यदि किसी पाठक या श्रोता का किसी सुंदरी से प्रेम है तो शृंगार रस की फुटकल उक्तियाँ सुनने के समय रह रहकर आलंबन रूप में उसकी प्रेयसी की मूर्ति ही उसकी कल्पना में आएगी। कहने की आवश्यकता नहीं कि यह कल्पित मूर्ति भी विशेष ही होगी—व्यक्ति की ही होगी।

कल्पना में मूर्ति तो विशेष ही की होगी, पर वह मूर्ति ऐसी होगी जो प्रस्तुत भाव का आलंबन हो सके, जो उसी भाव को पाठक या श्रोता के मन में भी जगाए जिसकी व्यंजना आश्रय अथवा कवि करता है। इससे सिद्ध हुआ कि साधारणीकरण आलंबनत्व धर्म का होता है। व्यक्ति तो विशेष ही रहता है पर उसमें प्रतिष्ठा ऐसे सामान्य धर्म की रहती है जिसके साक्षात्कार से सब श्रोताओं या पाठकों के मन में एक ही भाव का उदय थोड़ा या बहुत होता है। तात्पर्य यह है कि आलंबन रूप में प्रतिष्ठित व्यक्ति समान प्रभाववाले कुछ धर्मों की प्रतिष्ठा के कारण, सबके भावों का आलंबन हो जाता है। 'विभावादि सामान्य रूप में प्रतीत होते हैं—इसका तात्पर्य यही है कि रसमग्न पाठकों के मन में यह भेदभाव नहीं रहता कि यह आलंबन मेरा है या दूसरे का। थोड़ी देर के लिए पाठक या श्रोता का हृदय लोक का सामान्य हृदय हो जाता है। उसका अपना हृदय अलग नहीं रहता।

'साधारणीकरण' के प्रतिपादन में पुराने आचार्यों ने श्रोता या पाठक और आश्रय (भाव व्यंजना करनेवाला पात्र) के तादात्म्य की अवस्था का ही विचार किय है। जिसमें आश्रय किसी काव्य या नाटक के पात्र के रूप में आलंबन रूप किसी और पात्र के प्रति किसी भाव की व्यंजना करता है और श्रोता (या पाठक) उसी भाव का रस रूप में अनुभव करता है। पर रस की एक नीची अवस्था और है जिसका हमारे यहाँ के साहित्य ग्रंथों में विवेचन नहीं हुआ है। उसका भी विचार करना चाहिए। किसी भाव की व्यंजना करनेवाला कोई क्रिया या व्यापार करनेवाला पात्र भी शील की दृष्टि से श्रोता (या दर्शक) हृदय से अलग रहता है। अर्थात् श्रोता या दर्शक उसी भाव का अनुभव करता जिसकी व्यंजना पात्र अपने आलंबन के प्रति करता है, बल्कि व्यंजना करने वाले उस पात्र के प्रति किसी और ही भाव का अनुभव करता है। यह दशा भी एक प्रकार की रस दशा ही है—यद्यपि इसमें आश्रय के साथ तादात्म्य और उसके आलंबन का साधारणीकरण नहीं रहता। जैसे, कोई क्रोधी या क्रूर प्रकृति का पात्र आदि किसी निरपराध या दीन पर प्रबल व्यंजना कर रहा है तो श्रोता या

दर्शक के मन में क्रोध का रसात्मक संचार न होगा, बल्कि क्रोध प्रदर्शित करनेवाले उस पात्र के प्रति अश्रद्धा, घृणा आदि का भाव जागेगा। ऐसी दशा में आश्रय के साथ तादात्म्य या सहानुभूति करेगा। और यह प्रभाव भी रसात्मक ही होगा पर इस रसात्मकता को हम मध्यम कोटि का ही मानेंगे।

जहाँ पाठक या दर्शक किसी काव्य या नाटक में सन्निविष्ट पात्र या आश्रम के शील द्रष्टा के रूप में स्थिति होता है वहाँ भी पाठक या दर्शक के मन में कोई न कोई भाव थोड़ा बहुत अवश्य जगा रहता है। अंतर इतना ही पड़ता है कि उस पात्र का आलंबन पाठक या दर्शक का आलंबन रहता है। इस दशा में भी एक प्रकार का तादात्म्य और साधारणीकरण होता है। तादात्म्य कवि के उस अव्यक्त भाव के साथ होता है। जिसके अनुरूप वह पात्र का स्वरूप संघटित करता है। जो स्वरूप कवि अपनी कल्पना में लाता है। उसके प्रति उसका कुछ न कुछ भाव अवश्य ही रहता है। वह उसके किसी भाव का आलंबन अवश्य होता है। अतः पात्र का स्वरूप कवि के जिस भाव का आलंबन रहता है, पाठक या दर्शक के भी उसी भाव का आलंबन प्रायः हो जाता है। जहाँ कवि किसी वस्तु (जैसे हिमालय, विंध्याटवी) या व्यक्ति का केवल चित्रण करके छोड़ देता है वहाँ कवि ही आश्रय के रूप में रहता है। उसी के भाव के साथ पाठक या दर्शक का तादात्म्य रहता है, उसी का आलंबन पाठक या दर्शक का आलंबन हो जाता है।

आश्रय की जिस भाव व्यंजना को श्रोता या पाठक का हृदय कुछ भी अपना न सकेगा, उसका ग्रहण केवल शील वैचित्र्य के रूप में होगा और उसके द्वारा घृणा, विरक्ति, अश्रद्धा, क्रोध, आश्चर्य, कुतूहल इत्यादि में से ही कोई भाव उत्पन्न होकर अपरितुष्ट दशा में रह जाएगा। उस भाव की तुष्टि तभी होगी जब कोई दूसरा पात्र आकर उसकी व्यंजना वाणी और चेष्टा द्वारा उस बेमेल या अनुपयुक्त भाव की व्यंजना करनेवाले प्रथम पात्र के प्रति करेगा। इस दूसरे पात्र की भाव व्यंजना के साथ श्रोता या दर्शक की पूर्ण सहानुभूति होगी। अपरितुष्ट भाव की आकुलता का अनुभव प्रबंध काव्यों, नाटकों और उपन्यासों के प्रत्येक पाठक को थोड़ा बहुत होगा। जब कोई असामान्य दुष्ट अपनी मनोवृत्ति की व्यंजना किसी स्थल पर करता है। तब पाठक के मन में बार-बार यही आता है कि उस दुष्ट के प्रति उसके मन में जो घृणा या क्रोध है उसकी भरपूर व्यंजना वचन या क्रिया द्वारा कोई पात्र आकर करता। क्रोधी परशुराम तथा अत्याचारी रावण की कठोर बातों का जो उत्तर लक्ष्मण और अंगद देते हैं उससे कथा श्रोताओं की अपूर्व तुष्टि होती है।

इस संबंध में सबसे अधिक ध्यान देने की बात यह है कि शील विशेष के परिज्ञान से उत्पन्न भाव की अनुभूति और आश्रय के साथ तादात्म्य दशा की अनुभूति (जिसे आचार्यों ने रस कहा है) दो भिन्न-भिन्न कोटि की रसानुभूतियाँ हैं। प्रथम में श्रोता या पाठक अपनी पृथक् सत्ता अलग सँभाले रहता है, द्वितीय में अपनी पृथक्

सत्ता का कुछ क्षणों के लिए विसर्जन कर आश्रय की भावात्मक सत्ता में मिल जाता है। उदात्त वृत्तिवाले आश्रय की भाव व्यंजना में भी यह होगा जिस समय तक पाठक या श्रोता तादात्म्य की दशा में रखकर उसके शील आदि की ओर दत्तचित्त न रहेगा। उस दशा के आगे पीछे ही वह उसकी भावात्मक सत्ता से अपनी भावात्मक सत्ता को अलग कर उसके शील सौंदर्य की भावना कर सकेगा। भाव व्यंजना करनेवाले किसी पात्र या आशय के शील सौंदर्य की भावना जिस समय रहेगी, उस समय वही श्रोता या पाठक का आलंबन रहेगा और उसके प्रति श्रद्धा भक्ति या प्रीति टिकी रहेगी।

हमारे यहाँ के आचार्यों ने श्रव्य काव्य और दृश्य काव्य दोनों में रस की प्रधानता रखी है, इसी से दृश्य काव्य में भी उनका लक्ष्य तादात्म्य और साधारणीकरण की ओर रहता है। पर योरोप के दृश्य काव्यों में शील वैचित्र्य या अंतःप्रकृति वैचित्र्य की ओर ही प्रधान लक्ष्य रहता है जिसके साक्षात्कार से दर्शक को आश्चर्य और कुतूहल मात्र की अनुभूति होती है। अतः इस वैचित्र्य पर थोड़ा विचार कर लेना चाहिए। वैचित्र्य साक्षात्कार से केवल तीन बातें ही हो सकती हैं—

1. आश्चर्यपूर्ण प्रसादन, 2. आश्चर्यपूर्ण अवसादन, और 3. कुतूहल मात्र।

आश्चर्यपूर्ण प्रसादन शील के चरम उत्कर्ष अर्थात् सात्त्विक आलोक के साक्षात्कार से होता है। भरत का राम की पादुका लेकर विरक्त रूप में बैठना, राजा हरिश्चंद्र का अपनी रानी से आधा कफन माँगना, नागानंद नाटक में जीमूतवाहन का भूखे गरुड़ से अपना मांस खाने के लिए अनुरोध करना इत्यादि शील वैचित्र्य के ऐसे दृश्य हैं जिनसे श्रोता या दर्शक के हृदय में आश्चर्य मिश्रित श्रद्धा या भक्ति का संचार होता है। इस प्रकार के उत्कृष्ट शील वाले पात्रों का शील विचित्र होने पर भी भाव व्यंजना के समय उनके साथ पाठक या श्रोता का तादात्म्य हो सकता है।

आश्चर्यपूर्ण अवसादन शील के अत्यंत पतन अर्थात् तामसी घोरता के साक्षात्कार से होता है। यदि किसी काव्य का नाटक में हूण सम्राट मिहिरकुल पहाड़ की चोटी पर से गिराए जाते हुए मनुष्य के तड़पने, चिल्लाने आदि की भिन्न-भिन्न चेष्टाओं पर भिन्न-भिन्न ढंग से आह्लाद की व्यंजना करे तो उसके आह्लाद में किसी श्रोता या दर्शक का हृदय योग न देगा बल्कि उसकी मनोवृत्ति की विलक्षणता और घोरता पर स्तम्भित क्षुब्ध या कुपित होगा। इसी प्रकार दुःशीलता की और विचित्रताओं के प्रति श्रोता की आश्चर्य मिश्रित विरक्ति, घृणा आदि जगेगी।

जिन सात्त्विकी और तामसी प्रकृतियों की चरम सीमा का उल्लेख ऊपर हुआ है। सामान्य प्रकृति से उनकी आश्चर्यजनक विभिन्नता केवल उनकी मात्रा में होती है। वे किसी वर्ग विशेष की सामान्य प्रकृति के भीतर समझी जा सकती है। जैसे भरत आदि की प्रकृति शीलवानों की प्रकृति के भीतर और मिहिरकुल की प्रकृति क्रूरों की प्रकृति के भीतर मानी जा सकती है। पर कुछ लोगों के अनुसार ऐसी अद्वितीय

प्रकृति भी होती है जो किसी वर्ग विशेष की भी प्रकृति के भीतर नहीं होती। ऐसी प्रकृति साक्षात्कार से न स्पष्ट प्रसादन होगा, न स्पष्ट अवसादन एक प्रकार का मनोरंजन या कुतूहल ही होगा। ऐसी अद्वितीय प्रकृति के चित्रण को डंटन (Theodore Watts-Danton) ने कवि की नाटकीय या निरपेक्ष दृष्टि (Dramatic or absolute Vision) का सूचक और काव्यकला का चरम उत्कर्ष कहा है। उनका कहना है कि साधारणतः कवि नाटककार भिन्न-भिन्न पात्रों की उक्तियों की कल्पना अपने ही को उनकी परिस्थितियों में अनुमान करके किया करते हैं। वे वास्तव में यह अनुमान करते हैं कि यदि हम उनकी दशा में होते तो कैसे वचन मुँह से निकालते। तात्पर्य यह है कि उनकी दृष्टि सापेक्ष होती है, वे अपनी ही प्रकृति के अनुसार चरित्र चित्रण करते हैं। पर निरपेक्ष दृष्टि वाले नाटककार एक नवीन नर प्रकृति की सृष्टि करते हैं। नूतन निर्माणवाली कल्पना उन्हीं की होती है।

डंटन ने निरपेक्ष दृष्टि को उच्चतम शक्ति तो ठहराया पर उन्हें संसार भर में दो ही तीन कवि उक्त दृष्टि से संपन्न मिले जिनमें मुख्य शेक्सपियर हैं। पर शेक्सपियर के नाटकों में कुछ विचित्र अंतःप्रकृति के पात्रों के होते हुए भी अधिकांश ऐसे पात्र हैं जिनकी भाव व्यंजना के साथ पाठक या दर्शक का पूरा तादात्म्य रहता है। 'जूलियस सीजर' नाटक में अंटोनियो के लंबे भाषण से जो क्षोभ उमड़ा पड़ता है। उसमें किसका हृदय योग न देगा? डंटन के अनुसार शेक्सपियर की दृष्टि निरपेक्षता के उदाहरणों में हैमलेट का चरित्र चित्रण है। पर विचारपूर्वक देखा जाय तो हैमलेट की मनोवृत्ति भी ऐसे व्यक्ति की मनोवृत्ति है जो अपनी माता का घोर विश्वासघात और जघन्य शीलच्युति देख अर्द्धविक्षिप्त सा हो गया हो। परिस्थिति के साथ उसके वचनों का सामंजस्य उसकी बुद्धि की अवस्था का द्योतक है। अतः उसका चरित्र भी एक वर्ग विशेष के चरित्र के भीतर आ जाता है। उसके बहुत से भाषणों को प्रत्येक सहृदय व्यक्ति अपनाता है। उदाहरण के लिए आत्मग्लानि और क्षोभ से भरे हुए वे वचन जिनके द्वारा वह स्त्री जाति की भर्त्सना करता है। अतः हमारे देखने में ऐसी मनोवृत्ति का प्रदर्शन जो किसी दशा में किसी की हो ही नहीं सकती, केवल ऊपरी मनबहलाव के लिए खड़ा किया हुआ कृत्रिम तमाशा ही होगा। पर डंटन साहब के अनुसार ऐसी मनोवृत्ति का चित्रण नूतन सृष्टिकारिणी कल्पना का सबसे उज्ज्वल उदाहरण होगा।

'नूतन सृष्टि निर्माणवाली कल्पना' की चर्चा जिस प्रकार योरप में चलती आ रही है, उसी प्रकार भारतवर्ष में भी। पर हमारे यहाँ यह कथन अर्थवाद के रूप में—कवि और कवि कर्म की स्तुति के रूप में ही गृहीत हुआ, शास्त्रीय सिद्धांत या विवेचन के रूप में नहीं। योरप में अलबत्ता यह एक सूत्र सा बनकर काव्य समीक्षा के क्षेत्र में भी जा घुसा है। इसके प्रचार का परिणाम वहाँ यह हुआ कि रचनाएँ इस ढंग की भी हो चलीं जिनमें कवि ऐसे अनुभूतियों की व्यंजना की नकल करता है जो न वास्तव में उनकी होती है और न किसी की हो सकती है। हम नूतन सृष्टि निर्माण

के अभिमत के बीच 'छापे जाने के पंक्तियों' की उड़ान शुरू हुई। शैली के पीछे पागलपन की नकल करनेवाले बहुत से खड़े हुए थे, वे अपनी बातों का ऐसा रूप रंग बनाते थे जो किसी और दुनिया का लगे या कहीं का न जान पड़े।[1]

यह उस प्रवृत्ति का हद से बाहर पहुँचा रूप है, जिसका आरंभ भी योरप में एक प्रकार से पुनरुत्थान काल (Renaissance) के साथ ही हुआ था। ऐसा कहा जाता है कि उस काल के पहले काव्य की रचनाकाल को अखंड अनंत और भेदातीत मानकर तथा लोक को एक सामान्य सत्ता समझकर की जाती थी। रचना करनेवाले यह ध्यान रखकर नहीं लिखते थे कि इस काल के आगे आनेवाला काल कुछ और प्रकार का होगा अथवा इस वर्तमान काल का स्वरूप सर्वत्र एक ही नहीं है –किसी जन समूह के बीच कुछ असभ्य काल है, किसी के बीच उससे कुछ कम, किसी जन समुदाय के बीच पूर्ण सभ्य काल है, किसी के बीच उससे बहुत अधिक। इसी प्रकार उन्हें इस बात की ओर ध्यान देने की आवश्यकता नहीं होती थी कि लोक भिन्न-भिन्न व्यक्तियों से बना होता है जो भिन्न-भिन्न रुचि और प्रवृत्ति के होते हैं। 'पुनरुथान काल' से धीरे-धीरे इस तथ्य की ओर ध्यान बढ़ता गया। प्राचीनों की भूल प्रकट होती गई। अंत में इशारे पर आँख मूँदकर दौड़नेवाले बड़े-बड़े पंडितों ने पुनरुत्थान की कालधारा को मथकर 'व्यक्तिवाद' रूपी नया रत्न निकाला। फिर क्या था? शिक्षित समाज में व्यक्तिगत विशेषताएँ देखने दिखाने की चाह बढ़ने लगी।

काव्यक्षेत्र में किसी 'वाद;' का प्रचार धीरे-धीरे उसकी सारसत्ता को ही चर जाता है। कुछ दिनों में लोग कविता लिखकर 'वाद' लिखने लगते हैं। कला या काव्य के क्षेत्र में, 'लोक' और 'व्यक्ति' की उपर्युक्त धारणा कहाँ तक संगत है, इस पर थोड़ा विचार कर लेना चाहिए। लोक के बीच जहाँ बहुत सी भिन्नताएँ देखने में आती हैं, वहाँ कुछ अभिन्नताएँ भी पाई जाती हैं। एक मनुष्य की आकृति से दूसरे मनुष्य की आकृति नहीं मिलती, पर सब मनुष्यों की आकृतियों को एक साथ लें तो एक ऐसी सामान्य आकृति भावना भी बँधती है जिसके कारण हम सबको मनुष्य कहते हैं इसी प्रकार सबकी रुचि और प्रकृति में भिन्नता होने पर भी कुछ ऐसी अंतर्भूतियाँ हैं जहाँ पहुँचने पर अभिन्नता मिलती है । वे अंतर्भूतियाँ नर समष्टि की रागात्मिका प्रकृति के भीतर हैं। लोक हृदय की यह सामान्य अंतर्भूमि परखकर हमारे

---

1. After Shelley's music began to captivate the world certain poets set to work upon the theory that between themeselves and the other portion of the human race there is a wide gulf fixed. Their theory was that they were to sing, as possible, fixed birds of another world. It might also be said that the poetic atmosphere became that of the supreme place of wonder. —Bedlam

Bailey Dobell and Smith were not Bedlamites, but men of common sense. They only affected madness. The country form which the followers of Shelly sing to out lower was named "Nowhere"–

यहाँ 'साधारणीकरण' सिद्धांत की प्रतिष्ठा की गई है। वह सामान्य अंतर्भूमि कल्पित या कृत्रिम नहीं है। काव्य रचना की रुढ़ि या परंपरा, सभ्यता के न्यूनाधिक विकास, जीवन व्यापार के बदलनेवाले बाहरी रूप रंग इत्यादि पर वह स्थिति नहीं है, इसकी नींव गहरी है। इसका संबंध हृदय के भीतरी मूल देश से है, उसका सामान्य वासनात्मक सत्ता से है।

जिस 'व्यक्तिवाद' का ऊपर वर्णन हुआ है, उसने स्वच्छंदता के आंदोलन (Romantic Movement)के उत्तरकाल से बड़ा ही विकृत रूप धारण किया। यह 'व्यक्तिवाद' यदि पूर्ण रूप से स्वीकार किया जाय तो कविता लिखना व्यर्थ ही समझिए। कविता इसीलिए लिखी जाती है कि एक ही भावना सैकड़ों-हजारों क्या, लाखों दूसरे आदमी ग्रहण करें। जब एक के हृदय के साथ दूसरे के हृदय की कोई समानता ही नहीं, तब एक के भावों को दूसरा क्यों और कैसे ग्रहण करेगा? ऐसी अवस्था में तो यही संभव है कि हृदय द्वारा मार्मिक या भीतरी ग्रहण की बात ही छोड़ दी जाय, व्यक्तिगत विशेषता के वैचित्र्य द्वारा ऊपरी कुतूहल मात्र उत्पन्न कर देना ही बहुत समझा जाय। हुआ भी यही। और हृदयों से अपने हृदय की भिन्नता और विचित्रता दिखाने के लिए बहुत से लोग एक काल्पनिक हृदय निर्मित करके दिखाने लगे। काव्यक्षेत्र 'नकली हृदयों' का एक कारखाना हो गया।

ऊपर जो कुछ कहा गया उससे जान पड़ेगा कि भारतीय काव्य दृष्टि भिन्न-भिन्न विशेषों के भीतर से 'सामान्य' उद्घाटन की ओर बराबर रही है। किसी न किसी 'सामान्य' के प्रतिनिधि होकर ही 'विशेष' हमारे यहाँ के काव्यों में आते रहे हैं। पर योरोपीय काव्य दृष्टि इधर बहुत दिनों से विरल विशेष के विधान की ओर रही है। हमारे यहाँ कवि उसे सच्चे तार की झंकार सुनाने में ही संतुष्ट रहे जो मनुष्य मात्र के हृदय के भीतर से होता हुआ गया है। पर उन्नीसवीं शताब्दी के बहुत से विलायती कवि ऐसे हृदयों के प्रदर्शन में लगे जो न कहीं होते हैं और न हो सकते हैं। सारांश यह कि हमारी वाणी भावक्षेत्र के बीच 'भेदों के अभेद' की ऊपर करती रही और उनकी वाणी झूठे-सच्चे विलक्षण भेद खड़े करके लोगों को चमत्कृत करने में लगी।

'कल्पना' और 'व्यक्तिवाद' की पाश्चात्य समीक्षा क्षेत्र में इतनी अधिक मुनादी हुई कि काव्य के और सब पक्षों से दृष्टि हटकर इन्हीं दो पर जा जमी। 'कल्पना' काव्य का बोधपक्ष है। कल्पना में आई रूप व्यापार योजना का कवि या श्रोता को अंतःसाक्षात्कार का बोध होता है। पर इस बोधपक्ष के अतिरिक्त काव्य का भावपक्ष भी है। कल्पना को रूप योजना के लिए प्रेरित करनेवाले और कल्पना में आई हुई वस्तुओं में श्रोता या पाठक को रमानेवाले रति, करुणा, क्रोध, उत्साह, आश्चर्य इत्यादि

भाव या मनोविकार होते हैं। इसी से भारतीय दृष्टि ने भावपक्ष को प्रधानता दी और रस के सिद्धांत की प्रतिष्ठा की। पर पश्चिम में 'कल्पना'—'कल्पना' की पुकार के समाने धीरे-धीरे समीक्षकों का ध्यान भावपक्ष से हट गया और बोधपक्ष पर ही भिड़ गया। काव्य की रमणीयता उस हल्के आनंद के रूप में ही मानी जाने लगी जिस आनंद के लिए हम नई-नई सुंदर भड़कीली और विलक्षण वस्तुओं को देखने जाते हैं। इस प्रकार कवि तमाशा दिखानेवाले के रूप में और श्रोता या पाठक तटस्थ तमाशबीन के रूप में समझे जाने लगे। केवल देखने का आनंद कुछ विलक्षण के देखने का कुतूहल मात्र होता है।

'व्यक्तिवाद' ही को ले उड़ने से जो परिणाम हुआ है उसका कुछ आभास ऊपर दिया जा चुका है। 'कल्पना' और 'व्यक्तित्व' पर एकदेशीय दृष्टि रखकर पश्चिम में कई प्रसिद्ध 'वादों' की इमारतें खड़ी हुईं। इटली निवासी क्रोचे (Benedetto Croce) ने अपने 'अभिव्यंजनावाद' के निरूपण में बड़े कठोर आग्रह के साथ कला की अनुभूति को ज्ञान या बोध स्वरूप ही माना है। उन्होंने स्वयंप्रकाश ज्ञान (Intuition) प्रत्यक्ष ज्ञान तथा बुद्धि व्यवसाय सिद्ध या विचार प्रसूत ज्ञान से भिन्न केवल कल्पना में आई हुई वस्तु व्यापार योजना का ज्ञान मात्र माना है। वे इस ज्ञान को प्रत्यक्ष ज्ञान और विचार प्रसूत ज्ञान दोनों से सर्वथा निरपेक्ष स्वतंत्र और स्वतः पूर्ण मानकर चले हैं। वे इस निरपेक्षता को बहुत दूर तक घसीट ले गए हैं। भावों या मनोविकारों तक को उन्होंने काव्य की उक्ति का विधायक अवयव नहीं माना है। पर न चाहने पर भी अभिव्यंजना या उक्ति के अनभिव्यक्ति पूर्व रूप से भावों की सत्ता उन्हें स्वीकार करनी पड़ी है। उससे अपना पीछा वे छुड़ा नहीं सके हैं।[1]

काव्य समीक्षा के क्षेत्र में व्यक्ति की ऐसी दीवार खड़ी हुई, 'विशेष' के स्थान पर सामान्य या विचार सिद्ध ज्ञान के आ घुसने का इतना डर समाया कि कहीं-कहीं आलोचना भी काव्य रचना के रूप में होने लगी। कला की कृति की परीक्षा के लिए विवेचन पद्धति का त्याग सा होने लगा। हिंदी की मासिक पत्रिकाओं में समालोचन के नाम पर आजकल तो अद्भुत और रमणीय शब्द योजना मात्र कभी-कभी देखने में आया करती है, वह इसी पाश्चात्य प्रवृत्ति का अनुकरण है। पर यह भी समझ रखना चाहिए कि योरप में साहित्य संबंध आंदोलनों की आयु बहुत थोड़ी होती है। आंदोलन दस-बारह वर्ष से ज्यादा नहीं चलता। ऐसे आंदोलनों के कारण वहाँ इस बीसवीं शताब्दी में आकर कार्यक्षेत्र के बीच बड़ी गहरी गड़बड़ी और अव्यवस्था फैली। काव्य की स्वभाविक उमंग के स्थान पर नवीनता के लिए आकुलता मात्र रह गई। कविता चाहे हो, चाहे न हो, कोई नवीन रूप या रंग ढंग आवश्यक खड़ा हो। पर कोरी नवीनता केवल मरे हुए आंदोलन का इतिहास छोड़ जाय तो छोड़ जाय, कविता नहीं खड़ी कर सकती। केवल

1. Matter is emotivity not aesthetically elaborated i. e. impression. Form is elaboration

and expression...Sentiments or impressions pass by means of words from the obscure region of the soul into the clarity of the contemplative spirits.

—Aesthetic

नवीनता और मौलिकता की बढ़ी-चढ़ी सनक में सच्ची कविता की ओर ध्यान कहाँ तक रह सकता है? कुछ लोग तो नए ढंग की उच्छृंखलता, वक्रता, असंबद्धता, अनर्गलता इत्यादि का ही प्रदर्शन करने में लगे। थोड़े से ही सच्ची भावनावाले कवि प्रकृति मार्ग पर चलते दिखाई पड़ने लगे। समालोचना की अधिकतर हवाई ढंग की होने लगी।[1]

योरप में इधर पचास वर्ष के भीतर 'रहस्यवाद' 'कलावाद', व्यक्तिवाद' इत्यादि जो अनेक 'वाद' चले थे, वे अब वहाँ मरे हुए आन्दोलन समझे जाते हैं। इन नाना 'वादों' से ऊबकर लोग अब फिर साफ हवा में आना चाहते हैं। किसी कविता के संबंध में किसी 'वाद' का नाम लेना अब फैशन के खिलाफ माना जाने लगा है। अब कोई वादी समझे जाने में कवि अपना मान नहीं समझते।[2]

1 Wherever attempts at sheer newness in poetry were made, they merely ended in dead movements...Criticism became more dogamatic and unreal poetry more eccentric and chastic.

—"A Survey of Modermist poetry" by Laura Riding and Robert Graves (1927)

2. *The modernist poet does not have to issue a programme declaring his intentions toward*

the reader or to issue an announcement of tactics. He does not have to call himself an individualist (as the Imagist poet did) or a mystic (as the poet of Anglo-Irish dead movement did) or a naturalist (as the poet of the Georgian dead movement did).

रसात्मक-बोध के विविध रूप

संसार सागर रूप तरंगों से ही मनुष्य की कल्पना की निर्माण और इसी रूप गति से उनके भीतर विविध भावों या मनोविकारों का विधान हुआ है। सौंदर्य, माधुर्य, विचित्रता, भीषणता, क्रूरता इत्यादि की भावनाएँ बाहरी रूपों और व्यापारों से ही निष्पन्न हुई हैं। हमारे प्रेम, भय आश्चर्य, क्रोध, करुणा इत्यादि भावों की प्रतिष्ठा करनेवाले मूल आलंबन बाहर ही के हैं—इसी चारों ओर फैले हुए रूपात्मक जगत् के ही हैं। जब हमारी आँखें देखने में प्रवृत्त रहती हैं। तब रूप हमारे बाहर प्रतीत होते हैं जब हमारी वृत्ति अंतर्मुख होती है तब रूप हमारे भीतर दिखाई पड़ते हैं। बाहर-भीतर दोनों ओर रहते हैं रूप ही। सुंदर, मधुर, भीषण या क्रूर लगनेवाले रूपों या व्यापारों से भिन्न सौंदर्य, माधुर्य, भीषणता या क्रूरता कोई पदार्थ नहीं, सौंदर्य की भावना जगना सुंदर-सुंदर वस्तुओं या व्यापारों का मन में आना ही है। इसी प्रकार मनोवृत्तियों या भावों की सुंदरता, भीषणता आदि की भावना करते समय दया या क्रूरता के किसी विशेष व्यापार या दृश्य का मानसिक संभावना या कल्पना है।

मन के भीतर यह रूप विधान दो तरह का होता है या तो यह कभी प्रत्यक्ष देखी हुई वस्तुओं का ज्यों का त्यों प्रतिबिंब होता है अथवा प्रत्यक्ष देखे हुए पदार्थों के रूप, रंग गति आदि के आधार पर खड़ा किया हुआ नया वस्तु व्यापार विधान। प्रथम प्रकार की अभ्यंतर रूप प्रतीति स्मृति कहलाती है और द्वितीय प्रकार के रूप सौंदर्य या मूर्ति विधान को कल्पना कहते हैं। कहने की आवश्यकता नहीं कि इन दोनों प्रकार के भीतर रूप विधानों के मूल हैं प्रत्यक्ष अनुभव किए हुए बाहरी रूप विधान। अतः रूप विधान तीन प्रकार के हुए—

1. प्रत्यक्ष रूप विधान
2. स्मृत रूप विधान और
3. कल्पित रूप विधान।

इन तीनों प्रकार के रूप विधानों में भावों को इस रूप में जागरित करने की शक्ति होती है कि वे रस कोटि में आ सकें, यही हम यहाँ दिखाना चाहते हैं। कल्पित

रूप विधान द्वारा जागरित मार्मिक अनुभूति तो सर्वत्र रसानुभूति मानी जाती है। प्रत्यक्ष या स्मरण द्वारा जागरित वास्तविक अनुभूति भी विशेष दिशाओं में रसानुभूति की कोटि में आ सकती है, इसी बात की ओर ध्यान दिलाना इस लेख का उद्देश्य है।

प्रत्यक्ष रूप-विधान

भावुकता की प्रतिष्ठा करनेवाले मूल आधार या उपादान ये ही हैं। इन प्रत्यक्ष रूपों की मार्मिक अनुभूति जिनमें जितनी ही अधिक होती है, वे उतने ही रसानुभूति के उपयुक्त होते हैं। जो किसी सुख के लावण्य, वनस्थली की सुषमा, नदी या शैलतटों की रमणीयता, कुसुम विकास की प्रफुल्लता ग्राम दृश्यों की सरल माधुरी देख मुग्ध नहीं होता, जो किसी प्राणी के कष्ट व्यंजक रूप और चेष्टा पर करुणार्द्र नहीं होता, जो किसी पर निष्ठुर अत्याचार होते देख क्रोध से नहीं तिलमिलाता, उसमें काव्य का सच्चा प्रभाव ग्रहण करने की क्षमता कभी नहीं हो सकती। जिसके लिए ये सब कुछ नहीं है, उसके लिए सच्ची कविता की अच्छी से अच्छी उक्ति भी कुछ नहीं है। वह यदि किसी कविता पर वाह-वाह करे तो समझना चाहिए कि या तो वह भावुकता या सहृदयता की नकल कर रहा है अथवा उस रचना के किसी ऐसे अवयव की ओर दत्तचित्त है जो स्वतः काव्य नहीं है। भावुकता की नकल करनेवाले श्रोता या पाठक ही नहीं, कवि भी हुआ करते हैं। वे सच्चे भावुक कवियों की वाणी का अनुकरण बड़ी सफाई से करते हैं और अच्छे कवि कहलाते हैं। पर सूक्ष्म और मार्मिक दृष्टि उनकी रचना में हृदय की निश्चेष्टा का पता लगा लेती है। किसी काल में सैकड़ों कवि प्रसिद्ध होते हैं। उसमें सच्चे कवि ऐसे कवि जिनकी तीव्र अनुभूति ही वास्तव में कल्पना को अनुकूल रूप विधान में तत्पर करती है—दस-पाँच ही होते हैं।

'प्रत्यक्ष' से हमारा अभिप्राय केवल चाक्षुषज्ञान से नहीं है। रूप शब्द के भीतर शब्द, गंध, रस और स्पर्श भी समझ लेना चाहिए। वस्तु व्यापार वर्णन के अंतर्गत ये विषय भी रहा करते हैं। फूलों और पक्षियों के मनोहर आकार और रंग का ही वर्णन कवि नहीं करते, उनकी सुगंध, कोमलता और मधुर स्वर का भी वे बराबर वर्णन करते हैं। जिन लेखकों या कवियों की घ्राण शक्ति तीव्र होती है वे ऐसे स्थलों की गंधात्मक विशेषता का वर्णन कर जाते हैं जहाँ की गंध विशेष का थोड़ा बहुत अनुभव तो बहुत से लोग करते हैं पर उसकी ओर स्पष्ट ध्यान नहीं देते। खलिहानों और रेलवे स्टेशनों पर जाने से भिन्न-भिन्न प्रकार की गंध का अनुभव होता है। पुराने कवियों ने तुरंत की जोती हुई भूमि से उठी हुई सोंधी महक का, हिरनों के द्वारा चरी हुई दूब की ताजी गमक का उल्लेख किया है। फ्रांसीसी उपन्यासकार जोला की गंधानुभूति बड़ी सूक्ष्म थी। उसने योरोप के कई नगरों और स्थानों की गंध की

पहचान बताई है। इसी प्रकार बहुत से शब्दों का अनुभव भी बहुत सूक्ष्म होता है। रात्रि में विशेषतः वर्षा की रात्रि में, झींगुरों और झिल्लियों के झंकार मिश्रित चीत्कार का बँधा तार सुनकर लड़कपन में मैं यही समझता था कि रात बोल रही और कवियों ने कलियों के चटकने तक के शब्द का उल्लेख किया है।

ऊपर गिनाए हुए तीन प्रकार के रूप-विधानों में से अंतिम (कल्पित) ही काव्य समीक्षकों और साहित्य मीमांसकों के विचार क्षेत्र के भीतर लिये गए हैं और लिये जाते हैं। बात यह है कि काव्य शब्द व्यापार है। वह शब्द संकेतों के द्वारा ही अंतस में वस्तुओं और व्यापारों का मूर्ति विधान करने का प्रयत्न करता है। अतः जहाँ तक काव्य की प्रक्रिया का संबंध है, वहाँ तक रूप और व्यापार कल्पित ही होते हैं। कवि जिन वस्तुओं और व्यापारों का वर्णन करने बैठता है। वे उस समय उसके सामने नहीं होते, कल्पना में ही होते हैं। पाठक या श्रोता भी अपनी कल्पना द्वारा ही उनका मानस साक्षात्कार करके उनके आलंबन से अनेक प्रकार के रसानुभव करता है। ऐसी दशा में यह स्वाभाविक था कि कवि कर्म का निरूपण करनेवालों का ध्यान रूप विधान के कल्पना पक्ष पर ही रहे, रूपों और व्यापारों के प्रत्यक्ष बोध और उससे संबद्ध वास्तविक भावानुभूति की बात ही रखी जाय।

उदाहरण के रूप में ऊपर लिखी बात यों कही जा सकती है। एक स्थान पर हमने किसी अत्यंत रूपवती स्त्री का स्मित आनन और चंचल भ्रूविलास देखा और मुग्ध हुए अथवा किसी पर्वत के अंचल की सरस सुषमा देख उसमें लीन हुए। इसके उपरांत किसी प्रतिमालय और चित्रशाला में पहुँचे और रमणी की वैसी ही मधुर मूर्ति अथवा उसी प्रकार के पर्वतांचल का चित्र देख फिर एक तीसरे स्थान पर जाकर कविता की कोई पुस्तक उठायी और उसमें वैसी नायिका अथवा वैसे ही दृश्य का सरस वर्णन पढ़ रसमग्न हुए। पिछले दो स्थलों की अनुभूतियों को ही कलागत या काव्यगत मान प्रथम प्रकार की (प्रत्यक्ष या वास्तविक) अनुभूति का विचार एकदम किनारे रखा गया। यहाँ तक कि प्रथम से शेष दो का कुछ संबंध ही न समझा जाने लगा। कोरे शब्द व्यवसायी केशवदास जी को कमल और चंद्र को प्रत्यक्ष देखने में कुछ भी आनंद नहीं आता था। केवल काव्यों में उपमा-उत्प्रेक्षा आदि के अंतर्गत उनका वर्णन या उल्लेख ही भाता था–

देख मुख भावै, अनदेखेई कमल चन्द,
ताते मुख मुखै, सखी! कमलौ न चन्द री।

इतने पर भी उनके कवि होने में कोई संदेह नहीं किया गया।

यही बात योरप में भी बढ़ती-बढ़ती बुरी हद को पहुँची। कलागत अनुभूति को वास्तविक या प्रत्यक्ष अनुभूति से एकदम पृथक् और स्वतंत्र निरूपित करके वह कवि का एक अलग 'काल्पनिक जगत्' कहा जाने लगा। कला समीक्षकों की ओर

से यह धारणा उत्पन्न की जाने लगी कि जिस प्रकार कवि के 'काल्पनिक जगत्' के रूप व्यापारों की संगति प्रत्यक्ष या वास्तविक जगत् के व्यापारों से मिलाने की आवश्यकता नहीं, उसी प्रकार उसके भीतर व्यंजित अनुभूतियों का सामंजस्य जीवन की वास्तविक अनुभूतियों में ढूँढ़ना आवश्यक है। इस दृष्टि से काव्य का हृदय पर उतना ही प्रभाव स्वीकार किया गया जितना और जैसा किसी परदे के बेलबूटे, मकान की नक्काशी, सरकस के तमाशे तथा भाँड़ों की लफ्फाजी, उछलकूद या रोने-धोने का पड़ता है। इस धारणा के प्रचार से जान में अंजान में, कविता का लक्ष्य बहुत नीचा कर दिया गया। कहीं-कहीं तो वह अमीरों के शौक की चीज समझी जाने लगी। रसिक और गुण ग्राहक बनने के लिए जिस प्रकार वह तरह-तरह की नई-पुरानी, भली-बुरी तसवीरें इकट्ठी करते, कलाकारों का गाना-बजाना सुनते, उसी प्रकार कविता की पुस्तकें भी अपने यहाँ सजाकर रखते और कवियों की चर्चा भी दस आदमियों के बीच बैठकर करते। सारांश यह है कि 'कला' शब्द के प्रभाव से कविता का स्वरूप तो हुआ सजावट या तमाशा और उद्देश्य हुआ मनोरंजन या मन बहलाव। यह 'कला' शब्द आजकल हमारे यहाँ भी साहित्य चर्चा में बहुत जरूरी सा हो रहा है। इससे न जाने कब पीछा छूटेगा? हमारे यहाँ के पुराने लोगों ने काव्य को 64 कलाओं में गिनना ठीक नहीं समझा था।

अब यहाँ पर रसात्मक अनुभूति की उस विशेषता का प्रचार करना चाहिए जो प्रत्यक्ष विषयों की वास्तविक अनुभूति से पृथक् करती प्रतीत हुई है। इस विशेषता का निरूपण हमारे यहाँ साधारणीकरण के अंतर्गत किया गया है। साधारणीकरण का अभिप्राय यह है कि किसी काव्य में वर्णित आलंबन केवल भाव की व्यंजना करनेवाले पात्र (आश्रय) का ही आलंबन नहीं रहता बल्कि पाठक या श्रोता का भी-एक ही नहीं अनेक पाठकों और श्रोताओं का भी आलंबन हो जाता है। अतः उस आलंबन के प्रति व्यंजित भाव में पाठकों या श्रोताओं का भी हृदय योग देता हुआ उसी भाव का रसात्मक अनुभव करता है। तात्पर्य यह है कि रस दशा में अपनी पृथक् सत्ता की भावना का परिहार हो जाता है। अर्थात् काव्य में प्रस्तुत विषय को हम अपने व्यक्तित्व से संबद्ध रूप में नहीं देखते, अपनी योग क्षेम वासना की उपाधि से ग्रस्त हृदय द्वारा ग्रहण नहीं करते, बल्कि निर्विशेष शुद्ध और मुक्त हृदय द्वारा ग्रहण करते हैं। इसी को पाश्चात्य समीक्षा पद्धति में अहं का विसर्जन और निःसंगता (Impersonality and Detachment) कहते हैं। इसी को चाहे रस का लोकोत्तरत्व या ब्रह्मानंद सहोदरत्व कहिए चाहे विभावन व्यापार का अलौकिकत्व। अलौकिकत्व का अभिप्राय इस लोक से संबंध न रखनेवाली कोई स्वर्गीय विभूति नहीं। इस प्रकार के केवल भाव व्यंजक (तथ्य बोधक नहीं) और स्तुति परक शब्दों की समीक्षा के क्षेत्र में घसीटकर पश्चिम में इधर अनेक प्रकार के अर्थशून्य वागांवर खड़े किए गए थे। 'कला कला के लिए' नायक सिद्धांत के प्रसिद्ध व्याख्याकार डॉक्टर ब्रैडले, बोले,

'काव्य आत्मा है'। डॉ, मैकेल साहब ने फरमाया, 'काव्य एक अखंड तत्त्व या शक्ति है जिसकी गति अमर है'।[1] बंगभाषा के प्रसाद से हिंदी में भी इस प्रकार के अनेक मधुर प्रलाप सुनायी पड़ा करते हैं।

अब प्रस्तुत विषय पर आते हैं। हमारा कहना यह है कि जिस प्रकार काव्य में वर्णित आलंबनों के कल्पना में उपस्थित होने पर साधारणीकरण होता है उसी प्रकार हमारे भावों के कुछ आलंबनों के प्रत्यक्ष सामने आने पर भी उन आलंबनों के संबंध में लोक के साथ या कम से कम सहृदयों के साथ हमारा तादात्म्य रहता है। ऐसे विषयों या आलंबनों के प्रति हमारा जो भाव रहता है वही भाव और भी बहुत से उपस्थित मनुष्यों का रहता है, वे हमारे और लोक के सामान्य आलंबन रहते हैं। साधारणीकरण के प्रभाव से काव्य श्रवण के समय व्यक्तित्व का जैसा परिहार हो जांता है, वैसा ही प्रत्यक्ष या वास्तविक अनुभूति के समय भी कुछ दशाओं में होता है। अतः इस प्रकार के प्रत्यक्ष या वास्तविक अनुभूतियों को रसानुभूति के अंतर्गत मानने में कोई बाधा नहीं। मनुष्य जाति के सामान्य आलंबनों के आँखों के सामने उपस्थित होने पर यदि हम उनके प्रति अपना भाव व्यक्त करेंगे तो दूसरों के हृदय भी उस भाव की अनुभूति में योग देंगे और यदि दूसरे लोग भाव व्यक्त करेंगे तो हमारा हृदय योग देगा। इसके लिए आवश्यकता इतनी ही है कि हमारी आँखों के सामने जो विषय उपस्थित हों वे मनुष्य मात्र या सहृदय मात्र के भावात्मक सत्त्व पर प्रभाव डालनेवाले हों। रस में पूर्णतया मग्न करने के लिए काव्य में भी यह आवश्यक होता है। जब तक किसी भाव का कोई विषय इस रूप में नहीं लाया जाता कि सामान्यतः सबके उसी भाव का आलंबन हो सके तब तक रस में पूर्णतया लीन करने की शक्ति उसमें नहीं होती। किसी काव्य में वर्णित किसी पात्र का किसी अत्यंत कुरूप और दुःशील स्त्री पर प्रेम हो सकता है पर उस स्त्री के वर्णन द्वारा शृंगार रस का आलंबन नहीं खड़ा हो सकता। अतः वह काव्य भाव व्यंजक मात्र होगा, विभाग का प्रतिष्ठापक कभी नहीं होगा। उसमें विभावन व्यापार हो ही न सकेगा। इसी प्रकार रौद्र रस के वर्णन में जब तक आलबंन का चित्रण इस रूप में न होगा कि वह मनुष्य मात्र के क्रोध का पात्र हो सके तब तक वह वर्णन भाव व्यंजक मात्र रहेगा, उसका विभावपक्ष या तो शून्य होगा अथवा अशक्त। पर भाव और विभाव दोनों पक्षों के सामंजस्य के बिना रस में पूर्ण मग्नता हो नहीं सकती। अतः केवल भाव व्यंजक काव्यों में होता यह है कि पाठक या श्रोता अपनी ओर से अपनी कल्पना और रुचि के अनुसार आलंबन का आरोप या आक्षेप किए रहता है।

जैसा कि ऊपर कह आए हैं, रसात्मक अनुभूति के दो लक्षण ठहराए गए हैं—

(1) अनुभूति काल में अपने व्यक्तित्व के संबंध की भावना का परिहार और

---

1. *Poetry is Spirit. —Bradley*

Poetry is continous substance or energy whose progress is immortal.

—Maekail

(2) किसी भाव के आलंबन का सहृदय मात्र के साथ साधारणीकरण अर्थात् उस आलंबन के प्रति सारे सहृदयों के हृदय में उसी भाव का उदय। यदि हम इन दोनों को प्रत्यक्ष उपस्थित आलंबनों के प्रति जगनेवाले भावों की अनुभूतियों पर घटाकर देखते हैं तो पता चलता है कि भावों में तो ये बातें कुछ ही दशाओं में या कुछ अंशों तक घटित होती हैं और कुछ में बहुत दूर तक या बराबर।

'रति भाव' को लीजिए। गहरी प्रेमानुभूति की दशा में मनुष्य रसलोक में ही पहुँचा रहता है। उसे अपने तन वदन की सुध नहीं रहती, वह सब कुछ भूल कभी फूला-फूला फिरता है, कभी खिन्न पड़ा रहता है। हर्ष विषाद, स्मृति इत्यादि अनेक संचारियों का अनुभव वह बीच-बीच में अपना व्यक्तित्व भूला हुआ करता है। पर अभिलाष, औत्सुक्य आदि कुछ दशाओं में अपने व्यक्तित्व का संबंध जितना ही अधिक और घनिष्ठ होकर अंतःकरण में स्फुट रहेगा, प्रेमानुभूति उतनी ही रसकोटि के बाहर रहेगी। 'अभिलाष' में जहाँ अपने व्यक्तित्व का संबंध अत्यंत या सूक्ष्म रहता है–जैसे रूप अवलोकन मात्र का अभिलाष प्रिय जहाँ रहे सुख से रहे इस बात का अभिलाष–वहाँ वास्तविक अनुभूति रस के किनारे तक पहुँच हुई होती है। आलंबन के साधारणीकरण के संबंध में यह समझ रखना चाहिए कि रति भाव की पूर्ण पुष्टि के लिए कुछ काल अपेक्षित होता है। पर अत्यंत मोहक आलंबन को सामने पाकर कुछ क्षणों के लिए तो प्रेम के प्रथम अवयव[1] का उदय एक साथ बहुतों के हृदय में होगा। वह अवयव है, अच्छा या रमणीय लाना।

'हास' में भी यही बात होती है कि जहाँ उसका पात्र सामने आया कि मनुष्य अपना सारा दुःख-सुख भूल एक विलक्षण आह्लाद का अनुभव करता है, जिसमें बहुत से लोग एक साथ योग देते हैं।

अपने निज के लाभवाले विकट कर्म की ओर जो उत्साह होगा वह तो रसात्मक न होगा, पर जिस विकट कर्म को हम लोग कल्याणकारी समझेंगे, उसके प्रति हमारे उत्साह की गति हमारी व्यक्तिगत परिस्थिति के संकुचित मंडल से वद्ध रहकर बहुत

---

1. देखिए 'लोभ और प्रीति' नामक प्रबंध।
2. आजकल के बहुत गंभीर अंगरेज समालोचक रिचर्ड्स (I. A. Richards) को भी कुछ दशाओं में वास्तविक अनुभूति के रसात्मक होने का आभास सा हुआ है, जैसा कि इन पंक्तियों से प्रकट होता है–

There is no such gulf between poetry and life as overliterary persons sometimes suppose. There is no gap between our every day emotional life and the material of poetry. The verbal expression of this life, at its finest, is forced to use the technique of poetry XX. If we do not live in consoncance with good poetry, we must live in consonance with bad poetry. I do not see how we can avoid the conclusion that a general insensitivity to poetry does witness a low level of general imaginative life.

व्यापक होगी। स्वदेश प्रेम के गीत गाते हुए नवयुवकों के दल जिस साहस भरी उमंग के साथ कोई कठिन या दुष्कर कार्य करने के लिए निकलते हैं, वह वीरत्व की रसात्मक अनुभूति हैं।[2]

क्रोध, भय, जुगुप्सा और करुणा के संबंध में साहित्य प्रेमियों को शायद कुछ अड़चन दिखाई पड़े क्योंकि इनकी वास्तविक अनुभूति दुःखात्मक होती है। रसास्वाद आनंद स्वरूप कहा गया है। अतः दुःख रूप अनुभूति रस के अंतर्गत कैसे ली जा सकती है, यह प्रश्न कुछ गड़बड़ डालता दिखाई पड़ेगा। पर 'आनंद' शब्द को व्यक्तिगत सुखभोग से स्थूल अर्थ में ग्रहण करना मुझे ठीक नहीं जँचता। उसका अर्थ मैं हृदय का व्यक्तिबद्ध दशा से मुक्त और हल्का होकर अपनी क्रिया में तत्पर होना ही उपयुक्त समझता हूँ। इस दशा की प्राप्ति के लिए समय-समय पर प्रवृत्त होना कोई आश्चर्य की बात नहीं। करुणा रस प्रधान नाटक के दर्शकों को आँसुओं के संबंध में यह कहना कि 'आनंद में भी तो आँसू आते हैं।' केवल बात टालना है। दर्शक वास्तव में दुःख का ही अनुभव करते हैं। हृदय की मुक्त दशा में होने के कारण वह दुःख भी रसात्मक होता है।

अब क्रोध आदि को अलग-अलग देखिए। यदि हमारे मन में किसी ऐसे के प्रति क्रोध है जिसने हमें या हमारे किसी संबंधी को पीड़ा पहुँचाई है तो उस क्रोध में रसात्मकता न होगी।

पर किसी लोक-पीड़क या क्रूरकर्मा अत्याचारी को देख सुनकर जिस क्रोध का संचार हममें होगा वह रसकोटि का होगा जिसमें प्रायः सब लोग योग देंगे। इसी प्रकार यदि किसी झाड़ी से शेर निकलता देख हम भय से काँपने लगें तो यह भय हमारे व्यक्तित्व से इतना अधिक संबद्ध रहेगा कि आलंबन के पूर्ण स्वरूप ग्रहण का अवकाश न होगा और हमारा ध्यान अपनी मृत्यु, पीड़ा आदि परिणामों की ओर रहेगा। पर जब हम किसी वस्तु की भयंकरता को अपना ध्यान छोड़ लोक से संबद्ध देखेंगे तब हम रसभूमि की सीमा के भीतर पहुँच रहेंगे। इसी प्रकार किसी सड़ी गली दुर्गंधयुक्त वस्तु के प्रत्यक्ष सामने आने पर हमारी संवदेना का जो क्षोभपूर्ण संकोच होगा वह तो स्थूल होगा पर किसी ऐसे घृणित आचरणवाले के प्रति जिसे देखते ही लोक रुचि के विधान या आकुलता की भावना हमारे मन में होगी, हमारी जुगुप्सा रसमयी होगी।

'शोक' को लेकर विचार करने पर हमारा पक्ष बहुत स्पष्ट हो जाता है। अपनी इष्ट हानि या अनिष्ट प्राप्ति से जो 'शोक' नामक वास्तविक दुःख होता है वह तो रस कोटि में नहीं आता, पर दूसरों की पीड़ा, वेदना देख जो करुणा जगती है उसकी अनुभूति सच्ची रसानुभूति कही जा सकती है। 'दूसरों' से तात्पर्य ऐसे प्राणियों से

है जिनसे हमारा कोई विशेष संबंध नहीं। 'शोक' अपनी निज की इष्ट हानि पर होता है और 'करुणा' दूसरों की दुर्गति या पीड़ा पर होती है। यहीं दोनों में अंतर है। इसी अंतर को लक्ष्य करके काव्यगत पात्र (आश्रय) की शोकपूर्ण व्यंजना द्वारा उत्पन्न अनुभूति को आचार्यों ने शोकरस ने शोकरस न कहकर 'करुणरस' कहा है। करुणा ही एक ऐसा व्यापक भाव है जिसकी प्रत्यक्ष या वास्तविक अनुभूति सब रूपों में और सब दशाओं में रसात्मक होती है इसी से भवभूति ने करुणरस को ही रसानुभूति का मूल माना और 'अंग्रेज कवि शेली ने कहा, 'सबसे मधुर या रसमयी वाग्धारा वही है जो करुण प्रसंग लेकर चले।'

अब प्रकृति के नाना रूपों पर आइए। अनेक प्रकार के प्राकृतिक दृश्यों को सामने प्रत्यक्ष देख हम जिस मधुर भावना का अनुभव करते हैं, क्या उसे रसात्मक मानना चाहिए? जिस समय दूर तक फैले हरे-भरे टीलों के बीच से घूम-घूमकर बहते हुए स्वच्छंद नालों, इधर-उधर उभरी हुई बेडौल चट्टानों और रंग-बिरंगे फूलों से गुछी हुई झाड़ियों की रमणीयता में हमारा मन रमा रहता है। यह रसदशा नहीं तो और क्या है? उस समय हम विश्वकाव्य के एक पृष्ठ के पाठक के रूप में रहते हैं। इस अनंत दृश्यकाव्य के हम सदा कठपुतली की तरह काम करनेवाले अभिनेता ही नहीं बने रहते, कभी-कभी सहृदय दर्शक की हैसियत को भी पहुँच जाते हैं। जो इस दशा को नहीं पहुँचते उनका हृदय बहुत संकुचित या निम्नकोटि का होता है। कविता उनसे बहुत दूर की वस्तु होती है, कवि वे भले ही समझे जाते हों। शब्द काव्य की सिद्धि के लिए वस्तु काव्य का अनुशीलन परम आवश्यक है।

उपर्युक्त विवेचन से यह सिद्ध है कि रसानुभूति प्रत्यक्ष या वास्तविक अनुभूति से सर्वथा पृथक् कोई अंतर्वृत्ति नहीं है बल्कि उसी का एक उदात्त और अवदात्त स्वरूप है। हमारे यहाँ के आचार्यों ने स्पष्ट सूचित कर दिया है कि वासना रूप में स्थिति भाव ही रसरूप में जगा करते हैं। यह वासना या संस्कार वंशानुक्रम से चली आती हुई दीर्घ भावपरंपरा का मनुष्य जाति की अंतःप्रकृति में निहित संचय है।

स्मृति रूप-विधान

जिस प्रकार हमारी आँखों से सामने आए हुए कुछ रूप व्यापार हमें रसात्मक भावों में मग्न करते हैं। उसी प्रकार भूतकाल की प्रत्यक्ष की हुई कुछ परोक्ष वस्तुओं का वास्तविक स्मरण भी कभी-कभी रसात्मक होता है। जब हम जन्मभूमि या स्वदेश का, बाल सखाओं का, कुमार अवस्था के अतीत दृश्यों और परिचित स्थानों आदि का स्मरण करते हैं, तब हमारी मनोवृत्ति स्वार्थ या शरीर यात्रा के रूखे विधानों से हटकर शुद्ध भाव क्षेत्र में स्थिति हो जाती है। नीति कुशल लोग लाख कहा करें कि 'बीती ताहि बिसारि दे,'' 'गड़े मुर्दे उखाड़ने से क्या लाभ?' पर मन नहीं मानता, अतीत के मधुस्रोत में कभी-कभी अवगाहन किया ही करता है। ऐसा स्मरण वास्तविक

होने पर भी रसात्मक होता है। हम सचमुच स्मरण करते हैं और रसमग्न होते हैं।

स्मृति दो प्रकार की होती है—(क) विशुद्ध स्मृति और (ख) प्रत्यक्षाश्रित स्मृति या प्रतयभिज्ञान।

(क) विशुद्ध स्मृति

यों तो नित्य न जाने कितनी बातों को हम स्मरण किया करते हैं पर इनमें से कुछ बातों का स्मरण ऐसा होता है जो हमारी मनोवृत्ति को शरीर यात्रा के विधानों की उलझन से अलग करके शुद्ध मुक्त भाव भूमि में ले जाता है। प्रिय का स्मरण, बाल्यकाल या यौवनकाल के अतीत जीवन का स्मरण, प्रवास में स्वदेश के स्थलों का स्मरण ऐसा ही होता है। 'स्मरण' संचारी भावों में माना गया है। जिसका तात्पर्य यह है कि स्मरण रसकोटि में तभी आ सकता है जब कि उसका लगाव किसी स्थायी भाव से हो। किसी को कोई बात भूल गई हो और फिर याद हो जाय, या कोई वस्तु कहाँ रखी है, यह ध्यान में आ जाय तो ऐसा स्मरण रस क्षेत्र के भीतर न होगा। अब रहा यह कि वास्तविक स्मरण—किसी काव्य में वर्णित स्मरण नहीं—कैसे स्थायी भावों के साथ संबंध होने पर रसात्मक होता है। रति, हास और करुणा से संबद्ध स्मरण ही अधिकतर रसात्मक कोटि में आता है।

लोभ और प्रीति' नामक निबंध में हम रूप, गुण आदि से स्वतंत्र साहचर्य को भी प्रेम का एक सबल कारण बता चुके हैं। इस साहचर्य का प्रभाव प्रबल रूप में स्मरण काल के भीतर देखा जाता है। जिन व्यक्तियों की ओर हम कभी विशेष रूप से आकर्षित नहीं हुए थे, यहाँ तक कि जिनसे हम चिढ़ते या लड़ते-झगड़ते थे, देश या काल का लंबा व्यवधान पड़ जाने पर हम उनका स्मरण प्रेम के साथ करते हैं। इसी प्रकार जिन वस्तुओं पर आते-जाते केवल हमारी नजर पड़ा करती थी, जिनको सामने पाकर हम किसी विशेष भाव का अनुभव नहीं करते थे, वे भी हमारी स्मृति में मधु में लिपटी हुई आती हैं। इस माधुर्य का रहस्य क्या है? जो हो, हमें तो ऐसा दिखाई पड़ता है कि हमारी यह कालयात्रा, जिसे जीवन कहते हैं, जिन-जिन रूपों के बीच से होती चली आती है, हमारा हृदय उन सबको पास समेटकर अपनी रागात्मक सत्ता के अंतर्भूत करने का प्रयत्न करता है। यहाँ से वहाँ तक वह एक भावसत्ता की प्रतिष्ठा चाहता है। ज्ञानप्रसार के साथ-साथ रागात्मिका वृत्ति का यह प्रसार एकीकरण या समन्विति की एक प्रक्रिया है। ज्ञान हमारी आत्मा के तटस्थ (Transcendent)— स्वरूप का संकेत है, रागात्मक हृदय उसके व्यापक (Immanent) स्वरूप का ज्ञान ब्रह्म है तो हृदय ईश्वर है। किसी व्यक्ति या वस्तु को जानना ही वह शक्ति नहीं जो उस व्यक्ति या वस्तु को हमारी अंतस्सत्ता में सम्मिलित कर दे, वह शक्ति है—राग या प्रेम।

जैसा कह आए हैं, रति, हास और करुणा से संबद्ध स्मरण अधिकतर रस

क्षेत्र में प्रवेश करता है। प्रिय का स्मरण, बाल सखाओं का स्मरण, अतीत जीवन के दृश्यों का स्मरण प्रायः रतिभाव से संबद्ध स्मरण होता है। किसी दीनदुखी का पीड़ित व्यक्ति के उसकी विवर्ण आकृति चेष्टा आदि के स्मरण का लगाव करुणा से होता है। दूसरे भावों के आलंबनों का स्मरण भी कभी रस सिक्त होता है—पर वहीं जहाँ हम सहृदय द्रष्टा के रूप में रहते हैं। अर्थात् जहाँ आलंबन केवल हमारी ही व्यक्तिगत भावसत्ता से संबद्ध नहीं संपूर्ण नरजीवन की भावसत्ता से संबद्ध होते हैं।

(ख) प्रत्यभिज्ञान

अब हम उस प्रत्यक्ष मिश्रित स्मरण को लेते हैं जिसे प्रत्यभिज्ञान कहते हैं। प्रत्यभिज्ञान में थोड़ा सा अंश प्रत्यक्ष होता है और बहुत सा अंश उसी के संबंध से स्मरण द्वारा उपस्थित होता है। किसी व्यक्ति को हमने कहीं देखा और देखने के साथ ही स्मरण किया कि यह वही है जो अमुक स्थान पर उस दिन बहुत से लोगों के साथ झगड़ा कर रहा था। वह व्यक्ति हमारे सामने प्रत्यक्ष है। उसके सहारे से हमारे मन में झगड़े का वह सारा दृश्य उपस्थित हो गया जिसका वह एक अंग था। 'यह वही है' इन्हीं शब्दों में प्रत्यभिज्ञान की व्यंजना होती है।

स्मृति के समान प्रत्यभिज्ञान में भी रस संचार की बड़ी गहरी शक्ति होती है। बाल्य या कौमार जीवन के किसी साथी के बहुत दिनों पीछे सामने आने पर कितने पुराने दृश्य हमारे मन के भीतर उमड़ पड़ते हैं और हमारी वृत्ति उनके माधुर्य में किस प्रकार मग्न हो जाती है। किसी पुराने पेड़ को देखकर हम कहने लगते हैं कि यह वही पेड़ है जिसके नीचे हम अपने अमुक-अमुक साथियों के साथ बैठा करते थे। किसी घर या चबूतरे को देखकर भी अतीत दृश्य इसी प्रकार हमारे मन में आ जाते हैं और हमारा मन कुछ और हो जाता है। कृष्ण के गोकुल से चले जाने पर वियोगिनी गोपियाँ जब-जब यमुना तट पर आ जाती हैं तब-तब उनके भीतर यही भावना उठती है कि 'यह वही यमुना तट है' और उनका मन काल का परदा फाड़ अतीत के उस दृश्य क्षेत्र में जा पहुँचता है जहाँ श्रीकृष्ण गोपियों के साथ उस तट पर विचरते थे—

मन है जात अजौं वहै वा जमुना तीर।

प्राचीन कवियों ने भी प्रत्यभिज्ञान के रसात्मक स्वरूप का बराबर विधान किया है। हृदय की गूढ़ वृत्तियों के सच्चे पारखी भावमूर्ति भवभूति ने शम्बूक का बध करके दंडकारण्य के बीच फिरते हुए राम के मुख से प्रत्यभिज्ञान की बड़ी मार्मिक व्यंजना कराई है—

ऐते त एक गिरयो विरुवन्मयूरा–
स्तान्येव मत्त-हरिणानि वनस्थलानि।
आमंजु वंजुललतानि च तान्यमनि
नीरन्ध्र नील निचुलानि सरित्तटानि।

एक दूसरे प्रकार के प्रत्यभिज्ञान का रसात्मक प्रभाव प्रदर्शित करने के लिए ही उक्त कवि ने उत्तर रामचरित में चित्रशाला का समावेश किया है।

कहने की आवश्यकता नहीं कि प्रत्यभिज्ञान की रसात्मक दशा में मनुष्य मन में आई हुई वस्तुओं में ही रमा रहता है, अपने व्यक्तित्व को पीछे डाले रहता है।

दशा की विपरीतता की भावना लिये हुए जिस प्रत्यभिज्ञान का उदय होता है उसमें करुण वृत्ति के संचालन की बड़ी गहरी शक्ति होती है। कवि और वक्ता बराबर उसका उपयोग करते हैं, जब हम किसी ऐसी बस्ती ग्राम या खंडहर को देखते हैं जिनमें किसी समय हमने बहुत चहल-पहल या सुख समृद्धि देखी थी तब 'यह वही है' की भावना हमारे हृदय को एक अनिर्वचनीय करुणस्रोत में मग्न करती है। अंग्रेजी के परम भावुक कवि गोल्डस्मिथ ने एक अत्यंत मार्मिक स्वरूप दिखाने के लिए ही 'ऊजड़ ग्राम' की रचना की थी।

स्मृत्याभास कल्पना

अब तक हमने रसात्मक स्मरण और रसात्मक प्रत्यभिज्ञान को विशुद्ध रूप में देखा है अर्थात् ऐसी बातों के स्मरण का विचार आया है जो पहले कभी हमारे सामने हो चुकी हैं। अब हम उस कल्पना को लेते हैं जो स्मृति या प्रत्यभिज्ञान में पहले देखी हुई वस्तुओं या बातों के स्थान पर या पहले सुनी या पढ़ी हुई बातें हुआ करती हैं अथवा अनुमान द्वारा पूर्णतया निश्चित। बुद्धि और वाणी के प्रसार द्वारा मनुष्य का ज्ञान प्रत्यक्ष बोध तक ही परिमित नहीं रहता, वर्तमान, के आगे-पीछे भी जाता है। आगे आनेवाली वातों से यहाँ प्रयोजन नहीं, प्रयोजन है अतीत से। अतीत की कल्पना भावुकों में स्मृति की सी सजीवता प्राप्त करती है और कभी-कभी अतीत का कोई बचा हुआ चिह्न पाकर प्रत्यभिज्ञान का सा रूप ग्रहण करती है। ऐसी कल्पना के विशेष मार्मिक प्रभाव का कारण यह है कि यह सत्य का आधार लेकर खड़ी होती है। इसका आधार या तो आप्त शब्द (इतिहास) होता है अथवा शुद्ध अनुमान।

पहले हम स्मृत्याभास कल्पना के उस स्वरूप को लेते हैं, जिसका आधार आप्त शब्द या इतिहास होता है। जैसे अपने व्यक्तिगत अतीत जीवन की मधुर स्मृति मनुष्य में होती है वैसे ही समष्टि रूप में अतीत नर जीवन की भी एक प्रकार की स्मृत्याभास कल्पना होती है जो इतिहास के संकेत पर जगती है। इसकी मर्मिकता भी निज के अतीत जीवन की स्मृति की मार्मिकता के ही समान होती है। मानव जीवन की चिरकाल से चली आती हुई अखंड और व्यापकता का आभास देती है। यह स्मृति स्वरूपा कल्पना कभी-कभी प्रत्यभिज्ञान का भी रूप धारण करती है। प्रसंग उठने पर जैसे इतिहास द्वारा ज्ञात किसी घटना या दृश्य के ब्यौरों को कहीं बैठे-बैठे हम मन में लाया करते हैं और कभी-कभी उनमें लीन हो जाते हैं वैसे ही किसी इतिहास प्रसिद्ध

स्थल पर पहुँचने पर हमारी कल्पना चट उस स्थल पर घटित किसी मार्मिक पुरानी घटना अथवा उससे संबंध रखनेवाली कुछ ऐतिहासिक व्यक्तियों के बीच हमें पहुँचा देती है, जहाँ से हम फिर वर्तमान की ओर लौटकर कहने लगते हैं कि 'यह वही स्थल है जो कभी सजावट से जगमगाता था, जहाँ अमुक सम्राट सभासदों के बीच सिंहासन पर विराजते थे, यह वही फाटक है जिस पर ये वीर अद्‌भुत पराक्रम के साथ लड़े थे इत्यादि।' इस प्रकार हम उस काल से लेकर इस काल तक अपनी सत्ता के प्रसार का आरोप क्या अनुभव करते हैं।

सूक्ष्म ऐतिहासिक अध्ययन के साथ-साथ जिसमें जितनी ही गहरी भावुकता होगी, जितनी ही तत्पर कल्पना शक्ति होगी उसके मन में उतने ही अधिक ब्यौरे आएँगे और पूर्ण चित्र खड़ा होगा। इतिहास का कोई भावुक और कल्पना सम्पन्न पाठक यदि पुरानी दिल्ली, कन्नौज, थानेसार, चित्तौड़, उज्जयिनी, विदिशा इत्यादि के खंडहरों पर पहले पहल भी जो खड़ा होता है तो उसके मन में वे सब बातें आ जाती हैं जिन्हें उसने इतिहासों में पढ़ा था या लोगों से सुना था। यदि उसकी कल्पना तीव्र और प्रचुर हुई तो बड़े-बड़े तोरणों से युक्त उन्नत प्रासादों की, उत्तरीय और उष्णीयधारी नागरिकों की, अलक्तरंजित चरणों में पड़े हुए नूपुरों की झंकार की, कटि के नीचे लटकती हुई कांची के लड़ियों की, धूप वासित केश-कलाप और पत्रभंग मंडित गंडस्थल की भावना उसके मन में चित्र सी खड़ी होगी। उक्त नगरों का यह रूप उसने कभी देखा नहीं है, पर पुस्तकों के पठन-पाठन से इस रूप की कल्पना उसके भीतर संस्कार के रूप में जग गई है जो उन नगरों ध्वंसावशेष के प्रत्यक्ष दर्शन से जग जाती है।

एक बात कह देना आवश्यक है कि आप्त वचन या इतिहास के संकेत पर चलनेवाली कल्पना या मूर्त भावना अनुमान-का भी सहारा लेती है। किसी घटना का वर्णन करने में इतिहास इस घटना के समय की रीति, वेशभूषा, संस्कृति आदि का ब्यौरा नहीं देता चलता। अतः किसी ऐतिहासिक काल का कोई चित्र मन में लाते समय ऐसे ब्यौरों के लिए अपनी जानकारी के अनुसार हमें अनुमान का सहारा लेना पड़ता है।

यह तो हुई आप्त शब्द या इतिहास पर आश्रित स्मृति रूपी या प्रत्यभिज्ञानरूपी कल्पना। एक प्रकार की प्रत्यभिज्ञानरूपी कल्पना और होती है जो बिल्कुल अनुमान के सहारे पर खड़ी होती और चलती है। यदि हम एकाएक किसी अपरिचित स्थान के खंडहरों में पहुँच जाते हैं—जिसके संबंध में हमने कहीं कुछ सुना या पढ़ा नहीं है—तो भी गिरे पड़े मकानों, दीवारों, देवालयों आदि को सामने पाकर हम कभी-कभी कह बैठते हैं कि 'यह वही स्थान है जहाँ कभी मित्रों की मंडली जमती थी, रमणियों का हास विलास होता था, बालकों का क्रीड़ा रव सुनायी पड़ता था इत्यादि।' कुछ चिह्न पाकर केवल हनुमान के संकेत पर ही कल्पना इन रूपों और व्यापारों की योजना में तत्पर हो गई। ये रूप और व्यवहार हमारे जिस मार्मिक रागात्मक भाव के आलंबन

होते हैं उनका हमारे व्यक्तिगत योग क्षेम से कोई संबंध नहीं, अतः उसकी रसात्मकता स्पष्ट है।

अतीत की स्मृति में मनुष्य के लिए स्वाभाविक आकर्षण है। अर्थ परायण लाख कहा करें कि 'गड़े मुर्दे उखाड़ने से क्या फायदा', पर हृदय नहीं मानता, बार-बार अतीत की ओर जाया करता है, अपनी यह बुरी आदत नहीं छोड़ता। इसमें कुछ रहस्य अवश्य है। हृदय के लिए अतीत एक मुक्ति लोक है जहाँ वह अनेक प्रकार के बंधनों से छूटा रहता है और अपने शुद्ध रूप में विचरता है। वर्तमान हमें अंधा बनाए रहता है, अतीत बीच-बीच में हमारी आँखें खोलता रहता है, मैं तो समझता हूँ कि जीवन का नित्य स्वरूप दिखानेवाला दर्पण मनुष्य के पीछे रहता है। आगे तो बराबर खिसकता हुआ दुर्भेद्य परदा रहता है। बीती बिसारने वाले 'आगे की सुध' रखने का दावा किया करें, परिणाम अशांति के अतिरिक्त और कुछ नहीं वर्तमान को सँभालने और आगे की सुध रखने का डंका पीटनेवाले संसार में जितने ही अधिक होते जाते हैं, संघ शक्ति के प्रभाव से जीवन की उलझनें उतनी ही बढ़ती जातीं हैं। बीती बिसारने का अभिप्राय है जीवन की अखंडता और व्यापकता की अनुभूति का विसर्जन, सहृदयता और भावुकता का भंग-केवल धर्म की निष्ठुर क्रीड़ा।

कुशल यही है कि जिनका दल सही सलामत है, जिनका हृदय मारा नहीं गया है, उनकी दृष्टि अतीत की ओर जाती है। क्यों जाती है, क्या करने जाती है, यह बताते नहीं बनता। अतीत कल्पना का लोक है, एक प्रकार का स्वप्नलोक है, इसमें संदेह नहीं। अतः यदि कल्पना लोक के सब खंडों को सुखपूर्ण मान लें तब तो प्रश्न टेढ़ा नहीं रह जाता। झट से यह कहा जा सकता है कि वह सुख प्राप्त करने जाती है। पर क्या ऐसा माना जा सकता है? हमारी समझ में अतीत की ओर मुड़ मुड़कर देखने की प्रवृत्ति सुख-दुःख की भावना से परे है। स्मृतियाँ हमें केवल सुखपूर्ण दिनों की झाँकियाँ नहीं समझ पड़तीं। वे हमें लीन करती हैं, हमारा मर्म स्पर्श करती हैं, बस इतना ही हम कह सकते हैं। यही बात स्मृत्याभास कल्पना के संबंध में भी समझनी चाहिए। इतिहास द्वारा ज्ञात बातों की मूर्त्त भावना कितनी मार्मिक, कितनी लीन करनेवाली होती है, न सहृदयों से छिपा है, न छिपाते बनता है। मनुष्य की अंतःप्रकृति पर इसका प्रभाव स्पष्ट है। जैसा कि कहा जा चुका है, इसमें स्मृति की सजीवता होती है। इस मार्मिक प्रभाव और सजीवता का मूल है सत्य। सत्य से अनुप्राणित होने के कारण ही कल्पना स्मृति और प्रत्यभिज्ञान का सा रूप धारण करती है। कल्पना के इस स्वरूप की सत्य मूलक सजीवता और मार्मिकता का अनुभव करके ही संस्कृत के पुराने कवि अपने महाकाव्य और नाटक इतिहास-पुराण के किसी वृत्त का आधार लेकर रचा करते थे।

'सत्य' से यहाँ अभिप्राय केवल वस्तुतः घटित वृत्त ही नहीं, निश्चयात्मकता से प्रतीत वृत्त भी है। जो बात इतिहासों में प्रसिद्ध चली आ रही है, वह यदि पक्के

प्रमाणों से पुष्ट भी न हो, तो भी लोगों के विश्वास के बल पर उक्त प्रकार की स्मृति स्वरूपा कल्पना का आधार हो जाती है। आवयश्क होता है केवल इस बात का बहुत दिनों से जमा हुआ विश्वास कि इस प्रकार की घटना इस स्थल पर हुई थी। यदि ऐसा विश्वास सर्वथा विरुद्ध प्रमाण उपस्थित होने पर विचलित हो जाएगा तो वैसी सजीव कल्पना न जगेगी। संयोगिता के स्वयंवर की कथा को लेकर कुछ काव्य और नाटक रचे गए। ऐतिहासिक अनुसंधान द्वारा वह सारी कथा अब कल्पित सिद्ध हो गई है। अतः इतिहास के ज्ञाताओं के लिए उन काव्यों या नाटकों में वर्णित घटना का ग्रहण शुद्ध कल्पना की वस्तु के रूप में होगा, स्मृत्याभास कल्पना की वस्तु के रूप में नहीं।

पहले कहा जा चुका है कि मानव जीवन का नित्य और प्रकृत स्वरूप देखने के लिए दृष्टि जैसी शुद्ध होनी चाहिए वैसी अतीत के क्षेत्र के बीच ही वह होती है। वर्तमान में तो हमारे व्यक्तिगत राग द्वेष में वह ऐसी बँधी रहती है कि हम बहुत सी बातों को देखकर भी नहीं देखते। प्रसिद्ध प्राचीन नगरों और गढ़ों के खंडहर, राजप्रासाद आदि जिस प्रकार सम्राटों के ऐश्वर्य, विभूति, प्रताप आमोद प्रमोद और भोग विलास के स्मारक हैं, उसी प्रकार उनके अवसाद, विशाद, नैराश्य और घोर पतन के। मनुष्य की ऐश्वर्य, विभूति, सुख सौंदर्य की वासना अभिव्यक्त होकर जगत् के किसी छोटे या बड़े को अपने रंग में रंगकर मानुषी सजीवता प्रदान करती है। देखते-देखते काल उस वासना के आश्रय मनुष्यों को हटाकर किनारे कर देता है। धीरे-धीरे उनका चढ़ाया हुआ ऐश्वर्य विभूति का वह रंग भी मिटंता जाता है जो कुछ शेष रह जाता है वह बहुत दिनों तक ईंट-पत्थर की भाषा में एक पुरानी कहानी कहता रहता है। संसार का पथिक मनुष्य उसे अपनी कहानी समझकर सुनता है क्योंकि उसके भीतर झलकता है जीवन का नित्य और प्रकृत स्वरूप।

कुछ व्यक्तियों के स्मारक चिह्न तो उनके पूरे प्रतिनिधि या प्रतीक बन जाते हैं और उसी प्रकार हमारी घृणा या प्रेम के आलंबन हो जाते हैं जिस प्रकार लोक के बीच अपने जीवनकाल में वे व्यक्ति थे। ऐसे व्यक्ति घृणा या प्रेम को अपने पीछे भी बहुत दिनों तक जगत् में जगाते रहते हैं। ये स्मरक न जाने कितनी बातें अपने पेट में लिये कहीं खड़े, बैठे कहीं पड़े हैं।

किसी अतीत जीवन के ये स्मारक या तो यों ही–शायद काल की कृपा से-बने रह जाते हैं अथवा जानबूझकर छोड़े जाते हैं। जान बूझकर कुछ स्मारक छोड़े जाने की कामना भी मनुष्य की प्रकृति के अंतर्गत है। अपनी सत्ता के सर्वथा लोक की भावना मनुष्य को असह्य है। अपनी भौतिक सत्ता तो वह बनाए नहीं रख सकता अतः वह चाहता है कि उस सत्ता की स्मृति ही किसी जनसुमदाय के बीच बनी रहे। बाह्य जगत् में नहीं तो अंतर्जगत् के किसी खंड में ही वह बना रहना चाहता है। इसे हम अमरत्व की आकांक्षा या आत्मा के नित्यत्व की

इच्छात्मक आभास कह सकते हैं। अपनी स्मृति बनाए रखने के लिए कुछ मनस्वी कला का सहारा लेते हैं और उसके आकर्षक सौंदर्य की प्रतिष्ठा करके विस्मृति के खड्ड में झोंकनेवाले काल के हाथों को बहुत दिनों तक सहस्रों वर्ष तक थामे रहते हैं। इस प्रकार के स्मारक काल के हाथों को कुछ थामकर मनुष्य को कई पीढ़ियों की आँखों से आँसू बहवाते चले चलते हैं। मनुष्य अपने पीछे होनेवाले मनुष्यों को अपने लिए रुलाना चाहता है।

सम्राटों की अतीत जीवन लीला के ध्वस्त रंगमंच वैषम्य की एक विशेष भावना जगाते हैं। उनमें जिस प्रकार भाग्य के ऊँचे से ऊँचे उत्थान का दृश्य निहित रहता है वैसे ही गहरे से गहरे पतन का भी। जो जितने ही ऊँचे पर चढ़ा दिखाई देता है, गिरने पर वह उतना ही नीचे जाता दिखाई देता है। दर्शकों को उसके उत्थान की ऊँचाई जितनी कुतूहलपूर्ण और विस्मयकारिणी होती है, उतनी ही उसके पतन की गहराई मार्मिक और आकर्षक होती है। असामान्य की ओर लोगों की दृष्टि भी अधिक दौड़ती है और टकटकी भी अधिक लगती है। अत्यंत ऊँचाई से गिरने का दृश्य कोई कुतूहल के साथ देखता है, कोई गंभीर वेदना के साथ।

जीवन तो जीवन, चाहे राजा का हो चाहे रंक का। उसके सुख और दुःख दो पक्ष होंगे ही। इनमें से कोई पक्ष स्थिर नहीं रह सकता। संसार और स्थिरता? अतीत के लंबे-चौड़े मैदान के बीच इन उभय पक्ष की घोर विषमता सामने रखकर कोई भावुक जिस भाव धारा में डूबता है। उसी में औरों को डुबाने के लिए शब्द स्रोत भी बहाता है। इस पुनीत भावधारा के अवगाहन करने से वर्तमान की अपने पराए की लगी लपटी मैल छँटती है और हृदय स्वच्छ होता है। ऐतिहासिक व्यक्तियों या राजकुलों के जीवन की जिन विषमताओं की ओर सबसे अधिक ध्यान जाता है वे प्रायः दो ढंग की होती हैं—सुख-दुःख संबंधिनी तथा उत्थान पतन संबंधिनी। सुख-दुःख की विषमता की ओर जिसकी भावना प्रवृत्त होगी वह एक ओर तो जीवन का भोग पक्ष यौवन मद, विलास की प्रभूत सामग्री कला सौंदर्य की जगमगाहट, रागरंग और आमोद-प्रमोद की चहल पहल—और दूसरी ओर अवसाद, नैराश्य, कष्ट, वेदना इत्यादि के दृश्य मन में लाएगा। बड़े-बड़े प्रतापी सम्राटों के जीवन को लेकर भी वह ऐसा ही करेगा। उनके तेज, प्रताप, पराक्रम इत्यादि की भावना वह इतिहास विज्ञ पाठक की सहृदयता पर छोड़ देगा। कहने की आवश्यकता नहीं कि सुख और दुःख के बीच का वैषम्य जैसा मर्मिक होता है वैसा ही उन्नति और अवनति प्रताप और ह्रास के बीच का भी। इस वैषम्य प्रदर्शन के लिए एक ओर तो किसी के पतन काल के असामर्थ्य, दीनता, विवशता, उदासीनता इत्यादि के दृश्य सामने रखे जाते हैं, दूसरी ओर उसके ऐश्वर्यकाल के प्रताप, तेज, पराक्रम इत्यादि के वृत्त स्मरण किए जाते हैं।

इस दुःखमय संसार में सुख की इच्छा और प्रयत्न प्राणियों का लक्षण है। यह

लक्षण मनुष्य में सबसे अधिक रूपों में विकसित हुआ है। मनुष्य की सुखेच्छा कितनी प्रबल कितनी शक्तिशालिनी निकली। न जाने कब से वह प्रकृति को काटती छाँटती संसार का कायापलट करती चली आ रही है। वह शायद अनंत है, 'आनंद' का अनंत प्रतीक है। वह इस संसार में न समा सकी तब कल्पना को साथ लेकर उसने वहीं बहुत दूर स्वर्ग की रचना की। चतुर्वर्ग में इस सुख का नाम 'काम' है। यद्यपि देखने में 'अर्थ और 'काम' अलग-अलग दिखाई पड़ते हैं, पर सच पूछिए तो 'अर्थ' 'काम' का ही एक साधन ठहरता है, साध्य रहता है काम या सुख ही। अर्थ है संचय, आयोजन और तैयारी की भूमि, काम भोग भूमि है। मनुष्य कभी अर्थभूमि पर रहता है कभी काम भूमि पर। अर्थ और काम के बीच जीवन बाँटता हुआ वह चला चलता है। दोनों का ठीक सामंजस्य सफल जीवन का लक्षण है। जो अनन्य भाव से अर्थ साधन में ही लीन रहेगा वह हृदय खो देगा, जो आँख मूँदकर कामचर्या में ही लिप्त रहेगा, वह किसी अर्थ का न रहेगा। अकबर के जीवन में अर्थ और काम का सामंजस्य रहा। औरंगजेब बराबर अर्थभूमि पर ही रहा। मुहम्मदशाह सदा काम भूमि पर ही रहकर रंग बरसाते रहे।

काव्य वस्तु का सारा रूप विधान इसी क्रिया से होता है। आजकल तो 'भाव' की बात दब सी गई है, केवल इसी का नाम लिया जाता है, क्योंकि 'कवि की नूतन सृष्टि' केवल इसी की कृति समझी जाती है। पर जैसा कि हम अनेक स्थलों पर कह चुके हैं, काव्य के प्रयोजन की कल्पना वही होती है जो हृदय की प्रेरणा से प्रवृत्त होती है और हृदय पर प्रभाव डालती है। हृदय के मर्मस्थल का स्पर्श तभी होता है जब जगत् या जीवन का कोई सुंदर रूप, मार्मिक दशा या तथ्य मन में उपस्थिति होता है। ऐसी दशा या तथ्य की चेतना से मन में कोई भाव जागता है जो उस दशा या तथ्य की मार्मिकता का पूर्ण अनुभव करने और कराने के लिए उसके कुछ चुने हुए ब्यौरों की मूर्त्त भावनाएँ खड़ी करता है। कल्पना का यह प्रयोग प्रस्तुत के संबंध में समझना चाहिए जो विभाव के पक्ष के अंतर्गत है। शृंगार, रौद्र, वीर, करुण आदि रसों को आलंबनों और उद्दीपनों के वर्णन, प्राकृतिक दृश्यों के वर्णन सब इसी विभावपक्ष के अंतर्गत हैं।

सारा रूप विधान कल्पना ही करती है अतः अनुभाव कहे जानेवाले व्यापारों और चेष्टाओं द्वारा आश्रय को जो रूप दिया जाता है वह भी कल्पना ही द्वारा। पर भावों के द्योतक शारीरिक व्यापार या चेष्टाएँ परिमित होती हैं, वे रुढ़ या बँधी हुई होती हैं। उनमें नएपन की गुंजाइश नहीं, पर आश्रम के वचनों की अनेकरूपता की कोई सीमा नहीं। इन वचनों की भी कवि द्वारा कल्पना ही की जाती है।

वचनों द्वारा भाव व्यंजना के क्षेत्र में कल्पना को पूरी स्वच्छंदता रहती है। भाव की ऊँचाई, गहराई की कोई सीमा नहीं। उसका प्रसार लोक का अतिक्रमण कर सकता है। उसकी सम्यक् व्यंजना के लिए प्रकृति के वास्तविक विधान कभी-कभी पर्याप्त नहीं

जान पड़ते। मन की गति का वेग अबाध होता है। प्रेम के वेग में प्रेमी प्रिय को अपनी आँखों में बसा हुआ कहता है। उसके पाँव रखने के लिए पलकों के पाँवड़े बिछाता है। उसके अभाव में दिन के प्रकाश में भी चारों ओर शून्य या अंधकार देखता है, अपने शरीर की भस्म उड़ाकर उसके पास तक पहुँचाना चाहता है। इसी प्रकार क्रोध के वेग में मनुष्य शत्रु को पीसकर चटनी बना डालने के लिए खड़ा होता है, उसके घर को खोदकर तालाब बना डालने की प्रतिज्ञा करता है। उत्साह या वीरता की उमंग में वह समुद्र पाट देने, पहाड़ों को उखाड़ फेंकने का हौसला प्रकट करता है।

ऐसे लोकोत्तर विधान करनेवाली कल्पना में भी यह देखा जाता है कि जहाँ कार्यकारण विवेचनापूर्ण वस्तु व्यंजना का टेढ़ा रास्ता पकड़ा जाता है, वहाँ वैचित्र्य रह जाता है, मार्मिकता दब जाती है। जैसे, यदि कोई कहे कि 'कृष्ण के वियोग में राधा का दिन-रात रोना सुनकर लोग घर-घर में नावें बनवा रहे हैं तो यह कथन-मार्मिकता की हद के बाहर जान पड़ेगा।

विभाव पक्ष के ही अंतर्गत हम उन सब प्रस्तुत वस्तुओं और व्यापारों को भी लेते हैं जो हमारे मन में सौंदर्य, माधुर्य, दीप्ति, कांति, प्रताप, ऐश्वर्य विभूति इत्यादि की भावनाएँ उत्पन्न करते हैं। ऐसी वस्तुओं और व्यापारों की योजना करनेवाली। प्रतिभा भी विभाव विधायिनी ही समझनी चाहिए। कवि कभी-कभी सौंदर्य, माधुर्य, दीप्ति इत्यादि की अनूठी सृष्टि खड़ी करने के लिए चारों ओर से सामग्री एकत्र करके पराकाष्ठा को पहुँची हुई लोकोत्तर योजना करते हैं। यह भी कवि कर्म के अंतर्गत है, पर सर्वत्र अपेक्षित उसकी कोई नित्य प्रक्रिया नहीं। मन के भीतर लोकोत्तर उत्कर्ष की झाँकियाँ तैयार करना भी कल्पना का एक काम है। इस काम में कविता उसे प्रायः लगाया करती है। कुछ लोग तो कल्पना और कविता का यही काम ही बताते हैं—खासकर वे लोग जो काव्य को स्वप्न का सगा भाई मानते हैं जैसे स्वप्न को वे अंतस्संज्ञा में निहित अतृप्त वासनाओं की अंतर्व्यंजना कहते हैं, वैसे ही काव्य को भी। संसार में जितना अद्भुत, सुंदर, मधुर, दीप्त हमारे सामने आता है, जितना सुख, समृद्धि, सद्वृत्ति, सद्भाव, प्रेम, आनंद हमें दिखाई पड़ता है उतने से तृप्त न होने के कारण प्रचंडता, उथल- पुथल, ध्वंस इत्यादि को हम जितने बढ़े-चढ़े रूप में देखना चाहते हैं उतने बढ़े-चढ़े रूपों में कहीं न देख हमारी इच्छा चेतना या संज्ञा के नीचे अज्ञात दशा में दबी पड़ी रहती है। वे ही इच्छाएँ तृप्ति के लिए कविता के रूप में व्यक्त होती हैं और श्रोताओं को भी तृप्त करती हैं।

इस संबंध में हम यहाँ इतना ही कहना चाहते हैं कि काव्य सर्वथा स्वप्न के रूप की वस्तु नहीं है। स्वप्न के साथ यदि उसका कुछ मेल है तो केवल इतना ही कि स्वप्न भी हमारी बाह्य इंद्रियों के सामने नहीं रहता और काव्य वस्तु भी। दोनों के आविर्भाव का स्थान भर एक है। स्वप्न में भेद है। कल्पना में आई हुई वस्तुओं की प्रतीति से स्वप्न में दिखाई पड़नेवाली वस्तुओं की प्रतीति भिन्न प्रकार की होती

है। स्वप्न काल की प्रतीति प्रायः प्रत्यक्ष ही के समान होती है। दूसरी बात यह है कि काव्य में शोक के प्रसंग भी रहते हैं। शोक की वासना की तृप्ति शायद ही कोई प्राणी चाहता हो।

उपर्युक्त सिद्धांत का ही एक अंग काम-वासना का सिद्धांत है जिसके अनुसार काव्य का संबंध और कलाओं के समान, काम-वासना की तृप्ति से है। यहाँ पर इतना ही समझ लेना आवश्यक है कि यह मत काव्य को 'ललित कलाओं में गिनने का परिणाम है।' कलाओं के संबंध में, जिनका लक्ष्य केवल सौंदर्य की अनुभूति उत्पन्न करना है, यह मत कुछ ठीक कहा जा सकता है। इसी से 64 कलाओं का उल्लेख हमारे यहाँ कामशास्त्र के भीतर हुआ है। पर काव्य की गिनती कलाओं में नहीं की गई है।

अब तक जो कुछ कहा गया है वह प्रस्तुत के संबंध में है। पर काव्य में प्रस्तुत के अतिरिक्त अप्रस्तुत भी बहुत अधिक अपेक्षित होता है, क्योंकि साम्यभावना काव्य का ही बड़ा शक्तिशाली अस्त्र है। कहने की आवश्कता नहीं कि अप्रस्तुत की योजना भी कल्पना ही द्वारा होती है। आधुनिक पाश्चात्य समीक्षा क्षेत्र में जो 'कल्पना' शब्द से अधिकतर अप्रस्तुत विधायिनी कल्पना ही समझी जाती है। अप्रस्तुत की योजना के संबंध में भी यही बात समझनी चाहिए जो प्रस्तुत के संबंध में हम कह आए हैं अर्थात् उसकी योजना भी यदि किसी भावना के संकेत पर होगी—सौंदर्य, माधुर्य, भीषणता, क्रांति, दीप्ति इत्यादि की भावना में वृद्धि करनेवाली होगी-तब तो वह काव्य के प्रयोजन की होगी। यदि केवल रंग, आकृति, छोटाई, बड़ाई आदि ही हिसाब-किताब बैठाकर की जाएगी तो निष्फल ही नहीं बाधक भी होगी। भाव की प्रेरणा से जो अप्रस्तुत लाए जाते हैं उनकी प्रभविष्णुता पर कवि की दृष्टि रहती है, इस बात पर रहती है कि इनके द्वारा भी वैसी ही भावना जगे जैसे प्रस्तुत के संबंध में है।

केवल शास्त्र स्थिति संपादन से कवि कर्म की सिद्धि समझ कुछ लोगों ने स्त्री की कटि की सूक्ष्मता व्यक्त करने के लिए भिड़ या सिंहनी की कटि सामने रख दी है, चंद्रमंडल और सूर्यमंडल के उपमान के लिए दो घंटे सामने कर दिए हैं। ऐसे अप्रस्तुत विधान केवल छोटाई बड़ाई या आकृति को ही पकड़ केवल उसी का हिसाब-किताब बैठाकर हुए हैं, उस सौंदर्य की भावना की प्रेरणा से नहीं जो उस नायिक या चंद्रमंडल के संबंध में रही होगी। यह देखकर संतोष होता है कि हिंदी की वर्तमान प्रभावसाम्य पर ही विशेष दृष्टि रहती है।

भाषा-शैली को अधिक व्यंजक, मार्मिक और चमत्कारपूर्ण बनाने में भी कल्पना ही काम करती है। कल्पना की सहायता यहाँ पर भाषा की लक्षणा और व्यंजना नाम की शक्तियाँ करती हैं। लक्षणा के सहारे ही कवि ऐसी भाषा का प्रयोग बेधड़क कर जाते हैं। जैसी सामान्य व्यवहार में नहीं सुनायी पड़ती। ब्रजभाषा के कवियों में घनानंद इस प्रसंग में सबसे अधिक उल्लेख योग्य हैं। भाषा को वे इतनी वशवर्तिनी

दूब-धान

अनामिका

वाणी प्रकाशन

वाणी प्रकाशन

4695, 21-ए, दरियागंज, नयी दिल्ली 110 002

फ़ोन : +91 11 23273167 फ़ैक्स : +91 11 23275710

शाखाएँ

अशोक राजपथ, पटना 800 004, बिहार

कॉफ़ी हाउस कैम्पस, महात्मा गांधी मार्ग, इलाहाबाद 211 001, उत्तर प्रदेश

महात्मा गांधी अन्तरराष्ट्रीय हिन्दी विश्वविद्यालय, वर्धा 442 001, महाराष्ट्र

सुल्तानिया रोड, मोतिया पार्क, भोपाल 462 001, मध्य प्रदेश

www.vaniprakashan.in
marketing@vaniprakashan.in
sales@vaniprakashan.in

DOOB-DHAN
by Anamika

ISBN : 978-93-89012-68-2
Poetry Collection

प्रथम संस्करण 2019

मूल्य : ₹ 295

जयंत प्रिन्टरी एलएलपी, मुंबई-2 में मुद्रित

वाणी प्रकाशन का लोगो मक़बूल फ़िदा हुसेन की कूची से

उन अपने बउआ-देवर

अणु सव्यसाची को छुटकी भाभी की

श्रद्धांजलि–

ओएनजीसी की अपनी इंजीनियरी जिन्होंने

सम्बन्धों पर भी लागू की

(पत्थरों का भी स्निग्ध पक्ष ही हरदम उजागर किया,

पत्थरों में भी 'नेह' के अगम स्रोत ढूँढ़े)

प्राक्कथन

बचपन में कवि-पिता, श्यामनन्दन किशोर के साथ कविता की 'अन्त्याक्षरी' और 'समस्यापूर्ति' खेलते हुए जो काव्य-यात्रा आरम्भ हुई, उसने चीज़ों को गौर से देखना और ध्यान से सुनना निश्चित ही सिखाया! तब से अब तक कविता का परिदृश्य काफ़ी बदला है! आई.टी. प्रोफ़ेशनल की लय में कविता-प्रोफ़ेशनल बढ़े हैं! पूरे वर्ष में अनगिनत काव्य-पाठ हर संस्था कराती है! विदेशों में रचनात्मक लेखन की जो कक्षाएँ लगती हैं, उनमें सबसे ज़्यादा प्रत्याशी काव्य-लेखन की ओर उन्मुख होते हैं! हालाँकि कविता नाम की यह विधा स्वयं 'प्रतियोगिता' के परे जाकर 'सहकारिता' में रमने की बात कहती है (नाटक से संलाप, कथा से कथानक, संगीत से लय, चित्रकला से बिम्ब लेकर बढ़ता है इसका शिल्प), फिर भी हज़ार 'काव्य प्रतियोगिताएँ' आयोजित होती ही रहती हैं। 'इण्टरनेट' जब से हवाई फायर के गुरिल्ला बेस की तरह विकसित हुआ है, रात-बिरात 'वॉट्सएेप' समूहों पर कविताएँ कुरुलिया चिड़िया-सी लगती हैं चूँ-चूँ करने! देशी-विदेशी कविताओं के अच्छे अनुवाद जो 'इण्टरनेट' पर सहज उपलब्ध हैं, उससे नये कवि भरपूर गपशप करते हैं जिससे काव्य-भाषा गहरे अर्थों में अन्तःपाठीय हुई है—चटक, शोख, चुटीली!

मेरे पुराने संकलनों से भी कुछ कविताएँ अन्तर्जाल पर और समवेत संकलनों में उपलब्ध हैं, पर ज़्यादातर संकलन बाज़ार में उपलब्ध नहीं, इसका उलाहना समय-समय पर शोधार्थियों और नये पाठकों से मिलता रहा जिन्हें पुस्तकालयों से या मेरे पास बची इकलौती प्रतियों के फ़ोटोस्टेट से एक लम्बे समय तक काम चलाना पड़ता! उन्हीं के स्नेहादेश पर नये कलेवर में वाणी प्रकाशन इन्हें पुनर्मुद्रित कर रहा है, इसका आभार!

मेरा पहले दोनों संग्रह 'शीतल स्पर्श एक धूप को' और 'गलत पते की चिट्ठी' क्रमशः 1975 और 1978 में विहार ग्रंथ कुटीर से छपे थे। मेरे स्कूल की डायरी से उतारकर माता-पिता ने सहज स्नेहवश वे कविताएं निकालकर 'एक कस्बाई लड़की की डायरी' बनी है। 'समय

के शहर में' 1990 में छपा था, 'बीजाक्षर' 1993 में, 'अनुष्टुप्' 1998 में, 'कविता में औरत' 2005 में, 'दूब-धान' 2007 में ।

मैं मुजफ़्फ़रपुर से उच्च शिक्षा के लिए दिल्ली विश्वविद्यालय 1982 में आयी। 1982 से 1998 तक के मेरे ये वर्ष इतने नये तरह के अनुभवों के कपाट मेरे सामने धकाधक खोलते चले गये कि मैं दंग। इसी बीच पिता का साया भी सर से उठ गया। मात्र इक्यावन साल के परमस्नेही और हँसमुख पिता ये कहकर गये कि मृत्यु का मातम क्या मनाना, उसी तिथि पर 'गुड़िया' की शादी कर देना जिस पर मैं तय कर गया हूँ... और महीने-भर के भीतर शादी कर भी दी गयी! लम्बे समय तक तो मैं अवाक् ही रही। उसके बाद धीरे-धीरे जो कविताएँ फूटीं—उनका छन्द नयी माँ के दूध की धार का ही छन्द था! देखते-ही-देखते वात्सल्य मेरे जीवन का स्थायी भाव बन गया! नयी माँ और नयी कॉलेज-टीचर की आँखों से जीवन-जगत् की जो विडम्बनाएँ पढ़ीं, उनका ही सजग साक्ष्य वहन करते हैं ये आगे के सारे संग्रह!

अपने 'समकाल' की पड़ताल करने चलूँ तो कुछ साझा लक्षण सामने आते हैं। मेरी पीढ़ी के अन्य कवियों से मेरा संवाद धीरे-धीरे ही बना और नब्बे के आस-पास ही। सोवियत संघ के विघटन के बाद के अवाक् दिनों में।

—अनामिका

वक्तव्य

वैयक्तिक, सामाजिक, भौतिक, आधिभौतिक जीवन की कोई भी तकलीफ़ जीवन की विडम्बनाओं की एक महीन-सी समझ मनुष्य में अनजाने विकसित कर देती है। पीड़ा इसी अर्थ में प्रक्षालक है—मुक्ति के द्वार खोलने वाली। सृजन के क्षण एक गहरे एकान्त-बोध की उपज होते हैं। यह एकान्त-बोध वितृष्णा या मोहभंग-जन्य क्षणिक मरघट-वैराग्य नहीं होता। यह होता है विडम्बनाओं की पहचान के बाद की निस्संग दृष्टि जो सृष्टि के पहले के महाशून्य से उपजी थी जब ईश्वर को भी अकेला-अकेला-सा लगने लगा था।

शुरू में सिर्फ़ अँधेरा ही अँधेरा था, जल ही जल—फिर शब्द फूटे। शब्द अँधेरे से ही फूटते हैं। यही शब्दों की नियति है—प्रकारान्तर से कविता की नियति। शब्द प्रकाश की वर्णमाला हैं—प्रकाश की पहचान का आदिसूत्र, बीजमन्त्र। अँधेरे में रास्ता टटोलने के लिए जली दियासलाई।

शुरू में आदमी चाहता है इस एकान्त को थपकियाँ देकर सुला देना, क्योंकि यह तंग और बेचैन करता है। पर होता यह है कि थोड़ी देर के लिए बाँहों में ऊँघ भी जाये तो अचानक यह एकान्त लगता है बजने—और इस पर पड़ी थपकियाँ नगाड़े पर पड़ी थपकियाँ बन जाती हैं। इसी प्रक्रिया में शब्द परमाणुओं की तरह नाचते-काँपते कविता की शक्ल में सज जाते हैं ज़रूर, पर जो कहा जाना है—वह कहने से छूट जाता है—हमेशा।

इस उत्तर-आधुनिक परिदृश्य में कविता की स्थिति डाक में खोयी उस चिट्ठी की सी है जो चाहती है कहीं पहुँचना, पर पहुँच नहीं पाती। इस कठिन समय में जब समय से स्थान, देह से मन, समष्टि से व्यष्टि विच्छिन्न हो चला है (नाभिकीय नाल की) उनकी आपसी पकड़ छूट गयी है और 'आकाश से धरती की बन्द है बातचीत'—कविता चाहती है संवाद—आत्मा का आत्मा से, प्रिय का प्रिय से, कटु का मधु से, कल्पना का यथार्थ से, शिल्प का कथ्य से, इन्द्रियों का इन्द्रियों से, सुख

का दुख से, रूप का अरूप से, भाव का रस से, अतीत का वर्तमान से, परम्परा का प्रयोग से—मनुष्य का मनुष्य से। नैहर आयी बेटी से माँ का जैसा अविरल, अभंग, सतत प्रवहमान, सरस हृदय संवाद होता है—कुछ वैसा ही संवाद कविता जन-जन से चाहती है। घर के किसी कोने में अनादृत पड़े वयोवृद्ध, ज्ञानवृद्ध अभिभावक की तरह कविता चाहती है लोगों के सूक्ष्मतम भाव-तरंगों, सुख-दुख, उत्थान-पतन से जुड़ना, पर लोग उसे अभेद्य, अबूझ और अप्रासंगिक समझकर किनारा किये रखते हैं और उसका संवाद हमेशा अधूरा रह जाता है।

संगीत से ताल-छन्द-प्रवाह, चित्रकला, मूर्तिकला से बिम्ब, वास्तुकला से शिल्प और स्थापत्य, नाट्यकला से संवाद, कथा-जगत् से विवरण लेकर कविता अस्मिता से जुड़े गम्भीरतम सत्यों का सन्धान चाहती है। कविता चाहती है हमारे सपनों, हमारी जातीय स्मृतियों को अपना दूध पिलाकर हमेशा के लिए सुरक्षित कर देना। हमारे भीतर का जो कुछ भी कोमल, उत्कृष्ट, मधुर और प्रांजल है—उसका ही बीमा चाहती है कविता।

भाव का अभाव से सम्बन्ध चूँकि घनिष्ठ है, कविता वहीं फलती-फूलती है जहाँ राजनीतिक-सामाजिक-आर्थिक उत्पीड़न का इतिहास लम्बा हो। एशियाई, अफ्रीकी, लातिन, अमरीकी, जर्मन और पोलिश कविताएँ विश्व की बेहतरीन कविताएँ शायद इसलिए हैं कि इन भू-खण्डों ने झेला-भोगा-सहा बहुत है। स्त्रियाँ—विश्व-भर की स्त्रियाँ एक अलग नवोदित राष्ट्र-सरीखी धीरे-धीरे जगती हुई उत्कृष्ट साहित्य रच रही हैं और दे रही हैं एक ऐसी दृष्टि जिसे सारी सृष्टि ही परमाणु के नाभिकीय बन्ध के भीतर नाचती हुई दिखाई दे।

—अनामिका

अनुक्रम

जोगिनिया कोठी

पेड़ हरे स्तन माँ के

गृहलक्ष्मी

बाल-भिक्खु

मायानगरी

जोगिनिया कोठी

आम्रपाली

था आम्रपाली का घर
मेरी ननिहाल के उत्तर!
आज भी हर पूनो की रात
खाली कटोरा लिये हाथ
गुज़रती है वैशाली के खँडहरों से
बौद्धभिक्षुणी आम्रपाली।

अगल-बगल नहीं देखती,
चलती है सीधी–मानो ख़ुद से बातें करती–
शरदकाल में जैसे
(कमण्डल-वमण्डल बनाने की ख़ातिर)
पकने को छोड़ दी जाती है
                    लतर में ही लौकी–
                    पक रही है मेरी हर मांसपेशी,
                    खदर-बदर है मेरे भीतर का
                    हहाता हुआ सत!

सूखती-टटाती हुई
हड्डियाँ मेरी
मरे कबूतर-जैसी
इधर-उधर फेंकी हुई मुझमें।
सोचती हूँ–क्या वो मैं ही थी–
नगरवधू–बज्जिसंघ के बाहर के लोग भी जिसकी
एक झलक को तरसते थे?
ये मेरे सन-से सफ़ेद बाल
थे कभी भौंरे के रंग के, कहते हैं लोग,

नीलमणि थीं मेरी आँखें
बेले के फूलों-सी झक सफ़ेद दत्तपंक्ति :
खँडहर का अर्द्धध्वस्त दरवाज़ा हैं अब जो!
जीवन मेरा बदला, बुद्ध मिले,
बुद्ध को घर न्योतकर
अपने रथ से जब मैं लौट रही थी
कुछ तरुण लिच्छवी कुमारों के रथ से
टकरा गया मेरे रथ का
धुर से धुर, चक्के से चक्का, जुए से जुआ!
लिच्छवी कुमारों को ये अच्छा कैसे लगता,
बोले वे चीख़कर—
"जे आम्रपाली, क्यों तरुण लिच्छवी कुमारों के धुर से
धुर अपना टकराती है?"
"आर्यपुत्रो, क्योंकि भिक्खुसंघ के साथ
भगवान बुद्ध ने भात के लिए मेरा निमन्त्रण किया है स्वीकार!"
"जे आम्रपाली!
सौ हज़ार ले और इस भात का निमन्त्रण हमें दे!"
"आर्यपुत्रो, यदि तुम पूरा वैशाली गणराज्य भी दोगे,
मैं यह महान भात तुम्हें नहीं देनेवाली!"
मेरा यह उत्तर सुन वे लिच्छवी कुमार
चटकाने लगे उँगलियाँ :
'हाय, हम आम्रपाली से परास्त हुए तो अब चलो,
बुद्ध को जीतें!'
कोटिग्राम पहुँचे, की बुद्ध की प्रदक्षिणा,
उन्हें घर न्योता,
पर बुद्ध ने मान मेरा ही रखा
और कहा—'रह जायेगी करुणा, रह जायेगी मैत्री,
बाक़ी सब ढह जायेगा...'
"तो बहा काल-नद में मेरा वैभव...
राख की इच्छामती,
राख की गंगा
राख की कृष्णा-कावेरी,
गरम राख की ढेरी
यह काया

बहती रही
सदियों
इस तट से उस तट तक!
टिमकता रहा एक अंगारा,
तिरता रहा राख की इस नदी पर
बना-ठना,
ठना-बना
तैरा लगातार!
तैरी सोने की तरी!
राख की इच्छामती!
राख की गंगा!
राख की कृष्णा-कावेरी।
झुर्रियों की पोटली में
बीज थोड़े-से सुरक्षित हैं—
वो ही मैं डालती जातीं हूँ
अब इधर-उधर!
गिर जाते हैं थोड़े-से बीज पत्थर पर,
चिड़िया का चुग्गा बन जाते हैं वे,
बाक़ी खिल जाते हैं जिधर-तिधर
चुटकी-भर हरियाली बनकर।"
सुनती हूँ मैं ग़ौर से आम्रपाली की बातें
सोचती हूँ कि कमण्डल या लौकी या बीजकोष—
जो भी बने जीवन, जीवन तो जीवन है!
हरियाली ही बीज का सपना,
रस ही रसायन है!
कमण्डल-वमण्डल बनाने की ख़ातिर
शरदकाल में जैसे पकने को छोड़ दी जाती है
लतर में ही लौकी
पक रही है मेरी हर मांसपेशी तो पकने दो, उससे क्या?
कितनी तो सुन्दर है
हर रूप में दुनिया!

तुलसी का झोला

मैं रत्ना—कहते थे मुझको रतन तुलसी
रतन—मगर गूदड़ में सिला हुआ!
किसी-किसी तरह साँस लेती रही
अपने गूदड़ में
उजबुजाती-अकबकाती हुई!
सदियों तक मैंने किया इन्तज़ार—
आयेगा कोई, तोड़ेगा टाँके गूदड़ के,
ले जायेगा मुझको आके!
　　　　पर तुमने तो पा लिया था अब राम-रतन,
　　　　इस रत्ना की याद आती क्यों?
　　　　'घन-घमण्ड' वाली चौपाई भी लिखते हुए
　　　　याद आयी?...नहीं आयी?
'घन-घमण्ड' वाली ही थी रात वह भी
जब मैं तुमसे झगड़ी थी!
कोई जाने या नहीं जाने, मैं जानती हूँ क्यों तुमने
'घमण्ड' की पटरी 'घन' से बैठाई!
　　　　नैहर बस घर ही नहीं होता,
　　　　होता है नैहर अगरधत्त अंगड़ाई,
　　　　एक निश्चिन्त उबासी, एक नन्ही-सी फुर्सत!
　　　　तुमने उस इत्ती-सी फुर्सत पर
　　　　बोल दिया धावा
　　　　तो मेरे है रामबोला, बमभोला—
　　　　मैंने तुम्हें डाँटा!
　　　　डाँटा तो सुन लेते
　　　　जैसे सुना करती थी मैं तुम्हारी...
पर तुमने दिशा ही बदल दी!

थोड़ी-सी फुर्सत चाही थी!
फुर्सत नमक ही है, चाहिए थोड़ी-सी,
तुमने तो सारा समुन्दर ही फुर्सत का
सर पर पटक डाला!

    रोज़ फींचती हूँ मैं साड़ी
    कितने पटके, कितनी रगड़-झगड़—
    तार-तार होकर भी
    वह मुझसे रहती है सटी हुई!
    अलगनी से किसी आँधी में
    उड़ तो नहीं जाती!

कुछ देर को रूठ सकते थे,
ये क्या कि छोड़ चले!
क्या सिर्फ़ गलियों-चौबारों में मिलते हैं
राम तुम्हारे?
'आराम' में भी तो एक 'राम' है कि नहीं—
'आराम' जो तुमको मेरी गोदी में मिलता था?
मेरी गोदी भी अयोध्या थी, थी काशी!
तुमने कोशिश तो की होती इस काशी-करवट की!

    एक 'विनय पत्रिका' मेरी भी तो है,
    लिखी गयी थी वो समानान्तर
    लेकिन बाँची नहीं गयी अब तलक!

x x x

जब कुछ सखियों ने बताया—
चित्रकूट में तुम बैठे हो लगाते तिलक
हर आने-जाने वाले को—
मैंने सोचा, मैं हो आऊँ,
चौंका दूँ एकदम से सामने आकर!
पर एक नन्हा-सा डर भी
पल रहा था गर्भ में मेरे,
क्या होगा जो तुम पहचान नहीं पाये
भक्तों की भीड़-भाड़ में?

    आईना कहता है, बदल गया है मेरा चेहरा,
    उतर गया है मेरे चेहरे का सारा नमक
    नमक से नमक धुल गया है (आँखों से चेहरे का!)

आँखों के नीचे
गहरी गुफा की
हहाती हुई एक साँझ उतर आयी है!
गर्दन के नीचे के दोनों कबूतर
चोंच अपनी गाड़कर पंख में—
काँपते हैं लगातार—
आँसू की दो बड़ी बूंदें ही अब दीखते हैं वे!
सोचती हूँ—कैसे वे लगते—
दूध की दो बड़ी बूँदें जो होते—
आँचल में होता जो कोई रामबोला—
सीधा उसके होंठ में वे टपकते!
सोचती गयी रास्ते-भर—कैसे मिलोगे!
सौत तो नहीं न बनी होगी
वो तुम्हारी रामभक्ति?
X X X
एक बार नहीं, कुल सात बार
पास मैं तुम्हारे गयी
सात बहाने लेकर!
देखा नहीं लेकिन एक बार भी तुमने
आँख उठाकर!
क्या मेरी आवाज़ भूल गये—
जिसकी हल्की-सी भी खुसुर-फुसुर पर
तुममें हहा उठता था समुन्दर?
वो ही आवाज़ भीड़ में खो गयी
जैसे आनी-जानी-सी कोई भी लहर!
'तटस्थ' शब्द की व्युत्पत्ति
ख़ूब तुमने समझायी, प्रियवर!
एक बार मैंने कहा—
"बाबा, हम दूर से आयी हैं घाट पर,
खाना बनाना है, मिल नहीं रही सूखी लकड़ी,
आपके झोले में होगी?
कहते हैं लोग, आपके झोले में
बसती है सृष्टि,
दुनिया में ढूँढ़-ढाँढ़कर

आ जाते हैं सारे बेआसरा
आपके पास,
जो चीज़ और कहीं नहीं मिली,
आपके झोले में तो रामजी ने
अवश्य ही डाली होगी!"
बात शायद पूरी सुनी भी नहीं,
एक हाथ से आप घिसते रहे चन्दन,
दूसरे से लकड़ी मुझको दी।
सचमुच कुछ लकड़ियाँ झोले में थीं–
जैसे थी लुटिया, आटा, बैंगन,
धनिया, नमक की डली,
एक-एक कर मैंने सब माँगीं
दीं आपने सर उठाये बिना,
जैसे औरों को दीं, मुझको भी!

x x x

लौट रही हूँ वापस...ख़ुद में ही
जैसे कि अंशुमाली शाम तक
अपने झोले में वापस
रख लेता है अपनी किरणें वे बची-खुची
कस लेता है ख़ुद को ही
अपने झोले में,
मैं भी समेट रही हूँ ख़ुद को

अपने झोले में ही!
अब निकलूँगी मैं भी
अपने सन्धान में अकेली!
आपका झोला हो आपको मुबारक!
अच्छा बाबा, राम-राम!

भामती की बेटियाँ

लिखने की मेज़ वही है,
वही आसन
पाण्डुलिपि वही, वही बासन
जिसमें मैं रखती थी खील-बताशा
दीया-बत्ती की वेला हर शाम!
कभी-कभी बेला और चम्पा भी
रख आती थी जाकर चुपचाप
खील-बताशा-पानी-दीया के साथ!

पूरे इक्कीस बरस बस यही जीवन-क्रम—
कुछ देर इन्हें देखती काम में लीन,
जैसे कि देखते हैं सुन्दर मूरत शिवजी की...
पत्थर की मूरत ही बने रहे ये पूरे इक्कीस साल!
फिर एक शाम एक आँधी-सी आयी,
        बिखरने लगे ग्रन्थ के पन्ने,
        टूटी तन्द्रा तो मुझे देखा
        पन्नों के पीछे यों भागते हुए जैसे हिरनों के,
        चौंके : 'हे देवि,
            परिचय तो दें
            आप कौन?'
मुझको हँसी आ गयी—
'लाये थे जब ब्याहकर तो छोटी थी न,
फिर आप लिखने में ऐसे लगे,
दुनिया की सुध बिसर गयी, लगता है जैसे भूल ही गये—
वेदान्त के भाष्य के ही समानान्तर
इस घर में बढ़ी जा रही है

पत्ती-पत्ती
आपकी भार्या भी!
तो क्या मैं इतनी बड़ी हो गयी
कि पहचान में नहीं आती?'
पानी-पानी होकर
इस बात पर
पानी में ही
बहा आये
आप तो
अपनी वह पाण्डुलिपि,
जो मैं नहीं दौड़ती पीछे–
पृष्ठ बीछ ले आने पानी से,
गडमड हो चुकते सब अक्षर...
घुल जाती पानी में स्याही,
शब्द पर शब्द फिसल आते...
मेहनत से मैंने वे अक्षर भी बीछे,
जैसे कि चावल,
अक्षर पर अक्षर दुबारा उगाये
अपने सिन्दूर और काजल से,
भूर्जपत्र फिर से सिले–
ताग-पात ढोलना लगाके!
अक्षर पर अक्षर
अक्षर पर अक्षर...
अक्षर मैं
और आप अक्षर,
टप-टप-टप-टप
ये लो,
रोते हैं क्या ज्ञानी-ध्यानी यों?
क्यों रो रहे हैं जी?
चुप-चुप...!
" 'भामती टीका' तुम्हारी यह–
तुमने ही लिखी यह दुबारा
पहले भी तुमने लिखी थी–
हर शाम दीये की लौ से

जो लिखा था तुमने
अँधियारे की स्लेट पर—
मैंने बस भाष्य किया उसका...
तो जगत में ग्रन्थ 'भामती टीका' के ही नाम से
जाना जायेगा!"

लिखने की मेज़ वही है, वही आसन
पाण्डुलिपि वही, वही बासन...
ग्रन्थ लिख रही हैं पर
भामती की बेटियाँ!
आपके जाने के बाद
मैंने पढ़ाया इन्हें
पाठशाला भेजकर!
दीये से नहीं, नहीं छाया से
इन्होंने अपनी कलम से लिखा है जो
आपके समानान्तर—
भाष्य उसका
करने बैठेंगे जब
सारे ये दिग्दिगान्तर,
मैं चैन की साँस लूँगी—
कृपा नहीं, प्रेम का प्रसाद भी नहीं लेंगी,
भामती की बेटियाँ
ग्रन्थ अपने स्वयं ही रचेंगी
लगातार
इसी तरह
हर युग में!

राधा की बेटियाँ

दृश्य : एक

'अतिमलीन बृषभानुकुमारी,
हरिस्रमजल भींजे उर-अंचल
तेहि लालच न धुआवति सारी!'

"ए अम्मा,
चलो, आज धोकर रहूँगी मैं साड़ी तुम्हारी!
चलो, चलें, यमुना के तीर...
अच्छा-अच्छा, खोलना मत
आँचल बढ़ा देना यों ही!
अम्मा, ये क्या देखती हो तुम?
क्या रखा है चाँद में?
अम्मा, ये उसके भी सिर पर
मुस्काता बैठा है जो दाग–
क्या उसके दूल्हे ने
मार-मार कर माथा फोड़ा होगा उसका
किसी शाम?
क्या चाँद औरत है, अम्मा?
                    कौन उसकी ख़ातिर
                    बंसी बजाता है?
बंसीबजैया भी उतने ही निष्ठुर
क्यों होते हैं
जितने माथाफोरैया?"

दृश्य : दो

"न नौ मन तेल होगा,
न राधा नाचेगी"

राधाएँ जो
नाच नहीं पातीं,
नाच के बारे में
सोचती तो होंगी कुछ-कुछ!
अम्मा नाची थी
एक अजब नाच
नौ मन की अपनी गृहस्थी के साथ!
हारी–बीमारी
चौका–चूल्हा
एक कामकाजी,
परमसख्त दूल्हा–
दूल्हा जो प्रतिबद्ध था तो ज़रूर
जैसे कि गैया से गैया का बछड़ा।
सानी-पानी,
आनी-बानी के बीच
अम्मा ने दूल्हे को पाला,
फिर हमको...
और फिर वक़्त भी निकाला
कि नाचे
सब चाँद-तारों के साथ
जैसे कि नाच रही है धरती,
नाच रहा है यमुना का पानी,
नाच रहे हैं सब आनी-बानी
एक अथक नाच!
नाच रहे हैं
झूठ-साँच
कैसे होंगे वे कन्हाई–
अम्मा के क़िस्सों में
छूट गया है उनका मोरपंख,
छूट गयी है बाँसुरी!

एक दिन मैंने छूकर
देखा गोवर्धन,

उससे भी आवाज़ आयी
उस अस्फुट जल की
जो नींद में
अम्मा की
कुनमुनाता है
हर रात
जब मैं उढ़ाती हूँ चादर
उसको उसके ही
अधूरे सपन की!

मरने की फुर्सत

(एक रेड इंडियन लोकगीत के आधार पर पल्लवित)

ईसा मसीह
औरत नहीं थे
वरना मासिक धर्म
ग्यारह बरस की उमर से
उनको ठिठकाये ही रखता
देवालय के बाहर!
बेथलेहम और यरूजलम के बीच
कठिन सफ़र में उनके
हो जाते कई तो बलात्कार
और उनके दुधमुँहे बच्चे
चालीस दिन और चालीस रातें
जब काटते सड़क पर,
भूख से बिलबिलाकर मरते
एक-एक कर—
ईसा को फुर्सत नहीं मिलती
सूली पर चढ़ जाने की भी!
मरने की फुर्सत भी
कहाँ मिली सीता को
लव-कुश के
तीरों के
लक्ष्यभेद तक.?

पेड़ हरे स्तन हैं माँ के

पूरे चाँद की रात

(1)

जैसे कि कीट-पतंग
पीते हैं सत्त और पानी
मिट्टी से,
मिट्टी में लोट-पोटकर
उतना भीतर जाकर
जितना जाया जाता है उनसे—
इत्ते-इत्ते अपने आठों पाँवों से
लगातार ही मिट्टी भेदते हुए,
मैं भी हुलचुल-हुलचुल,
टकदुम, ढुलमुल-ढुलमुल,
गिरती-उठती, उठती-गिरती
करती हूँ अपने सत्त और पानी की इन्तज़ाम—
सेंध लगाकर मिट्टी में
बारीक काँटों से
जो मेरे पूरे वजूद पर कायम हैं
छटपट-से हाथ-पाँव, छितिर-बितिर रोएँ बन!
जैसे कि धरती का रोआँ है घास,
मेरे ये काँटे ही मेरे रोआँ हैं!
इनसे मैं पीती हूँ
दुनिया का सारा उजास और गीलापन,
पीलापन, नीलापन, कातरता, ढीलापन!

(2)

कल मैं सोयी मिट्टी पर
हरसिंगार के नीचे
बीरबहूटी बनकर!
बीर और बहूटी?
बेमेल लगता है न यह गठबन्धन!
बहू-बहूटी वगैरह को नहीं शोभतीं वीरताएँ,
पर मिट्टी पर यानी खुले आसमान के नीचे
एक अकेली औरत का
ऐसे सो पाना
एक पराक्रम है पूरा!
अंदेसे चमकते रहे जुगनुओं की तरह रात-भर,
फिर भी मैं सोयी, हाँ सोयी, बीरबहूटी बनकर!
सोयी कि जैसे सोयी थी खुसरो की गोरी—
अपनी सेज पर
मुख पर डारे केस
मैं सोयी सारी दिशाएँ ओढ़कर,
चाँद हँस रहा था ऊपर!

चन्द्रखिलौना

थपकियाँ देती हुई हमको
अक्सर ही नानी
हमें भूलकर
जो-सो बतियाने लगती थी
बादलों के चाँद से–
        जैसे कि गर्भिणी
        धारण करती है अपना गर्भ–
        तू पूरी पृथ्वी धारण कर, ऐ चाँद!
        हे देवसोम! असूर्य,
        उतर जलों के भीतर,
        जैसे कि जल औषधियों में,
        संकल्प मन में–उतर!
        तू पूरी पृथ्वी धारण कर!
बचपन में सुनी हुई कुछ बातें
उतर रही हैं मन में
जैसे कि चाँद पानियों में,
जल औषधियों में, संकल्प मन में!

कहती थी नानी,
हृदय चाँद का घर है!
मगज में रहा करती है चिलचिलाहट, चकाचौंध
पर मन में झरता है निर्झर
अमृत का!
        लम्बे चालीस बरस बीते
        पर नानू, ऐसा मुझको
        एक क्षण भी क्यों नहीं लगा?

तुम भी क्या ख़ुद को बस यों ही बहलाती थी?
खेलती थी देव-प्रतिमाओं से?
जी को खुश रखने को
ऐसे ही जोई-सोई कुछ-कुछ गाती थी?
जैसे कि गर्भिणी
पूरी समरसता से
धारण करती है अपना गर्भ
तुमने धारा कितना धीरज!

गयी रात का प्लेटफ़ॉर्म

गयी रात का प्लेटफ़ॉर्म–
खाली, ढनमन!
एक-एक कर छूटी सब गाड़ियाँ
गयीं जहाँ जाना था!
अँगड़ाई में उठे हाथ बने सिग्नल!
किसी विकट जम्हाई-सा
फैला चिरकुट अँधेरा,
तुड़ी-मुड़ी प्लेटों और फूटे हुए कुल्हड़ों पर
डाली उसने एक
उचटी नज़र!
भीख का कटोरा
पहन टोप की तरह
फिर उसने
एक बड़ी मीठी-सी सीटी बजायी!
पता नहीं कौन एक ह्वीलर था ऐसा
जिसने शुरू कर दिया सिलसिला
भागा-भागी में भी पढ़ने-पढ़ाने का!
                    क्लॉसिकों का
                    एक स्टॉल भी है
                    मेरे कोने पर!
बन्द पड़ा है लेकिन है तो!
भीग रहा है इसका
धूसर तिरपाल
धीमी-धीमी-सी इस झीसी में।

गनीमत

भीगे पौधों में
कंघी कर रही है हवा
एक अजब ख़ुशबू हवा में है–
बच्चे के पुलुर-पुलुर चानी की ख़ुशबू–
ग्राइप वॉटर और सरसों के तेल से नहायी हुई
हरी-हरी ख़ुशबू!
पेड़ हरे स्तन हैं माँ के!
पेड़ों के ऊपर
नाचती हवा भी हरी है
और समुन्दर के ऊपर की नीली!

कैसी अजब बात है
कि अभी भी
धूप-धुआँ-धूल से झँवाई हुई दुनिया में
रंग बचे हैं ज़िन्दा
ख़ुशी सिर्फ़ 'मज़ा' नहीं है,
खनक सिर्फ़ सिक्कों में हो,
ऐसी बात नहीं!
खनक रहे हैं
अब भी कुछ फ़लसफ़े
खाली जेबों में!

धनकटनी

(वररुचि को समर्पित)

धान के बिछुड़ने के भय से
खेत का पानी भी
दुर्बल हुआ जा रहा है!
देखो, कैसे सर झुकाये खड़ी हैं
धान की पकी बालियाँ :
जन्म से मेरे ही साथ बढ़ा
और सम्पन्न हुआ
पानी अब कहाँ जा रहा है?
धान काटने वाला हॉसया भी
गमछे में मुँह छुपाए बैठा है, देखो!
विदा की घड़ी
अपनी दुल्हन को
अपनों से लिपट-लिपटकर रोते
देखते हुए
खुद भी रुआँसा हो जाता है जो—
उस दयालु दूल्हे की आँखों-सी नम हैं
आँखें इस हँसिया की।

दोपहर

जेठ

चुल्लू-भर चिप-चिप-सी धूप थोप
बरगद की चानी पर
उँगली से सुलझाये जाती है उसकी जटाएँ हवा!
मनिहारिन-सी
मारकर पालथी
जेठ की दुपहरी
सजाती है अपना बाज़ार—
रोल-गोल्ड की पत्तियाँ-डालियाँ,
बिन्दियाँ चूड़ियाँ फैन्सी
पसरी पड़ी हैं
काँच के छोटे-से बक्से में
धूसर-से गमछे पर!

माघ

जाड़े की दोपहरी—
आपस की बात ज्यों
अधूरी!

डाकिया

एक और खाकी-सा दिन
सामने से घर के
खड़काता साइकिल बढ़ा!

चिट्ठी नहीं आती—
पिजन-होल खाली है :
कबूतर नये घर
बनाते होंगे
कहीं और!

शाम

ढल गयी है शाम टेबल पर
साँस ठण्डी छोड़कर, कॉर्डिगन ढीली कर!
कर्णफूल, नहीं कान से सूखे पत्ते उतार
अँगड़ाई लेती है धूसर कनेर।
धूप की साड़ी में सलवट पड़ गयी है।
केतली में खौलता है अँधेरा।
तश्तरी में सैंडविच बासी है या कि चाँद
हो गयी जो वक़्त के दफ़्तर में छुट्टी—
क्रेश की खिड़की से
वे तारे झाँकते हैं :
"आ गयी, मम्मा
कि ट्रैफिक में फँसी है?"

गृहलक्ष्मी

लेडीज़ संगीत

वे नाच रही हैं दनादन–
ढोलकों की थाप पर।
बेगानी शादी में अब्दुल्ला दीवाना
हुआ कि नहीं--मैं नहीं जानती,
अलग-अलग दुःखों की टोकरी उठाये
लेकिन ये दीवानियाँ नाच रही हैं दे-दे ताली
जैसे कि क्या जाने किस धुन में
लगातार नाचती है धरती,
धरती की तरह मगर इनका
तय नहीं है कोई ग्रहपथ
और वे हँसती हुई-सी
एक-दूसरे से हैं
बार-बार टकराती!
सब बोलते हैं पर कोई किसी की नहीं सुनता,
शादी के घर की है शायद यही एक परिभाषा!
और प्रेम की? शादी की?
सोच में पड़ी है दुल्हन रानी–
"क्या प्रेम में पड़ना खटाई में पड़ना है, अम्मा?
जो मुझसे प्रेम करेगा–
रात-दिन क्या मेरा मुँह देखेगा?
या मुझको ही देखना होगा टुकुर-टुकुर
उसका अख़बार
जिससे वह मुँह ढाँपकर
बैठ जायेगा जब-तब
गुस्से से बिदकता हुआ?

क्या प्रेम में पड़ना खटाई में पड़ना है, अम्मा?
जो मुझे प्रेम करेगा—
　　　　　　　मेरी ही शान में कसीदे पढ़ेगा
या उसके भी दो-दो चश्मे हो जायेंगे—
एक घर का, एक बाहर का—
घर के लिए दोषढूँढ़न चश्मा
और दूसरी औरतों की ख़ातिर
　　　　　　　ऐनक वह रंगीन—
　　　　　　　आँखों से ही राल टपका देने वाली?

क्या प्रेम में पड़ना खटाई में पड़ना है, अम्मा?
जो मुझसे प्रेम करेगा—
क्या मुझको ले देगा वह उड़नखटोला
या बहला-फुसलाकर
ये मेरे बचे-खुचे पंख भी
खचाक् नोच लेगा?
"ढाई आखर प्रेम के—
ढाई आखर—
ढरक रहा है मेरे जीवन में
ढकिया—भर ढ-ढ-ढ
ढाढस और ढकोसला—
ढ से ढाई,
ढ से ढोल, ढक, ढिठाई,
ढाँक-तोप भी और ढिंढोरा भी
ढाक के वही तीन पात,
ढोल वही गले में पड़ा ढमक-ढम-ढम-ढम-ढम...

तुम्हारा भी अम्मा—
इतना-सा ही बस रहा जीवन
खाली घर-सा ढना-ढन
'ढ' से ढाई,
'ढ' से ढोल-ढक-ढिठाई

और मूलतः 'ढ' से ढोना-ढोना, केवल ढोना
इसीलिए तो, अम्मा,
दूर की ढोलकिया
लगती नहीं मुझको
सुहावन-वुहावन।"

खण्डिता

समय : सुबह साढ़े सात, एफ.एम. टाइम
स्थान : सीढ़ी के नीचे आलने घेरकर बनाया गया पूजा-घर!
दृश्य : कुर्सी पर दफ़्तर की साड़ी। देह पर एक भीगा कुरता, हाथ में दुर्गासप्तशती।

'या देवी सर्वभूतेषु'...सविता, देखो बेटी, जल तो
नहीं रही सब्ज़ी?
'निद्रारूपेण संस्थिता'...जागा पिंटू, उसे जगाओ, स्कूल-बस छूटेगी।
'नमस्तस्यै नमस्तस्यै'...फ़ोन बज रहा है, उठाओ तो!
मेरा होगा तो कह देना--सी.एल. पर हूँ आज!
सिर दुख रहा है!
'ॐ जयन्ती काली-महाकाली'--अख़बारवाले भैया, रुक लो!
आती हूँ, कर लूँ हिसाब, कल मिल गयी मुझे तनख़्वाह।
(देवी की मूर्ति से मुखातिब)

अच्छा, सुनो देवि,
अब तुम ही मेरी प्रतीक्षा करो।
सदियों से बन्द पड़ी हो मूर्तियों में
अकड़ गयी होगी ये पीठ तुम्हारी
एक मुद्रा धारे-धारे।
कहो तो ज़रा मूव मल दूँ!
किसने कहा था कि खेलो तुम
इतनी मगन होकर स्टैचू-स्टैचू?
लेटो-लेटो, उधर करवट करो,

यह नस दबेगी तो होगा आराम!
बैठी-बैठी देखती रहना—
उफनाकर दूध नहीं गिर जाये!
नमस्तस्यै नमस्तस्यै नमस्तस्यै नमो नमः!

विमानपत्तनम्

मेरी इन
कोल्हापुरी चप्पलों का
अकड़ा हुआ
कीचड़
एयरपोर्ट की इस
महाचकाचक फ़र्श पर
वैसे ही टिमक रहा है
जैसे पग्गड़
किसान का
दमकता है
कृषि-भवन के
पोस्टर पर!
'परिचारिका' में 'परी'
दीर्घ इकार भूलकर
हो जाती है
क्योंकर छोटी 'इ'?

एक नन्ही-सी धोबिन (चिरैया)

(गुरु धोबी सिख कापरा
साबुन सिरजनहार)

दुनिया के तुड़े-मुड़े सपनों पर, देखो
कैसे वह चला रही है
लाल, गरम इस्तिरी
जब इस शहर में नयी आयी थी—
लगता था, ढूँढ़ रही है भाषा ऐसी
जिससे मिट जायेंगी सब सलवटें दुनिया की!
ठेले पर लिये आयरन घूमा करती थी
चुपचाप
                    सारे मुहल्ले में!
आती वो चार बजे
जब सूरज
हाथ बाँधकर
टेक लेता सर
अपनी जंगाई हुई-सी
उस रिवॉल्विंग कुर्सी पर
और धूप लगने लगती
एक इत्ता-सा फुदना—
लड़की की लम्बी परांदी का!
                    कई बरस
                    हमारी भाषा के मलबे में ढूँढ़ा—
                    उसके मतलब का
                    कोई शब्द नहीं मिला!
चुपचाप सोचती रही देर तक,

लगा उसे–
इस्तिरी का यह
अधसुलगा कोयला ही हो शायद
शब्द उसके काम का!
जिसको वह नील में डुबाकर लिखती है
नम्बर कपड़ों के–
वही फिटकिरी उसकी भाषा का नमक बनी!
लेकर उजास और खुशबू
मुलानी मिट्टी और साबुन की बट्टी से,
मज़बूती पाटे से,
धार और विस्तार
अलगनी से
उसने
एक नयी भाषा गढ़ी!

धो रही है
देखो, कैसी लगन और जतन से
दुनिया के सब दाग-धब्बे!

इसके उस ठेले पर
पड़ी हुई गठरी है

पृथ्वी!

सद्गृहस्थ

दो तोषक फटे हुए
लेटे हुए तो हैं
अगल-बगल, बिकुल निस्पन्द!
जो चादर
उन्हें एक होने का
देती रहती थी भरम—
फट गयी है!
तोषकों के नीचे
चिट्ठियाँ, रसीदें, एक्स-रे, रक्त की रपट
और बच्चों के प्रश्नपत्र
मिल-जुलकर रहते हैं!
तोषकों पर जो
स्याही के, दूध और बच्चों की शू-शू के
अनगिन चकत्ते हैं—
इन्हीं चकत्तों में से
झाँक रहा है मेरे जीवन का
नन्हा-सा इतिहास!
एक बार 'झाँ' करके
जैसे फिर छुप जाते थे बच्चे—
जल्दी ही छुप जायेगा
किसी कोने में
फिर से ये!

लेकिन जैसे कि
गोद में किनारों की
रहता है पूरा समुन्दर,
इस नन्हे इतिहास की लुक-झुक में ही
हाब-डीब करते हैं सिकन्दर-कलन्दर।

द्ब-धान

यौन-दासी

एक गुफा है
मेरी नाभि के नीचे
अपनी ही खूँखारिता से थके
                    शेर-चीते-अजगर
                    आते हैं कुछ देर सोने यहाँ पर!
एक नये आखेट की ख़ातिर
जाते हैं जब अगले दिन बाहर,
उनके वे टूटे नाख़ून,
                    राल, केंचुल
एक अजब बहनापे से देखते हैं मुझे!
मकड़ी के जालों से आती हुई
सूरज की पहली किरण
पड़ती है बुझी हुई धूनी पर!

चौदह बरस की कुछ सेक्स-वर्कर्स

धूप
नन्ही कलाइयों में
झीसी की
सतरंगी चूड़ियाँ पहनती है जब—
कहते हैं—गीदड़ की होती है शादी!
गीदड़ भी कितना
रूमानी होगा
जो शादी की ख़ातिर
करता है इन्तज़ार
ऐसे चकाचक मौसम का!
एक मैं हूँ—हरदम तैयार—
मुझको तो सुदिन-कुदिन नहीं सूझता!
पीली आँधी हूँ मैं
मीराँ के गाँव से चली हूँ—
घुँघरू बिना बाँधे
नाच रही हूँ गोलम-गोल—
जहाँ-तहाँ!
आ जाऊँ अभी, इसी दम—
बोलो—किधर? कहाँ?

x x x

अंकल, तुम भारी बहुत हो!
अच्छा, चॉकलेट खिला दो!
अंकल, तुम्हारे भी बेटीं है?
अच्छा, बोलो, उसका नाम क्या है?
वह भी मेरे-जैसी मज़ेदार होगी!
अंकल, करिश्मा-सी दिखती क्या?

पेट दुख रहा है कुछ मेरा—
होगा, अरे, माहवारी का चक्कर ही होगा!
हटो परे, यह अपना
झक् सफ़ेद शर्ट तो बचाओ!
चुनरी में दाग
लगेला क्या?

X X X

एक दिन आऊँगी मैं टीवी पर
एक अँगूठे की तरह मैं दिखाऊँगी देह—
दूर से!
काया जब छाया की माया बन जायेगी,
ललकारूँगी शोहदों को तब—
“आ बैल, मुझे मार, हिम्मत है तो आ जा!
मरीचिका पी, अरे हिरन, पीके दिखा,
दौड़ मेरे पीछे, दौड़ हाँफ, मर-खप जा!”

X X X

हाँ, हम हमेशा ख़ुश रहती हैं!
हँसती हुई दीखती हैं हम हर ओर—
टीवी में, सारे मुखपृष्ठों/चौराहों पर!
पिटकर या खटकर या छँटकर भी
निकली हों कहीं किसी घर से तो
ज़ाहिर नहीं होने देतीं!
नये ज़माने का तो घूँघट हँसी ही है।
आज औरतों के मुँह पर यही पड़ी है—
एक नये ड्रेसकोड की तरह!
कहती हैं नीलो दी, कहती हैं ठीक ही—
‘अबला-जीवन, हलो, तुम्हारी यही कहानी,
‘मुख पर डारै’ छोटी-सी मुस्कान
सुनो सब आनी-बानी,
लेकिन जो करना है वो ही तुम करो हमेशा,
मन जब फरहर हो तो बाहर का कौन अँदेसा,
फँस गयी हो जाल में तो भी उड़ सकती हो—
एक जाल पर तुम हो सात चिरैया,
जाल-सहित ही उड़ो!’

बसरा की राबिया फ़क़ीर*

बेगम अख़्तर की ठुमरी में
जो मोती हेरा गये थे–रामा–
बसरा के थे!
ठैयाँ का क्या है, बेगम अख़्तर–
बगदाद से बसरा की रेत तक–
          मोती बिखरे थे जो–
कोई भी तो ठाँव नहीं जानते थे!
एहि ठैयाँ, मुतिया हेराए गैले, रामा–
          एहि ठैयाँ–
ये मोती बसरा के थे
          जब ये बिखरे थे पहले-पहल
मैं बसरा से आयी थी बगदाद पैदल।
उस समय की बात है यह
जब बगदाद से औरतें आती थीं बसरा
बैंगनी पालकियों पर
          आसमान ओढ़कर!
कहते हैं कि ये जो मोती थे–
          उनकी आँखों से झड़े थे।
कुछ कहते हैं–अरे, नहीं-नहीं,
वे जब हँसती थीं, ये झड़ते थे!

---

* इराक-युद्ध के समय सैनिक विधवाओं ने हाथ उठाकर एक समवेत प्रार्थना की थी : युद्ध के ख़िलाफ़! उसी प्रार्थना के शब्द अपने ढंग से सजाने की यह कोशिश मानी जाये।

आती थीं वे
बगदाद से बसरा
बैंगनी पालकियों पर
आसमान ओढ़कर!
लेकिन मैं आयी थी पैदल–
बस अपनी छाँह ही लपेटकर!
तब से अब तक पैदल चली जा रही हूँ
ठैयाँ की छैयाँ तलाशती–
एक सदी से दूसरी लाँघती,
नाप रही हूँ
इश्क़ की मैं हद
मुल्कों की सरहद पे
बिखरे हैं बसरा के मोती।

'एक हाथ में लुकाठी है मेरे
दूसरे में पानी का मटका,
एक से चली हूँ बहिश्त राख करने
दूसरे से लपटें बुझाने दोजख़ की!'
मुझमें बजती जाती हैं चिमटियाँ
बाउलों, सूफ़ियों की!
मेरे टूटे घुँघरू
और वे बिखरे हुए मोती
बीनती हुई
नाच रही है मेरी ही लय में
आज तलक धरती!
मेरी इन उखड़ी हुई साँसों में जो भँवर हैं–
नाच रहा है उनमें
सौ पत्तियों का कमल ख़ूनमख़ून।

ये मेरे
दो हज़ार छह सालों से
बढ़ते ही चले गये धुआँ-धुआँ केश
आज अन्धड़ में उड़कर
छाये हैं आसमान पर।

छुपा रहे हैं चाँद-सूरज
उसमें अपना चेहरा!
मेरी ये दूध-भरी छातियाँ
हैं या कि ज्वालामुखियाँ?
मेरी झुलसी बाँहों पर
फिर से उगने तो लगी हैं ये लाल पत्तियाँ।
मेरी वे चाक बेटियाँ
उठ रही हैं फिर
उसी अगिनपाखी-सी।
चटक रहे हैं अंडे
सुलगते हुए घोंसले में।
लेकिन ये जो टप-टप बरस रहे हैं
हव्वा आँखों से
बसरा के मोती नहीं हैं—
सृष्टि के पहले सितारे की हैं
चिनगियाँ।

खुदा के समन्दर में दो जहाज़ उलटे थे—
दोनों से गढ़े गये थे होंठ औरत के!
तूफ़ानों की हाहा—साँय-साँय बहती हैं
दोनों इन उलटे जहाज़ों में।
डरना, उनकी चुप्पी से डरना
बसरा-बगदाद एक करना
कि ठैयाँ नहीं जानती नैया
बिखरे हुए मोतियों की।

बीसवीं सदी

कितना अच्छा है...यह बीसवीं सदी है
अब पिटकर जा सकती हूँ मैं ब्यूटी-पार्लर!
वहाँ मुझे आरामकुर्सी मिलेगी,
और लड़कियाँ बिना कुछ पूछे
कर देंगे मेरी बरफ़-पट्टी!

कितना अच्छा है... यह बीसवीं सदी है
अब पिटकर जा सकती हूँ मैं बाज़ार,
अपने लिए एक टॉफी ख़रीदकर
जल्दी भुला सकती हूँ मुँह का कड़वापन,
सारा मीयादी बुख़ार।

कितना अच्छा है...यह बीसवीं सदी है
बैठे बिठाये,
बिना माथा मुड़ाये
मोह-तन्त्र कटने लगा है!
सारी पटकनिया तो मोह ही खिलाता है!
सबसे 'छुटकर' फ़िराक़, कितनी फ़रागत है
रोबोट बन जाने में राहत ही राहत है।
जादूगरनी जैसे रख आती थी अपने प्राण
किसी चिड़िया में,
रख आऊँ
अपना यह अब भी धक्-धक् करता प्राण-तत्त्व
चुपके से जहाँ–

कोई कोटर मिलेगा
किसी जंगल में
कहो, कहाँ?

कितना अच्छा है... यह बीसवीं सदी है
सब पेड़ कटने लगे हैं
प्राण-तत्त्व की अब ऐसी-तैसी,
बीसवीं सदी है यह, बीसवीं सदी!!!

चिट्ठी लिखती हुई औरत

औरतों के बारे में
माना जाता है
कि वे
चिट्ठियाँ लिखती हैं
धारावाहिक!
इतना उनके भीतर क्या है–
शताब्दियों का संचित–
कि टीक राकस की
पड़ जाती है
उनकी बातों में,
द्रौपदी की साड़ी हो जाती हैं
बातें उनकी!
चिट्ठी लिखती हुई औरत
पी.सी. सरकार का जादू है।
औरत को मिला है ये वरदान
कि वह कहीं भी बैठी-बैठी
हो सकती है अन्तर्धान।
बस में या प्लेटफ़ॉर्म की उकड़ूँ बेंच पर
ऊँघते-उचकते
अचानक सिहरकर
वह मार सकती है पालथी
और सर्कुलर/ठोंगा/पोस्टर पलटकर
लिख सकती है कुछ भी, मसलन
कि 'बहुत याद आती है, आ जाओ!'
पता नहीं कौन
एक छोटी-सी बच्ची है

जो आजकल मेरे दिन बेल देती है
इतने बड़े और बेडौल
कि वे अँटते ही नहीं तवे में
और किनारों के नीचे लपककर
झट चूम लेते हैं
ओठ आग के।
...रात के कलेजे में
बजता है सन्नाटा
और एक थर्राहट बजती है—
गिरे हुए पत्तों और खुले हुए पन्नों की...
तेलिया मसान समय कहता है :
'घूम ताक'...
तुमको सुनाई नहीं देता, पागल? देखो न—घूमकर!

औरतों को डर नहीं लगता
कुछ भी कह जाने में,
उनको नहीं होती शर्मिन्दगी
मानने में,
कि उनमें
पानी है, मिट्टी भी।
पानी और मिट्टी : इन दोनों में से
किसी का
कोई ओर-छोर नहीं होता।
लिखती हैं औरतें इसी से धारावाहिक चिट्ठियाँ!
पानी और मिट्टी
ख़ुद एक धारावाहिक चिट्ठी ही तो हैं
ईश्वर की—
हम सबके नाम!

गृहलक्ष्मी-शृंखला

गृहलक्ष्मी-1

जब तक अठन्नियाँ हैं मेरी मुट्ठी में
कोई नहीं मुझको धकेलेगा बाहर।
बस मेरा नैहर है–बतरस की खान!
कहना नहीं चाहती कुछ भी,
लेकिन सुनना चाहती हूँ–
ऐसे ही, छितिर-बितिर–कुछ-कुछ
जैसे ही पुरधायन मज़दूरनी का
कोई क़िस्सा
सामने की सीट पर
कन्धा जोड़े बैठे प्रेमी-युगल की
वो मद्धिम हँसी,
कोई उपाख्यान...
बस मेरा नैहर है! बतरस की खान!
घर तो नहीं कोई,
लेकिन है हर घर का पिछवाड़ा
मेरा महबूब!
ईंट का सिंहासन दे देता है,
छुपकर पिला देता है चाय!
ज़्यादा सवाल नहीं पूछता,
सुनता है अलाय-बलाय!
अमरूद-ज़ामुन के पेड़ वहाँ,
पेड़ों पर अमरूद बतिया...
बतिया–छोटी बातें
कच्चे अमरूदों की तरह,
अमरूद जिनसे कि फूल अभी नहीं झड़ा।
अमरूद जो पहने बैठे हैं मिलिटरी हरा–

सुनते हुए ये बड़े होंगे
'विविध भारती' पर जवानों की ख़ातिर ही
बजने वाली जयमाला-सेवा!
पिछवाड़े के नल के नीचे सिलबट्टा है!
उसमें भी जब-तब पिस जाता है
धनिया-पुदीना!
कमी नहीं संसार में रस की!
संसार रस का ख़ज़ाना
बालू की छाती पर पानी,
सख़्त शिला की धमनियों में है
तेल का ठिकाना!

गृहलक्ष्मी-2

मैं कैसेरॉल की अन्तिम रोटी हूँ!
कैसेरॉल में ही मैं बन्द रही हूँ अब तक!
पीती रही भाप कुछ दिन तक
ठीक से सिंकी रोटियों की
जो मेरे ऊपर थकियाई गयी थीं!
एक ज़माना वो भी था जब मैं
लुगदी-लुगदी हो गयी थी–
भाप दूसरों की पीती-पीती!
अब, या ख़ुदा, उस उधार की
भाप भी बिलाने लगी है!

ऐंठ रही हूँ भूख से, प्यास से
मेरी चमड़ी टटाने लगी है!
टटाने लगी भी है तो क्या!
गेहूँ की बालियाँ ठुनकती हैं मुझमें अभी भी,
अब तक बची है मेरे भीतर लहलहाहट!
तभी तो लपकती हैं मुझ पर कूड़ा बीनती लड़कियाँ!
तृप्ति से मुँदती चली जाती उनकी वे आँखें
तड़पती हुई भूख का है
टभकता बयान
और मेरे इस 'अनलहक' का
अन्तिम अयान!

गृहलक्ष्मी-3

मैं इस घर की दुछत्ती हूँ–
सिर पर उठा रखा है आसमाँ की तरह
मुझे इस घर ने।
मुझमें है पड़ी हुई
एक टोकरी उथली–
कूड़े-कबाड़े की!
कूड़ा-कबाड़ा भी ऐसा
जिससे न छूटा हो मोह आपका!
जो भी है मुझमें–मैं वो ही हूँ–
एक टूटी वायलिन–
घुँघराली लट की तरह जिसका
लटका है एक तार
अधर में कहीं!
एक भूली-बिसरी धुन मुझसे
अब तक आती है गले मिलने कभी-कभी!
मिलती है गले मगर
कुछ भी नहीं बोलती!
गर्दन उठा मेरा मुँह देख लेती है भर-आँख,
कहती है–इंशाअल्लाह, फिर मिलेंगे कभी!
न कोई तारीख तय, न समय निश्चित
पर है भरोसा, मिलेंगे फिर।

मुझमें है बन्द पड़ी एक दीवार-घड़ी भी!
वो भी हूँ मैं ही!
मेरी चाभी ग़ायब है!

बुलबुल का छोटा-सा अंडा
चुपचाप है मुझमें पड़ा हुआ!
एक उजड़ा घोंसला–
उसमें पंखे की हवा से लगातार
काँपता हुआ तिनका–
वो भी मैं ही होऊँगी, और भला कौन होगा!

मुझमें ही फिंका पड़ा है–
एक खाली टॉर्च
अपने अँधेरों में गुम-सा
जैसे ख़यालों में मैं रहती हूँ गुम-सी
अक्सर!

टूटी हुई एक
तिनपहिया साइकिल
कोंची हुई है मुझी में!
ये ही तिनपहिया चलाता हुआ
इतिहास इतना बड़ा हो गया!

गृहलक्ष्मी-4

वो एक उठी हुई उँगली है,
मैं एक झुका हुआ माथा हूँ!
हम दोनों के बीच है, कुछ है–
लेकिन क्या, लेकिन क्या, लेकिन क्या!
सिर धुन रही है हवा, फिर भी
कुछ उसको समझ में नहीं आता!
इम्तिहान में जैसे
भक्क पड़ गया हो दिमाग़ अगर तो
फूल हाशिए पर बनाता हुआ
तीन घण्टे काट देता है बच्चा,
कुछ फूल मैंने भी बना लिये हैं लेकिन
उन फूलों पर मुझको
                एक मिलेगा अंडा,
                एक मिलेगा डंडा!
वो चारमीनार है
मैं चूड़ीबाज़ार हूँ हैदराबाद का
                काँव-काँव, किच किच के बीच भी कहीं कोई
                बची हुई झनकार है–
                क्या ये ही दुनिया का नहीं आठवाँ अचरज?
इतनी मारा-मारी है, फिर भी
उम्मीद है और भरोसा है, रस्ते हैं, इन्तज़ार है!

गृहलक्ष्मी-5

बिना स्याही की क़लम
लिखती रही, लिखती रही
जिस पेज पर—वो पेज हूँ बेचैन!
मुझको ख़त्म होना है,
मुझे तुम ख़त्म ही कर दो—
किसी अरेबियन नाइट, किसी क़िस्साए तोता और मैना की तरह
मैं ख़त्म जो होती नहीं
तो मोड़ दो मेरा ये रुख़ तुम
एक उत्तर-आधुनिक बेअन्त दरिया में!
उसी दरिया में फिर तुम डूब जाओ!
एक बंजर में कुदालों की तरह चलती हुई
मैं थक गयी हूँ—
पोंछ दो मेरा ज़रा माथा कि मुझको नींद आ जाये—
उसके पहले अपने गमछे का सिरहाना
गोल तो कर लो!

मुझे भी भूख लगती है—
कि दोने में मुझे ला दो समोसे
वो जो मैंने एक बंगाली फिलिम में कभी देखे थे—
एक वृद्धा वेश्या के लिए
पन्द्रह मील पैदल जाके लाये थे समोसे
उसके बचपन के किसी साथी ने—
ये इक बात मुझको ज़िन्दा रखती है
किसी भी भुखमरी में।

गृहलक्ष्मी-6

मैंने गोद ले रखी हैं
वे सारी स्त्रियाँ जो तुम्हें जानती थीं
और वे सारे बच्चे
                    जिनके लिए तुमने कभी
                              लेमनचूसें ख़रीदी होंगी,
और मेरी गोद का आयतन
                    लगातार बढ़ रहा है।
एक दिन पुच्छल तारे की बेचैनी में
सिर धुनकर
बृहस्पति से टकराने के पहले
मैंने सोचा–
मेरे पीछे मेरे इतने बड़े कुनबे का
आख़िर क्या होगा?
यह सोचकर मैंने टक्कर स्थगित की,
और मन बदलने की ख़ातिर–
घर की छोटी-मोटी चीज़ों के बारे में
सोचने लगी–
कैसा मेरा रेडियो है
पीकिंग लगाओ तो लग जाता है
सीधा मंगोलिया।
घड़ी सुस्त है मेरी!
और मेरे यन्त्रजगत् का
ज़ोरदार नर्तक, यह पंखा
एक पोज पर

ठहरा है
जाने कब से!

मुझको अच्छा लगता है
सोचकर
कि इस चल-जगत् में
कुछ तो है
जो ठहरा है अब तक
सम भाव से!

गृहलक्ष्मी-7

मैं रोटी बेलती हूँ जैसे पृथ्वी।
ज्वालामुखी बेलते हैं पहाड़।
भूचाल बेलते हैं घर।
सन्नाटे शब्द बेलते हैं, भाटे समुन्दर।
रोज़ सुबह सूरज में
एक नया उचकुन लगाकर,
एक नयी धाह फेंककर
मैं रोटी बेलती हूँ जैसे पृथ्वी।
पृथ्वी—जो खुद एक लोई है—
सूरज के हाथों में
रख दी गयी है
पूरी-की-पूरी ही सामने
कि लो, इसे बेलो, पकाओ,
जैसे मधुमक्खियाँ अपने पंखों की छाँह में
पकाती हैं शहद।
सारा शहर चुप है,
धुल चुके हैं सारे चौकों के बर्तन।
बुझ चुकी है आख़िरी चूल्हे की राख,
और मैं
अपने ही वजूद की आँच के आगे
औचक हड़बड़ी में
खुद को ही सानती,
खुद को ही गूँधती हुई बार-बार
खुश हूँ कि रोटी बेलती हूँ जैसे पृथ्वी।

गृहलक्ष्मी-8

तुम्हारी आँखों की अदालत की
धूल-भरी सीढ़ियाँ उतरते हुए
पहरों में सींकचों के उस पार जाने से पहले
मैं अक्सर यह सोचती हूँ—मेरे न्यायमूर्ति,
कि घर जब घोंसले से मंच बनता है
और मंच से काला कठघरा—
भाव की वकालत नहीं चलती,
ताव की जजी चलती है केवल!
अस्तबल की लँगड़ी-सी घोड़ी
हो जाती है पागल हवा—
नथुनों से धुएँ-सा निकालती,
ज़ार की रियासत के पार खड़ी
आल्या इलोविच की भूरी-सी घोड़ी!
तात्याना घोड़ों को फूल देती है।

गृहलक्ष्मी-9

हाँ, तुम्हारा पिन-कुशन हूँ–
हर नुकीली बात तुम मेरे हृदय में भोंककर
फ़ासलों की फ़ाइलें बढ़ाते हुए
अर्दली से माँगते हो एक ठंडा ग्लास!
कान में घण्टी तुम्हारी चीखती है–
रेत में प्यासे पड़े बच्चे की तरह–ज़ोर से!
फिर तुम्हारे भी हृदय से एक पेपरवेट-सा जब
खिसकता है–
चिड़ियाघर की चिड़ियों की तरह उड़ जाते हैं कितने पन्ने
कमरे की जालियों के भीतर ही–
इधर-उधर!
रोज़ मरी मौतों के दस्तख़त के नाम
सम्बन्धों का पूरा त्याग-पत्र
जेब में भिंचा करता है कभी तुम्हारी,
कभी मेरी मुट्ठियों में क़ैद होता है।

गृहलक्ष्मी-10

अलगनी से कपड़े उतारे,
पोटली में बाँधीं दो छोटी रोटियाँ,
गाँठ में नमक और मिर्च,
बालों से सलवटें निकालीं
डाल लीं मन में
और डोलची में उठाकर
समूची ही दुनिया
नक्षत्रों की यात्रा पर
निकल पड़ी अपनी वह
आख़िरी मुलाक़ात!

मेरा क्या होना था, कुछ नहीं हुआ,
फेफड़ों में भर आयीं नन्ही कंकड़ियाँ–
कुछ दीं समुन्दर में फेंक,
कुछ की मैं खेल गयी गोटियाँ,
कुछ ही हैं जो अब तक
साँसों में गड़ती हैं कभी-कभी
तो मृत्यु के मुँह पर
छींकती हूँ हँसकर तपाक्
ताज़ा हो जाता है
ख़ून का बहाव।

गृहलक्ष्मी-11

गयी रात रोज़ मेरे मन में
कोई पटक-पटककर पोंछे का कपड़ा धोता है
और जब निचोड़ता है आँखों में :
मेरी इस आत्मा के जो निकटतम पड़ोसी हैं—
बहुत ज़ोर-ज़ोर से बिदकते हैं।
सर्फ-मिले पानी-सी चाँदनी,
फेन-मढ़े मोती साबुन-सा यह चाँद
मिलकर भी रातों के दामन का दाग़
नहीं धो पाते!
बुरा वक़्त गिद्धों के डैनों-सा
उड़ा चला आता है सन्नाटा चीरता!
नींद किसी चुहिया-सी छिपती है हर आहट पर
और आँखें दालों के औंधे डिब्बे का
अधखुला ढक्कन हो जाती हैं!
भली-बुरी यादें
बिल्ली की आँख-सी चमकती हैं!

चोटें

चोटें रात को जग जाती हैं!
बच्चा-चोटें घुटनों के बल
धीरे से उठकर
जाती हैं भण्डार की आलमारी तक
और ढूँढ़ती हैं बेसब्री से
सख्ती से बन्द पड़े डब्बों में
खील-बताशे।
डब्बों में तो कुछ नहीं मिलता,
इन बच्चा-चोटों के पीछे
यों ही टहलते हुए आते हैं
दिन-भर के पड़े हुए टीचर के डंडे,
अम्मी के खिन्नमन तमाचे, घूँसे बाप के...
और उन खुले हुए, खाली डब्बों में
तिलचट्टों की तरह घुसकर सो जाते हैं।
एक अदेखे भूत के डर से
दौड़ती हैं भूखे ही वापस बिस्तर में बच्चा-चोटें
और मारे डर के हाँफ-हाँफकर गाती हैं
आधी-चौथाई सारी प्रार्थनाएँ—
'हमको मन की शक्ति देना...
वैष्णो जन ते...वैष्णो जन ते...'
कहाँ गये लेकिन सारे वैष्णव जन वे?
हाथ बढ़ाती हैं बच्चा-चोटें
एक बड़ी-सी अम्मा-चोट की तरफ़,
लेकिन अम्मा-चोटें होती नहीं बिस्तर पर!
कहाँ चली जाती हैं सब अम्मा चोटें
आधी रात को बिस्तर से उठकर?

दागी हुई कोहनियाँ,
टूटी हुई पसलियाँ,
जाती हैं अम्मापन का चोला छोड़कर,
बापों का यह टोला छोड़कर
सीधे वहाँ चाँद पर--

बिछड़े हुए प्रेमियों से
मरहम की एक ट्यूब माँगने!

और पापा-चोटें क्या करती हैं?
वे उनके दिल की बहुत तंग गलियों से होती-हवाती
गिरती-पड़ती
पहुँचती हैं मगज़ के किनारे
और वहाँ बनाती हैं हथियार!
दुनिया के सारे चौकीदार
उनसे रहते हैं बावस्ता!
चोटें रात को जग जाती हैं
और खुद देती हैं पहरा
नीले चकत्तों और सूखती पपड़ियों पर!
तान्त्रिकों के ओऽमहं से टकराती हैं
हाइवे के ट्रक की आवाज़ें,
नाचघरों की मदालस रुनझुन,
डाकिनियाँ-शाकिनियाँ जगी हुई चोटों की!
एक समानान्तर छाया-जगत्,
समानान्तर प्रतिध्वनि-मण्डल
चोटों के साथ तब
नाचता है लगातार...
और इस पूर्ण रास के साक्षी-तारे
टभ-टभ टभकते हैं भर-रात
पीठ पर
फफोलों के मानिंद!

वृद्धाएँ

उन्हें सबसे अच्छे लगते हैं वे लोग
जो दूर से हाल-चाल पूछ लेते हैं!
वे कितने विनम्र होते हैं
सज्जनता की कैसी प्रतिमूर्ति!
चलते-चलते अपना रास्ता बदलकर
एक मिनट रुक जाने वाले—
वे कितना अच्छा मुस्काते हैं,
आँखें मटकाते हैं
कैसे झुका लेते हैं कन्धे!
वे उनके बचपन का गुड्डा हो जाते हैं!
देर तलक वे खेलती हैं उनसे
अपने एकान्त में—
और फिर उन्हें ठोंकते-थापते
देती हैं नींद को दावत—ज़रा आओ,
खिलाऊँगी हलवा,
कटोरी में रखकर पिलाऊँगी
पानी नमक का!
उनकी खिड़की के नीचे
एक हहाता समुन्दर है—
एक बूँद अटकी है खिड़की के धड़ से
और यह तो छड़ की खुरदुरी भूरी जंग का कमाल है,
जो अब तक पकड़े है पाँव बूँद के!
उन्हें सबसे अच्छे लगते हैं वे लोग
जो पास नहीं आते और कभी जान नहीं पाते

कि छाले हैं छालों के भीतर
जैसे कि मिट्टी रह जाती है
आलू से चिपकी हुई–
आलू उखड़ने के बाद तलक।

प्रत्यभिज्ञा

क्या ख़ुद मैं अपनी पड़ोसिन हूँ?
भीतर ताला खुलने की सी आवाज़
आती है कभी-कभी,
कभी-कभी गलीचा उठाने की,
कभी-कभी गमले चले आते हैं धूप में
कभी-कभी अलगनी सिहरती है।
कुकर की सीटी बजती है कभी आधी रात को।
प्लेटें खनकती हैं कभी,
घूँट-भरने तक की आवाज़ आती है।
लेकिन दिखाई नहीं देता कोई!
क्या जाने कितनी शताब्दियों से
भूतों का डेरा है भीतर!
क्या ख़ुद मैं अपनी पड़ोसिन हूँ?
क्या मैंने ख़ुद से की है नमस्ते?
क्या मेरे दो हाथ जुड़े हैं कभी
अपने भीतर के उस 'मैं' की ख़ातिर?
यही जाँचने के लिए मैंने भेजा
एक बड़ी थाली में बैना
(शकरपाड़े, नमकपाड़े, लड्डू और कुछ आदिम स्मृतियाँ)
बहुत देर बाद खुला दरवाज़ा,
(होती रही खट्-खट्-खट्-खट्-खट्
मेरे भीतर, मेरे बाहर)
काफ़ी गहरी नींद से जगकर भक्कू-सी

पूछने लगी कोई :
भर्रायी आवाज़ में
“अरे, यह है क्या?
अच्छा, ये सन्देश...
किस लोक का, किस सदी का और किसका?”

गावतकिए और मूसल

जिनको हम प्यार नहीं करते
उनसे हम मिलते हैं अच्छे बच्चे बनकर—
'नमस्कार', 'माफ़ कीजिए', 'ओहो', 'धन्यवाद'
'कितना अच्छा है यह, कितना भला'—
ये शब्द तो गावतकिए हैं भाषा के
ख़ूब मुलायम, ऊदे—
इनसे टिककर पल में खर्राटे भरती हैं कटुताएँ,
जग ही नहीं पातीं मुई अपेक्षाएँ—
एक बार जो इनको छू भी लें।
जिनसे हम करते हैं प्यार मगर—
उन पर चलाते हैं दोधारी तलवार।
कभी सोचकर देखा है—मूसल कहाँ गये?
कहाँ गयीं ओखलियाँ?
नहीं-नहीं-नहीं ले गयी उनको बारिश मूसलधार
जैसे कि गाने में नानी की मोरनी को गुपचुप
लिये गये थे उनके मोर,
जैसे कि सरकारी ईंटें और बालू
सड़क से उठाकर लिये जाते हैं गली-मुहल्लेवाले,
मूसल और ओखलियाँ,
धुरमुस और सिलबट्टे—
सबको घर अपने लिये गये हैं प्रेमी लोग।
सिलबट्टों पर ही तो बातों की चटनी
पिसती है प्रेमीजनों के घर,
उसके बिना तो हजम ही नहीं होता

उनका खाना।
वीर बाँकुड़े ठहरे—ख़ूब जानते हैं वे—
ओखल में सिर डालने वाले
मूसल से बिकुल नहीं डरते।

चकलाघर की एक दुपहरिया

(1)
नींद मेरी संघाती है—
दोपहर में गली के नुक्कड़ पर
लू से पत्तों का गदहपटका
देखकर डुगडुगी बजाती है!
नींद मेरी तमाशेबाज़ है,
कभी-कभी बिन बुलाये ही चली आती है!
एक बायोस्कोप खोले वो
और अटपट-सा कुछ बोले वो...

(2)
"ज़िन्दगी, इतनी सहजता से जो हो जाती है विवस्त्र
क्या केवल मेरी हो सकती है?"
उसने कहा और चला गया!
एक कुंकुम रंग की क्रुरता
पसरी थी अब घर में!
एक कँटीली ऊँघ लतरी थी
आँगन की दीवार पर!
सीढ़ी के दोंगे में बिछाकर चटाई
बैठी थी धूप बाल खोले।
विद्या-विनोदिनी परीक्षा का फॉर्म भरा था उसने
संस्कृत विद्यापीठ से!
पढ़ती हुई .कुछ-कुछ
लाँघ गयी वह सदियाँ,
बोलने लगी तन्द्रा में
एक अलग ही तरह की भाषा :

आम्रपाली ये ही भाषा बोलती होगी–
'राजकुँवर, उसने कहा, "क्या नदी का पहला पाप है विह्वलता?
चाहिए, शापमुक्ति चाहिए अचेतन भँवर से,
पर पाप होता है क्या?"
खुल जाती है ऋतुसम्भोग से बन्दीशाला,
छा जाता है अन्धकार, सार्थवाह,
लेकिन उस मेघायित अन्धकार में भी
कुछ द्युतियाँ तो होती हैं निराकार!
पता नहीं कौन-सी पहाड़ी थी
जब धूप उतरने लगी थी!
चढ़ते हुए साथ थीं आदिम स्मृतियाँ,
उतरती हुई वह अकेली थी।
उतरता हुआ क्यों अकेला हो जाता है कोई भी–
जैसे कि नींद टूट जाने पर।
कोई सोये साथ भले पर जगते सभी अकेले हैं।
होते उस्ताद अगर जीवित, आगे की पंक्ति पूरी करते–
क्या कहते?
कोई सोये साथ भले पर, जगते सभी अकेले हैं,
सबकी अपनी ही थकान है, सबके अलग झमेले हैं
या ऐसा ही कुछ कहते वो
घर की सीढ़ी भी तो एक पहाड़ी थी!
सीढ़ी-घर में ये बहुत-से कबूतर–
और कबूतरचश्म भय और सन्देह।
ज़िन्दगी इतनी सहजता से जो हो जाती है विवस्त्र
क्या केवल मेरी हो सकती है–उसने कहा था!
पर वह केवल उसकी क्यों होती?
उतरती हुई धूप ने सोचा–
क्यों होना चाहिए कुछ भी किसी का
उसकी मर्ज़ी के ख़िलाफ़?

भरम

प्रिय रुनू,
मैंने कुछ भरम पाल रखे हैं।
तुम कहोगी कि ये हैं अनाथ बच्चे
जिनको मैं दे देती होऊँगी रात की बची रोटियाँ!

मैंने कुछ वहम पाल रखे हैं!
तुम कहोगी कि ये होंगे कुत्ते-बिल्लियाँ
गलियों में आवारा घूमते हुए
घर आ जाते हैं जो हरदम
जब भी खनकती हैं खाने की थालियाँ,—डण्डे ठनकते हैं
और धसक जाते हैं कुकर के ढक्कन
फिस्स मारकर अन्तिम सीटी!
दरवाज़े से सटकर इन्तज़ार करते हैं,
मुँह उठाकर देखते हैं अपलक गीली आँखों से
और कोई दुर-दुर, बिल-बिल नहीं मानते!

दरअसल ऐसा है
मैंने नहीं पाले भरम-वहम,
ठठा खड़ा रखा है इन्होंने ही मुझको,
इन्होंने ही मुझको पाला है!
मेरी माँ है मेरी ख़ुशफ़हमियाँ
मेरे बप्पा हैं ये आँख के भरम—
बचा-बचाकर रखती हूँ इनकी वृद्ध हड्डियाँ,
देती रहती हूँ सैंडोज कैल्सियम!

पॉलीथीन

प्रिय इया,
सादर प्रणाम!
आसमान में भी क्या
बैठी-बैठी पारती हो तुम
नन्ही उड़द-बड़ियाँ?
नीली पॉलीथीन पर तारे
चाँदनी में थोड़े नम हैं पर
सूखकर उखड़ जायेंगे दिन तक सारे-के-सारे!
फिर तुम इन्हें
पैक करके
पॉलीथीन में
आँख के तारों को भेजोगी।
करोगी निहोरे
उन सबसे
जो आएँगे दिल्ली
करने आवेदन,
देने इंटरव्यू
जेनरल बॉगी में
खड़े-ही-खड़े!
और मज़े की बात ये है कि
एक हाथ में धारे
धूसर-सी सूटकेस प्रमाणपत्रों की,
दूसरे में पकड़े होंगे वो
तुम्हारी थमाई वह पोटली
और भी ज़्यादा जतन से

कि बड़ियों के दिल छोटे-छोटे
टूटें न धक्का-मुक्की में!

अक्षय होते हैं पॉलीथीन,
कहते हैं पर्यावरणवाले,
माटी में मिलते नहीं, गाय के गले में अटकते हैं,
कर देते हैं नाली जाम—तौबा, इनसे!
करती हुई तौबा, पर सोचती हूँ मैं
शायद इन्हीं नन्ही सौगातों का होगा आशिष
कि पॉलीथीन होते नहीं काल-कवलित।

रिश्ता

वह बिलकुल अनजान थी!
मेरा उससे रिश्ता बस इतना था
कि हम एक पंसारी के गाहक थे
नये मुहल्ले में।
वह मेरे पहले से बैठी थी—
टॉफी के मर्तबान से टिककर
स्टूल के राजसिंहासन पर!
मुझसे भी ज़्यादा
थकी दीखती थी वह,
फिर भी वह हँसी!
उस हँसी का न तर्क था,
न व्याकरण,
न सूत्र,
न अभिप्राय!
वह ब्रह्म की हँसी थी।
उसने फिर हाथ भी बढ़ाया,
और मेरी शॉल का सिरा उठाकर
उसके सूत किये सीधे
जो बस की किसी कील से लगकर
भूकुटि की तरह सिकुड़ गये थे।
पलभर को लगा—उसके उन झुके कन्धों से
मेरे भन्नाए हुए सिर का
बेहद पुराना है बहनापा।

बाल-भिक्खु

बीजगणित

माँ, मैं अदृश्य हुआ जाता हूँ।
ऊँचे पहाड़ ये किताबों के
बना गये हैं मुझको
एक नया 'इनविजिबल मैन'–
अस्थिर, बेचैन!
पर मुझको देह चाहिए–
दो मुझको, फिर जन्म दे दो–
इस बार एक नयी धरती पर
जो इससे ज़्यादा हरी हो, मुलायम भी!

अभी एक पिंजरा हूँ मैं–
मुझमें भरे हैं बहुत सारे पंछी–
साइबेरिया के परिन्दे, तोते अफ्रीका के
और तुम्हारी उन लोककथाओं की
धोबिन चिरैया, लोटन कबूतर, बटेर और तीतर!
सब मेरे भीतर
करते हैं छटर-पटर!
एक बार खोलो इस पिंजरे के द्वार,
उड़ लेने दो मेरे भीतर के
सब पंछियों को–
आकाश के पार!
आकाश खुद भी तो पंछी है–
बादल के पंख खोल उड़ता चला जाता है
एक अनन्त से दूसरे अनन्त तक।

एक पंख आकाश भी मुझमें गिरा गया है—
जैसे कि मोर नाचते-नाचते गिरा जाते थे
नानी की छत पर!
मुझमें बहुत सारा नाच भरा है—
कम-से-कम तुम जानती हो!
एक अनन्त मुझे चाहिए!

अनन्त का हिज्जे क्या है, माँ?
'न' आधा होगा 'न' के बाद
या लगेगी उस पर बिन्दी?
देखो, मैं भूल रहा हूँ हिन्दी
तीन बरस माथापच्ची की
सिर्फ़ विज्ञान-गणित में!
बीजगणित में, काश, एक बीज होता फूलों का भी,
रेखागणित की रेखाएँ सब
चित्रकला की रेखाओं-सी
आँकी-बाँकी होकर
गिल्ली-डंडा खेलतीं!

...अच्छा, छोड़ो ये सब!
आओ, अब साथ उड़ें
कम से कम
उस सरहद तक!

मृत्युगन्ध पर फेनाइल

शतरूपा वह!
उन्मत्त लगा रही है चक्कर
सुमामी-ह्वेल की तरह
महासागर पर।
पिछले बरस वह उड़ी थी
बगदाद की सड़कों पर
'अरेबियन नाइट्स' के क़िस्सों की
अबाबील बनकर।
स्कूल के रस्ते में चलती थी वह
बनकर लकड़सुँघवा!
बर्फ़ीली सिल्ली पर
मेरे ही इन्तज़ार में लेटे पापा की
नीली हँसी बनकर
एक अर्से तक वह टिकी रही
घर की अँधेरी मुँडेर पर।
फिर धीरे-धीरे मेरे पीछे
एक पालतू बिल्ली बनकर
चलती रही ठाठ से—दूर तक!
शतरूपा इस मृत्युगन्ध से
अफरे रहते हैं अख़बार—
रोज़ सुबह बिछते हैं जो आसनी बनकर
ढाबे की खुदुर-बुदुर बेंच पर!

अब जब मैं भी सुई में धागा
नहीं लगा पाती चश्मे के बगैर—

करती हूँ इन्तज़ार कि कहीं से बेटा आए
और मदद कर जाये—
अधसिले कपड़ों पर चुन्नटें डालती हुई
सोचती हूँ यह अक्सर—
ऐसे ही मनोयोग से सिलकर
बचपन में
कितनी तो झालरें पिन्हाई गयी थीं मुझे भी—
उपदेश-आदेश-सन्देश
एक देश सबमें था नेकनीयती का!
यह बात वैसे, अलग है कि
नेकनीयती से ही पटा पड़ा होता है
हर नर्क का रास्ता!

दूर क्षितिज पर खड़ाऊँ खड़कती है।
एक आवाज़ बढ़ी आती है—भूर्जपत्र-सी जर्जर—
'हर दिन ही जीवन को ऐसे जीना चाहिए जैसे
अन्तिम हो!
बग्घी किसी दिन रुक सकती है
अच्छी तरह निबटाकर रखो काम-काज,
हर वेला चल-चलन्त की वेला,
कोई भी मुलाक़ात अन्तिम हो सकती है!
इसलिए गठरी रहे हरदम तैयार!'

"गठरी? कैसी गठरी?" पूछता है बेटा,
"अपना यह अगड़म-बगड़म वाला थैला
तुम मुझको दो।
इसी में पड़ी होगी मेरी खोई सीटी,
तुम्हारी सिलाई की रीलें भी होंगी—
दोनों मिलाकर बनाऊँगा मैं गाड़ी!"
कहता है वो छीना-झपटी मचाता
और सारा दर्शन चल-चलन्त का
रह जाता है ठगा-सा उसको देखता।

आलि, आयी बसन्त ऋतु की बहार

हर साल, इसी वक़्त
बोर्ड-परीक्षाओं के पहले
सरस्वती पूजा के जलसे में
सातवीं कक्षा की लड़कियाँ
गाती थीं हारमोनियम पर–
    'आलि, आयी बसन्त ऋतु की बहार,
    आलि, कूकत कोयल बार-बार,
    झूम-झूमकर नाचन लागीं,
    हरियाईं सब बेलरियाँ,
    पिया बिदेस अबहूँ नहिं आये–
    सहा न जात सखि, दुःख अपार!'
सुबह-सुबह चाँपाकल पर
सोडा से धुले हुए
उनके उन उन्मुक्त केशों में
लाल रिबन के फूल
खिलते थे तब भकजोगार!

दस बरस की उम्र में
पता नहीं कैसा वह दुःख था अपार,
पता नहीं कौन-से पिया थे
और किसको कहाँ आना था,
पर एक इन्तज़ार था
उतना ही बेसुध और बेचैन
जितना कि चूड़ीवाली उस मनिहारिन
या खोंमचेवाले का!
प्रेम तब मलाईबरफ ही था या...

बायस्कोप या फिर वह बहुरूपिया
जो डराता था बनकर कच्चे खाँव!

बसन्त आता था गलियों में
ठेले पर सतरंगी शरबत की शीशियाँ
और बरफ़ की सिल्ली
खुरचा करनेवाली बेढब मशीन लिये!
कभी-कभी आता वो
रिक्शों पर या सर पर
लादे हुए गठरी
ताँत वाली साड़ियों की!
गलियों में फेरे लगाता
लेकर हरियाली के सतहत्तर शेड—
पान-पत्ते-सा हरा, धानी, काई या
सुग्गा कलर, मिलिटरी ग्रीन
वगैरह-वगैरह!
बांगलादेशी शरणार्थियों के
टोन में गाता बसन्त :
'ढाकाई मॉलमॉल, शाड़ी कापोड़।'
मुहल्ले-भर की चाचियाँ-बुआएँ और भाभियाँ
अँचरा में बाँधे
अपने चोरउका रुपैये
घेर बैठ जातीं
उस ताँतवाले बसन्त को
जिसके आने की पूर्व-सूचना
पहले पहल मिलती उनको
आँगन की नाली के सेवार से!
सेवार जो मिलिटिरी ग्रीन से
हो जाती धानी इस मौसम में।

'बारिस्ता रेस्तरां' में बैठे जोड़ों की तरह
सिर्फ़ बसन्त कुंज या कि बसन्त लोक के
किसी कोने में
सिमटा नहीं था बसन्त अभी,

उस ज़माने की है बात, दोस्तो,
जब बसन्त बँटता था गली-गली
कुल्हड़ में, चुकिया और ठोंगों में
बेर-बुँदिया-रसभरी और
रामकेसोर की फाँकों में
कटा हुआ
बंकिम।
कामदेव अब भी चलाते हैं तीर
पेज थ्री वाली तस्वीरों से,
पर जाने क्या बात है
कि हूक उठती नहीं,
सूनी अमराई में खाली ही डोल रहा है
हर हिंडोला!
इस भरी फगुनाहट में भी
क्यों हो गये हैं हम
उल्टी दिशाओं में उधियाते
दो सूखे पत्ते?
देखो, सुनो, ग़ौर से—
कव्वाल गा तो रहे हैं
दरगाह पर औलिया के,
गा रही हैं बगल के हाट से
सब अतर की शीशियाँ
नीले मनकों की माला,
सुन्दर सुरमेदानियाँ,
बाकरखानी रोटियाँ
काँपती-सी, धुकधुकाती-सी
आवाज़ में
गा रही हैं
हाँ, गा तो रही हैं, सुनो कैसे—
"सकल बन
फूल रही सरसों!"

अजन्ता गुफा में एक बालभिक्षु

अजन्ता गुफा के
ध्यान-शिविर में बैठे थे उसके सीनियर :
जीवन की निस्सारता पर सोचते हुए! उनके समानान्तर
बेहद मगन होकर
एक बालभिक्षु
सोच रहा था क्रिकेट के बारे में!
अच्छी हैं, अच्छी हैं ये गुफाएँ लेकिन
क्रिकेट मैच इनसे भी अच्छे थे!
बाबा जब बीमार थे–
खटिया के सिरहाने बैठे-बैठे
उनके हाथों की उभरी नसों से
मैं खेला करता था काटा-कूटी!
इतनी सदियों से
पूरी यह अजन्ता गुफा
स्टैचू-स्टैचू खेल रही है!
साँस रोक खड़ी हुई है पूरी नगरी!
जो जहाँ था, जम गया है!
ढोल पर हथेलियाँ जमी हैं,
पालकीवाला भी जहाँ का तहाँ खड़ा है सदियों से
एक क़दम हवा में उठाये!
दूसरी गुफा की बायीं दीवार पर
धनदेव श्रीकुबेर की पत्नी, देवी हरीतिमा
अपने उन पन्द्रह सौ बच्चों की ख़ातिर
एक छड़ी वाला शिक्षक बिठाये है!

सातवीं गुफा वाली अप्सरा
कितनी सदियों से
देख रही है अपना चेहरा
हाथ में दर्पण लिये!

क्या करना है बन-सँवरकर यहाँ?
सबकी आँखें तो मुँदी हैं, सब योगनिद्रा में हैं!
कोई किसी को नहीं देखता
जो खेल पत्थर बना दे—वो क्या खेल!
माँ भी लेकिन हाथों में लेकर आईना
ऐसे ही बिन्दी लगाती थी
सुबह घाट जाने के पहले!
भादों में इसी घाट आया
बाढ़ का लकरबग्घा!
मठ के लिए विदा करते हुए माँ ने कहा—
'मिलता है दोनों पहर वहाँ खाना, जा!'

माँ भी ग़ज़ब थी,
दाँतों से ओठ दाब
कच्चे खाँव बनकर
वह रोका करती थी
अपनी रुलाई!
चलते-चलते उसने पहनाई
बाबा की अन्तिम निशानी—
एच एम टी घड़ी!
यहाँ शिविर में कहते हैं भन्ते
काल-नद में डूबकर तैरते
हमको हो जाना है
काल के परे!
जब भी वे कहते हैं ये—
मिल जाती हैं मेरी नज़रें घड़ी से—
मैं तो ज़्यादा देर नहीं देखता इसकी ओर—
टुकुर-टुकुर, टिक्-टिक्, पर
मुझे देखती है घड़ी!

एक दिन जब मैं हो जाऊँगा
काल से परे–
मेरी इस नन्ही-सी जान का क्या होगा?
घर का, न घाट का
कैसा है यह मुहावरा?

देश-प्रेम

कभी-कभी अन्दर से
फट जाता है कोट की जेब का अस्तर–
तो छुपकर
अस्तर के बिल में
जा बैठते हैं कुछ चिल्लर–
कभी अचानक कुछ ढूँढ़ते हुए
फटे में अगर अड़ गयीं उँगलियाँ तो
उद्‌घाटित होते हैं
गह्वर से!
ऐसे ही छुट्टे पैसे-सा
छुपा हुआ मेरे ही कोने-अँतरों में
मुझे मिला वह
जिसका भारी-भरकम नाम है–देश-प्रेम!
वैसे तो भारी-भरकम चीज़ों से मुझको
डर लगता है,
लेकिन वह मिल ही गया तो
मैंने उसे प्यार से देखा!

छब्बीस जनवरी की थी वह ठण्डी सुबह!
तकिए के नीचे
छूट गया था ट्रांजिस्टर खुला!
सुबह-सुबह बजने लगा राष्ट्रगान!
एक पल को सोचा–मटिया दूँ,
लेकिन फिर क्या जाने क्या हो गया,
कम्बल-वम्बल फेंककर मैं खड़ी हो गयी
सावधान!

अजब चीज़ है प्रेम भी,
मुँह की लगी छूटती ही नहीं!
वर्षो पहले यों ही झटके से
सीट छोड़कर खड़े हो जाते थे हम
सिनेमाघरों में!
हेलेन के सभ्य कैबरे
और मुकरी की भोली फुलझड़ियों के बाद
जेमिनी कलर में
'द एंड' टिमका करता था
सिनेमा के पर्दे पर
और शुरू होता था जनगणमन ऐसे ही!

धीरे-धीरे क्योंकर
छीजने लगा सारा आवेग?
अब जाने भी दीजिए, देखिए, सुनिए–
'सारे जहाँ से अच्छा हिन्दोस्तां हमारा',
यह धुन जो मोबाइल की है–
क्या आपकी जेब से आ रही है?

अक्षर-ज्ञान

चौखटे में नहीं अँटता
बेटे का 'क'
कबूतर ही है न–
फुदक जाता है ज़रा-सा!
पंक्ति से उतर जाता है
उसका 'ख'
ख़रगोश की खालिस बेचैनी में!
गमले-सा टूटता हुआ उसका 'ग',
घड़े-सा लुढ़कता हुआ उसका 'घ'
'ङ' पर आकर थमक जाता है
उससे नहीं सधता 'ङ'।
'ङ' के 'ड' को वह समझता है 'माँ'
और उसके बगल के बिन्दु (˙) को मानता है
गोदी में बैठा 'बेटा'
माँ-बेटे सधते नहीं उससे
और उन्हें लिख लेने की
अनवरत कोशिश में
उसके आ जाते हैं आँसू।
पहली विफलता पर छलके ये आँसू ही
हैं शायद प्रथमाक्षर
सृष्टि की विकास-कथा के।

हमबिस्तर

एक तरफ़
कुहनी पर अधलेटा
मरघट वैराग्य,
दूसरी तरफ़ ज़िन्दगी
घुटनों पर सर रखकर
सोचती हुई कुछ उपाय!
एक भँवर,
एक नाव
चादर पर
एक ठाँव!
आड़ा-तिरछा लेटा है
बीच में तकिया–
जैसे कि आँख मूँद,
कान ढाँप
लेटा हो
डर के मारे
अधमरा बच्चा
माँ-पापा की आपसी
भीषण लड़ाई के बाद!

मायानगरी

मायानगरी का प्रथम वर्ष

(1)
('हरेक बात पे कहते हो तुम कि तू क्या है')

क्या जाने हम कौन हैं,
कहाँ से आये हैं,
क्या यह शहर है दुछत्ती,
और हम इस पर फिंकी अगड़म-बगड़म हैं?
एक खाली टॉर्च? बन्द दीवार-घड़ी?

(2)
('साहब बिजी हैं। अपना विजिटिंग कार्ड दीजिए')

आवारा पत्ते से पूछा,
'ऐ भाई पत्ते,
क्या तू बनेगा
हमारा विजिटिंग कार्ड?'
धूल से पूछा,
'अरी किरकिरी,
तू क्या बनेगी
हम सबका हस्ताक्षर?'
धूल ने कहा–
"जाकर मुँह धोकर आ!
बरसों से बन्द पड़ा
स्टूडियो एक है–

वहीं मुझे रहने की
जगह मिली है!
कई-कई रीलें पड़ी हैं उसमें
मारे कुण्डली!
ये रीलें उन फ़िल्मों की हैं
जो कि रिलीज नहीं हो पायीं!
एक किसी ऐसी ही रील में
तू भी बिछा लेना
अपनी चटाई,
खिल जाना उस पर ही
बनकर फफूँद!"

(3)
सोचने लगे हम सब :

कौन थे हम, कौन हैं और क्या होंगे अभी...
जॉनी वॉकर या
सोहराब मोदी?
क्या हममें 'मदर इंडिया' बनने की भी वकत थी?
रहती थी हममें भी वफ़ादार नरगिस–
नरगिस जो बेनूरी पे अपनी
रोती नहीं थी,
मिलें न मिलें उसको दीदावर
अगले हज़ार बरस!
उनके पैदा होने, न होने पर
कायम नहीं था जिनका नूर
ऐसी ही नरगिस थी हममें उगी!
वो सब फिर भी ठीक है लेकिन
कुल मिलाकर प्रश्न जहाँ का तहाँ
कि तू है कौन,
तेरी वकत क्या है?
रीमिक्स हैं हम, डमी हैं!

छाया काया की या प्रतिध्वनियाँ?
रीमिक्स हैं क्या हम
काल का, महाकाल का,
महारुदन, अट्टहास का?
नींद में मगन बच्चे के मीठे सपनों से
यादों की कातर खटास का?

गठरी

ढीली-ढाली एक गठरी है
इस मेले में
पीठ पर सबकी!
कहीं किसी गठरी में
छोटा-सा शहर बँधा है—
ऊँघते होम्योपैथों
और इत्रफरोशों का
छोटा शहर!

कहीं किसी गठरी में
जात बँधी है और औकात—
बुकलू लोहार का हथौड़ा,
फत्तन खाँ दर्ज़ी की कैंची,
रन्दा बिन्दा बढ़ई का
और उस्तरा रमई ठाकुर का—
बँधे पड़े हैं सारे औजार
कहीं एक गठरी में!

एक किसी गठरी में
बँधी हुई हैं मूँगफलियाँ
और चबेने काल के!
एक किसी गठरी में
दीन-धरम
बम के गोलों-से बँधे हैं—
धूम-धाम, ठनन-ठनन!

एक किसी गठरी में
बँधे हुए हैं
तुम-हम :
चुपचाप!
और वह विशाल पीठ
जिस पर कि लाद
सब गठरियाँ
जायेंगे गंगा नहाने सब लोग-बाग
—झुकी नहीं है,
लेकिन कड़कड़ा रही है।

चचा ट्रांस्लेशन

क्या होता है कन्नी काटना—
सीख रहे थे हम यह नया-नया!
देखते ही उन्हें
हमें करंट लगता था
और उल्टे पाँव भागने को जी मचलता था!
और तो सब उनमें ठीक ही था—
सिर्फ़ एक गड़बड़ थी—
जब देखो तब वे
मुहल्ले के बच्चों को
                पकड़-पकड़ के
                लिखवाने लगते थे
                वो जो इक चीज़ हुआ करती थी—
                'एस्से',
                बनवाने लगते थे
                एक पैरा ट्रांस्लेशन।
दूर से आवाज़ देते थे—
"सुन ओ फले के फलाँ—
इधर आ तो ज़रा,
किस क्लास में पहुँचा, अच्छा, बता...!"

हुक़्क़े की नाक के आगे चटाई पर
कॉपी टिकाए हुए अपनी लटाई पर
कुछ-कुछ यों ही घसीट मारते थे हम
और 'लाहौलविलाकूवत' वे कहते थे
इस कोफ्त से कि
बात बदलने को हो जाते थे मजबूर हम :

“चचा, हटाइए, वो तो सुनाइए—
वो जो ख़्वाजा मीर का शेर है न...!”
मूँछों में मुस्काते,
गाढ़े-से आसमानी रंग में
डब-डब वे
कूचियाँ हिलाते!

पेशे से चचा पेंटर थे—
सिनेमा के पोस्टर बनाते थे,
उनके ही दम से आती थी
हर हफ़्ते इक नयी बहार शहर में—
उनके ही दिखाये हुए ख़्वाब थे
राजकपूर की 'इस्स'
और दिलीप की उदास हँसी,
गुरुदत्त का वह सपनीला—नीला पनीलापन,
और सारी नायिकाओं की शाइस्तगी/शोखी!
थे एक बड़े ख़्वाबगाह का
आईना वे!

इन दिनों चचा बेचते हैं
बिसलरी की बोतलें—
श्याम टॉकीज के बायें
नाले की तख़्ती पर!
बातें करते हैं हवा से कुछ
और कुछ खुदा से—
करते रहते हैं वे बुदबुद
'न वो मैं रहा, न वो तू रहा—
जो रही सो बेख़बरी रही...'
अब वे बनवाते नहीं ट्रांस्लेशन
किसी से भी,
खुद ही लगते हैं वे अनुवाद
तार-तार भोजपत्र पर लिक्खी
एक अनजान लिपि का!

दूब-धान

दूब-धान

अनामिका

वाणी प्रकाशन

वाणी प्रकाशन

4695, 21-ए, दरियागंज, नयी दिल्ली 110 002

फ़ोन : +91 11 23273167 फ़ैक्स : +91 11 23275710

शाखाएँ

अशोक राजपथ, पटना 800 004, बिहार

कॉफ़ी हाउस कैम्पस, महात्मा गांधी मार्ग, इलाहाबाद 211 001, उत्तर प्रदेश

महात्मा गांधी अन्तरराष्ट्रीय हिन्दी विश्वविद्यालय, वर्धा 442 001, महाराष्ट्र

सुल्तानिया रोड, मोतिया पार्क, भोपाल 462 001, मध्य प्रदेश

www.vaniprakashan.in
marketing@vaniprakashan.in
sales@vaniprakashan.in

DOOB-DHAN
by Anamika

ISBN : 978-93-89563-05-4
Poetry Collection

प्रथम संस्करण 2019

मूल्य : ₹ 199

जयंत प्रिन्टरी एलएलपी, मुंबई-2 में मुद्रित

वाणी प्रकाशन का लोगो मक़बूल फ़िदा हुसेन की कूची से

उन अपने बउआ-देवर
अणु सव्यसाची को छुटकी भाभी की
श्रद्धांजलि–
ओएनजीसी की अपनी इंजीनियरी जिन्होंने
सम्बन्धों पर भी लागू की
(पत्थरों का भी स्निग्ध पक्ष ही हरदम उजागर किया,
पत्थरों में भी 'नेह' के अगम स्रोत ढूँढ़े)

प्राक्कथन

बचपन में कवि-पिता, श्यामनन्दन किशोर के साथ कविता की 'अन्त्याक्षरी' और 'समस्यापूर्ति' खेलते हुए जो काव्य-यात्रा आरम्भ हुई, उसने चीज़ों को गौर से देखना और ध्यान से सुनना निश्चित ही सिखाया! तब से अब तक कविता का परिदृश्य काफ़ी बदला है! आई.टी. प्रोफ़ेशनल की लय में कविता-प्रोफ़ेशनल बढ़े हैं! पूरे वर्ष में अनगिनत काव्य-पाठ हर संस्था कराती है! विदेशों में रचनात्मक लेखन की जो कक्षाएँ लगती हैं, उनमें सबसे ज़्यादा प्रत्याशी काव्य-लेखन की ओर उन्मुख होते हैं! हालाँकि कविता नाम की यह विधा स्वयं 'प्रतियोगिता' के परे जाकर 'सहकारिता' में रमने की बात कहती है (नाटक से संलाप, कथा से कथानक, संगीत से लय, चित्रकला से बिम्ब लेकर बढ़ता है इसका शिल्प), फिर भी हज़ार 'काव्य प्रतियोगिताएँ' आयोजित होती ही रहती हैं। 'इण्टरनेट' जब से हवाई फायर के गुरिल्ला बेस की तरह विकसित हुआ है, रात-बिरात 'वॉट्सऐप' समूहों पर कविताएँ कुरुलिया चिड़िया-सी लगती हैं चूँ-चूँ करने! देशी-विदेशी कविताओं के अच्छे अनुवाद जो 'इण्टरनेट' पर सहज उपलब्ध हैं, उससे नये कवि भरपूर गपशप करते हैं जिससे काव्य-भाषा गहरे अर्थों में अन्तःपाठीय हुई है—चटक, शोख, चुटीली!

मेरे पुराने संकलनों से भी कुछ कविताएँ अन्तर्जाल पर और समवेत संकलनों में उपलब्ध हैं, पर ज़्यादातर संकलन बाज़ार में उपलब्ध नहीं, इसका उलाहना समय-समय पर शोधार्थियों और नये पाठकों से मिलता रहा जिन्हें पुस्तकालयों से या मेरे पास बची इकलौती प्रतियों के फ़ोटोस्टेट से एक लम्बे समय तक काम चलाना पड़ता! उन्हीं के स्नेहादेश पर नये कलेवर में वाणी प्रकाशन इन्हें पुनर्मुद्रित कर रहा है, इसका आभार!

मेरा पहले दोनों संग्रह 'शीतल स्पर्श एक धूप को' और 'गलत पते की चिट्ठी' क्रमशः 1975 और 1978 में विहार ग्रंथ कुटीर से छपे थे। मेरे स्कूल की डायरी से उतारकर माता-पिता ने सहज स्नेहवश वे कविताएं निकालकर 'एक कस्बाई लड़की की डायरी' बनी है। 'समय

के शहर में' 1990 में छपा था, 'बीजाक्षर' 1993 में, 'अनुष्टुप्' 1998 में, 'कविता में औरत' 2005 में, 'दूब-धान' 2007 में ।

मैं मुजफ़्फ़रपुर से उच्च शिक्षा के लिए दिल्ली विश्वविद्यालय 1982 में आयी। 1982 से 1998 तक के मेरे ये वर्ष इतने नये तरह के अनुभवों के कपाट मेरे सामने धकाधक खोलते चले गये कि मैं दंग। इसी बीच पिता का साया भी सर से उठ गया। मात्र इक्यावन साल के परमस्नेही और हँसमुख पिता ये कहकर गये कि मृत्यु का मातम क्या मनाना, उसी तिथि पर 'गुड़िया' की शादी कर देना जिस पर मैं तय कर गया हूँ... और महीने-भर के भीतर शादी कर भी दी गयी! लम्बे समय तक तो मैं अवाक् ही रही। उसके बाद धीरे-धीरे जो कविताएँ फूटीं—उनका छन्द नयी माँ के दूध की धार का ही छन्द था! देखते-ही-देखते वात्सल्य मेरे जीवन का स्थायी भाव बन गया! नयी माँ और नयी कॉलेज-टीचर की आँखों से जीवन-जगत् की जो विडम्बनाएँ पढ़ीं, उनका ही सजग साक्ष्य वहन करते हैं ये आगे के सारे संग्रह!

अपने 'समकाल' की पड़ताल करने चलूँ तो कुछ साझा लक्षण सामने आते हैं। मेरी पीढ़ी के अन्य कवियों से मेरा संवाद धीरे-धीरे ही बना और नब्बे के आस-पास ही। सोवियत संघ के विघटन के बाद के अवाक् दिनों में।

—अनामिका

वक्तव्य

वैयक्तिक, सामाजिक, भौतिक, आधिभौतिक जीवन की कोई भी तकलीफ़ जीवन की विडम्बनाओं की एक महीन-सी समझ मनुष्य में अनजाने विकसित कर देती है। पीड़ा इसी अर्थ में प्रक्षालक है–मुक्ति के द्वार खोलने वाली। सृजन के क्षण एक गहरे एकान्त-बोध की उपज होते हैं। यह एकान्त-बोध वितृष्णा या मोहभंग-जन्य क्षणिक मरघट-वैराग्य नहीं होता। यह होता है विडम्बनाओं की पहचान के बाद की निस्संग दृष्टि जो सृष्टि के पहले के महाशून्य से उपजी थी जब ईश्वर को भी अकेला-अकेला-सा लगने लगा था।

शुरू में सिर्फ़ अँधेरा ही अँधेरा था, जल ही जल–फिर शब्द फूटे। शब्द अँधेरे से ही फूटते हैं। यही शब्दों की नियति है–प्रकारान्तर से कविता की नियति। शब्द प्रकाश की वर्णमाला हैं–प्रकाश की पहचान का आदिसूत्र, बीजमन्त्र। अँधेरे में रास्ता टटोलने के लिए जली दियासलाई।

शुरू में आदमी चाहता है इस एकान्त को थपकियाँ देकर सुला देना, क्योंकि यह तंग और बेचैन करता है। पर होता यह है कि थोड़ी देर के लिए बाँहों में ऊँघ भी जाये तो अचानक यह एकान्त लगता है बजने–और इस पर पड़ी थपकियाँ नगाड़े पर पड़ी थपकियाँ बन जाती हैं। इसी प्रक्रिया में शब्द परमाणुओं की तरह नाचते-काँपते कविता की शक्ल में सज जाते हैं ज़रूर, पर जो कहा जाना है–वह कहने से छूट जाता है–हमेशा।

इस उत्तर-आधुनिक परिदृश्य में कविता की स्थिति डाक में खोयी उस चिट्ठी की सी है जो चाहती है कहीं पहुँचना, पर पहुँच नहीं पाती। इस कठिन समय में जब समय से स्थान, देह से मन, समष्टि से व्यष्टि विच्छिन्न हो चला है (नाभिकीय नाल की) उनकी आपसी पकड़ छूट गयी है और 'आकाश से धरती की बन्द है बातचीत'–कविता चाहती है संवाद–आत्मा का आत्मा से, प्रिय का प्रिय से, कटु का मधु से, कल्पना का यथार्थ से, शिल्प का कथ्य से, इन्द्रियों का इन्द्रियों से, सुख

का दुख से, रूप का अरूप से, भाव का रस से, अतीत का वर्तमान से, परम्परा का प्रयोग से—मनुष्य का मनुष्य से। नैहर आयी बेटी से माँ का जैसा अविरल, अभंग, सतत प्रवहमान, सरस हृदय संवाद होता है—कुछ वैसा ही संवाद कविता जन-जन से चाहती है। घर के किसी कोने में अनादृत पड़े वयोवृद्ध, ज्ञानवृद्ध अभिभावक की तरह कविता चाहती है लोगों के सूक्ष्मतम भाव-तरंगों, सुख-दुख, उत्थान-पतन से जुड़ना, पर लोग उसे अभेद्य, अबूझ और अप्रासंगिक समझकर किनारा किये रखते हैं और उसका संवाद हमेशा अधूरा रह जाता है।

संगीत से ताल-छन्द-प्रवाह, चित्रकला, मूर्तिकला से बिम्ब, वास्तुकला से शिल्प और स्थापत्य, नाट्यकला से संवाद, कथा-जगत् से विवरण लेकर कविता अस्मिता से जुड़े गम्भीरतम सत्यों का सन्धान चाहती है। कविता चाहती है हमारे सपनों, हमारी जातीय स्मृतियों को अपना दूध पिलाकर हमेशा के लिए सुरक्षित कर देना। हमारे भीतर का जो कुछ भी कोमल, उत्कृष्ट, मधुर और प्रांजल है—उसका ही बीमा चाहती है कविता।

भाव का अभाव से सम्बन्ध चूँकि घनिष्ठ है, कविता वहीं फलती-फूलती है जहाँ राजनीतिक-सामाजिक-आर्थिक उत्पीड़न का इतिहास लम्बा हो। एशियाई, अफ्रीकी, लातिन, अमरीकी, जर्मन और पोलिश कविताएँ विश्व की बेहतरीन कविताएँ शायद इसलिए हैं कि इन भू-खण्डों ने झेला-भोगा-सहा बहुत है। स्त्रियाँ—विश्व-भर की स्त्रियाँ एक अलग नवोदित राष्ट्र-सरीखी धीरे-धीरे जगती हुई उत्कृष्ट साहित्य रच रही हैं और दे रही हैं एक ऐसी दृष्टि जिसे सारी सृष्टि ही परमाणु के नाभिकीय बन्ध के भीतर नाचती हुई दिखाई दे।

—अनामिका

अनुक्रम

जोगिनिया कोठी

पेड़ हरे स्तन माँ के

गृहलक्ष्मी

बाल-भिक्खु

मायानगरी

जोगिनिया कोठी

आम्रपाली

था आम्रपाली का घर
मेरी ननिहाल के उत्तर!
आज भी हर पूनो की रात
खाली कटोरा लिये हाथ
गुज़रती है वैशाली के खँडहरों से
बौद्धभिक्षुणी आम्रपाली।

अगल-बगल नहीं देखती,
चलती है सीधी—मानो खुद से बातें करती—
शरदकाल में जैसे
(कमण्डल-वमण्डल बनाने की ख़ातिर)
पकने को छोड़ दी जाती है
लतर में ही लौकी—
पक रही है मेरी हर मांसपेशी,
खदर-बदर है मेरे भीतर का
हहाता हुआ सत!

सूखती-टटाती हुई
हड्डियाँ मेरी
मरे कबूतर-जैसी
इधर-उधर फेंकी हुई मुझमें।
सोचती हूँ—क्या वो मैं ही थी—
नगरवधू—बज्जिसंघ के बाहर के लोग भी जिसकी
एक झलक को तरसते थे?
ये मेरे सन-से सफ़ेद बाल
थे कभी भौंरे के रंग के, कहते हैं लोग,

नीलमणि थीं मेरी आँखें
बेले के फूलों-सी झक सफ़ेद दत्तपंक्ति :
खँडहर का अर्द्धध्वस्त दरवाज़ा हैं अब जो!
जीवन मेरा बदला, बुद्ध मिले,
बुद्ध को घर न्योतकर
अपने रथ से जब मैं लौट रही थी
कुछ तरुण लिच्छवी कुमारों के रथ से
टकरा गया मेरे रथ का
धुर से धुर, चक्के से चक्का, जुए से जुआ!
लिच्छवी कुमारों को ये अच्छा कैसे लगता,
बोले वे चीख़कर—
"जे आम्रपाली, क्यों तरुण लिच्छवी कुमारों के धुर से
धुर अपना टकराती है?"
"आर्यपुत्रो, क्योंकि भिक्खुसंघ के साथ
भगवान बुद्ध ने भात के लिए मेरा निमन्त्रण किया है स्वीकार!"
"जे आम्रपाली!
सौ हज़ार ले और इस भात का निमन्त्रण हमें दे!"
"आर्यपुत्रो, यदि तुम पूरा वैशाली गणराज्य भी दोगे,
मैं यह महान भात तुम्हें नहीं देनेवाली!"
मेरा यह उत्तर सुन वे लिच्छवी कुमार
चटकाने लगे उँगलियाँ :
'हाय, हम आम्रपाली से परास्त हुए तो अब चलो,
बुद्ध को जीतें!'
कोटिग्राम पहुँचे, की बुद्ध की प्रदक्षिणा,
उन्हें घर न्योता,
पर बुद्ध ने मान मेरा ही रखा
और कहा—'रह जायेगी करुणा, रह जायेगी मैत्री,
बाक़ी सब ढह जायेगा...'
"तो बहा काल-नद में मेरा वैभव...
राख की इच्छामती,
राख की गंगा
राख की कृष्णा-कावेरी,
गरम राख की ढेरी
यह काया

बहती रही
सदियों
इस तट से उस तट तक!
टिमकता रहा एक अंगारा,
तिरता रहा राख की इस नदी पर
बना-ठना,
                ठना-बना
                तैरा लगातार!
तैरी सोने की तरी!
                राख की इच्छामती!
                राख की गंगा!
                राख की कृष्णा-कावेरी।
झुर्रियों की पोटली में
बीज थोड़े-से सुरक्षित हैं—
वो ही मैं डालती जातीं हूँ
अब इधर-उधर!
गिर जाते हैं थोड़े-से बीज पत्थर पर,
चिड़िया का चुग्गा बन जाते हैं वे,
बाक़ी खिल जाते हैं जिधर-तिधर
चुटकी-भर हरियाली बनकर।"
                सुनती हूँ मैं ग़ौर से आम्रपाली की बातें
                सोचती हूँ कि कमण्डल या लौकी या बीजकोष—
                जो भी बने जीवन, जीवन तो जीवन है!
                हरियाली ही बीज का सपना,
                रस ही रसायन है!
कमण्डल-वमण्डल बनाने की ख़ातिर
शरदकाल में जैसे पकने को छोड़ दी जाती है
लतर में ही लौकी
पक रही है मेरी हर मांसपेशी तो पकने दो, उससे क्या?
कितनी तो सुन्दर है
हर रूप में दुनिया!

तुलसी का झोला

मैं रत्ना—कहते थे मुझको रतन तुलसी
रतन—मगर गूदड़ में सिला हुआ!
किसी-किसी तरह साँस लेती रही
अपने गूदड़ में
उजबुजाती-अकबकाती हुई!
सदियों तक मैंने किया इन्तज़ार—
आयेगा कोई, तोड़ेगा टाँके गूदड़ के,
ले जायेगा मुझको आके!
पर तुमने तो पा लिया था अब राम-रतन,
इस रत्ना की याद आती क्यों?
'घन-घमण्ड' वाली चौपाई भी लिखते हुए
याद आयी?...नहीं आयी?
'घन-घमण्ड' वाली ही थी रात वह भी
जब मैं तुमसे झगड़ी थी!
कोई जाने या नहीं जाने, मैं जानती हूँ क्यों तुमने
'घमण्ड' की पटरी 'घन' से बैठाई!
नैहर बस घर ही नहीं होता,
होता है नैहर अगरधत्त अंगड़ाई,
एक निश्चिन्त उबासी, एक नन्ही-सी फुर्सत!
तुमने उस इत्ती-सी फुर्सत पर
बोल दिया धावा
तो मेरे है रामबोला, बमभोला—
मैंने तुम्हें डाँटा!
डाँटा तो सुन लेते
जैसे सुना करती थी मैं तुम्हारी...
पर तुमने दिशा ही बदल दी!

थोड़ी-सी फुर्सत चाही थी!
फुर्सत नमक ही है, चाहिए थोड़ी-सी,
तुमने तो सारा समुन्दर ही फुर्सत का
सर पर पटक डाला!

रोज़ फींचती हूँ मैं साड़ी
कितने पटके, कितनी रगड़-झगड़—
तार-तार होकर भी
वह मुझसे रहती है सटी हुई!
अलगनी से किसी आँधी में
उड़ तो नहीं जाती!

कुछ देर को रूठ सकते थे,
ये क्या कि छोड़ चले!
क्या सिर्फ़ गलियों-चौबारों में मिलते हैं
राम तुम्हारे?
'आराम' में भी तो एक 'राम' है कि नहीं—
'आराम' जो तुमको मेरी गोदी में मिलता था?
मेरी गोदी भी अयोध्या थी, थी काशी!
तुमने कोशिश तो की होती इस काशी-करवट की!

एक 'विनय पत्रिका' मेरी भी तो है,
लिखी गयी थी वो समानान्तर
लेकिन बाँची नहीं गयी अब तलक!

X X X

जब कुछ सखियों ने बताया—
चित्रकूट में तुम बैठे हो लगाते तिलक
हर आने-जाने वाले को—
मैंने सोचा, मैं हो आऊँ,
चौंका दूँ एकदम से सामने आकर!
पर एक नन्हा-सा डर भी
पल रहा था गर्भ में मेरे,
क्या होगा जो तुम पहचान नहीं पाये
भक्तों की भीड़-भाड़ में?

आईना कहता है, बदल गया है मेरा चेहरा,
उतर गया है मेरे चेहरे का सारा नमक
नमक से नमक धुल गया है (आँखों से चेहरे का!)

आँखों के नीचे
गहरी गुफा की
हहाती हुई एक साँझ उतर आयी है!
गर्दन के नीचे के दोनों कबूतर
चोंच अपनी गाड़कर पंख में—
काँपते हैं लगातार—
आँसू की दो बड़ी बूंदें ही अब दीखते हैं वे!
सोचती हूँ—कैसे वे लगते—
दूध की दो बड़ी बूँदें जो होते—
आँचल में होता जो कोई रामबोला—
सीधा उसके होंठ में वे टपकते!
सोचती गयी रास्ते-भर—कैसे मिलोगे!
सौत तो नहीं न बनी होगी
वो तुम्हारी रामभक्ति?

x x x

एक बार नहीं, कुल सात बार
पास मैं तुम्हारे गयी
सात बहाने लेकर!
देखा नहीं लेकिन एक बार भी तुमने
आँख उठाकर!
क्या मेरी आवाज़ भूल गये—
जिसकी हल्की-सी भी खुसुर-फुसुर पर
तुममें हहा उठता था समुन्दर?
वो ही आवाज़ भीड़ में खो गयी
जैसे आनी-जानी-सी कोई भी लहर!
'तटस्थ' शब्द की व्युत्पत्ति
ख़ूब तुमने समझायी, प्रियवर!
एक बार मैंने कहा—
"बाबा, हम दूर से आयी हैं घाट पर,
खाना बनाना है, मिल नहीं रही सूखी लकड़ी,
आपके झोले में होगी?
कहते हैं लोग, आपके झोले में
बसती है सृष्टि,
दुनिया में ढूँढ़-ढाँढ़कर

आ जाते हैं सारे बेआसरा
आपके पास,
जो चीज़ और कहीं नहीं मिली,
आपके झोले में तो रामजी ने
अवश्य ही डाली होगी!"

बात शायद पूरी सुनी भी नहीं,
एक हाथ से आप घिसते रहे चन्दन,
दूसरे से लकड़ी मुझको दी।

सचमुच कुछ लकड़ियाँ झोले में थीं—
जैसे थी लुटिया, आटा, बैंगन,
धनिया, नमक की डली,
एक-एक कर मैंने सब माँगीं
दीं आपने सर उठाये बिना,
जैसे औरों को दीं, मुझको भी!

X X X

लौट रही हूँ वापस...ख़ुद में ही
जैसे कि अंशुमाली शाम तक
अपने झोले में वापस
रख लेता है अपनी किरणें वे बची-खुची
कस लेता है ख़ुद को ही
अपने झोले में,
मैं भी समेट रही हूँ ख़ुद को

अपने झोले में ही!
अब निकलूँगी मैं भी
अपने सन्धान में अकेली!
आपका झोला हो आपको मुबारक!
अच्छा बाबा, राम-राम!

भामती की बेटियाँ

लिखने की मेज़ वही है,
वही आसन
पाण्डुलिपि वही, वही बासन
जिसमें मैं रखती थी खील-बताशा
दीया-बत्ती की वेला हर शाम!
कभी-कभी बेला और चम्पा भी
रख आती थी जाकर चुपचाप
खील-बताशा-पानी-दीया के साथ!

पूरे इक्कीस बरस बस यही जीवन-क्रम–
कुछ देर इन्हें देखती काम में लीन,
जैसे कि देखते हैं सुन्दर मूरत शिवजी की...
पत्थर की मूरत ही बने रहे ये पूरे इक्कीस साल!
फिर एक शाम एक आँधी-सी आयी,
बिखरने लगे ग्रन्थ के पन्ने,
टूटी तन्द्रा तो मुझे देखा
पन्नों के पीछे यों भागते हुए जैसे हिरनों के,
चौंके : 'हे देवि,
परिचय तो दें
आप कौन?'
मुझको हँसी आ गयी–
'लाये थे जब ब्याहकर तो छोटी थी न,
फिर आप लिखने में ऐसे लगे,
दुनिया की सुध बिसर गयी, लगता है जैसे भूल ही गये–
वेदान्त के भाष्य के ही समानान्तर
इस घर में बढ़ी जा रही है

पत्ती-पत्ती
आपकी भार्या भी!
तो क्या मैं इतनी बड़ी हो गयी
कि पहचान में नहीं आती?'
                        पानी-पानी होकर
                        इस बात पर
                        पानी में ही
                        बहा आये
                        आप तो
                        अपनी वह पाण्डुलिपि,
जो मैं नहीं दौड़ती पीछे—
पृष्ठ बीछ ले आने पानी से,
गडमड हो चुकते सब अक्षर...
घुल जाती पानी में स्याही,
शब्द पर शब्द फिसल आते...
मेहनत से मैंने वे अक्षर भी बीछे,
जैसे कि चावल,
अक्षर पर अक्षर दुबारा उगाये
अपने सिन्दूर और काजल से,
भूर्जपत्र फिर से सिले—
ताग-पात ढोलना लगाके!
अक्षर पर अक्षर
अक्षर पर अक्षर...
अक्षर मैं
और आप अक्षर,
टप-टप-टप-टप
ये लो,
रोते हैं क्या ज्ञानी-ध्यानी यों?
क्यों रो रहे हैं जी?
चुप-चुप...!
" 'भामती टीका' तुम्हारी यह—
तुमने ही लिखी यह दुबारा
पहले भी तुमने लिखी थी—
हर शाम दीये की लौ से

जो लिखा था तुमने
अँधियारे की स्लेट पर–
मैंने बस भाष्य किया उसका...
तो जगत में ग्रन्थ 'भामती टीका' के ही नाम से
जाना जायेगा!"

लिखने की मेज़ वही है, वही आसन
पाण्डुलिपि वही, वही बासन...
ग्रन्थ लिख रही हैं पर
भामती की बेटियाँ!
आपके जाने के बाद
मैंने पढ़ाया इन्हें
पाठशाला भेजकर!
दीये से नहीं, नहीं छाया से
इन्होंने अपनी कलम से लिखा है जो
आपके समानान्तर–
भाष्य उसका
करने बैठेंगे जब
सारे ये दिग्दिगान्तर,
मैं चैन की साँस लूँगी–
कृपा नहीं, प्रेम का प्रसाद भी नहीं लेंगी,
भामती की बेटियाँ
ग्रन्थ अपने स्वयं ही रचेंगी
लगातार
इसी तरह
हर युग में!

राधा की बेटियाँ

दृश्य : एक

'अतिमलीन बृषभानुकुमारी,
हरिस्त्रमजल भींजे उर-अंचल
तेहि लालच न धुआवति सारी!'

"ए अम्मा,
चलो, आज धोकर रहूँगी मैं साड़ी तुम्हारी!
चलो, चलें, यमुना के तीर...
अच्छा-अच्छा, खोलना मत
आँचल बढ़ा देना यों ही!
अम्मा, ये क्या देखती हो तुम?
क्या रखा है चाँद में?
अम्मा, ये उसके भी सिर पर
मुस्काता बैठा है जो दाग–
क्या उसके दूल्हे ने
मार-मार कर माथा फोड़ा होगा उसका
किसी शाम?
क्या चाँद औरत है, अम्मा?
                    कौन उसकी ख़ातिर
                    बंसी बजाता है?
बंसीबजैया भी उतने ही निष्ठुर
क्यों होते हैं
जितने माथाफोरैया?"

दृश्य : दो

"न नौ मन तेल होगा,
न राधा नाचेगी"

राधाएँ जो
नाच नहीं पातीं,
नाच के बारे में
सोचती तो होंगी कुछ-कुछ!
अम्मा नाची थी
एक अजब नाच
नौ मन की अपनी गृहस्थी के साथ!
हारी—बीमारी
चौका—चूल्हा
एक कामकाजी,
परमसख्त दूल्हा—
दूल्हा जो प्रतिबद्ध था तो ज़रूर
जैसे कि गैया से गैया का बछड़ा।
सानी-पानी,
आनी-बानी के बीच
अम्मा ने दूल्हे को पाला,
फिर हमको...
और फिर वक़्त भी निकाला
कि नाचे
सब चाँद-तारों के साथ
जैसे कि नाच रही है धरती,
नाच रहा है यमुना का पानी,
नाच रहे हैं सब आनी-बानी
एक अथक नाच!
नाच रहे हैं
झूठ-साँच
कैसे होंगे वे कन्हाई—
अम्मा के क़िस्सों में
छूट गया है उनका मोरपंख,
छूट गयी है बाँसुरी!

एक दिन मैंने छूकर
देखा गोवर्धन,
उससे भी आवाज़ आयी
उस अस्फुट जल की
जो नींद में
अम्मा की
कुनमुनाता है
हर रात
जब मैं उढ़ाती हूँ चादर
उसको उसके ही
अधूरे सपन की!

मरने की फुर्सत

(एक रेड इंडियन लोकगीत के आधार पर पल्लवित)

ईसा मसीह
औरत नहीं थे
वरना मासिक धर्म
ग्यारह बरस की उमर से
उनको ठिठकाये ही रखता
देवालय के बाहर!
बेथलेहम और यरूजलम के बीच
कठिन सफ़र में उनके
हो जाते कई तो बलात्कार
और उनके दुधमुँहे बच्चे
चालीस दिन और चालीस रातें
जब काटते सड़क पर,
भूख से बिलबिलाकर मरते
एक-एक कर–
ईसा को फुर्सत नहीं मिलती
सूली पर चढ़ जाने की भी!
मरने की फुर्सत भी
कहाँ मिली सीता को
लव-कुश के
तीरों के
लक्ष्यभेद तक.?

पेड़ हरे स्तन हैं माँ के